MARKETING

市场营销学

（第五版）

5th Edition

黎开莉 徐大佑 章莉南子 主编

21世纪高等院校市场营销专业规划教材

新形态教材

▶ 国家级一流本科专业建设点教材
▶ 国家高等学校特色专业
▶ 省级本科示范专业
▶ 国家级一流课程教材
▶ 省级精品课程教材

东北财经大学出版社 大连
Dongbei University of Finance & Economics Press

图书在版编目（CIP）数据

市场营销学 / 黎开莉，徐大佑，章莉南子主编 . —5版 . —大连：东北财经大学出版社，2024.1

（21世纪高等院校市场营销专业规划教材）

ISBN 978-7-5654-5116-4

Ⅰ.市…　Ⅱ.①黎…②徐…③章…　Ⅲ.市场营销学　Ⅳ.F713.50

中国国家版本馆CIP数据核字（2024）第011695号

东北财经大学出版社出版

（大连市黑石礁尖山街217号　邮政编码　116025）

网　　址:http://www.dufep.cn

读者信箱:dufep@dufe.edu.cn

大连市东晟印刷有限公司印刷　　东北财经大学出版社发行

幅面尺寸：185mm×260mm　　字数：457千字　　印张：19

2024年1月第5版　　　　　　　　　　2024年1月第1次印刷

责任编辑：蔡　丽　　　　　　　　责任校对：刘贤恩

封面设计：原　皓　　　　　　　　版式设计：原　皓

定价：48.00元

第五版前言

改革开放以来，我国的市场营销专业建设得到了飞速的发展。为了更好地满足培养创新型人才的需要，贵州财经大学市场营销学教学团队编写了这本以企业市场流程为依据、统一的应用型本科教材。本教材在结构体系上以成熟的、广为接受的市场营销研究范式为基础，在内容上结合应用型人才培养的需要，坚持以企业市场营销流程为主线，从市场分析出发，经过市场选择，然后进入市场应用，最后介绍市场营销策划、组织和控制环节，即四步法市场营销改革的成果，本教材具有以下特征：

1. 能力培养导向

分析能力、判断能力和执行能力是市场营销专业人员必须具备的三大能力，也是在复杂多变的市场中发现市场营销机会、实现市场营销目标的三大法宝。本教材既介绍了市场营销的基础知识和基本分析工具，也设计了基础知识和基本分析工具的应用和演练内容，有助于学生市场营销能力的形成和提高。

2. 素质培养导向

市场营销人员需要具备的是综合素质，不仅需要良好的理论素质、身体素质，还需要良好的心理素质和道德修养；否则，难以适应复杂多变的市场营销环境的基本原理，形成扎实的市场营销技能和正确的市场营销思维。本教材在介绍市场营销基本知识和技能的同时，涉及了市场营销道德以及我国有关的商业法规和政策，有助于市场营销人员树立正确的市场营销理念。

3. 实践导向

市场营销是一门实践应用性很强专业人才的培养必须坚持理论和实践相统一，通过对大量有针对性的问题的分析、决策和操作，准确理解市场营销的基本原理，形成扎实的市场营销技能和正确的市场营销思维。本教材对基本理论的阐述采取从简的原则，即只说明"是什么"，"为什么"的问题涉及较少，大量篇幅放在"怎么做"和演练环节上，特别是每章的"引例""营销实践""技能题""能力题"都充分考虑了实践性问题。

4. 本土化

经过多年的引进、消化吸收和应用，特别是随着"中国制造"竞争力的提高，中国企业的市场营销能力已经达到很高的国际水平。因此，"引例""营销实践""能力题"中的案例，我们都尽可能选取中国企业上发生的市场营销案例，即使不是中国企业，也尽可能选择国际知名企业在中国市场上发生的案例。在市场营销理论研究成果的吸收和参考方面，我们也更加注重对中国本土学者研究成果的借鉴，希望可以引起学生对中国本土化市场营销的重视。作为一般管理类教材，本教材也具有以下特色：

1. 通俗性

本教材面向的是刚刚入门的学子，其拥有的市场营销理论知识有限，不能把市场营销理论复杂化和深奥化，必须注重基础理论形象化展示，这样才能激发学生的学习热情。我们很少涉及市场营销理论的发展历史与动态，更加注重基本理论的实践性问题，选取的许多中国企业案例都是广为人知的，学生容易接受。

2. 可读性

本教材设计的"营销实践"，考虑学生学习的特点，集中展示一些关键性的市场营销问题，便于学生快速抓住本教材重点，同时把开阔学生视野的市场营销知识和信息以二维码的形式展现出来。

3. 讲练结合

本教材设计的章节不多，比较方便学时有限的课堂演练，从而有助于整体教学效果的提升。如果每章安排一周时间进行讲授，老师还可以组织1/3的课堂演练。

本教材是贵州财经大学市场营销学科组集体努力的成果，由黎开莉撰写大纲、学科组成员共同确定基本框架。各章的具体分工是：陈劲松（第1、2和3章），常兴仁（第4章），魏锦、常兴仁（第5章），魏锦（第6章），张允鸣（第7章），赵南星（第8章），卢同新（第9章），王尧艺（第10章），黎开莉（第11章），谭群（第12章），黎开莉，谭群（第13章），最后由黎开莉和徐大佑统稿。本教材的第二版主要更新部分案例和数据，具体修订工作由以下人员完成：陈劲松（第1、2、3章），常兴仁（第4章），魏锦（第5、6章），张允鸣（第7章），魏锦（第8、9、11章），黎开莉（第10章），贾岚（第12、13章）。本教材的第三版具体修订工作由黎开莉和贾开岚完成，将"营销视野"栏目设置成二维码的形式。本教材的第四版增加了部分案例和数据；引入互联网网阅读元素，将"营销视野"栏目更新部分案例和数据。

本教材负责更新的贾岚负责更新了部分案例，本教材第五版的主要特色是注重思政引领，融入党的二十大精神。本教材第五版由章莉南负责讲授，刚涉足市场营销课程思政方面的知识模块以及数字营销、神经营销方面的内容。本教材第五版将章后判断题设置为"即测即评"，增加"学思感悟"思政栏目，结合党的二十大报告内容，引导学生深入社会实践，关注现实问题，使他们加强对专业知识的内化吸收与灵活应用，坚定中国特色社会主义道路自信、理论自信、制度自信、文化自信，努力践行习近平新时代中国特色社会主义思想进课堂、进学生头脑，达到价值塑造、知识传授、能力培养三位一体的育德树人之效。

本教材既可以作为普通高校经济管理类基础课程教材，也可以作为市场营销职业经理人的培训教材。刚涉足市场营销领域的研究成果，也能从此书中受益。

本教材参考了国内外市场营销学的研究成果，大多在书后的参考文献中标明了，如果仍有疏漏，敬请原作者谅解。由于时间仓促和编者水平有限，书中的缺点和不足在所难免，真诚欢迎广大读者在使用过程中指出来，我们一定在今后的修订中吸纳，并对大家的包容和建议表示衷心的感谢！

徐大佑

2023年10月

目　录

第一篇 市场分析

第1章 认识市场营销

❖ 引例

走下神坛的红旗轿车

1958年8月，红旗轿车在第一汽车制造厂诞生，实现了中国轿车"零"的突破。从诞生之日起，红旗轿车就与开国领袖们联系在一起，被赋予了神秘的色彩。1959年9月，第一辆红旗轿车被送到北京，成为国庆十周年典礼的检阅车。从此，红旗轿车成为"王谢堂前燕",一直是中国的"政治车""礼宾车",代表着地位和荣誉。在我国领导人接见外宾、庄严的国庆庆典等场景,我们都能看到红旗轿车尊贵的身影。红旗轿车凭借天时、地利、人和,承载了国人太多的关注和希望。1972年,美国总统尼克松率团访问中国,红旗轿车为美方提供了全程服务。红旗轿车典雅的外形及出色的表现使尼克松及其随员大为赞叹,红旗轿车也成为民族自强的象征。在日本、德国等国际汽车博览会上,红旗轿车以其高贵典雅、凝重大方的东方神韵一枝独秀,从而跻身世界名车之林。意大利汽车设计大师称赞红旗轿车为"东方神韵与现代技术完美结合的典范"。

改革开放后,特别是20世纪90年代以后,红旗轿车在激烈的市场竞争中走下了神坛,昔日尊贵的"礼宾车"开始服务于普通大众,甚至融入了出租车大潮。

当人们对红旗这一"礼宾车"进入出租车市场质疑时,德国人却对奔驰等高档车作为出租车满街跑习以为常,英国的劳斯莱斯在国外作为出租车也是稀松平常的。红旗轿车已不再是尊贵的代名词,而是根据变化的消费者需求作出了明智选择。

资料来源　杨兴国. 红旗:品牌错位下神坛 [EB/OL]. [2023-11-22]. http://www.emkt.com.cn/article/354/35469.html.

1.1　市场与市场营销

1.1.1　市场与市场营销的含义

1.1.1.1　市场的含义

市场在不同的场合有不同的含义,归纳起来有以下几种:

(1)商品买卖的场所

在商品买卖的场所中堆积了大量的货物,便于买卖双方进行交换,如人们常说的小商品市场、超市、农产品市场等。

(2)商品买卖的活动或商品买卖的行为

这是一种抽象意义上的市场,如市场调节、社会主义市场经济。在这里,市场的含义是商品交换的活动,即要通过商品交换活动和价值规律的作用对国民经济活动进行调节和控制。

(3)某种商品的购买者或购买者集团

市场营销学中的"市场"是这个意义上的"市场"。菲利普·科特勒指出:市场由一切具有特定欲望和需求并且愿意和能够通过交换来满足这些需求的潜在顾客所组成。人们经常说某产品的市场潜力很大,某产品的市场容量很大、市场看好,这些说法都是指这个意义上的市场。

由此可知,市场营销学中的市场包含三个主要因素:有某种需求的人、为满足这种需求的购买力和购买欲望。其用公式来表示就是:

市场=人口+购买力+购买欲望

一般而言，人口决定市场容量，购买力决定可能购买的数量和购买欲望的强弱，购买欲望决定人们的需求偏好。市场的这三个要素相互制约、缺一不可，只有将三者结合起来才能构成现实的市场，制约市场规模，决定市场的基本状况及发展方向。

1.1.1.2　市场营销的含义

市场营销是"marketing"的译法，其他的译法还有市场学、行销学、销售学、市场营销管理学、行销管理学、营销学等。被誉为"现代营销学之父"的菲利普·科特勒从广义的角度，对市场营销作了如下定义：市场营销是个人和集体通过创造，提供出售，并同别人自由交换产品和价值，以获得其所需所欲之物的一种社会和管理过程。该定义反映了市场营销的本质，为市场营销学界所广泛接受。本教材也采用该定义。它使市场营销活动不仅适应人们对物质产品的需求及其满足过程，也适应人们对各种服务的需求及其满足过程；它使市场营销的基本原理适应于产品交换过程中需求都得到满足的双方，而不单是提供产品的卖方。

在学习市场营销的含义时需要注意以下几个问题：

（1）企业市场营销是一种有机的整体性活动过程，并不等同于推销

推销是企业市场营销活动的一个组成部分，但不是最重要的部分；推销是企业市场营销人员的职能之一，但不是最重要的职能。如果企业确立了正确的市场营销观念，努力搞好市场营销研究，真正了解购买者的需求，切实按照购买者的需求来设计和生产适销对路的产品，同时合理定价，搞好分销渠道选择和信息沟通等促销工作，这些产品就能轻而易举地销售出去；反之，无论怎样推销，即使能够一时销售出去，也绝不可能长久发展。由此，美国管理学家彼得·德鲁克指出：市场营销的目的在于使推销成为多余的。

（2）市场营销全过程质的规定和市场营销的核心观念是商品交换

企业的市场营销不仅包括产品流通过程中的有关活动，而且包括产前和售后的有关活动，即市场营销并不局限于商品交换活动。但应该看到，企业的一切市场营销活动都与商品交换有关，都是为了实现商品交换和商品价值。

（3）市场营销学是一门科学，是企业的一种社会经济行为，也是一门复杂的经营管理艺术

这是因为，企业的市场营销人员在市场营销工作中没有固定的模式可以遵循，而是要灵活地运用市场营销学等有关学科阐述的基本原则、思路和方法，在纷繁复杂、不断变化的市场营销环境中，能动地处理各种具体问题。企业不仅要重视市场营销，而且要善于搞好市场营销。[①]

1.1.2　与市场营销相关的核心概念

为了更好地理解和掌握市场营销的内涵，需要弄清楚与市场营销相关的下列几组核心概念：

---

① 李农勤. 市场营销学 ［M］. 北京：清华大学出版社，2006：6.

1.1.2.1　需要、欲望与需求

需要是指人类的基本要求，是指人们没有得到某些基本满足的感受状态。需要包括满足生理需要的食物、衣服、住所，满足社会需要的友谊和尊重，满足自我价值的知识等。这些需要都不是社会和市场营销人员所能创造的，它们是人类与生俱来的。

欲望是指人们想得到能满足其基本需要的产品的愿望，是个人受不同社会文化环境影响而表现出来的对基本需要的特定追求。如为满足充饥的需要，美国人可能选择汉堡，中国人可能选择米饭或面条。市场营销人员可以影响欲望，开发及销售特定的产品来满足欲望。

需求是指人们有能力购买并且愿意购买某种产品的欲望。了解市场需求的大小，并有针对性地开展市场营销工作，是市场营销人员追求的目标。人们的需要在不同时期具有多层次性，人们的欲望是无限的，但购买力有限，需求仅为需要集合中的一部分。市场营销的目的就是发现需要中有支付能力的那部分，并使其真正变成现实的需求。

1.1.2.2　产品

产品是指满足人的某种需要和欲望的有形实体和无形服务的总和。产品的价值不在于拥有它，而在于它给消费者带来的对欲望的满足。例如，一位女士购买口红，她购买的是美的愿望。市场营销人员的任务是实现产品深层的利益和所能提供的服务，而不仅仅是描述产品的物理特征。

1.1.2.3　价值与满意

价值是指顾客购买产品时所获得的利益与支付的成本之比。利益主要包括功能利益和情感利益，成本主要包括货币成本、时间成本和精力成本。

满意是指顾客对一件产品的可感知的效果与其期望值进行比较后的感受。如果产品可感知的效果低于期望值，顾客就会不满意；如果可感知的效果与期望值相符合，顾客就会感到满意；如果可感知的效果超过期望值，顾客就会高度满意或欣喜，甚至产生忠诚。

1.1.2.4　交换、交易与关系营销

交换是指从他人处取得所需之物，而以自己的某种物品作为回报的行为。人们对满足其欲望的产品的取得可以有四种方式，即自行生产、强行取得、乞讨和交换，其中，只有交换方式才产生市场营销。交换是市场营销的核心概念。

交易是交换活动的基本组成单位，是交换双方之间的价值交换。交换是一个过程，在这个过程中，如果双方达成协议，就称之为发生了交易。

关系营销是指企业与其顾客、分销商、供应商等建立、保持并加强合作关系，通过互利交换及共同履行诺言，使各方实现各自目的的市场营销方式。建立在交易基础之上的市场营销被称为交易营销，而关系营销是交易营销的进一步发展，它可以使企业获得比交易营销更多的利益。关系营销可以节约交易的时间和成本，使市场营销的宗旨从追求每一笔交易最大化转向追求各方利益的最大化。

1.1.3　市场营销的作用和功能

1.1.3.1　市场营销在现代经济活动中的作用

随着科学技术的发展、社会化大生产和商品经济的发展，人们的生活水平提高，消费由简单向复杂转化，企业生产和人们消费在各个方面都存在不对称的现象。市场营销的基本思想就是：企业通过努力了解消费者的需求，使生产的产品符合消费者的需求，实现生产与消费的统一。市场营销具有微观与宏观的双重含义。微观市场营销和宏观市场营销是涉及面很广的企业经济活动和社会经济活动，它们在现代社会经济活动中处于重要的地位。

（1）微观市场营销

现代市场营销学着重研究的是买方市场条件下企业的市场营销，即微观市场营销问题。微观市场营销的作用在于：首先，企业的市场营销部门通过市场营销研究，密切注意和了解市场需求的现状与变化，发现一些未满足的需求和市场机会。其次，根据企业的任务、目标和资源条件等，选择本企业能够最好地为之服务的目标市场，并根据目标市场的需求，开发适销对路的产品，制定适当的价格，选择适当的分销渠道，制订适当的促销方案，千方百计地满足目标市场的需求。这样就可以扩大销售，提高市场占有率，增加盈利，实现企业的目标。由此可见，微观市场营销是联结社会需求与企业反应的中间环节，是企业用来把社会需求变为有利可图的企业机会的行之有效的手段，是现代企业整个经济活动中的一个极为重要的组成部分，对企业的生存与发展起着决定性的作用。

（2）宏观市场营销

尽管人们通常认为市场营销就是企业的微观市场营销，但市场营销还可以看作与市场有关的人类活动，是各种不同的供给与各种不同的需求相适应的社会经济过程，以实现社会的短期和长期目标，这就是宏观市场营销。宏观市场营销是由国民经济中各类企业的市场营销活动综合构成的与市场有关的社会经济活动过程。其基本任务是，各类社会市场营销机构（包括各类生产企业的市场营销部门和各种批发企业、零售企业、储运企业、金融企业、广告公司、市场营销研究企业等）通过执行自身的职能，创造有关的经济效益，以解决社会生产与社会消费之间的各种矛盾，使得生产者方面各种不同的供给与消费者方面各种不同的需求相适应，求得社会生产与社会需求之间的统一与平衡，实现整个社会经济的正常运转。

1.1.3.2　市场营销的基本功能

企业市场营销的目的是通过其产品满足消费者的需求而实现的。但是，企业要想发挥市场营销功能，需要克服妨碍满足消费者需求的市场障碍。这些障碍包括：[①]

①地理障碍——生产某产品的企业和需要该产品的消费者一般在空间上总是存在一定

---

①　尼克尔斯．市场原理［M］．顾教忠，朱宝帆，译．西安：西北工业大学出版社，1987：17.

的距离。

②时间障碍——由于受到原材料、生产工艺和成本等方面因素的影响，企业生产某产品的时间和消费者需要该产品的时间之间存在差异。

③信息障碍——消费者和企业之间存在信息不对称。

④价值障碍——企业所提供的产品与消费者所需要的产品在品种、规格、档次和价格上不一致。

要克服上述市场障碍，市场营销需要发挥以下功能[①]：

（1）交换功能

交换功能包括购买和销售两个方面。两者共同之处是实现产品所有权的转移。此外，购买的功能还包括购买的内容、对象、数量和时间等；销售的功能还包括寻找市场、销售促进、售后服务等。价格是购买和销售价值的契合点，定价就成了交换功能的必备内容。

（2）渠道功能

渠道功能又称物流功能。为了实现产品在空间位置上的转移，通过存储产品的使用价值（克服时间障碍），调剂产品的供求矛盾。企业必须确定合适的分销渠道模式，选择合适的中间商，正确确定各中间商的责、权、利，使分销渠道成为消除时间障碍和空间障碍、企业与消费者之间进行沟通联系的桥梁。

（3）便利功能

便利功能是指便利交换、物流的功能，包括资金融通、信息沟通、产品标准化和分级等。借助资金融通和商业信用，可以控制和改变产品的流向和流量，从而给买卖双方带来交易上的方便和利益。企业不仅要了解消费者的需求和市场上的竞争情况，还必须使企业和消费者之间实现双向沟通，消除企业与消费者之间的信息障碍。产品标准化和分等、分级大大简化和加快了交换过程，不但方便储存与运输，也方便顾客购买。

（4）示向功能

通过对市场的调查、研究、分析，描述出需求对产品的预期，以及市场上的供求态势、竞争状况等，从而对企业因时、因地制宜地推出适销对路的产品发挥示向功能。

1.1.3.3　市场营销职能的扩展[②]

（1）从应用于营利领域向应用于非营利领域扩展

市场营销首先应用于各种营利性组织。先是生产和销售各种物质产品特别是生活消费品的企业认识到市场营销的意义，从而积极地开展市场营销活动，发挥市场营销的职能。而后市场营销逐渐地引起了各种为消费者服务的企业的注意。例如，航空公司、银行、保险公司、食品生产加工企业、旅游公司等已经认识到市场营销的重要性，积极地开展各种市场营销活动。许多非营利性组织也对市场营销产生了兴趣。例如，许多大学为吸引更多的学生报考自己的学校而制作精美的宣传广告；各地方政府为吸引海内外的投资来帮助发展地方经济而大量开展广告宣传活动和公共关系活动。尽管非营利组织存在许多不同于营

---

① ［1］人事部全国职称考试指导中心. 经济基础理论及相关知识（中级）［M］. 北京：中国商业出版社，1993：340. ［2］欧国立. 市场营销［M］. 北京：中国铁道出版社，1997：20.

② 孟林明，林志扬. 市场营销学［M］. 南昌：江西人民出版社，1997：17-19.

利性组织的特点，但市场营销的基本原理已为非营利组织所广泛应用。

（2）从应用于卖方向应用于买方扩展

传统的市场营销基本原理是站在卖方的角度来阐述的。市场营销的基本原理主要是用于指导卖方开展市场营销活动，其现在已经从应用于卖方向应用于买方扩展。例如，企业应用市场营销的基本原理对所要采用的机器设备采取招标、投标的方式选择供应商；刚毕业的大学生会登出求职广告。又如，一位买服装的顾客会根据自己的经济水平、对服装的要求以及各个商店的特点选择所要去的商店，他这是在进行目标市场的选择；他在买服装过程中与售货员讨价还价，他这是在运用价格策略等。

1.2　市场营销观念的发展

任何企业的市场营销活动都包含一定的指导思想，即市场营销观念。市场营销观念就是指人们通过对客观市场环境的认识而产生的一种组织市场营销活动的经营哲学。其实质在于如何认识和处理公司的生产、销售与市场需求之间的关系，其核心问题是以什么为中心来组织生产经营活动。市场营销观念左右着企业营销活动的基本方向，制约着企业的市场营销目标和原则，关系到企业市场营销活动的质量及成败。一个企业只有树立起正确的市场营销观念，才能正确处理生产、销售与市场需求的矛盾，有效发挥市场营销的作用，保证市场营销活动的顺利进行。

在20世纪，西方发达国家先后出现了五种具有代表性的市场营销观念：生产观念、产品观念、推销观念、市场营销观念和社会营销观念。我国的企业也经历了这些观念的变化。随着改革开放的深入及世界贸易组织的准入，我国企业的市场营销观念正在迎头赶上西方企业。

1.2.1　生产观念

生产观念又称生产中心论。在当时社会生产力比较低的情况下，企业生产的产品品种单一，产品供不应求，市场是典型的卖方市场。在这种情况下，企业生产的产品只要有用，就不愁没销路。销售对企业来说不成问题。企业坚持"以产定销"的观念，即"企业生产什么，消费者就买什么"。

这种观念的基本内容是，企业以改进、增加生产为中心，生产什么产品，就销售什么产品。在此观念指导下，企业的中心任务是集中一切力量增加产量、降低成本，提高生产效率。这种观念的产生和存在是以产品供不应求、不愁销路为条件，以大批量、少品种、低成本的生产更能适应消费者需求为前提的。坚持这种观念的人认为，只要有生产，就必定有销路。在产品供不应求，消费者渴求任何买得到又买得起的产品，而不苛求产品的花色、品种和特色时，往往容易产生这种经营观念。在计划经济体制下，这种观念占主导地位。

1.2.2　产品观念

产品观念又称产品中心论。随着科学技术的发展，企业能生产出更新、更好的产品来满足消费者的需要。经济的发展和人们生活水平的提高使消费者已不再满足于低质量的产品，而是期望用高质量的产品满足更高生活品质的需要。在这种情况下，企业追求"以质取胜"。企业尽可能应用先进的工具、方式和管理理念生产出高质量的产品，满足市场需求，获得期望的利润。

这种观念认为，消费者总是欢迎那些质量高、性能好、有特色、价格合理的产品，因此，只要提高产品质量，做到物美价廉，产品就不愁销路。虽然这种观念本质上还是生产什么就销售什么，但是它比生产观念多了一层竞争色彩。在产品供给稍有宽裕、供求关系相对缓和的背景下，这种观念为企业管理者所接受。然而，大量事实证明，经久耐用、货真价实的产品虽然具有一定的竞争性，但它们并不会永远畅销。企业强调产品质量和性能是完全必要的，但它只有在充分适合消费的前提下才会具有现实意义。

1.2.3　推销观念

推销观念又称推销中心论。随着生产力的提高，卖方市场向买方市场转化，市场上产品"相对过剩"使企业的销售问题突出，当产品销售取代生产成为企业的主要矛盾时，推销观念便应运而生。企业必须想方设法把自己的产品推销出去，因此，企业坚持"以产促销"的观念，即"企业销售什么，消费者就买什么"。企业尽可能地采取各种手段把产品推向消费者，从而获得尽可能多的利润。

这种观念强调：如果不努力销售，消费者就不会大量购买。企业努力推销什么产品，消费者就会更多地购买什么产品。坚持这种观念的人认为，只有生产不出来的产品，没有销售不出去的产品，全在于会不会推销。在此观念指导下，企业十分注意运用各种推销手段，寻找"点子""创意"，千方百计加强推销工作，力求赢得更多的顾客，以提高产品的市场占有率。由于推销观念仍然是从既有的产品出发，因而本质上仍然是生产什么就销售什么，以此来指导企业的市场营销活动。这种观念有时会产生一定的效果，但不可能从根本上形成企业生产经营的良性循环。

1.2.4　市场营销观念

市场营销观念又称需求中心论。科学技术和经济的迅速发展使市场竞争十分激烈，市场已从卖方市场向买方市场全面转化。消费者不再满足于被动接受企业推销的产品，而要求企业按照消费者的需求设计和生产产品。这就要求企业的经营观念从过去的"以产促销"转变为"以销定产"，消费者需要什么产品，企业就尽量生产什么产品。

这是一种与上述观念完全不同的现代市场营销观念。在这种观念的指导下，企业考虑问题的逻辑顺序不是从既有的生产出发，以现有的产品去吸引或寻找消费者，而是从市场上的消费者需求出发，按照消费者的需求去组织生产和销售。企业的主要目标不是单纯追求销售量的短期增加，而是着眼于长久占领市场阵地。奉行市场营销观念的企业十分重视市场研究，力求在需求的动态变化中不断发现那些尚未得到满足的消费者需求，并通过产品、价格、渠道、促销等策略的制定来满足这种需求。市场营销观念是20世纪50年代以来随着买方市场的出现而产生的。由于这种观念符合生产是为了满足消费的原理，因而一提出就引起了广泛的注意，并成为当代市场营销学研究的主线。

1.2.5 社会营销观念

社会营销观念又称社会中心论。企业在开展生产活动的过程中，在使需求得到满足和使自己获得利润的同时，有许多企业往往会忽视社会公众的利益。随着商品经济的发展，企业生产水平得到了极大的提高，但过量生产、大量消费、激烈竞争造成了资源浪费、环境污染和物价上涨等问题。这些都使社会公众的利益受到损害，必然引起消费者的反感，损害企业在公众心目中的形象，反过来影响企业产品的销售，最终影响企业的利润。在这种情况下，企业不得不考虑社会舆论和政府干预，开始用社会营销观念来补充和完善市场营销观念，要求企业在追求自身利润最大化的同时，关注社会公众的利益。

❖ **营销实践1-1**

葛兰素史克（中国）行贿事件

警方披露了全球知名药企葛兰素史克（中国）投资有限公司部分高管涉嫌经济犯罪的案情。包括葛兰素史克（中国）4名高管在内，超过20名药企和旅行社工作人员被警方立案侦查。

该公司为达到打开药品销售渠道、提高药品售价等目的，利用旅行社等渠道，向政府部门官员、医药行业协会和基金会、医院和医生等行贿。涉案的高管涉嫌职务侵占、非国家工作人员受贿等经济犯罪。旅行社相关工作人员则涉嫌行贿，并协助上述高管进行职务侵占。

葛兰素史克（中国）投资有限公司是目前在华规模最大的跨国制药企业之一。葛兰素史克曾在美国、意大利、新西兰等国涉嫌违规行为被处以高额罚款。

该事件并非外企涉嫌在华行贿孤例，之前诸多知名跨国公司都曾在华涉嫌商业贿赂。

资料来源 刘刚. 葛兰素史克"贿赂门"20余人被抓 四大高管被警方控制 ［N］. 新京报, 2013－07－15.

社会营销观念的基本内容是：企业提供的产品不仅要满足消费者的需求，而且要符合社会的长远利益，关心和增进社会福利，主张将企业利润、消费者需求与社会公众利益三者统一起来。

上述五种观念可以归并为两大类：一类是传统市场营销观念，包括生产观念、产品观念和推销观念；另一类是现代市场营销观念，包括市场营销观念和社会营销观念。这两类观念的本质区别在于：前一类观念的出发点是产品，以卖方（企业）的需要为中心，通过大量销售来赚取利润；后一类观念的出发点是顾客，以买方（顾客）的要求为中心，其目的是通过满足顾客需求来获取利润，是一种"以顾客为导向"或称"市场导向"的市场营销观念。

　　以上市场营销观念的产生和存在都与一定的生产力发展水平和社会政治、经济制度相联系、相适应。尽管它们在历史上是依次出现的，但并不能认为它们是此生彼亡的关系。由于各种产品的供求状况、企业的规模不同，企业领导的价值取向和经验判断也有区别，因而，在同一时期，不同的企业往往会有不同的市场营销观念。就我国目前的实际情况来看，传统市场营销观念在相当多的企业中仍然存在，特别是在某些国有企业中；但是自从现代市场营销观念出现以来，奉行传统市场营销观念的企业受到现代市场营销观念的启迪和影响。

1.3　市场营销学的发展

　　市场营销是商品生产经营者为生存和发展而处理以市场为中心的各种外部关系、适应和驾驭外部环境的微观经济活动过程。在不同的环境条件下，在市场经济与市场竞争发展的不同阶段中，市场营销的重要性与活动内容有很大不同，基于市场营销实践的市场营销理论也有很大差异。

1.3.1　市场营销学的历史沿革

　　市场营销学作为一门新兴的学科，于19世纪末20世纪初产生于当时商品经济发达的美国。纵观它的发展历程，可以看出市场营销学对市场营销活动规律的认识是逐步深化的，大致经历了四个阶段。

1.3.1.1　市场营销学形成阶段（19世纪末至20世纪20年代）

　　19世纪末20世纪初，继英国的产业革命后，一些主要的资本主义国家也相继完成了产业革命，资本主义商品经济迅速发展，产品供应迅速增加，市场开始出现产品过剩的状况。经营者为了扩大销售而绞尽脑汁，迫切需要有科学的销售方法、技巧来引领，以刺激需求。为适应这种经营实践活动的需求，一些经济学家开始对市场进行研究。1902年，美国一些大学正式设置市场营销课程。1912年，第一本以《市场营销学》（Marketing）命名的教科书问世于美国的哈佛大学，被称为市场营销学作为一门独立学科出现的里程碑。但是，这一时期的市场营销学还缺乏明确的理论体系，研究的内容主要侧重于实体分配和推销方法，其实质只是"推销学""广告学"，而且研究仅局限于大学，还没有引起社会足够的重视。

1.3.1.2　市场营销学应用阶段（20世纪20年代至40年代）

　　在20世纪二三十年代到第二次世界大战结束这一段时间里，美国等西方国家随着科学技术的进步，社会政治、经济情况不断发展变化，特别是1929年至1933年资本主义国家爆发了严重的生产过剩的经济危机，商品积压，商店关门，工厂停产，工人失业。市场开始由卖方市场向买方市场过渡，产品销售的实现成为企业面临的一个较为普遍的问题，对企业再生产的顺利进行构成了很大的威胁。企业为了争夺市场、解决产品的销售问题，开始大规模地研究市场营销活动。于是，市场营销学的研究从大学的讲坛走向社会，有力地推动了市场营销理论研究的深入，理论开始与实践相结合。至此，市场营销学才逐步形成了自己的体系，作为一门较为系统的应用科学逐步建立起来并进入了实际应用阶段，但它的应用范围基本上局限于流通领域。

1.3.1.3　市场营销学变革阶段（20世纪40年代至70年代）

第二次世界大战后，美国在战争中急剧膨胀的军事工业转向民用工业，第三次科技革命不断深入，劳动生产率大幅度提高，社会产品急剧增加。这一切都导致供求之间的矛盾更加突出。在这种情况下，市场营销活动发生了重大的变革，即从过去以推销为主转变为以消费者的需求为中心。这一基本观念的变革被西方称为"销售革命"，把它与资本主义的工业革命相提并论。这一变革要求企业把市场在生产过程中的位置颠倒过来。原来的市场营销学把市场看作生产过程的终点，市场营销职能只是把已经生产出来的产品推销出去；新的市场营销学则强调开发潜在需求，把市场作为生产过程的起点，市场营销职能必须先调查、分析消费者的需求，据此组织生产和销售。市场营销活动开始突破流通领域，进入生产经营管理，使市场营销学的研究进入了一个新阶段，并得到经济理论界和企业界广泛的重视。

1.3.1.4　市场营销学创新发展阶段（20世纪80年代至今）

市场营销理论在指导企业的市场营销实践中作出了重要贡献。但20世纪80年代以后，随着国际竞争的日益加剧，市场营销环境复杂多变，对某些特殊市场营销环境而言，常规的市场营销理论及方法显露出某种局限和不足。1984年，科特勒提出了大市场营销（megmarketing）理论。大市场营销理论是20世纪80年代市场营销战略思想的又一新发展。这一理论为企业应对更复杂的环境、打破各种封闭市场的"壁垒"、成功地开展市场营销提供了有力的武器。

20世纪90年代，国际经济与贸易日益呈现出全球化和一体化的趋势，国际竞争空前激烈。为适应这种变化和发展趋势，全球市场营销管理（global marketing management）理论应运而生。全球市场营销管理理论在审视世界市场时，角度与视野都发生了某些本质的变化。它突破了国界的概念，从世界市场范围来考虑企业市场营销战略的发展，以求取得企业的综合竞争优势。全球市场营销管理理论的形成与发展使国际市场营销管理不仅在理论上更加成熟，而且在更大的规模和更广泛的意义上拓展了国际化企业在全球市场上开展营销活动的战略思想。

1.3.2　市场营销学在中国

改革开放以后，"市场营销"这一概念才真正引入中国。我们学习西方国家百年的市场营销历史，在借鉴西方的市场营销和管理理论的基础上，逐渐形成了我们自己的市场营销理论和方法。市场营销学在中国的发展可以划分为以下阶段：

1.3.2.1　初涉市场营销

改革开放初期，中国物质商品非常短缺，企业生产的产品都能被消费者接受。中国企业创建之初的市场营销就依靠产品和有效的销售渠道，再加上有效的"点子"，往往能够吸引足够的注意力和购买力，获得成功，赚得企业的第一桶金。大多数中国企业就依靠这种"点子"进行市场营销，靠的是"短、平、快"的作战技巧，倒也能获取一定利润。但是，由于企业过分重视产品生产而不重视市场需求，随着生产的发展，供应增加，竞争加剧，需求改变，市场压力增大。部分企业生产的产品数量超出了市场的需求量，商品市场面临结构性过剩问题，企业需要解决销售问题。这时候，中国企业可以说从广告开始认识了市场营销。由于当时中国消费者的消费行为尚不成熟，企业的广告确实发挥了一定的作用；但由于企业还抱着"我生产什么，就卖什么"的观念，广告也雷同，随着消费者日渐成熟，广告效果日渐削弱了。

1.3.2.2　学习市场营销

20世纪90年代初，西方市场营销的一系列理论被全面引入中国，从理论界到企业都兴起了学习西方市场营销理论的热潮。其中最著名的是菲利普·科特勒的著作《营销管理——分析、计划、执行和控制》，其对传播营销理论和概念起到了重要的"科普"作用。随之而来的一个个市场营销理论和概念，从产品市场营销理论4P（产品（product）、价格（price）、渠道（place）、促销（promotion））到顾客市场营销理论4C（顾客（customer）、成本（cost）、便利（convenience）、沟通（communication）），从文化营销到知识营销，再到关系营销、绿色营销等概念的引入，无疑给迷惑的中国企业一个指路的坐标。在这个过程中，中国确实出现了一些成功的企业。中国的市场营销在这个阶段注重理论的累积，市场营销这个概念被无限扩大，出现了很多的市场营销神话。但由于理论界和企业对市场营销并没有进行全面、深入的理解与把握，产生了许多肤浅、片面理解市场营销的现象。企业的市场营销活动也普遍技术化、短视化，而不是从战略的角度全面理解市场营销理论，并加以应用。市场营销在中国出现了广告风、包装风、全面质量管理风等潮流。不过，再好的理论都需要与本土的实际情况相结合，只有这样才能发挥理论的指导作用。

1.3.2.3　市场营销理论本土化

20世纪90年代中后期，人们逐渐认识到市场营销理论需要与中国国情相结合，才能使中国企业有更好的发展机会。企业开始意识到，市场营销并不是一种潮流或一项运动，市场营销是从了解消费者的需求出发，有针对性地进行产品开发，通过销售活动满足消费者的需求。中国企业开始重视市场研究、新产品开发，潜心进行品牌经营，关注顾客满意度，从而形成了一批将市场营销理论与中国实际相结合、在激烈的市场竞争中脱颖而出的傲视国内市场并走向世界的企业。例如，"文化营销"这一概念的引入就有其特定的基础。人们在享受物质的时候，更加需要的是一种心理感受。将文化营销融入中国深厚的文化根基中，应运而生了一批知名企业。当然，这时候的中国企业还仅限于将市场营销理论与中国的实际国情相结合，还没有发展出自己的市场营销理论。在这个时期出现一种现象，就是企业过分注重策略以及市场营销理论的应用，而忽略企业在销售中的实体的建立，往往名震一时，而后便沉寂了。

1.3.2.4　中国特色市场营销理论的探索

在复杂多变的中国市场上，是没有现成的模式可循的，西方完善的市场营销理论也有其局限性，如果不跳出专业来审视市场营销，常常会走入死胡同。所以，现在中国企业更加强调的是在本土化基础上的创新，借助我们对本国国情和消费者的了解，再结合市场营销实战的经验，找到中国市场自己的市场营销规则。

在这个过程中，出现了很多切合中国人思想和文化习惯的市场营销思想，它们针对的是中国人文化积淀上的各种取向：

（1）家族取向——注重家庭伦理；

（2）关系取向——注重和谐和相互信赖；

（3）权威取向——注重对权威的依赖；

（4）舆论取向或面子取向——注重别人对自己的看法，有从众心理；

（5）人情取向——讲人情、不守规则等。

时代烙印对中国人也产生了重要的影响，如在20世纪60年代中期到80年代中期生活过的人会有"文革"的烙印和"改革开放之初"的烙印。这些都是基于中国的特定环境所产生的，是特有的中国市场营销思维。[①]现在已经有部分企业创造出属于自己的行之有效的市场营销体系。随着中国经济的发展、市场环境的变化，会有越来越多的企业和学者研究适合中国市场环境的、能够切实指导实践的中国式的市场营销理论。

学思践悟

喜茶被约谈，营销可跨界但千万别"越界"

党的二十大报告指出："我们要坚持走中国特色社会主义法治道路，建设中国特色社会主义法治体系、建设社会主义法治国家，围绕保障和促进社会公平正义，坚持依法治国、依法执政、依法行政共同推进，坚持法治国家、法治政府、法治社会一体建设，全面推进科学立法、严格执法、公正司法、全民守法，全面推进国家各方面工作法治化。"

近期，茶饮品牌"喜茶"因推出一款联名跨界茶饮被有关部门约谈。尽管相关产品已经下架，但联名跨界这个当下颇火的创新之举，依然值得思考：产品联名跨界应当遵循怎样的原则？产品营销的边界又在哪里？

近年来，品牌搞联名、营销求创新，成为热潮和趋势。诸如老字号与新品牌的"联手"，本地白酒与西式咖啡的"融合"，还有各式"玩梗"、花样传播的包装、广告，赚足了眼球，好不热闹。其中成功大卖的有很多，但效果平平、"铩羽而归"乃至彻底"翻车"的，也不在少数。有的品牌，甚至在包装设计、广告营销中打"擦边球"、搞"大尺度"、玩"恶趣味"，受到有关部门处罚，被不少消费者"拉黑"。创意可以有，但底线不能无。那些"越界"的营销，损失了销量，"砸坏"了口碑，最终必然是"赔本买卖"。如此深刻的教训，已足够令人警醒。

出圈不能出格，炒热不是炒作。想要创意营销立得住、跨界合作走得远，首先必须稳稳地站在法律和法规的一边、公序良俗的一边。有些品牌，故意在灰色地带游走，试探规则的底线，受到严厉惩戒，一点不亏。还有些品牌，创意令人点赞，但创新中忽视了相关法律和法规，为此受到惩罚就颇让人惋惜。比如，有烘焙品牌擅自将知名卡通IP装裱在食品之上，虽然消费者很满意，但涉嫌侵犯他人版权。创新，从来不是在"真空"中搞创

---

① 沈志勇. 中国式营销潜规则［EB/OL］.［2013-07-22］. http://www.emkt.com.cn/article/266/26658. html.

意，可以天马行空，但不能无所顾忌。多些规则意识，把法律的规范、公序良俗的底线作为"边框"，才能绘出令人眼前一亮的创意。

要想打造真正可以长红的"网红"、经得住流量"洗礼"的产品，说到底，还是要把握好品质与营销的关系。品质和服务是本，失去了"本"，再好的营销创意也就成为"末"。可以看到，从越做越好的老字号，到傲立街边、客流不断的"百姓食堂""土菜馆"，再到逐步以高品质"征服"消费者的国货潮牌……那些精心打磨产品、为消费者奉上高性价比的经营主体，才是消费者心中真正的"顶流"。网络时代，一句"酒香不怕巷子深"或许稍显迂阔，但倘若"酒不香"，再怎么浅的巷子、再怎么火热的营销，也没得"飘"啊！

营销中的好创意、巧联名，为市场注入蓬勃活力。不必给火热的营销创新"泼冷水"，但商家确实需要一些"冷思考"。在"流量至上""眼球经济"的当下，那份对品质的执着坚守、对质量的不懈追求，更显珍贵。航行于广阔的商海，唯有以高质量产品为"桨"、优质服务作"帆"，辅以创意营销之"风"，才能不至于"迷航"，且行稳致远。

资料来源　力石. 人民日报评论：喜茶被约谈，营销可跨界但千万别"越界"［EB/OL］.［2023-12-14］. https://baijiahao.baidu.com/s?id=1784625616980199422&wfr=spider&for=pc.

关键术语

市场营销　生产观念　产品观念　推销观念　市场营销观念　社会营销观念

主要观念

1. 市场营销是企业诱发和满足消费者需求并关注社会公众利益，从而促进企业的生存和发展的一系列活动。

2. 当代市场营销观念要求企业的市场营销活动必须在消费者需求、企业利润和社会公众利益三者之间取得平衡。

3. 市场营销原理不仅适用于营利组织，而且适用于非营利组织。

4. 中国市场营销需要在不断将国际先进理论和经验本土化的基础上寻求创新，探寻中国市场自己的营销规则。

基本训练

❖ 知识题

第1章判断题

一、简答题

1. 什么是市场营销？其有哪些功能？

2. 为什么市场营销不能与推销混为一谈？

3. 市场营销观念经历了哪些阶段？

4. 现代市场营销观念的核心是什么？它与传统市场营销观念的主要区别是什么？

5. 早期的可口可乐在世界各地都销售一种口味、一种包装、一种牌号的产品，这是什么市场营销观念？为什么？

二、论述题

企业如何树立现代市场营销观念？

❖ 技能题

河南人金荫芝于 1870 年在苏州开设了一个小糖果摊——采芝斋。相传清朝光绪年间，慈禧太后突然染病，胸闷气喘、咳嗽痰盛，御医久治无效，无奈中想到苏州名医曹沧州。曹沧州得知太后要召见自己，问过病情后，就到采芝斋买了两斤贝母糖上路。慈禧吃下贝母糖后，顿觉眼目清凉、神清气爽，连称神奇。消息传到采芝斋，金荫芝察觉到这是一个百年难遇的大好商机，于是抓住这一商机使采芝斋糖果盛传天下，成为百年老店。

资料来源　徐森. 苏州采芝斋［M］//谢牧，吴永良. 中国的老字号（下）. 北京：经济日报出版社，1988：161-162.

问题：

（1）金荫芝是采用什么行动抓住这一商机的？

（2）如果当年金荫芝请人设计一个市场营销方案，你认为什么方案好？

❖ 能力题

英国航空公司的"顾客至上"

1988 年，英国航空公司的一架波音 747 飞机在东京起飞前，因机械故障，不得不向购买该航班机票飞往伦敦的 191 名乘客发出通知：008 号航班推迟 20 小时才能起飞，请各位旅客换乘其他航班。随后 190 名乘客经劝说改乘其他航班。唯有一位日本乘客大竹秀子，坚持非 008 号航班不乘。在此情况下，008 号航班经维修排除故障后，载着大竹秀子一位乘客直飞伦敦。在历时 13 个小时、13 000 千米的航程中，353 个座位的大飞机、15 名空乘人员和 6 名机组人员热忱为她一人服务。英国航空公司在这件事上所表现出来的"顾客至上"的经营理念被媒体报道后，一夜之间成为航空界的美谈，使千千万万的乘客为之惊叹，并以能乘上该航空公司的航班而自豪。

资料来源　丁乐飞. 公共关系原理与实务［M］. 合肥：中国科学技术大学出版社，1990：318-319.

问题：

（1）英国航空公司坚持的是什么市场营销观念？

（2）此种市场营销观念有何特点？

（3）为什么说市场营销观念的产生是企业经营观念的一次飞跃？

第 2 章　市场营销环境

❖ **引例**

抓住战略机遇新的有利条件

党的二十大报告指出："我国发展进入战略机遇和风险挑战并存、不确定难预料因素增多的时期，各种'黑天鹅''灰犀牛'事件随时可能发生。"这是党的二十大在深入分析当前和未来的国际和国内形势，准确把握纷繁复杂的国内外现象的本质基础上作出的论断。

尽管风险挑战增多，但中国发展具有诸多战略性有利条件，包括中国共产党的坚强领导、中国特色社会主义制度的显著优势、持续快速发展积累的坚实基础、长期稳定的社会环境和自信自强的精神力量。这些战略性有利条件为中国在新征程上从容应对风险挑战，抓住发展战略机遇奠定了基础。

人民日益增长的美好生活需要和不平衡不充分的发展之间的矛盾成为新时代社会主要矛盾。随着生活水平提高和时代变化，人民对美好生活的向往发生新的变化。需求的变化需要供给发生相应变化。过去支撑经济持续高速增长和社会长期稳定的因素在新时代不能完全满足发展需要。单纯依靠要素投入来拉动经济增长的粗放型发展模式已经不可持续，单纯追求经济总量增长速度的做法已经不合时宜。党的十八大以来，中国立足新发展阶段，贯彻新发展理念，构建新发展格局，走出了一条高质量发展的道路。创新成为经济发展的不竭动力。中国通过市场引领、政府支持、财政金融激励、产学研一体化促进创新发展，国家创新体系不断完善，创新活力不断增强。中国从事研发的科学家和工程师人数已居世界第一，研发投入金额已稳居世界第二，研发投入与GDP之比已达2.55%，并仍在稳步上升。在信息通信技术、人工智能与数字技术、量子技术、生物技术等诸多先进技术领域，中国已经取得长足进步并走在世界前列。在未来科技竞争中，中国有了一席之地并保持良好发展态势。绿色发展深入人心，深入产业，绿色产业快速发展，绿水青山就是金山银山正在成为现实。中国已经走在光伏、动力电池等新能源技术的世界前列，成功占据绿色发展和新能源革命的制高点。另外，中国还推动乡村振兴、促进区域协调发展，并在实现全面建成小康社会目标、取得脱贫攻坚伟大胜利的基础上，提出实现共同富裕的目标，不断夯实社会稳定基础。中国具备续写经济持续快速发展和社会长期稳定两大奇迹的基础条件。

巨大国内市场规模对全球商品和要素具有强大吸引力，中国有条件保持高水平对外开放态势。中国制造业增加值规模和国内市场货物支出规模已经超过美国，位列全球第一。2021年，中国制造业增加值为31万亿元人民币，约合4.9万亿美元，而美国制造业增加值仅为2.5万亿美元；2021年，按照GDP口径统计的最终支出，剔除服务支出后，中国国内货物支出总额为50万亿元人民币，约合7.7万亿美元，而美国国内货物支出总额仅为5.5万亿美元。货物市场特别是制成品市场在国际上比服务业具有更大的可贸易程度，中国巨大的国内市场规模对全球商品和生产要素有强大吸引力。中国作为第一大贸易伙伴的经济体数目已经超过美国。中国吸引的外商直接投资持续增长，2021年以1 800多亿美元的外商直接投资流入额高居发展中国家榜首。被认为从中国吸引了大量转移投资的印度和越南，2021年的外商直接投资额分别仅为447亿美元和157亿美元。

另外，中国GDP增量多年位居世界第一，对世界生产总值增长的贡献多年超过30%。未来中国仍将保持世界上最大规模的GDP增量。这就意味着中国将是未来全球收入和财富增长的最大源泉。除了个别不惜代价与中国脱钩的国家，世界上绝大部分国家均将继续与中国保持并不断加深经济联系。中国对外开放仍有广阔的空间。中国仍可按照自己的步调，不断推动高水平对外开放，并以此推动形成开放型世界经济，在反全球化的逆流中成为坚定的推动全球化的力量。

资料来源　姚枝仲. 如何认识中国面临的战略机遇和风险挑战 [J]. 国际经济评论，2023，165（3）：9-18；4.

2.1　市场营销环境概述

2.1.1　市场营销环境的定义

任何企业的市场营销活动都是在一定的环境下展开的，市场营销环境为企业的市场营销活动创造了机会，也提出了挑战。企业在开展市场营销活动时，要处理好市场营销活动和市场营销环境的关系，使企业在复杂多变的市场营销环境中立于不败之地。

市场营销环境是指与企业市场营销活动有关的内部、外部因素的总和。市场营销环境包括微观市场营销环境和宏观市场营销环境两大类。微观市场营销环境是指直接影响企业市场营销活动的各种因素，由供应商、营销中介、顾客、竞争者、社会公众及企业内部环境等构成。宏观市场营销环境是指间接影响企业市场营销活动的各种社会力量，包括人口环境、经济环境、社会文化环境、政治与法律环境等。

2.1.2　市场营销环境的特点

（1）客观性

市场营销环境不以某个市场营销组织或个人的意志为转移，它有自己的运行规律和发展特点。企业的市场营销活动只能主动地适应和利用客观环境，不能改变或违背客观环境。客观地检测环境因素才能减少市场营销决策的盲目和失误，赢得市场营销活动的成功。

（2）动态性

市场营销环境是企业市场营销活动的基础和条件。这并不意味着市场营销环境是一成不变的、静止的，恰恰相反，其总是处在一个不断变化的过程中，是一个动态的概念。各因素在不同的形势下，对企业市场营销活动的影响不一样，有的变化快一些，有的则变化慢一些；有的变化大一些，有的则变化小一些。企业的市场营销活动必须适应环境的变化，不断地调整和修正自己的市场营销策略，否则将丧失市场机会。

（3）相关性

市场营销环境各因素之间是相互依存、相互作用和相互制约的。某一因素的变化会带动其他相关因素的变化，从而形成新的市场营销环境。一个社会经济现象的出现不是由单一因素决定的，而是一系列相关因素作用的结果。例如，企业开发新产品时，不仅要受到经济因素的影响和制约，更要受到社会文化因素的影响和制约。

（4）不可控性

影响市场营销环境的因素表现出企业不可控性。一个国家的政治和法律制度、人口增长速度以及一些社会文化习俗等，企业不可能随意改变。这种不可控性对不同企业表现不一，有的因素对某些企业来说是可控的，对另一些企业则可能是不可控的；有些因素在今天是可控的，到了明天则可能变为不可控的。

2.1.3　分析市场营销环境的意义

（1）把握环境的变化趋势，及时制定对策

企业的生存和发展始终离不开外界环境的影响和制约，只有通过市场调查研究，充分了解环境的变化，掌握环境的变化趋势，据此制定企业的战略，及时调整企业市场营销策略，才能制订出切实可行的、科学的决策方案。

（2）更好地满足消费和引导消费

企业生产的最终目的是为社会提供所需要的各种产品，满足社会的需求。企业只有在了解市场营销环境变化的基础上，不断推出适销对路的产品，才能达到这个目的。这就必须在生产前进行充分的市场调查和预测，全面了解市场营销环境。

(3) 增强企业竞争能力和规避风险的能力

了解市场营销环境的变化，掌握竞争者的变化情况，就可以更好地制定本企业的市场营销策略，有针对性地增强本企业的应变能力，不断提高自身的素质，增强本企业的活力，进而取得更大的经济效益，不断扩大企业规模，提高经营水平，走向良性循环的道路。同时，通过环境分析，及时发现现实的和潜在的对企业发展不利的一些特征和变化，通过企业预警系统，合理安排规避和降低风险的手段和措施。

2.2　微观市场营销环境

企业在生产经营活动中，首先要从外部输入各种要素，包括人力、物力、财力和信息，通过在企业内部进行加工制造，然后向外部输出各种要素。在这个过程中，最主要的是企业的市场营销部门必须根据消费者和社会公众的要求、市场竞争的情况、供应商所能提供的原材料情况及企业内部的资源分配情况，决定要向市场以什么样的价格、通过什么样的渠道、以什么样的方式输出消费者所需要的产品。这些因素对企业市场营销活动的影响是直接的、具体的，对此企业在一定程度上是可控的。这些对个别企业产生影响的环境因素，被称为企业的微观环境。企业的微观环境由供应商、企业内部环境、营销中介、顾客、竞争者和社会公众构成（如图2-1所示）。

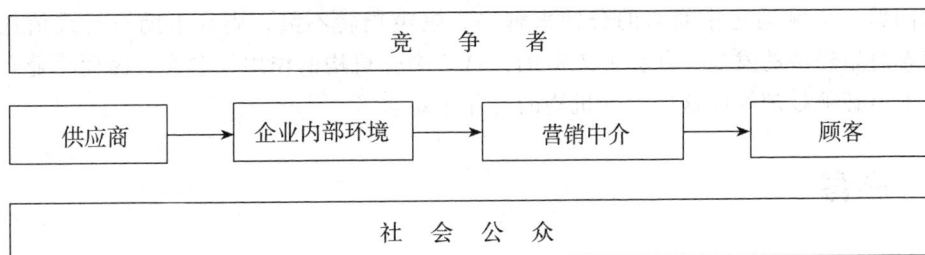

图2-1　企业的微观环境

资料来源　孟林明，林志扬. 市场营销学［M］. 南昌：江西人民出版社，1997：28.

2.2.1　供应商

供应商是指向企业提供生产上所需要的资源的企业和个人。其提供原材料、设备、能源、服务等，与企业构成协作关系。供应商所提供资源的价格和数量直接影响企业产品的价格、销量和利润。供应短缺、工人罢工或其他事故，都可能影响企业按期完成交货任务。这从短期来看，损失销售额；从长期来看，则损害企业的信誉。因此，企业应该了解各供应商所能提供的商品品种、规格、质量、价格、信贷条件、运输方式、信誉等，密切注意各个供应商各方面情况的变化。企业应该通过积极的市场营销活动，使各种物资供应能保证生产的顺利进行，也使企业在与供应商建立的供销关系中处于主动地位，降低供应风险。

2.2.2 企业内部环境

一个企业的市场营销部门不是孤立的，它面对着许多其他职能部门，如高级管理层（如董事会等）以及财务、研发、采购、制造和会计等部门。这些部门之间的分工是否科学、协作是否和谐、目标是否一致、配合是否默契，都会影响企业的市场营销决策和市场营销方案的实施。例如，在市场营销计划的执行过程中，资金的有效运用、资金在制造部门和市场营销部门之间的合理分配、可实现的资金回收率都与财务部门有关；新产品的设计和生产方法是研发部门集中考虑的问题；生产所需原材料能否得到充分供应，是由采购部门负责的；制造部门负责完成生产指标。所有这些部门都同市场营销部门的计划和活动发生密切的关系。

2.2.3 营销中介

营销中介是指在促销、销售以及把产品送到最终购买者方面给企业以帮助的那些机构，包括中间商、实体分配机构、营销服务机构（调研公司、广告公司、咨询公司等）、金融中介（银行、信托公司、保险公司等）。这些都是市场营销中不可缺少的中间环节，大多数企业的市场营销活动都需要有它们的协助才能顺利进行。比如，生产集中和消费者分散的问题，必须通过中间商的分销来解决；资金周转不灵，则须求助银行或信托公司等。随着商品经济的发展，社会分工愈细，这些中介机构的作用就愈大，因而企业在市场营销过程中必须处理好同这些中介机构的合作关系。

2.2.4 顾客

顾客是企业市场营销活动的起点，也是市场营销活动的对象和终点，是企业最重要的一个环境因素，企业需要仔细了解其顾客。通常按顾客及其购买目的的不同来划分，市场可以分为消费者市场、产业市场、中间商市场和政府市场等。这些市场上的消费者需求不相同而且时刻变化，必定要求企业以不同的服务方式提供不同的产品，从而制约企业市场营销决策的制定。这种划分方法可以具体、深入地了解不同市场的特点，更好地贯彻以顾客为中心的经营思想。

2.2.5 竞争者

从消费者需求的角度划分，企业的竞争者分为以下几种：

（1）愿望竞争者

愿望竞争者是指提供不同产品以满足不同需求的竞争者。例如，电视机制造商的愿望竞争者是生产冰箱、洗衣机等不同产品的厂家。如何促使消费者首先购买电视机，而不是首先购买其他产品，这就是一种竞争关系。

（2）平行竞争者

平行竞争者是指提供能够满足同一种需求的不同产品的竞争者。例如，LED 电视、OLED 电视都是家庭的视频工具，这两种产品的生产经营者之间存在竞争关系，它们也就相互成为各自的平行竞争者。

（3）产品形式竞争者

产品形式竞争者是指生产同种产品，但提供不同规格、型号、款式的竞争者。

（4）品牌竞争者

品牌竞争者是指产品的规格、型号等相同，但品牌不同的竞争者。

在同行业竞争中，特别需要重视的方面是：

（1）卖方密度

卖方密度是指同一行业或同一类商品经营中卖方的数量。这种数量在市场需求量相对稳定时直接影响到企业市场份额的大小和竞争激烈程度。

（2）产品差异

产品差异是指同一行业中不同企业生产同类产品的差异程度。差异使产品各有特色、相互区别，这实际上就存在一种竞争关系。

（3）进入难度

进入难度是指某个新企业在试图加入某行业时所遇到的困难的程度。

2.2.6　社会公众

社会公众是指所有实际或潜在地关注、影响一个企业达到其目标能力的其他企业、机构和个人等，包括金融公众（银行、投资公司、证券交易所和保险公司等）、媒体公众（门户网站、自媒体平台、报社、杂志社、广播电台和电视台等）、政府公众、社团公众（消费者协会、环境保护组织等）、地方公众（企业周围的居民和社区组织）、一般公众、内部公众（企业内部全体员工，包括董事长、经理、白领工人、蓝领工人等）。所有社会公众都与企业的市场营销活动有直接或间接的关系。现代企业是一个开放的系统，在经营活动中必然与各方面有联系，必须处理好与各方面社会公众的关系。这些力量既构成企业市场营销的微观环境，也是一个企业的市场营销系统。疏通、理顺这个系统，是企业极为重要的一项经常性任务。

2.3　宏观市场营销环境

宏观市场营销环境是对所有企业都起影响作用的环境因素，它对市场营销活动的影响是间接的，但它影响的面更宽、持续的时间更长，对其进行选择和改变更困难，是企业不可控制的因素。

2.3.1　人口环境

市场由那些想购买商品同时具有购买力的人构成。因此，人口的多少直接决定市场的潜在容量。人口的年龄结构、地理分布、婚姻状况、出生率、死亡率、人口密度、人口流动性及文化教育等特性，会对市场格局产生深刻影响，并直接影响企业的市场营销活动和经营管理。企业必须重视对人口环境的研究，密切关注人口特性及发展动向，不失时机地抓住市场机会；当出现威胁时，及时、果断调整市场营销策略，以适应人口环境的变化。

营销视野 2-1

2.3.1.1　人口数量与增长速度对企业市场营销的影响

众多的人口及人口的进一步增加给企业带来了市场机会，也带来了威胁。

（1）人口数量是决定市场规模和潜量的一个基本要素

人口越多，如果收入水平不变，则对食物、衣着、日用品的需要量也越多，市场也就越大。因此，按人口数量可大略推算出市场规模。我国人口众多，无疑是一个巨大的市场。

（2）人口的迅速增长促进了市场规模的扩大

因为人口增加，其需求也会迅速增加，市场的潜力就会很大。例如，随着我国人口增加，人均耕地面积减少，粮食供应不足，人们的食物消费模式将发生变化，这就可能对我国的食品加工业产生重要影响；随着人口增长，能源供需矛盾将进一步扩大，因此研制节能产品和技术是企业必须认真考虑的问题；人口增长将使住宅供需矛盾日益加剧，这就给建筑业及建材业的发展带来机会。

但是，人口的迅速增长也会给企业市场营销带来不利的影响。比如，人口增长可能导致人均收入下降，限制经济发展，从而使市场吸引力降低；房屋紧张引起房价上涨，从而增大企业产品成本；对交通运输产生压力。

2.3.1.2　人口结构对企业市场营销的影响

人口结构主要包括人口的年龄结构、性别结构、家庭结构、社会结构以及民族结构。

（1）年龄结构

不同年龄的消费者对商品的需求不一样。按照国际通行标准，中国人口年龄结构已开始进入老龄化阶段，社会用于老年人的支出，如社会保险费用、医疗卫生费用和养老金明显增加。另外，在需求上，老年人对商品的花色、品种、款式、功能以及各种社会服务等均有特殊的需求。同时，老年人具备较强的支付能力，这使得"银发市场"变得越来越重要和活跃。

（2）性别结构

人口的性别结构反映到市场上就会出现男性和女性用品市场。

（3）家庭结构

家庭是购买、消费的基本单位，其数量直接影响某些商品的数量。目前，世界上普遍呈现家庭规模缩小的趋势，越是经济发达地区，家庭规模就越小。我国随着计划生育的推行和家庭意识的变化，独生子女增多，家庭平均人口逐渐下降，家庭构成呈现小型化趋势。家庭数量的剧增必然会引起对炊具、家具、家用电器和住房等需求的迅速增长。2016年全面放开二孩的政策对市场营销活动也有所影响。

（4）社会结构

我国的人口绝大部分在农村，农村是个广阔的市场，有着巨大的潜力。这一社会结构的客观因素决定了企业在国内市场中应当将农民作为主要市场营销对象之一，市场开拓的重点也适当考虑农村。尤其是一些中小企业，更应注意开发物美价廉的产品来满足农民的需求。

（5）民族结构

我国民族众多，民族不同，人们的生活习性、文化传统也不相同。这反映到市场上，各民族人民的市场需求存在很大的差异。因此，企业市场营销人员要注意民族市场的市场营销，重视开发适合各民族特性、受其欢迎的商品。

2.3.1.3　人口的地理分布及流动对企业市场营销的影响

人口的地理分布指人口在不同地区的密集程度。由于自然地理条件以及经济发展程度等多方面因素的影响，人口的分布绝不是均匀的。人口的这种地理分布表现在市场上，就是人口的集中程度不同，则市场大小不同；消费习惯不同，则市场需求特性不同。例如，南方人吃大米更多，北方人喜欢以面粉为主食；江、浙、沪一带的人喜食甜，而川、湘、鄂一带的人喜食辣。

随着经济的活跃和发展，人口的区域流动性也越来越大。在发达国家，除了国家之间、地区之间、城市之间的人口流动外，还有一个突出的现象就是城市人口向农村流动。在我国，人口的流动主要表现在农村人口向城市或工矿地区流动，内地人口向沿海经济开放地区流动。另外，经商、观光旅游、学习等使人口流动加速。对于人口流入较多的地方而言，一方面由于劳动力增多，就业问题突出，从而加剧行业竞争；另一方面，人口增多也使当地基本需求量增加，消费结构也发生一定的变化，继而给当地企业带来较多的市场份额和市场营销机会。

2.3.2　经济环境

2.3.2.1　经济发展水平

企业的市场营销活动受到一个国家或地区的经济发展水平的制约。经济发展阶段不同，居民的收入不同，顾客对产品的需求也不一样，从而会在一定程度上影响企业的市场营销。例如，就拿消费者市场来说，在经济发展水平较高的地区，市场营销强调产品款式、性能及特色，品质竞争多于价格竞争；在经济发展水平较低的地区，则较侧重于产品的功能及实用性，价格因素比产品品质更为重要。在产业市场方面，在经济发展水平较高的地区，企业着重投资较大而且能节省劳动力的先进、精密、自动化程度高、性能好的生产设备；在经济发展水平较低的地区，生产设备大多是一些投资少而耗劳动力多、易操作、较为落后的设备。因此，对于不同经济发展水平的地区，企业应采取不同的市场营销策略。我国将进入经济起飞阶段，市场规模逐渐扩大，企业投资机会增多，市场交换成为企业的根本活动，信息竞争将成为市场竞争的焦点。因此，企业应当注意经济起飞阶段市场中的变化，把握时机，主动迎接市场的挑战。

2.3.2.2　消费者收入水平

消费者收入是指消费者个人从各种来源中所得的全部收入，包括消费者个人的工资、红利、租金、赠予等收入。消费者的购买力来自消费者的收入，但消费者并不是把全部收入都用来购买商品或服务，能形成购买力的收入只是个人总收入的一部分。

在研究消费者收入时，要注意以下几点：

（1）国内生产总值

它是衡量一个国家经济实力与购买力的重要指标。从国内生产总值的增长幅度中我们可以了解一个国家经济发展的状况和速度。一般来说，工业品的市场营销与这个指标有关，而消费品的市场营销与此关系不大。国内生产总值增长越快，对工业品的需求就越大，购买力就越强；反之，亦然。

（2）人均国民收入

一般来说，人均国民收入增长，对消费品的需求就越大，购买力就越强；反之，亦然。据统计，一个国家的人均国民收入达到5 000美元，机动车可以普及，其中小轿车约占一半，其余为摩托车和其他类型车。

（3）个人可支配收入

个人可支配收入是指在个人收入中扣除税款和非税性负担后所得余额。它是个人收入中可以用于消费支出或储蓄的部分，构成实际的购买力。

（4）个人可任意支配收入

个人可任意支配收入是指在个人可支配收入中减去用于维持个人与家庭生存不可缺少的费用（如房租、水电、食物、燃料、衣着等项开支）后剩余的部分。这部分收入是需求变化中最活跃的因素，也是企业开展市场营销活动时所要考虑的主要对象。因为这部分收入主要用于满足人们基本生活需要之外的开支，一般用于购买高档耐用消费品、旅游、储蓄等，它是影响非生活必需品和服务销售的主要因素。

（5）家庭收入

很多产品以家庭为基本消费单位，如冰箱、洗衣机、空调等。因此，家庭收入的高低会影响很多产品的市场需求。一般来讲，家庭收入高，对消费品的需求大，购买力也强；反之，则需求小，购买力也弱。需要注意的是，企业市场营销人员在分析消费者收入时，还要区分"货币收入""实际收入"，只有实际收入才影响实际购买力。实际收入和货币收入并不完全一致。由于通货膨胀、失业、税收等因素的影响，有时货币收入增加，实际收入却可能下降。实际收入是扣除物价变动因素后对实际购买力的反映。

2.3.2.3　消费者支出模式和消费结构

随着消费者收入的变化，消费者支出模式会发生相应变化，继而使一个国家或地区的消费结构也发生变化。恩格尔定律表明，在一定条件下，当家庭收入增加时，收入中用于食物开支部分的增长速度要小于用于教育、医疗等方面开支的增长速度。食物开支占总消费量的比重越大，恩格尔系数越高，生活水平越低；反之，则恩格尔系数越低，生活水平越高。

消费结构指消费过程中人们所消耗的各种消费资料（包括服务）的构成，即各种消费支出占总支出的比例关系。优化的消费结构是优化的产业结构和产品结构的客观依据，也是企业开展市场营销活动的基本立足点。从我国的情况看，消费结构还不尽合理。在计划经济时期，政府在住房、医疗等方面实行福利政策，从而决定了我国居民的消费支出模式以食物、衣着等生活必需品为主。随着我国社会主义市场经济的发展，以及国家在住房、医疗等制度方面改革的深入，人们的消费支出模式和消费结构都发生了明显的变化。企业要重视这些变化，尤其应掌握拟进入的目标市场中消费支出模式和消费结构的情况，输送适销对路的产品，以满足消费者不断变化的需求。

2.3.2.4　消费者储蓄和信贷情况

消费者个人收入不可能全部花掉，总有一部分以各种形式储蓄起来，这是一种推迟的、潜在的购买力。当收入一定时，储蓄越多，现实消费量就越小，但潜在消费量越大；反之，储蓄越少，现实消费量就越大，但潜在消费量越小。企业市场营销人员应当全面了解消费者的储蓄情况，尤其是要了解消费者储蓄目的的差异。储蓄目的不同，往往影响潜在需求量、消费支出模式、消费内容、消费发展方向的不同。这就要求企业市场营销人员在调查、了解储蓄动机与目的的基础上，制定不同的市场营销策略，为消费者提供有效的产品。

我国人民有勤俭持家的传统，长期以来养成储蓄习惯。我国居民储蓄额和储蓄增长率均较高。据调查，居民储蓄主要用于供养子女、婚丧嫁娶、购买住房和大件用品、购买保险等。我国居民储蓄增加，显然会使企业目前产品价值的实现比较困难，但是，企业若能调动消费者的潜在需求，就可开发新的目标市场。

消费者信贷对购买力的影响也很大。消费者信贷是消费者凭信用先取得商品使用权，然后按期归还贷款，以购买商品。这实际上就是消费者提前支取未来的收入，提前消费。信贷消费允许人们购买超过自己现实购买力的商品，从而创造了更多的就业机会、收入以及需求。消费者信贷还是一种经济杠杆，它可以调节积累与消费、供给与需求的矛盾。当市场供大于求时，国家可以发放消费信贷，刺激需求；当市场供不应求时，必须收缩消费信贷，适当抑制、减少需求。消费信贷有利于将资金投向需要发展的产业，刺激这些产业的生产，带动相关产业和产品的发展。

2.3.2.5　地区与行业发展状况

我国地区经济发展很不平衡，逐步形成了东部、中部、西部三大地带和东高西低的发展格局。同时，在各个地区的不同省市，还呈现出多极化发展趋势。这种地区经济发展的不平衡，对企业的投资方向、目标市场以及市场营销战略的制定等都会产生巨大影响。我国行业与部门的发展也有差异。今后一段时间，我国将重点发展农业、制造业和能源产业等基础产业。这些行业的发展必将带动商业、交通、通信、金融等行业和部门的相应发展，也给市场营销带来一系列影响。因此，企业一方面要处理好与有关部门的关系，加强联系；另一方面，也要根据与本企业联系紧密的行业和部门的发展状况，制定切实可行的市场营销措施。

2.3.2.6　城市化程度

城市化程度是指城市人口占全国总人口的百分比，它是一个国家或地区经济活动的重要特征之一。城市化是影响市场营销的环境因素之一。这是因为，城乡居民之间存在某种程度的经济和文化上的差别，进而导致不同的消费行为。目前我国大多数农村居民消费的自给自足程度仍然较高，而城市居民主要通过交换来满足需求。此外，城市居民一般受教育程度高，思想较开放，容易接受新生事物，而农村相对闭塞，农民的消费观念较为保守，不太容易接受新产品、新技术。企业在开展市场营销活动时，要充分注意到这些消费行为方面的城乡差别，相应调整市场营销策略。

2.3.3　政治与法律环境

政治与法律环境是影响企业市场营销的重要的宏观环境因素，包括社会的政治制度、法治建设情况、各种立法和执法情况。政治因素像一只有形之手，调节着企业市场营销活动的方向，法律则为企业规定商贸活动的行为准则。政治与法律相互联系，共同对企业的市场营销活动产生影响和作用。

2.3.3.1　政治局势

一个国家的政局稳定与否会给企业市场营销活动带来重大的影响。如果政局稳定，生产发展，人们安居乐业，就会为企业造就良好的市场营销环境；相反，政局不稳，社会矛盾尖锐，秩序混乱，这不仅会影响经济发展和人们的购买力，而且对企业的市场营销心理有重大影响。战争、暴乱、罢工、政权更替等事件都可能对企业市场营销活动产生不利影响，能迅速改变企业环境。

2.3.3.2　方针和政策

各个国家在不同时期，根据不同需要颁布一些经济政策，制定经济发展方针。这些方针、政策不仅会影响本国企业的市场营销活动，而且影响外国企业在本国的市场营销活动。一个国家制定出来的经济与社会发展战略、各种经济政策等，企业都要执行。执行的结果必然影响市场需求，改变资源的供给，扶持和促进某些行业和产品的发展，又限制另一些行业和产品的发展。企业必须按照国家的规定，生产经营国家允许的行业和产品。国家也可以通过方针、政策对企业市场营销活动施以间接影响。

2.3.3.3　国际关系

国际关系是指国家之间的政治、经济、文化、军事等关系。发展国际经济合作和贸易关系是人类社会发展的必然趋势，企业在其生产经营过程中或多或少地与其他国家发生往来，开展国际市场营销的企业更是如此。因此，国家间的关系也就必然影响企业的市场营销活动。

2.3.3.4　法律环境因素

对企业来说，法律是评判企业市场营销活动的准则，只有依法进行的各种市场营销活动，才能受到国家法律的有效保护。因此，企业开展市场营销活动，必须了解并遵守国家颁布的有关经营、贸易、投资等方面的法律、法规。如果从事国际市场营销活动，企业就既要遵守本国的法律制度，还要了解和遵守目标市场国的法律制度和有关的国际法规、国际惯例和准则。这方面因素对国际企业的市场营销活动有深刻影响。

2.3.4　自然地理环境

企业的运营和市场营销活动的开展都必须考虑自然环境的承受能力，实施可持续的发展观。一个国家或地区的自然地理环境包括该地的自然资源、地形与地貌以及气候条件，这些因素都会不同程度地影响企业的市场营销活动，有时这种影响对企业的生存和发展起决定性的作用。企业要避免由自然地理环境带来的威胁，最大限度利用环境变化可能带来的市场营销机会，就应不断地分析和认识自然地理环境变化的趋势，根据不同的环境情况来设计、生产和销售产品。

2.3.4.1　物质自然环境

物质自然资源是指自然界提供给人类各种形式的物质财富，如矿产资源、森林资源、土地资源、水资源等。自然资源是进行商品生产和实现经济繁荣的基础，与人类社会的经济活动息息相关。自然资源的分布具有地理的偶然性，分布很不均衡。企业到某地投资或从事市场营销必须了解该地的自然资源情况。可见，一个地区的自然资源状况往往是吸引外地企业前来投资建厂的重要因素。此外，自然环境对企业市场营销的影响还表现在两个方面：自然资源短缺、环境的污染与保护。这些既限制了某些行业的发展，也为企业创造了市场营销机会。

2.3.4.2　地理环境

一个国家或地区的地形、地貌和气候，是企业开展市场营销所必须考虑的地理环境因素，对市场营销有一系列影响。例如，气候（温度、湿度等）与地形、地貌（山地、丘陵等）特点都会影响产品和设备的性能和使用。在沿海地区运转良好的设备到了内陆沙漠地区就有可能发生性能的急剧变化。有些国家地域辽阔、南北跨度大，各种地形、地貌复杂，气候多变，企业必须根据各地的自然地理条件生产与之相适应的产品，才能适应市场的需求。例如，我国北方寒冷、南方炎热，会对产品提出不同的环境适应性要求。如果从经营成本上考虑，平原地区道路平坦，运输费用比较低，而丘陵地带道路崎岖，运费自然就高。可见，气候、地形与地貌不仅直接影响企业的经营、运输、通信、分销等活动，而且影响一个地区的经济、文化和人口分布状况。因此，企业开展市场营销活动必须考虑当地的气候与地形、地貌，使其市场营销策略能适应当地的地理环境。

2.3.5　科技环境

科技环境在市场营销环境中的地位和作用处于迅速上升阶段。技术因素不仅影响企业的内在环境，而且同时与其他环境因素有相互依赖的关系。对于企业市场营销决策者来说，应该注意全球科技发展的趋势：

①技术变革的速度不断加快；

②研究与开发费用不断上升；

③技术变革的法规不断增多。

科学技术的发展对于社会的进步、经济的增长和人类社会生活方式的变革都起着巨大的推动作用。现代科学技术作为重要的市场营销环境因素，不仅直接影响企业内部的生产经营，而且同时与其他环境因素相互依赖、相互作用，影响企业的市场营销活动。科学技术发展的影响是：

①直接影响企业的经济活动；

②影响企业的市场营销决策；

③造就一些新的行业、新的市场，同时使一些旧的行业与市场走向衰落；

④使产品更新换代速度加快，产品的生命周期缩短；

⑤使人们的生活方式、消费模式和需求结构发生深刻的变化；

⑥为提高市场营销效率提供了更新、更好的物质条件。

例如，互联网克服了市场营销过程中时空的限制，通过其交互性可以了解不同市场的顾客的特定需求，并有针对性地提供服务，可以说其是市场营销中满足消费者需求最具魅力的市场营销工具之一。

2.3.6　社会文化环境

社会文化是指一个社会的民族特征、价值观念、生活方式、风俗习惯、伦理道德、教育水平、语言文字、社会结构等的总和。它主要由两部分组成：一是全体社会成员所共有的基本核心文化；二是随时间变化和外界因素影响而容易改变的社会次文化或亚文化。人类在某种社会中生活，必然形成某种特定的文化。不同国家、不同地区的人民，有不同的社会与文化，代表着不同的生活模式，对同一产品可能持有不同的态度，直接或间接地影响产品的设计、包装、信息的传递方法，产品被接受的程度，分销和推广措施等。社会文化因素通过影响消费者的思想和行为来影响企业的市场营销活动。因此，企业在从事市场营销活动时，应重视对社会文化的调查研究，并作出适宜的市场营销决策。社会文化所包含的内容很多，下面仅就与企业市场营销关系较为密切的社会文化因素进行讨论。

2.3.6.1　教育水平

教育水平是指消费者受教育的程度。一个国家、一个地区的教育水平与经济发展水平往往是一致的。不同的文化修养表现出不同的审美观，购买商品的选择原则和方式也不同。一般来讲，教育水平高的地区，消费者对商品的鉴别力强，容易接受广告宣传和新产品，购买的理性程度高。因此，教育水平高低影响消费者心理、消费结构，影响企业市场营销组织策略的选取，以及销售推广方式、方法。

2.3.6.2　语言文字

语言文字是人类交流的工具，是文化的核心组成部分之一。不同国家、不同民族往往都有自己独特的语言文字；即使同一国家，也可能有多种不同的语言文字；即使语言文字相同，也可能表达和交流的方式不同。语言文字的不同对企业的市场营销活动有巨大的影响。企业在开展市场营销尤其是国际市场营销时，应尽量了解市场国的文化背景，掌握其语言文字的差异，这样才能使市场营销活动顺利进行。

2.3.6.3　价值观念

价值观念是人们对社会生活中各种事物的态度、评价和看法。不同的文化背景下，人们的价值观念差别是很大的，而消费者对商品的需求和购买行为深受其价值观念的影响。对于不同的价值观念，企业市场营销人员应采取不同的策略。对于乐于变化、喜欢猎奇、富有冒险精神、较激进的消费者，应重点强调产品的新颖和奇特；对一些注重传统、喜欢沿袭传统消费习惯的消费者，企业在制定促销策略时应把产品与目标市场的文化传统联系起来。

2.3.6.4　宗教信仰

不同的宗教信仰有不同的文化倾向和戒律，影响人们认识事物的方式、价值观念和行为准则，进而影响人们的消费行为，也带来特殊的市场需求。在一些信奉宗教的国家和地区，宗教信仰对市场营销的影响很大。企业应充分了解不同地区、不同民族、不同消费者的宗教信仰，提供满足其要求的产品，制定适合其特点的市场营销策略；否则，会触犯宗教禁忌，失去市场机会。了解和尊重消费者的宗教信仰，对企业市场营销活动具有重要意义。

2.3.6.5　审美观

审美观通常指人们对事物的好坏、美丑、善恶的评价。不同的国家、民族、宗教、阶层和个人，往往因社会文化背景不同，其审美标准也不尽一致。不同的审美观对消费的影响是不同的，企业应针对不同的审美观所引起的不同需求，开展自己的市场营销活动，特别要把握不同文化背景下的消费者的审美观念及其变化趋势，制定良好的市场营销策略，以适应市场需求的变化。

2.3.6.6　风俗习惯

风俗习惯是人们根据自己的生活内容、生活方式和所处的自然环境，在一定的社会物质生产条件下长期形成并世代相袭而成的一种风尚以及由于重复、练习而巩固下来并变成需要的行动方式等的总称。企业市场营销人员应了解和注意不同国家、民族的消费习惯和爱好，做到"入境随俗"。这是企业做好市场营销工作尤其是进行跨国经营的重要条件。

2.4　市场营销环境分析方法

市场营销环境是企业生存和发展的外部条件，对企业经营具有重大影响。市场营销环境分析的任务就是对外部环境诸因素进行调查研究，以明确其现状和发展变化的趋势，从中区别对企业有利的机会和不利的威胁，并且根据企业自身条件作出相应的决策。

不论微观环境还是宏观环境，随时都在发生不同程度的变化，出现大大小小的事件，但是并不是所有发生的事件都会影响企业的经营活动。因此，需要采用环境扫描，从市场营销环境中辨认出对企业经营有影响的环境因素。环境扫描就是由企业的高层领导从企业内外召集和聘请熟悉企业外部环境的管理人员和专家组成分析小组，通过有组织的调查研究、预测分析，将所有可能影响企业经营的环境因素的事件罗列出来，然后加以讨论，逐一评审所有有关的环境事件的依据是否充分，从中筛选出小组一致认定的对企业经营将有不同程度影响的事件。

环境的发展变化给企业市场营销带来的影响分为两大类：环境威胁和市场机会。分析研究市场营销环境，目的在于抓住和利用市场机会，避免环境威胁。

2.4.1　环境威胁分析及对策

环境威胁是指市场营销环境中对企业市场营销不利的各项因素的总和。企业面对环境威胁，如果不果断地采取市场营销措施，避免威胁，其不利的影响势必损害企业的市场地位，甚至使企业陷入困境。市场营销人员对环境中的威胁分析主要从两个方面考虑：一是分析环境威胁对企业的影响程度；二是分析环境威胁出现的概率（如图 2-2 所示）。

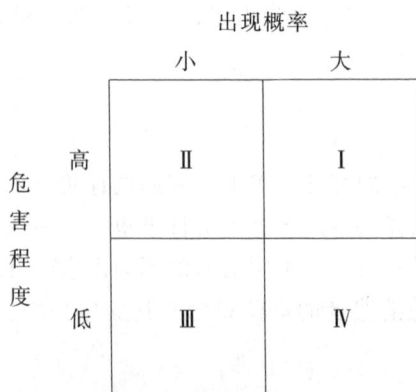

出现概率

	小	大
高	Ⅱ	Ⅰ
低	Ⅲ	Ⅳ

危害程度

图 2-2　环境威胁分析矩阵

在图 2-2 的 4 个象限中，第一象限的情况是企业必须高度重视的，因为它的危害程度大，出现概率大，企业必须及早制定应变策略。第二和第三象限的情况也是企业应该重视的，因为第二象限的情况虽然出现概率小，但一旦出现，就会给企业带来巨大的危害；对第三象限的情况主要是注意观察其发展变化，是否有向其他象限发展变化的可能性。第四象限的情况虽然对企业的危害不大，但出现的概率很大，所以对其也必须给予充分注意，一般应该有应变的措施。

企业面对环境威胁一般可采取三种不同的对策：

①反抗，即企业利用各种手段，限制不利环境对企业的威胁，或促使不利环境向有利方向发展。

②削弱，即调整市场营销策略来适应或改善环境，以降低环境威胁的影响程度。

③转移，即对于长远的、无法反抗和削弱的威胁，采取转移到其他可以占领并且效益较高的经营领域或干脆停止经营的方式。

2.4.2 市场机会分析及对策

市场机会是指市场营销环境中对企业市场营销有利的各项因素的总和。有效地捕捉和利用市场机会，是企业市场营销成功和发展的前提。企业要密切注意市场营销环境变化带来的市场机会，并结合企业自身资源和能力，及时将市场机会转化为企业机会。

市场机会分析的思路同环境威胁分析的思路相仿：一是考虑市场机会给企业带来的潜在利益；二是考虑市场机会出现的概率（如图 2-3 所示）。

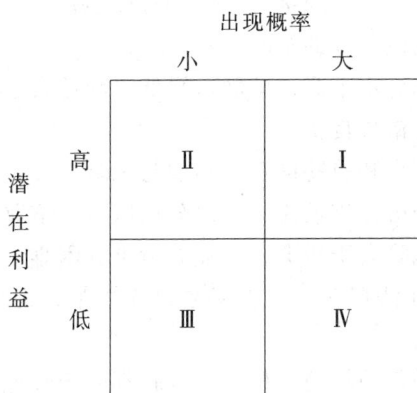

图 2-3 市场机会分析矩阵

在图 2-3 的 4 个象限中，处于第一象限的市场机会，其潜在吸引力和成功的可能性都大，有极大可能为企业带来巨额利润，企业应把握时机，全力发展；处于第二象限的市场机会，虽然出现概率小，但一旦出现，就会给企业带来巨大的潜在利益；处在第三象限的市场机会，不仅潜在利益低，出现概率也很小，企业应改善自身条件，注意市场机会的发展变化，审慎、适时地开展市场营销活动；第四象限的情况虽然潜在利益不高，但出现的概率很高，因此，需要企业注意，制定相应对策。

市场机会建立在预测、预见的基础上，带有不同程度的不确定性，因而具有风险性。为此，不仅研发人员对重大市场机会的评估要持慎重态度，企业也应在研发上作必要的投资，进行市场机会分析和可行性研究，对市场机会的利用进行缜密的分析研究，这有助于企业作出正确的决策。

2.4.3 综合环境分析及对策

在实际的客观环境中，单纯的环境威胁与单纯的市场机会都是极少的，而通常是机会与威胁同在、风险与利益共存，所以企业实际面临的是综合环境。根据环境中威胁水平和机会水平的不同，形成如图2-4所示的矩阵。

威胁水平

	高	低
机会水平 高	冒险环境	理想环境
机会水平 低	困难环境	成熟环境

图2-4 综合环境分析矩阵

面临不同环境时企业应该采取的策略是：

（1）在理想环境下，机会水平高，威胁水平低，利益大于风险。对该环境，企业必须抓住机遇，迅速行动，不可错失良机。

（2）在冒险环境下，机会和威胁同在，利益与风险并存。面临这样的环境，企业必须加强调查研究，进行全面分析，审慎决策，以降低风险，争取利益。

（3）在困难环境下，风险大于机会，企业处境十分困难。此时，企业必须想方设法扭转局面。如果大势已去，无法扭转，企业必须果断决策，退出在该环境中的经营，另谋发展。

（4）成熟环境是比较平稳的环境，机会与威胁都处于较低水平，一般若经营得法，企业可获得平均利润。该类环境可作为企业的常规经营环境，以此维持企业正常的运转，并为进入理想环境和冒险环境提供资金。

学思践悟

为企业发展营造更优市场环境

一、市场主体数量稳定增加

2022年3月1日，国务院决定在全国范围内正式实施《市场主体登记管理条例》（以下简称《条例》）。这是中国制定出台的第一部统一规范各类市场主体登记管理的行政法规。

《条例》实施一年来，新旧登记制度衔接顺畅、过渡平稳，在当前经济发展的严峻形势下，进一步释放了稳定市场主体发展、优化营商环境的积极政策信号。截至2022年年底，全国登记在册市场主体1.69亿户，较2021年年底增长10.03%。其中企业5 282.6万户，个体工商户1.1亿户，农民专业合作社223.6万户；全国新设市场主体2907.6万户，同比增长0.71%。

法律的生命力在于实施，《条例》实施效果怎么样，市场主体最有发言权。总体看，社会各界对《条例》实施情况评价积极正面，有较强的获得感、满意度。

1.办理登记更加便捷高效

《条例》出台后，为确保各项制度措施落实落细，国家市场监管总局同步制定并实施了配套规定《市场主体登记管理条例实施细则》，将市场主体申请类、审核类、通知类文书压减近一半，取消了6项证明材料，显著降低了市场主体办事成本。

2.方便市场主体更好适应市场变化

《条例》创设了歇业制度，2022年，全国向登记机关办理歇业备案的市场主体共有23 184户，更多市场主体正逐步熟悉和利用歇业制度实现"停机保号"，积极面对自身的经营困难。

3.市场主体退出渠道更加通畅

市场主体普通注销程序推出了清算组备案改公示等优化措施，新增的简易注销程序明确市场主体提出申请并公示后，如没有收到异议，最短21天就可以完成整个注销流程。

二、多管齐下，助企提质

在企业数量不断攀升的同时，国家市场监管总局还推出多项措施助企提质。

1.深入开展"提质强企"行动，质量技术帮扶更加精准有效

2022年，政府帮扶企业超过5.45万家，其中中小微企业4.54万家，占比超八成，开展产业链帮扶2 800多次，覆盖1 500个产业集聚区，助力企业通过减少质量损耗、提升生产效率等途径提升工业产值超过81亿元。

2.企业争当标准"领跑者"，标准化活力有效释放

2022年2月，国家市场监管总局联合中央网信办、工信部、科技部等16部门发布实施《关于促进团体标准规范优质发展的意见》。一年多来，团体标准从无到有，数量快速跃升至5万余项。企业标准由备案管理改为自我声明公开，公开数量超过271万项，全国200多个城市的5万余家企业开展对标达标，3 200余项企业标准成为"领跑者"。

3.组织检验检测机构加强技术服务，帮助企业纾困解难、减轻负担

市场监管部门充分发挥检验检测国家质量基础设施的作用，在全国范围内推进资质认定告知承诺制度，优化技术评审方式，增加远程评审手段，将许可和技术评审时间分别再压缩1/3，审批时限压缩近50%。目前，检验检测市场蓬勃发展，机构数量突破5.4万家，服务产值超过4 000亿元。

三、更好服务高质量发展

高质量发展离不开市场主体的质量提升和结构优化。未来，在这方面该如何发力？有关部门将持续深化改革、优化营商环境，更加重视市场主体质量提升和结构优化。

1.更加关注市场主体质量的提升

我国将通过对不同业态、行业、区域市场主体的分析，找出不同领域经济发展的短板和不足，深入调查研究市场主体高质量发展面临的困难和问题。在继续推进交易便利化的同时，更加关注市场主体对公平竞争、权益保护、交易安全、交易秩序等方面的诉求。

2.持续营造市场化、法治化、国际化的一流营商环境

法治是最好的营商环境。我国应加快修订完善市场主体登记的规范和程序，积极构建全国统一的市场主体登记制度规则，依法平等保护各类所有制市场主体及企业家合法权益，支持民营企业发展壮大，依法保护外商投资权益。

3.着力开创个体工商户发展新局面

要持续宣传落实《促进个体工商户发展条例》，最大程度、最大范围让个体工商户享受到政策红利。市场监管部门将加快出台个体工商户分型分类精准帮扶的指导意见，切实提升帮扶的精准性和科学性。同时，充分运用市场化手段，加强扶持引导，增强个体工商户发展的内生动力和市场竞争力。

资料来源　孔德晨.为企业发展营造更优市场环境［EB/OL］.［2023-12-14］.https://baijiahao.baidu.com/s?id=1761839322041593901&wfr=spider&for=pc.

关键术语

市场营销环境　企业的微观市场营销环境　企业的宏观市场营销环境　环境扫描

主要观念

1.企业要处理好市场营销活动和市场营销环境的关系，并使自己在复杂多变的市场营销环境中立于不败之地。

2.企业要了解市场营销环境变化，设计正确的市场营销策略，以增强应变能力，走向良性循环的道路。

3.企业要通过环境分析，及时发现现实的和潜在的不利特征和变化，合理安排规避和降低风险的手段和措施。

4.市场营销环境分析的任务是对外部环境诸因素进行调查研究，发现机会和威胁，作出相应的决策。

基本训练

❖ 知识题

第2章判断题

一、简答题

1.面对市场营销环境的威胁，企业可采取什么对策？

2.简要说明中国人口现状及变化趋势，并说明其对市场营销的影响。

3.简要说明网络对市场营销的影响及企业的对策。

4.经济全球化过程中，企业应如何应对不同的文化环境？

5.为什么说新技术在市场营销中是一种创造性的毁灭力量？

二、论述题

1.企业如何利用社会文化因素开展市场营销活动？

2.当前中国人口环境的主要趋势与企业市场营销的关系如何？

❖ 技能题

调查金融危机对我国外向型企业的影响，并说明企业面临这一环境变化应采取的对策。

❖ 能力题

旅游业的竞争就是旅游目的地间的竞争。正如《纽约时报》专栏作者托马斯·弗里德曼所言："世界是平的。"互联网革命性地改变了信息传播的方式，信息由单向传播到双向甚至是多向传播。以前，由于信息的不对等性，旅游者在选择旅游目的地时，对于旅游目的地了解很少，基本上来自书籍和旅行社的介绍。如今，旅游者拥有越来越多的主动权和决定权。除了传统的旅游信息获取方式，他们还会通过互联网从旅游服务性网站或应用程序中了解其感兴趣的旅游目的地的一切，包括旅游景观、住宿、出行、娱乐等。

新西兰，一个位于南太平洋的美丽岛国，以其壮观的自然风光、独特的毛利文化和卓越的户外活动而闻名。近些年来，新西兰旅游业的发展离不开其成功的营销策略。"100%纯净"是新西兰旅游局推出的全球营销活动，旨在展示新西兰自然、文化和冒险方面的独特魅力。该活动始于2001年，至今仍然非常成功。"100%纯净"的创意来自对新西兰自然环境的深刻理解。这里拥有众多壮观的自然景观，如山脉、湖泊、海滩和森林，其美丽、原始、未经污染的特性是吸引游客的关键。该活动通过将新西兰的自然环境与"纯净"的概念相结合，成功地吸引了大量寻求独特旅行体验的游客。

全球化时代的一个特点是时空距离的大大缩减，从伦敦到北京也只不过十几个小时的航空距离。从某种程度上讲，旅游目的地的竞争趋于全球化，且态势日趋激烈。因而，旅游市场营销策略需要不断创新。如今的旅游业早已进入拼策略、拼品牌、拼创新的时代，要成为人们心目中理想的旅游目的地，仅仅有风景和微笑是远远不够的。

资料来源　[1]周蕊.全球化时代的旅游目的地营销——只有整合的，才是世界的[J].成功营销，2006（8）：20-21.[2]新西兰官网（https://www.newzealand.com/in/）。

问题：

（1）结合案例说明哪些环境因素影响了消费者对旅游目的地的选择。

（2）新西兰旅游市场吸引大量游客的原因是什么？

（3）在全球化竞争时代，中国要在旅游业竞争中获得优势应该如何做？

第3章 市场购买行为研究

❖ **引例**

心理满足与价值提升

2008年，珠三角地区化妆品代理商议论最多的话题是：某化妆品品牌因为企图乘势涨价，受到代理商联手抵制，只得变相或暗中恢复原价，以此挽救份额下滑的市场。在化妆品市场中，该品牌被人们公认为一个最具上升力的三线品牌。国内品牌产品该涨却不能涨，国际品牌宝洁公司的产品却说涨就涨，全线升幅达16%之多。涨价之前，尽管有不少消费者和代理商在网上发帖声言进行抵制，获得响应无数，但是宝洁的产品依然齐刷刷涨了上去，商场、超市并没有因为该品牌产品涨价而销量有所减少。

国际品牌产品价格之所以能够涨上去，是因为强大的品牌吸引力，在市场竞争中拥有更多话语权。国际品牌在消费者心目中拥有较高的价值感，品牌方仅作符合情理的宣传和说明，消费者即丧失了对价格上涨的抗拒。而国内品牌缺乏影响力，无法影响消费者，只能受制于中间商，出现欲涨不能的尴尬局面。

化妆品对消费者来说最重要的是感性功能，属于感性功能大于理性功能的产品。岁月流逝，容颜衰老，人们希望拥有比实际年龄更年轻的容颜。化妆品更多的就是给予希望，这就是化妆品的价值所在。如何塑造希望，满足消费者美好的感性需求，给予更多可以憧憬的感性希望，这是化妆品发展的唯一方向。

资料来源　何启波. 价值塑造，化妆品唯一的出路［EB/OL］.［2023-11-22］. http://www.emkt.com.cn/article/389/38959.html.

3.1　市场分类及特点

从不同的角度，市场可以分为多种类型：

①按流通领域划分，市场可分为国内市场、国际市场。国内市场还可分为当地市场、区域市场和全国市场，城市市场与农村市场等。国际市场还可分为单一外国市场、多国市场和全球市场。

②按竞争程度划分，市场可分为完全竞争市场、垄断竞争市场、寡头垄断市场和完全垄断市场。

③按产品形态划分，市场可分为有形产品市场和无形产品市场。

从市场营销的角度来说，最有意义的方法是依据购买目的对市场进行分类。顾客是产品的购买者，不同的顾客会有不同的购买目的。依据不同的购买目的，市场的分类如图3-1所示。

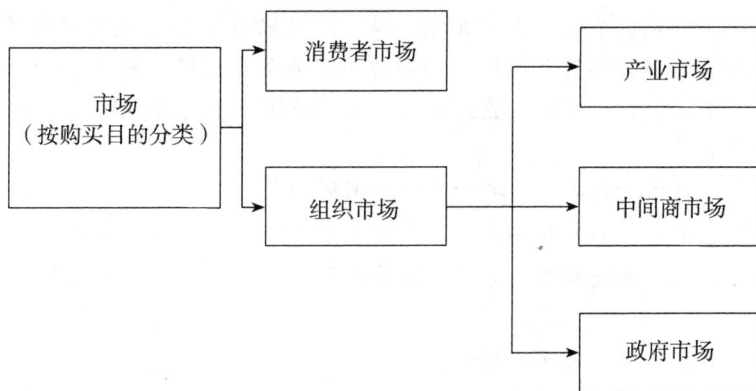

图 3-1　市场的分类（按购买目的）

3.1.1　消费者市场的定义和特征

消费者市场是指为满足个人需求而购买产品的个人和家庭所构成的市场。生活消费是产品流通的终点，故消费者市场也称最终产品市场。消费者市场在整个市场体系中具有基础地位，是现代市场营销理论研究的主要对象。

与产业市场相比较，消费者市场具有以下特点：

第一，行为的多样性。消费者人数众多，在年龄、性别、职业、收入、兴趣、习惯、民族等方面的影响下，消费者产生了复杂的、差异巨大的各种消费行为。

第二，需求的多变性。随着消费者所处环境的变化，消费者对产品也产生了多重的需求，而且随着社会的发展，这种需求还在不断变化之中。例如，不同时期的家庭对汽车的需求有所变化。

第三，购买者人数众多，市场分散，交易次数频繁，但单次交易数量不大。

第四，可诱导性。企业的广告宣传和包装等都对消费者有较大的影响。消费者市场本身就存在严重的信息不对称性，加之消费者很多时候并不属于理性购买，而是情感型的冲动性购买，因此，更容易受到卖方的促销活动或社会潮流的影响。

3.1.2　组织市场的定义和特征

组织市场是指一切为了生产、销售、租赁或供应而购买产品的组织所构成的市场。组织市场购买产品的最终目的不是自身消费，这是与消费者市场的根本区别。组织市场根据购买主体的不同，又可分为产业市场、中间商市场和政府市场。

3.1.2.1　产业市场

产业市场又称生产者市场或生产资料市场，是指一切购买产品并将之用于生产其他产品，以供销售、出租或供应给他人的个人和组织。[①]

与消费者市场相比，产业市场有一些显著不同的特点：

（1）购买者的数量少，购买规模大

在产业市场上，购买者绝大多数都是企业，购买者的数量必然比消费者市场少得多，购买规模也相应大得多。例如，美国固特异公司在消费者市场上面对1亿位以上的汽车所有者，而在产业市场上它只要从少数几家公司（如通用、福特等）获得几份订单，就足以维持其生存与发展。

（2）购买者地理位置集中，产业用户分布不均匀

例如，我国工业主要分布在东北、华北和东南沿海一带。由于各地资源、交通和历史沿革情况不同，竞争将促使某些行业在地域分布上趋于集中，生产的集中又必然导致市场的集中。

（3）需求具有衍生性（或派生性）

这是指产业市场需求是由消费者市场需求衍生出来的。如果最终用户对某企业生产的产品需求下降了，那么该企业作为用户在产业市场上的购买量也将减少。这就要求厂家既要了解自己的直接顾客——工业用户的需求水平、特点及竞争状况，还要了解自己所服务市场的顾客的需求水平、特点及竞争状况，直至自己的顾客到最终消费者之间所有环节的市场情况。

（4）需求具有较大的波动性

这种较大的波动性源于需求的衍生性。消费者市场需求的少量波动会引起产业市场需求的巨大波动，经济学家将这种现象称为加速原理。产业市场的这种波动性增加了生产设备、原材料等投资物的厂家市场营销活动的难度。另外，宏观经济的波动和新旧技术不断更替也会使产业市场需求产生较大的波动。

---

① 方青云，袁蔚，孙慧. 现代市场营销学 ［M］. 上海：复旦大学出版社，2005：68.

（5）专业性购买

通常，许多人会影响企业购买决策，购买者涉及的人员较多，并且多由受过专门训练的专业人员承担购买任务。复杂而重要的购买项目还会涉及更多的人员，甚至企业最高主管也参与购买决策。这意味着企业市场营销人员要提供更多的有关产品及该产品相对于其竞争对手产品的优势的资料。

（6）需求缺乏弹性

许多企业对产品的总需求缺乏弹性。例如，皮鞋制造商在皮革价格下降时，不会打算购买大量皮革；同样，当皮革价格上升时，制造商也不会因此而大量减少对皮革的购买，除非它们发现了皮革的替代品。需求在短期内比较缺乏弹性，因为厂商不能对其生产方式作许多变动。

（7）供需双方关系密切

产业市场上买卖双方都倾向于建立长期业务关系，相互依托。卖方在顾客购买决策过程的各个阶段，往往要参与合作，帮助顾客寻找能满足其需求的产品，甚至按顾客要求的品种、规格和时间，定期向顾客供货，并提供售后服务。产业市场的市场营销人员通过有效的服务，与顾客保持长期的业务关系，从而保持自己产品的市场占有率。

（8）直接购买和租赁业务

直接购买，即产业市场的供需双方不经过中间商，直接进行交易。有些产业用品，特别是那些技术复杂、单价很高的产品，或者需要按特定要求制造的产品，适于制造商与用户直接成交。租赁业务近年来在我国产业市场正在兴起。产业用户对一些价值较高的机器设备、交通工具等，可通过租赁的形式取得使用权，这可以有效地节省资金，促进技术更新和生产发展。

3.1.2.2　中间商市场

中间商市场亦称转卖者市场，是由所有以营利为目的从事转卖或租赁业务的个体和组织构成的，包括批发商和零售商两部分。由于中间商购买商品的目的是转卖，所以它们实质上是其顾客的采购代理。在较发达的商品经济的条件下，市场上大多数商品都是由中间商经营的，只有少数商品是生产者直接销售的。

在地理分布上，中间商市场比产业市场分散，但比消费者市场集中。同时，除少数商品由生产者直接卖给最终消费者外，绝大多数商品都通过中间商卖给最终消费者。可见，中间商在商品流通中起着十分重要的作用。

中间商购买行为同生产者购买行为也有许多相似之处。例如，中间商的购买决策也有若干人参与；其决策过程也是从提出需求开始，以决定向谁进货告终；购买行为同样受环境、组织等因素的影响。不过，中间商的采购业务和购买决策还有其自己的特点。①

中间商市场的特点是：

（1）衍生需求与原生需求一致

中间商对商品的需求显然也是衍生需求，但是中间商购买是为了直接转卖。在中间商市场，衍生需求和原生需求是一致、统一的。在产业市场上，购买是为了生产产品来满足

---

① 李广. 市场营销学［M］. 北京：中国教育文化出版社，2006：86-87.

消费者需求，衍生需求和原生需求是分离的、相互区别的。

（2）以"好卖"作为主要的购买决策标准

中间商的购买与生产者一样，最终都是为了经济效益。但生产资料的投资取决于多种因素，如生产资料的技术性能、生产消耗情况、产品质量以及是否适销对路等。而中间商只关心购买的商品是否"好卖"，关心商品的质量与款式也是从是否"好卖"的角度来考虑的。

（3）要求花色和品种丰富、齐全、配套

专业的中间商讲究同类商品的系列、规格、档次、花色的齐全，其目的是使消费者或其他购买者有广泛的选择性，以增强吸引力、扩大销售额。一般而言，中间商必须同时与多个供应商保持业务关系，才能保持花色、品种、规格的齐全。

（4）时间、区域的限制性强

中间商市场中的衍生需求和原生需求相统一，中间商对产品的形式效用几乎没有贡献，它们主要负责物流配送、信息传递、供需对接。中间商市场的需求应该与原生需求的时间保持某种一致性（不一定完全同步），以避免库存积压和失去时效；中间商所在区域与所购商品的原生目标市场区域相一致，因为其分销对象主要是本地区居民或附近地区的某些顾客。

（5）购买者地区分布的规律性强

中间商市场的购买者，其数量多于生产者，而少于消费者；其地理分布也较生产者分散，而比消费者集中。更值得注意的是，这些购买者及其类型的地域分布很有规律。在各大中城市，几乎都有各类专营性的批发商和零售商，有若干与城市规模成正比的大型百货商店，有深入到各个居民区的数量众多的中小商店，因此，供应商寻找中间商是比较容易的。

（6）中间商需要供应商提供配合和协助

由于中间商往往财力有限，以及不只销售个别厂家的产品，因此，无力对各种产品进行推广，常常需要厂家协助其进行产品推广。另外，中间商一般自己不制造产品，对产品技术不擅长，通常需要供应商协助其为顾客提供技术服务、产品维修服务和退货服务。

3.1.2.3 政府市场

政府市场是指为了满足国家机器的正常运转的各种需求而形成的市场，一般通过特定的政府购买实现其需求。政府购买又称公共购买，是指各级政府为了开展日常政务活动或为公众提供服务，在财政的监督下，以法定的方式、方法和程序，通过公开招标、公平竞争，由财政部门以直接向供应商付款的方式，从国内外市场上为政府部门或所属团体购买货物、工程和服务的行为。其实质是市场竞争机制与财政支出管理的有机结合，其主要特点就是对政府购买进行法治化的管理。

政府市场的特点是：

（1）行政性

政府购买决策是一种行政性的运行过程，要严格遵守行政决策的程序和过程，要代表政府的意志，遵循组织原则，并非将经济利益作为唯一的评价标准。

（2）社会性

政府要承担社会责任和公共责任，其包括购买行为在内的所有行为不能只对政府机构负责，而必须对全社会负责。因此，政府购买行为必然要综合考虑对环境、就业以及国家安全等方面的影响。同时，政府购买行为的本身也要接受社会的监督。相比生产者购买行为要接受董事会和股东的监督而言，政府购买行为接受监督的范围要大得多。

（3）法治性

在法治国家中，政府行为必须在法律的范围内运行，所有行为必须符合法律的规范和原则。因此，政府购买的对象、程序和操作都必须用法律的形式加以规定并严格执行。

（4）广泛性

政府是对国家和社会实行管理和提供服务的机构，其涉及的事务范围极其广泛，政治、经济、军事、教育、医疗卫生、资源开发、环境保护等，几乎无所不包。其购买的领域必然也十分广泛，涉及的货物、工程和服务会和众多的产业有关，从而给各行各业创造了市场机会。

3.2　消费者购买行为

3.2.1　影响消费者购买行为的因素

消费者的购买行为、购买决策在很大程度上受到文化、社会、个人和心理因素的影响。

3.2.1.1　文化因素[①]

文化是指人类在社会发展过程中所创造的物质财富和精神财富的总和，是植根于一定的物质、社会和历史而形成的特定价值观念、信仰、思维模式、宗教、习俗的综合体。

分析文化因素，还需要注意亚文化的存在。文化圈中的亚文化群或亚文化圈在我国主要包括：

（1）地理区域亚文化群

我国幅员辽阔，地形多变，即使在交通日益发达的时代，在南方和北方、城市和乡村、沿海和内地、山区和平原之间居住的人们，在经济水平上也有很大的差异，生活习惯、口味和爱好上有很大的不同。他们的消费行为往往受到以上因素的巨大影响。

（2）民族亚文化群

中国有 56 个民族，每个民族有着不完全一样的文化，有一些连语言文字都是不一样的。这种情况下我们发现，不同民族的风俗不同，其饮食、服饰、节日、礼仪都具有差异性。在不同的民族亚文化群中，购买的动机和行为也是不一样的。

（3）宗教亚文化群

宗教是一种社会行为，它包括信仰、宗教组织、祭礼、文化（宗教建筑、宗教绘画、宗教音乐）等方面的内容。宗教对某一时代人类的社会发展形成较大的影响。世界上有基

---

① 顾家楼，曹炀，杨震林. 现代市场营销策略［M］. 南京：东南大学出版社，1993：89-90.

督教、佛教、伊斯兰教和道教等。宗教的偏好和禁忌总是十分严格的，会影响身处该亚文化群中的消费者的购买行为。

除了亚文化群，还要注意社会阶层文化群。一切社会都存在社会层次，也许并不是对立的阶层或者社会等级，但不同的社会层次是不可避免的。因为通常都是依据职业的社会威望、收入水平、财产数量、受教育程度、居住区域等因素，将人们归入不同的社会阶层。同一个社会阶层的人拥有相类似的价值观、爱好和行为方式，其一般具有相对的同质性和持久性。

❖ 营销实践3-1

国馆酒——为中国文化代言

中国是白酒的故乡，酒和酒文化在五千年华夏文明中一直占据重要地位。自诞生之初，酒的意义就不限于一种液体物质，它融入社会、文化、艺术、政治、外交等领域。酒作为中华文明的一种载体，传承我国久远的历史、精神和情感。然而，在现代商业社会的冲击下，白酒文化日益沦为酒桌文化，几千年的文化传承逐步丧失它真正的精髓与魅力。面对这种情况，艺术家们开始探索一种全新的方式——"酒以载道"，以人文的眼光重新发现中国文化，重新发掘中华酒文化的精髓。

"国馆"，顾名思义为"国之馆藏"，意味着中国传统文化的集大成者。国馆酒致力于中华五千年文化尤其是酒文化的研究和探索，通过白酒与艺术跨界结合的方式，重新发掘传统文化的精髓，开辟了"中国收藏级文化白酒"的新领域。

除了品牌本身具有的深厚文化内涵，国馆酒在文化营销方面还有三大亮点：

1. 天然的艺术基因

国馆酒由中国酿酒大师与著名艺术家跨界合作，将艺术注入美酒之中，酿成风雅琼浆，映衬收藏者的高端艺术品位。譬如"国馆·中国道"是由著名艺术家、书法家李正天先生倾情创作。该系列包括"天道酬勤""地道酬善""商道酬信""业道酬精"四款藏品，蕴含着中华传统文化的精髓，堪称现代儒商驰骋人生的精神座右铭。

2. 如艺术品般的限量稀缺性

但凡艺术杰作，都是存世极少、稀缺无比的。国馆酒由酿酒大师恪守古法酿制，产量珍稀，每批次均严格限量，打造真正的"限量收藏级"酒类艺术珍品。

3. 极具艺术感的包装设计

国馆大师们以艺术追求的极致匠心，从酒体设计到题字落款、酒瓶包装设计等，每个细节都极尽匠心，反复雕琢。譬如"国馆·福禄八骏"，将中国传统文化中对"福"的追求呈现到极致。其瓶体造型极为讲究，设计灵感源自故宫馆藏国宝——清代乾隆斗彩勾莲纹"寿"字葫芦瓶，瓶身绘画取自清代名画家郎世宁之骏马图。葫芦寓意"福禄"，八骏寓意"马到成功"，两者实为天作之合，寓意马上得享福禄，兴旺发达，事业有成。

古人认为，学问要横亘"儒、释、道"才算博学，酒也要兼具"才、情、趣"才算珍品。国馆酒有大师之才、艺术之情、玩味之趣，是不可多得的收藏级白酒艺术珍品。

资料来源　佚名. 国馆酒——摆在书房里的艺术品［EB/OL］.［2023-11-20］. https://wenku. baidu.com/view/358bd7531eb91a37f0115c0c.html.

3.2.1.2　社会因素[①]

（1）家庭

在现代社会中，家庭仍然是很基础的社会单元，所以成为社会上最重要的消费者购买组织。家庭成员因不同的群体角色而具有不同的责任和权利，对家庭消费行为起到了导向的作用。在购买决策中家庭会出现以下角色：

①倡议者，即最先提出购买商品建议的人。

②影响者，其观点或建议对最终购买决策有较大影响。

③决策者，即最终作出部分或全部购买决策的人。

④购买者，即实际购买商品的人。

⑤使用者，即消费或使用所购商品的人。

为了进一步研究家庭成员对购买决策的影响力，家庭权威中心理论把家庭分成四种类型：各自支配型、丈夫支配型、妻子支配型、调和型。家庭权威中心不是固定的，会随社会、经济、文化等的变化而转移。如孩子长大了，有了独立生活的能力，逐渐就会自己作决定，而不再依靠父母。特殊的社会环境会产生特殊的家庭权威中心。如我国一部分独生子女家庭成为"子女支配型"，即子女要什么就尽量买什么。

（2）相关群体

对个人的看法、态度、偏好甚至是行为具有直接或者间接影响的群体，被称为相关群体。根据和消费者关系的密切程度，相关群体可以分为直接群体和间接群体。前者又分为主要群体（如家人、朋友等）和次要群体（如各类协会等）；后者又分为厌恶群体（如竞争对手等）和崇拜群体（如球迷、影迷等）。相关群体促使人们在消费上作出相近的选择。

相关群体对消费者所购商品的影响是不一样的：对日用品的影响较小；对炫耀性商品的影响较大。在相关群体影响较大的情况下，企业应当设法利用意见领袖或形象代言人的作用去影响目标顾客的行为，加速推进产品市场推广的进程。

（3）社会角色和地位

单个人在一生中会参加许多群体，如家庭、单位、俱乐部等各类组织，并在这些组织中扮演角色，从而获得一定的地位。每一个角色都伴随着一种地位。处于不同地位的消费者，其消费的金额、要求的质量都是有差异的。

3.2.1.3　个人因素[②]

（1）年龄和家庭生命周期

消费者购买行为会根据家庭生命周期的演变和年龄的增长而不断变化（见表3-1）。中国很多家庭的消费是围绕着家庭中孩子的成长状态而变化的，结婚、生病、搬迁、离婚等也是需要考虑的因素。

（2）性别

男性和女性的消费概念存在巨大的差异。通常女性更倾向于非理性消费，男性倾向于理性消费的更多，同时更关注消费中的环境、方便程度等。京东数据研究院发布的《2018

---

① 顾家楼，曹炀，杨震林. 现代市场营销策略［M］. 南京：东南大学出版社，1993：92-94.
② 顾家楼，曹炀，杨震林. 现代市场营销策略［M］. 南京：东南大学出版社，1993：94-97.

表 3-1　　　　　　　　　　　　　　家庭生命周期及购买行为

阶　段	购买行为
单身	关心时尚，崇尚娱乐和休闲，新观念的带头人
新婚	购买力强，购买耐用品、高档家具、旅游度假产品等
满巢一	家庭用品购买的高峰期，购买婴儿食品、服装、玩具等
满巢二	购买经济实惠的产品，购买行为日趋理性化，增加孩子教育费
满巢三	经济状况改善，家庭会更新一些大件商品
空巢	旅游，参加老年人俱乐部等，对医疗服务和保健品的需求较强烈
鳏寡	收入减少，生活节俭，对医疗服务和保健品的需求更强烈

年家居家装行业网购消费趋势报告》指出，女性用户在家装家居消费时，大部分都选择了与"颜色好看""图案漂亮""非常美观"等关键词相关的产品，女性在挑选时受感性因素影响较大；同时，女性消费者更加注重考虑家人的感受，参考家人的意见（如"老公很喜欢"），表现出较强的家庭归属感。

（3）价值观和生活方式

不同的人往往在看待事物时产生不同的观点和喜好，不同的价值标准和生活习性会造成消费者购买行为的差异性。其中，个性也占到了很大的比例。个性是指消费者个人带倾向性的、本质的、比较稳定的各种心理特征的总和，包括消费者的气质、性格、能力等方面。不同个性的消费者在购买行为中表现出的特征差异很大。例如，外向型消费者在购买商品时热情高，喜欢提问，情感体现于面部，与营业员交流信息；内向型消费者在购买商品时行为稳重，喜欢自己体验、自己判断，不愿与人交流，不轻信于别人。

（4）职业和经济环境

一个人的职业也影响其消费模式。蓝领工人通常需配备工作服、工作鞋和午餐饭盒。公司的总裁会穿上昂贵的西装，乘飞机旅行、打高尔夫球、骑马等。经济环境是决定消费者购买行为的根本因素。如果消费者仅有购买欲望，而无一定的收入作为购买能力的保证，购买行为便无法实现。不同收入水平的消费者，决定了需求的不同层次和倾向。高收入阶层总是热衷于某些高档名牌商品；低收入阶层在选择商品时，更多考虑到商品的价格和实用性。

3.2.1.4　心理因素①

（1）行为动机

行为动机又称购买动机，是指顾客购买产品的目的。满足并超越顾客的购买动机，是发展市场销售的基础。

第一，从心理学观点分析，行为动机分为：

①感情动机，又分情绪动机和情感动机。情绪动机是由人的喜、怒、哀、乐引起的，它引发的购买行为具有冲动性、即景性和不稳定性。情感动机是由人的道德感、集体感、

---

① 科特勒，凯勒. 营销管理［M］. 梅清豪，译. 12 版. 上海：上海人民出版社，2006：202-203.

美感引发的。情感动机引发的购买行为反映消费者的精神面貌，并具有稳定性。

②理智动机，是人们对商品进行了解、分析、比较以后产生的动机，具有客观性、周密性和控制性。

③惠顾动机，是指消费者在感情和理智共同作用的基础上，凭借经验逐步建立起对特定的产品、厂家的品牌或者商店的特殊爱好和信任，使其能产生习惯性、重复购买的动机。惠顾动机具有经常性和习惯性的特点。

第二，就购买活动而言，常见的消费者购买动机有：

①求实动机，以追求商品的使用价值为主导倾向；

②求新动机，以追求商品的时尚、新颖、奇特为主导倾向；

③求美动机，以追求商品欣赏价值和艺术价值为主导倾向；

④求名动机，追求名牌、高档商品，借以显示或提高自己的身份、地位；

⑤求廉动机，以追求商品的低廉价格为主导倾向；

⑥求便动机，以追求商品使用过程中的省时、便利为主导倾向；

⑦模仿或从众动机，指消费者在购买商品时不自觉地模仿他人的购买行为；

⑧偏爱动机，以满足个人特殊兴趣、爱好为主导倾向；

⑨好胜动机，争强好胜或以与他人攀比并胜过他人为目的。

第三，马斯洛试图通过需要分层来说明人类的行为动机。他认为，人类的需要可按层次排列，存在一个由低级到高级的阶梯，依次为生理需要、安全需要、社交需要、尊重需要和自我实现需要。因为购买动机是顾客购买商品的目的，而购买目的一般说是满足某种需要，所以，研究需要的理论可以被应用于购买动机分析。

①生理需要，包括吃、穿、住等基本生活需要。它是维持人类生存所必需的、推动人们行动的主要动力。在人的所有需要都未得到满足时，生理上的需要是压倒一切的、最为优先的，是人们最原始、最基本的需要。

②安全需要。在生理需要基本得到满足后，人们不仅要求维持生存，而且为了确保生存，自然会产生安全上的需要，如担心年老、失业、生病、在劳动中伤残等。

③社交需要，包括社交往来、探亲访友、希望得到友谊、要求参加感兴趣的团体等。

④尊重需要，包括自尊心，如独立、自由、自信、成就等，以及要求获得别人尊重，如拥有地位、名誉等。这些涉及个人荣辱的心理需要，要在上述三种需要满足之后才会表现出来。

⑤自我实现需要。以上四种需要都获得某种程度的满足之后，人类便追求最高一层的需要——实现自我理想，希望能充分发挥自己的才能，做自己觉得有意义、有价值的事。

上述五层需要，前两层属于物质需要，被认为是低层次的需要，后三层属于精神需要，被认为是高层次的需要（如图 3-2 所示）。通常消费者在满足低层次的需要后才会追求高层次的需要，偶尔会为满足某些高层次需要而适当减少低层次需要，但是不会完全舍弃。

（2）感觉和知觉

消费者有了购买动机后，就要采取行动，怎样采取行动受到认识过程的影响。消费者的认识过程是对商品等刺激物和店容、店貌等情景的反应过程，由感性认识和理性认识两个阶段组成。感觉和知觉是指消费者的感官直接接触刺激物和情景所获得的直观、形象的

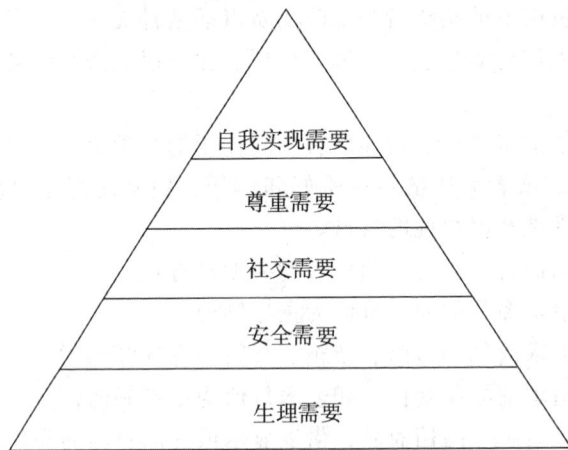

图3-2　马斯洛的需要层次理论

反应。这种认识由感觉开始，刺激物和情景的信息，如某种商品的形状、大小、颜色、声响、气味等，刺激了人的视、听、触、嗅、味等感官，使消费者感觉到其个别特性。随着感觉的深入，各种感觉到的信息在头脑中被联系起来进行初步的分析综合，使人形成对刺激物和情景的整体反应，这就是知觉。

（3）学习

人类的有些行为是与生俱来的，但大多数行为是从后天经验中得来的，这种通过实践并由经验而引起行为变化的过程，就是学习。消费者购买行为绝大部分是通过后天学习得到的。通过学习，消费者获得了丰富的知识和经验，增强对环境的适应能力；同时，在学习过程中，购买行为也在不断地调整和改变。消费者学习的过程是驱策力、刺激物、提示物、反应和强化诸因素相互影响和相互作用的过程。

（4）信念和态度

消费者在购买和使用商品的过程中形成了信念和态度，其反过来影响人们的购买行为。信念是人们对某种事物所持的看法，对消费者的态度有很大影响。态度会使人们喜欢或厌恶、接近或远离特定事物，从而影响消费者的购买行为。态度具有认识、情绪、行动顾问三个方面，缺一不可，由此形成对特定产品、品种、品牌或广告信息的倾向和认同。

3.2.2　消费者购买行为与决策

3.2.2.1　消费者购买行为的类型

理论上划分消费者购买行为的主要依据是消费者参与购买的程度和所购买不同品牌之间的差别程度。消费者参与购买的程度包含两种含义：一是消费者在购买行为中付出的关注程度；二是参与购买过程的人数。由此，消费者购买行为可分为复杂型购买、和谐型购买、习惯型购买和多变型购买（如图3-3所示）。

消费者参与购买的程度

高　　　　　　低

	高	复杂型购买	多变型购买
产品的品牌 差别程度			
	低	和谐型购买	习惯型购买

图3-3　消费者购买行为的类型

（1）复杂型购买

复杂型购买是指消费者购买差异大的耐用消费品时发生的购买行为。购买这类商品时，消费者通常要经过一个认真考虑的过程，广泛搜集各种有关信息，对可供选择的品牌反复评估，在此基础上建立品牌信念，形成对各个品牌的态度，最后慎重地作出购买选择。如对汽车、住房等耐用消费品的购买，多属于这种类型。

（2）和谐型购买

和谐型购买是指消费者购买差异不大的商品时发生的购买行为。由于商品本身的差别不明显，消费者一般不必花费很多时间去搜集并评估不同品牌商品的各种信息，而主要关心价格是否优惠、购买地点是否便利等。但同复杂型购买相比，消费者购买后最容易出现因发现产品缺陷或其他品牌更优而心理不平衡的现象。为追求心理平衡，消费者这时才注意到寻找有关已购品牌的有利信息，争取他人支持，设法获得新的信心，以证明自己的购买决策是正确的，如购买家用电器等商品。

（3）习惯型购买

习惯型购买是指消费者在购买差异小、价值较低、购买频率较高的商品时表现出的购买行为。消费者已熟知商品特性和各主要品牌的特点，并已形成品牌偏好，因而不需要寻找、搜集有关信息，如购买香烟、啤酒等。

（4）多变型购买

多变型购买是指为了使消费多样化而常常变换品牌的购买行为。其一般是指购买品牌差别虽大但较易于选择的商品，如罐头食品。

3.2.2.2　消费者购买决策过程[①]

从传统意义上来讲，消费者购买决策过程可以分为如下五个阶段（如图3-4所示）：

（1）认识问题

消费者的购买过程是从对自身的需求发现和认识中开始的，内在和外在的刺激性环境因素都会引发需求。消费者产生需求是购买行为的开始，当消费者感受到一种需求并准备购买某种商品以满足这种需求时，购买过程就开始了。

（2）搜集信息

如果被唤起的需求很强烈，或者可满足需求的商品易于得到，消费者就会希望马上满足他的需求。但在多数情况下，消费者的需求并非马上就能获得满足，他必须积极寻找或

---

① ［1］郭宏玉，乔远生，刘文广. 服务市场学［M］. 北京：中国商业出版社，1989：100-108.
［2］科特勒，凯勒. 营销管理［M］. 梅清豪，译. 12版. 上海：上海人民出版社，2006：209-218.

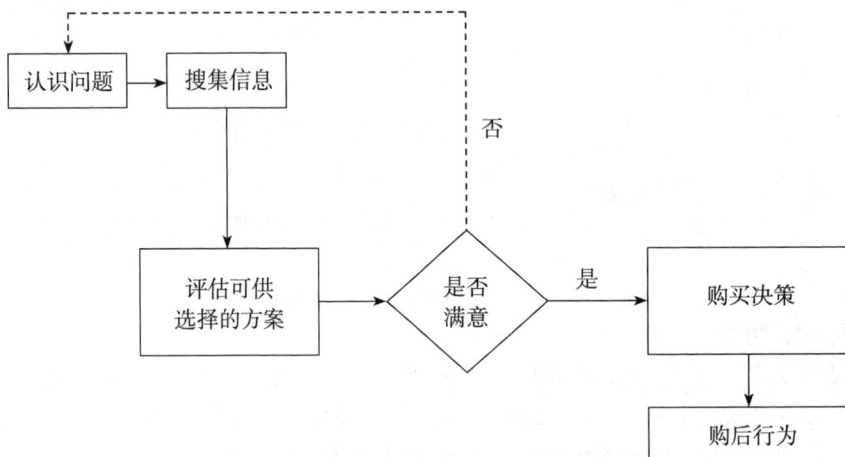

图3-4　消费者购买决策过程

搜集信息，以便尽快作出购买决策。

消费者搜集信息的来源一般有：

①个人来源，即从家庭、朋友、邻居和其他熟人处得到信息。

②商业来源，即从广告、售货人员、推销人员、展览、商品陈列、商品包装等方面得到信息。

③公众来源，即从网络、报刊、电视等大众传播媒体的宣传报道或消费信息中得到。

④经验来源，即从自己观察和实际使用中得到的经验。市场营销人员应努力通过各种渠道传播有关本企业产品的信息，以利于消费者了解企业的产品。

（3）评估可供选择的方案

消费者对不同品牌的评价比较，通常都建立在自觉和理性的基础之上。消费者在对商品进行评价比较时主要考虑以下因素：

①产品属性。产品自身的属性具有极大的吸引力，如手表的准确性、式样、耐用性，照相机的拍摄清晰度、拍摄速度、体积、价格等。

②产品期待度。消费者在评价过程中对可选择品牌会产生一种判断和偏好，由此创建一种期待——价值模型，结合消费者对品牌的信任程度，形成了消费者对商品的评价。

假设一个人要买电脑，考虑以下因素：存储能力、图像显示水平、体积和重量、价格，在可选择的品牌A、B、C、D中打分（见表3-2）。然后，他认为这些因素的重要权数依次是0.4、0.3、0.2、0.1，其价值的计算公式见表3-2。由此可见，A品牌的价值是最高的，也最有可能被选中。

（4）购买决策

在评估方案阶段，消费者会在选择组的各种品牌之间形成一种偏好或者某种购买意图，从而进入购买决策阶段，该决策是消费者整个购买过程的中心环节。消费者的购买决策通常有以下情况：

①认为商品质量、款式、价格等符合自己的要求和购买能力，决定立即购买；

②认为商品的某些方面还不能完全满意而延期购买；

③对商品质量、价格等不满意而决定不买。

表3-2　　　　　　　　　　　　　　　　电脑的价值模型

电　脑	属　性			
	存储能力	图像显示水平	体积和重量	价格
A	10	8	6	4
B	8	9	8	3
C	6	8	10	5
D	4	3	7	8

注：A=0.4×10+0.3×8+0.2×6+0.1×4=8；B=0.4×8+0.3×9+0.2×8+0.1×3=7.8；C=0.4×6+0.3×8+0.2×10+0.1×5=7.3；D=0.4×4+0.3×3+0.2×7+0.1×8=4.7。

消费者的购买决策是对许多项目的综合抉择，包含产品种类决策、品牌决策、数量决策、购买时间决策、购买地点决策、支付方式决策等。对购买决策产生直接影响的因素是：

①其他人的态度。其影响程度取决于：一是其他人对消费者购买的品牌是否持否定态度；如果是，那否定的态度究竟有多强烈。二是购买者是否重视其他人的意见，并非同购买者关系密切的人的意见就是最有效的。

②不可预料的情况。影响消费者作出购买决策的因素如图3-5所示。

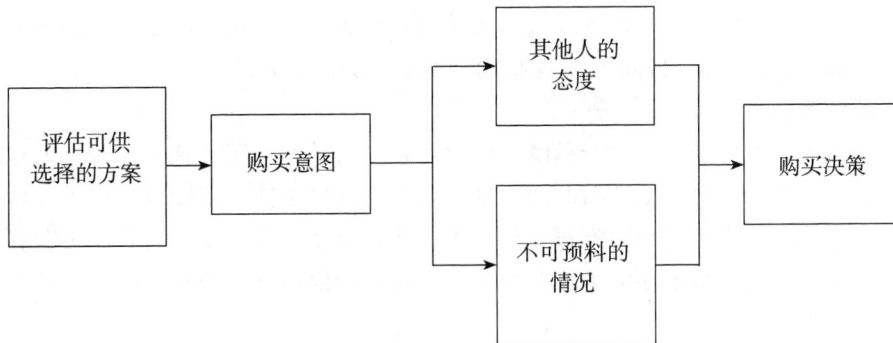

图3-5　消费者购买决策的影响因素

资料来源　科特勒，凯勒. 营销管理 ［M］. 梅清豪，译. 12版. 上海：上海人民出版社，2006：216.

（5）购后行为

在购买或使用某种产品后，消费者会作出购后行为。若消费者对产品满意，在下一次购买中可能依然选择该产品或品牌；否则，其很可能放弃该品牌。如果消费者主动向产品生产者提出意见或投诉，则可能再一次购买该产品，只要厂商或销售商能对消费者的投诉作出积极的回应。

购后满意度是消费者对已购商品通过自己使用或他人评估，重新考虑购买该商品是否是正确选择、是否符合预期等而形成的感受。其取决于消费者对产品的预期性能与产品使用中的实际性能之间的对比。消费者购买商品后，若在实际消费中达到预期的效果，则感到基本满意；超过预期，则很满意；未能达到预期，则不满意或很不满意。购后满意度不仅影响消费者是否重复购买，还将影响他人的购买行为，对企业信誉和形象影响极大。因此，企业应努力保持产品优良的质量和性能，使消费者在消费过程中获得满意感；同时，企业在产品的广告宣传中，要实事求是，以使消费者建立合理的产品预期。

消费者往往越过或者颠倒传统购买过程中的五个阶段，这是因为：

第一，当消费者的品牌忠诚度很高时，通常会固定地购买某一品牌，他将会越过搜集信息和评估可供选择的方案的阶段，在产生需求后直接进入购买阶段。

第二，大部分情况下消费者的市场信息是不对称的，如果消费者的消费意向不明朗或品牌忠诚度很低，从而改变购买步骤，消费者的购买过程将产生一个循环过程，消费者在评估可供选择的方案后，若不满意，很可能重新考虑需求什么。

3.3 组织市场购买行为

企业市场营销的对象不仅包括广大的消费者，也包括各类组织，因此，企业必须研究组织市场的购买行为。

3.3.1 产业市场购买行为

3.3.1.1 产业市场购买行为的类型

产业市场购买行为的复杂程度和购买决策项目的数量，取决于购买业务的类型。帕特里克·罗宾逊（Patrick Robinson）等人将购买情况分为以下几种：

（1）新任务购买

当一位购买者首次购买某一产品时，他便面临着新任务购买。这时，购买者必须决定产品规格、价格限度、交货条件与时间、服务条件、支付条件、订购数量以及可供选择的供应商，不同的决策参与者会影响每一项决策，并将改变决策顺序。一旦购买者有特殊要求，供应商就应当进一步想办法来提升价值，并且促使他们重复购买。

（2）直接再购买

直接再购买指用户按既定方案不作任何修改直接进行的购买业务。这是一种重复性的购买活动，供应商、购买对象、购买方式等都不变，按一定程序办理即可，基本上不用作新的对策，有的甚至建立自动订购系统。直接再购买对竞争者来说机会很小，但也不能忽略潜在竞争者，如果它们可以通过新产品开发或增加服务项目等吸引顾客，或者利用顾客对现有供货来源的不满情绪，则争取让其转换进货来源。

（3）修正再购买

修正再购买指购买者想就产品规格、价格、交货条款中的某些方面进行修正之后再购买。这样就会有更多的人参与决策，要搜集更多的信息。这对原供应商来说是种压力，迫使其全力以赴保住这位顾客，而对其竞争对手来说是获取新订单的好机会。

营销视野3-1

3.3.1.2　产业市场购买决策的参与者

采购中心是采购组织的决策单位，包括"所有参与购买决策过程的个人和集体，他们具有某种共同目标并一起承担由决策所引发的各种风险"（韦伯斯特和温德）。采购中心的参与者包括：

（1）发起者

发起者即提出和要求购买的人。他们可能是组织内的使用者或其他人。

（2）使用者

使用者指组织中将使用产品的人员。许多场合中，使用者首先提出购买建议，并协助确定产品规格。

（3）影响者

影响者即影响购买决策的人。他们通常协助确定产品规格，并为评估方案提供情报信息。作为影响者，技术人员尤为重要。

（4）决定者

决定者即一些有权决定产品要求和供应商的人。

（5）批准者

批准者即有权批准决定者或购买者所提方案的人。

（6）购买者

购买者即正式有权选择供应商并安排购买条件的人。购买者可以帮助确定产品规格，但主要任务是选择供应商和进行交易谈判。在较复杂的购买过程中，购买者或许也包括高层管理人员。

（7）守门者

守门者即有权阻止供应商的销售人员与采购中心成员接触的人。例如，采购代理人、接待员和电话接线员可阻止供应商的销售人员与用户或决策者接触。

3.3.1.3　影响产业市场购买行为的主要因素

（1）环境因素

环境因素即一个企业外部周围环境的变化，如一个国家或地区的经济前景、市场需求、技术革新速度、市场竞争、货币成本、政治局势等。例如，市场需求和货币成本会影响生产企业的投资；技术进步也会使生产企业增加投资，以新用品替代旧用品。

（2）组织因素

组织因素即企业本身的因素，如企业的经营目标、购买政策、工作流程、组织结构、管理体制等。

（3）人际因素

人际因素即企业内部人际关系的因素。采购中心的各类成员在企业中的地位、职权、说服力以及他们之间的关系各有特点，必然影响购买者的购买行为和购买决策。

（4）个人因素

个人因素即各个参与者的年龄、受教育程度、性格、风险态度等。个人因素的差异会使个人对生产用品和各方供应商的感觉、看法和印象等不一致，从而影响最终的购买行为和购买决策。

以上方面的因素可总结为图3-6的形式。

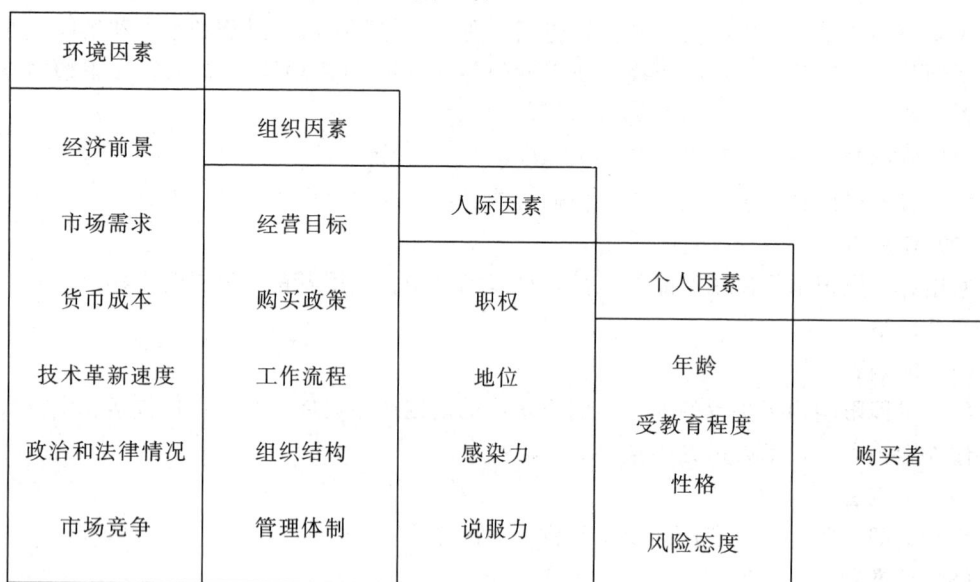

图3-6　影响产业市场购买行为的因素

3.3.1.4　产业市场购买决策过程

（1）识别问题，即提出需求

这是购买决策过程的起点。需求的提出一般由内部刺激和外部刺激引起。例如，企业决定生产新产品，新的设备和原材料要更换供商，这属于内部刺激。又如，购买者通过广告发现更好的供应商或供货渠道，这就是外部刺激。因此，市场营销人员应加强推销，开展广告宣传，派人访问用户，增强外部刺激，发掘潜在需求。

（2）说明总需求，即确认需求

生产者认识到某种需求之后，要进一步确定所需产品的品种、数量、规格、交货条件等。简单的购买任务由购买者直接决定，复杂的购买任务则与企业内部的有关人员共同确定。市场营销人员要参与该过程，并提供必要的帮助。

（3）确定产品规格

总需求确认之后，就要对所需产品的规格、型号等技术指标作详细的说明，这由专业人员运用价值分析法进行。

（4）寻找供应商

购买者通常搜集有关供应商的信息，将那些有良好信誉和合乎自身要求的供应商列为备选对象。若是新购买任务或准备购买的商品价值高，查询工作就需要花费较多的时间和成本。

（5）征求供应建议书

找到备选供应商后，应请它们尽快提供产品目录、说明书、价目表等有关资料，特别是较复杂和重要的项目，必须有详细的资料才能作出决策。企业市场营销人员要善于编写相关资料，介绍产品，并包括促销的内容。

（6）选择供应商

采购中心的成员将对备选供应商提供的资料进行仔细分析和评估，作出最后的选择。选择供应商时通常考虑的因素有交货能力、质量、品种、规格、价格、企业信誉、技术能力、生产设备、财务状况、地理位置等。企业一般要选择更多的供应商以保证供应，同时使供应商之间保持必要的竞争压力。

（7）规定常规订购手续

供应商选定后，就会发出正式订单，写明所需产品的规格、数量、交货时间等。双方签订合同后，合同或订单副本要送到进货部门、财务部门及企业内其他相关部门保存。随着电子信息技术的进一步发展，企业用户的订货方式也会相应改变。

（8）评估绩效

产品购进使用后，采购中心将主动与使用部门联系，了解所购产品的使用情况，并考查比较各供应商的履约情况，以决定今后对各供应商的选择。

以上阶段并非任何企业每次采购都要经历，由于生产者购买类型、购买方式的不同，其经历的购买过程也具有很大差别。从购买行为的类型来看，购买行为越简单，经过的阶段就越少。供应商应清楚地知道采购企业的每一笔需求属于哪种类型的购买行为，以便采取有效的措施（见表 3-3）。

表 3-3　　　　　　　　　　　　产业市场购买决策过程

购买决策过程	购买行为类型		
	新任务购买	修正再购买	直接再购买
1.识别问题	是	可能	否
2.说明总需求	是	可能	否
3.确定产品规格	是	是	是
4.寻找供应商	是	可能	否
5.征求供应建议书	是	可能	否
6.选择供应商	是	可能	否
7.规定常规订购手续	是	可能	否
8.评估绩效	是	是	是

营销视野 3-2

3.3.2　中间商市场购买行为

3.3.2.1　中间商市场购买行为的主要类型

（1）购买全新品种

购买全新品种即中间商第一次购买某种从未购买过的新品种。在这种购买情况下，可根据其市场前景的好坏、买主需求强度、产品获利的可能性等多方面因素，决定是否购买。中间商的购买决策过程与产业购买者大致相同，由认识需求、确定购买需求、确定产品规格、寻找供应商、征求报价、选择供应商、正式购买和绩效评估构成。

（2）选择最佳供应商

选择最佳供应商即中间商对将要购买的品种已经确定，但需要考虑选择最佳的供应商。当中间商打算用中间商品牌销售产品时，或由于自身条件限制，只能进一部分供应商的产品时，就需要从众多的供应商中选择最优者。

（3）改善交易条件的购买

改善交易条件的购买是指中间商希望现有供应商在原交易条件上作出一些让步，使自己得到更多的利益。如果同类产品的供应商增多或其他供应商提出了更有诱惑力的价格和供货条件，中间商考虑到转换成本，通常并不会更换供应商，而是要求现有供应商加大优惠折扣、给予优惠信贷等。

（4）直接重购

直接重购是指中间商的采购部门按照过去的订货目录和交易条件，继续向原来的供应商购买产品。中间商会对以往的供应商进行评估，选择感到满意的作为直接重购的供应商。

3.3.2.2　中间商的主要购买决策

中间商是其顾客的采购代理，必须按照顾客的需求来制订购买计划。中间商的购买计划包括以下主要决策：

（1）进货决策

进货决策是指供应商对进货的时机作出判断。中间商根据库存水平、市场前景以及自身财务状况决定是否进货。

（2）配货决策

配货决策是指确定中间商的产品组合。通常有下列品种组合策略：一是单一组合；二是深度组合，即经销许多厂家所生产的同类产品；三是广度组合，即经销多种系列的相关产品；四是混杂组合，即经销彼此无关的多种系列产品。配货决策是中间商购买决策中最基本、最重要的内容，直接影响到中间商的供应商组合、营销组合和顾客组合。

（3）供应商组合决策

供应商组合决策是指确定拟合作的各有关供应商。

（4）供货条件决策

供货条件决策是指确定具体购买时所需要的价格、交货期、相关服务以及其他交易条件。

3.3.2.3 中间商的购买决策过程及其影响因素

中间商的购买决策过程与产业用户类似，不再赘述。中间商购买者同产业用户一样，也要受到环境因素、组织因素、人际因素和个人因素的影响。

此外，采购人员的采购组织风格也要予以考虑。美国市场营销学家狄金森认为，工业品市场营销者应特别注意以下类型的购买者风格：

（1）忠实购买者

忠实购买者年复一年地忠实于同一货源，不轻易更换供应商。

（2）机会购买者

机会购买者善于从备选的几个符合其长期利益和发展前途的供应商中，随时选择最有利的货源，而不固定于任何一个。

（3）最佳交易购买者

最佳交易购买者专门选择在一定时间内能给予最佳交易条件的供应商成交。

（4）创造型购买者

创造型购买者向供应商提出所要求的产品和价格，希望以他的条件成交。

（5）广告型购买者

广告型购买者在每一笔交易中都要求供应商补贴广告费。

（6）吝啬型购买者

吝啬型购买者在交易中总是要求供应商给予价格折扣，并且只同给予最大价格折扣的供应商成交。

（7）精明干练购买者

精明干练购买者选择的产品都是最物美价廉的、品种搭配最好的。

营销视野3-3

3.3.3 政府市场购买行为

政府购买是组织购买者中比较特殊的一个市场，也是十分重要的一个市场。其特点就是对政府的购买行为进行法治化的管理。

3.3.3.1 影响政府购买行为的主要因素

（1）社会公众

虽然各国的政治、经济制度不同，但是政府购买工作都受到社会公众的监督。主要的监督者有：

①国家权力机关和政治协商会议，即国会、议会或人民代表大会、政治协商会议。政

府的重要预算项目必须提交国家权力机关审议通过，经费使用情况也受到监督。

②行政管理和预算办公室。有的国家成立专门的行政管理和预算办公室，审核政府的各项支出，并试图提高使用的效率。

③传播媒体。网络、报刊、广播、电视等传播媒体密切关注政府经费使用情况，对于不合理之处予以披露，起到有效的舆论监督作用。

④公民和民间团体。国家公民和各种民间团体对于自己缴纳的税款是否切实地用之于民也非常关注，常通过多种途径表达自己的意见。

（2）国内外政治与经济形势

政府购买受到国内外政治、经济形势的影响。在国家安全受到威胁或出于某种原因发动对外战争时，军备支出和军需品需求就大；和平时期用于建设和社会福利的支出就大。经济疲软时期，政府会缩减支出；经济高涨时期，政府则增加支出。国家经济形势不同，政府用于调控经济的支出也会随之增减。我国出现"卖粮难"现象时，政府按照最低保护价收购粮食，增加了政府购买支出。美国前总统罗斯福在美国经济衰退时期实行"新政"，由国家投资大搞基础设施建设，刺激了经济增长。

（3）社会发展水平

一个国家的社会发展水平一方面为政府购买提供了条件，另一方面向政府提出了要求。任何一个国家和地区，社会经济发展水平越高，购买条件就越优越。例如，作为我国第一大都市的上海，政府有强大的实力进行规模宏大的市政建设和改造，有实力兴办更多的公共事业。此外，社会经济发展水平越高，人们对政府购买就会提出越高的要求。随着文化水平的提高，人们要求兴办更好的学校图书馆、博物馆和改善市容市貌等。

（4）自然因素

各类自然灾害也会影响政府的购买。例如，2008年的四川大地震引发了大量的政府购买活动。

3.3.3.2 政府市场的购买决策

（1）政府购买决策过程的参与者

政府购买决策过程的参与者包括：

①购买者，指使用财政性资金购买物资或服务的国家机关工作人员。

②政府购买机构，指政府设立的负责本级财政性资金的集中购买和招标工作的专门机构。

③使用人，往往是国家各级政府部门。

④招标代理机构，指依法取得招标代理资格，从事招标代理业务的社会中介机构。

（2）政府购买决策过程

政府购买决策过程的基本步骤如图3-7所示。政府购买决策在发出购买信息和接收供应信息的方式和对象上与产业市场、中间商市场的购买决策不同。

（3）政府购买的组织形式

国外政府购买的组织形式一般有：

①集中购买，即由一个专门的政府购买机构负责本级政府的全部购买任务。

②分散购买，即由各支出购买单位自行购买。

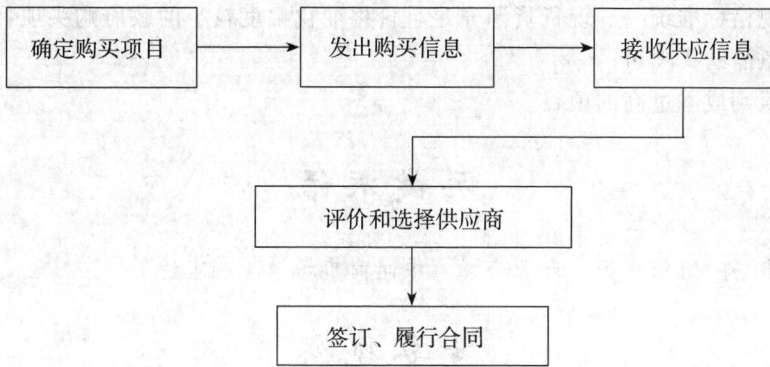

图3-7 政府购买的一般程序

③半集中半分散购买，即由专门的政府购买机构负责部分项目的购买，而其他的由各单位自行购买。

在中国的政府购买中，集中购买占了很大的比重，列入集中购买目录和达到一定购买金额以上的项目必须进行集中购买。

（4）政府购买的方式

中国政府购买基本上采用公开招标购买、邀请招标购买、竞争性谈判购买、单一来源购买、询价购买等方式，其中公开招标购买是主要方式。

第一，公开招标购买，指不限定投标企业，按照一般的招标程序进行购买。该方式对所有的投标者一视同仁，主要看其是否更加符合招标项目的要求。由于整个招标、评标过程会耗费大量费用，所以公开招标一般要求购买项目的价值比较大。

一般而言，下列情况可以不实行招标：

①涉及国家安全和机密；

②购买项目的后续维修、零配件供应，由于兼容性或者标准化的需要，必须向原供应商购买的；

③发生不可预见的急需或者突发事件；

④经公告或者邀请未能有3家以上符合投标资格的供应商参加投标，或者供应商未对投标文件作出实质性响应而导致招标无法进行的。

第二，邀请招标购买，指将投标企业限定在一定的范围内（一般必须3家以上），主动邀请它们进行投标。规模较小的政府购买项目一般会采用邀请招标的方式。

第三，竞争性谈判购买，指购买单位采用同多家供应商同时进行谈判，并从中确定最优供应商的购买方式。其一般适用于在需求紧急情况之下，不可能有充裕的时间进行常规性的招标购买；或招标后没有合适的投标者；或项目技术复杂，性质特殊，无法明确招标规格。

第四，单一来源购买，即定向购买，适用于虽然所购买的项目金额已达到必须进行政府购买的标准，但供应来源受资源专利、合同追加或后续维修扩充等影响只能是唯一的情况。

第五，询价购买，指购买单位向国内外的供应商（通常不少于3家）发出询价单，让其报价，然后进行比较选择，确定供应商。询价购买一般适用于：

①货物规格标准统一、现货货源充足且价格变化幅度较小的政府购买项目；
②某些急需购买项目；
③招标谈判成本过高的项目。

关键术语

消费者市场　组织市场　产业市场　中间商市场　政府市场

主要观念

1. 消费者市场在整个市场体系中具有基础地位，是现代市场营销理论研究的主要对象。

2. 文化、社会、个人和心理因素制约着消费者购买行为。

3. 组织市场购买产品的最终目的不是自身消费，这是与消费者市场的根本区别。

4. 组织市场根据购买主体的不同，可分为产业市场、中间商市场和政府市场。

5. 影响产业市场购买行为的因素主要包括环境因素、组织因素、人际因素以及个人因素。

基本训练

❖ 知识题

第3章判断题

一、简答题

1. 马斯洛的需要层次理论的基本内容是什么？
2. 文化因素是如何影响消费者购买行为的？
3. 在消费者市场中，消费者购买行为类型有哪几种？
4. 产业市场购买行为的影响因素有哪些？
5. 中间商市场与产业市场的区别与联系是什么？
6. 政府市场的特点是什么？

二、论述题

1. 论述消费者市场与产业市场的区别。
2. 论述影响政府市场购买行为的主要因素。
3. 论述影响消费者购买行为的基本因素及其对市场营销的启示。

❖ 技能题

1. 假设有一家笔记本电脑厂商，其技术、产品质量都属于中等水平，在短期内难以突破。针对本章的4种市场设计出4种市场营销策略。

2.一位汽车零件生产公司的销售经理面临的是产业市场中的顾客，面对经济危机，他应当采取什么措施来稳定自己的销售业绩？

❖ 能力题

1979年，一个中国公民只能挣几十元到100多元工资，而一只雷达表的价格在几千元到上万元之间。在这样的差距下，让中国普通老百姓去买雷达表简直就是天方夜谭，可是雷达公司偏偏选择这样一个时间介入中国市场。

史丹拿先生解开了当时这一举动的谜底。他说："20世纪六七十年代，我在中国香港和台湾、东南亚地区作销售，发现中国人十分喜欢戴高贵手表以显示身份，这与欧美人不大相同。当时我就向董事会建议，要重视中国市场。1973年在北京举办瑞士工业博览会，雷达公司的介绍材料被一抢而光，前来询问产品情况的人非常多，这更坚定了我们的信心。于是我们首先进入了中国上海，在《文汇报》和上海电视台作广告。"

雷达公司拓展中国市场的决定似乎来得十分简单，其大概无法估计从那以后中国的经济增长和老百姓收入改变的速度，只能凭着一种信念——我看好，所以我坚持。终于，富裕起来的中国人开始涌向雷达表的柜台，中国成了雷达表的销售大户。

史丹拿很自豪地介绍说，雷达表在推广机械自动表芯、永不磨损手表、长方形和拱形手表、表带与表盘同宽的款式等方面都走在了潮流之前。1999年。雷达公司推出了螺旋式手表，因为这种手表表带和表盘是交错的，所以需要非常精密的技术。尽管市场上闪电般地出现了仿制品，但是雷达公司仍走在了前头。2000年，在各种品牌手表款式争奇斗艳的浪潮中，雷达公司又推出了椭圆形手表，令人耳目一新。

"雷达公司的领导层和设计水平一直保持稳定，但是对于手表的款式和性能的研究与创新，是每年都在前进的，所以雷达永远都不会成为一个陈旧的牌子，它与时尚紧密相联，它的市场营销也永远充满了新意和挑战。"史丹拿非常认真地强调。

在艺人、美女充斥屏幕，成为各种品牌形象代言人的今天，当人们问史丹拿先生为什么雷达表不找一个形象代言人的时候，他说："没有谁能代表雷达表，只有品牌自己能代表自己。对人的评价可以因人而异，但雷达表的品质是恒久的唯一。"

在一次青少年科学英才颁奖仪式上，史丹拿介绍说，雷达表不去赞助选美、歌手演唱会之类的活动，尽管那样做很轰动，但它不符合雷达品牌的宗旨与品位。进入中国市场后，雷达公司赞助上海电视台的青少年科学知识竞赛、数届全国青少年科学英才奖、鞍钢的科学进步奖、亚运会有奖知识测验等公益活动。

资料来源 曹刚，李桂陵，王德发. 国内外市场营销案例集［M］. 武汉：武汉大学出版社，2002：48-50.

问题：

（1）雷达公司是如何对中国消费者行为进行分析的？

（2）雷达公司是如何树立品牌形象的？

（3）雷达公司的市场营销行为给你提供了哪些启示？

第二篇 市场选择

第4章 市场营销调研与预测

学习目标

知识目标

◆掌握市场营销信息系统的构成及原则。

◆掌握市场营销调研的内容和一般过程。

◆了解市场营销预测的类型、步骤、内容和方法。

技能目标

◆能够拟订调研计划,确定抽样计划。

◆掌握确定样本数的定性和定量分析方法,以及搜集现有资料和原始资料的方法。

◆基本掌握市场营销预测的常用方法。

能力目标

◆通过项目实践训练,能够拟订调研计划、搜集与分析市场资料、撰写调研报告。

◆初步具备独立主持或设计企业一般性市场营销问题的调研项目。

❖ 引例

康泰克的代价

康泰克是中美史克公司于1989年推出的一种治疗感冒的药物,通过多年广泛宣传,家喻户晓,成为广大消费者治疗感冒的优先选择之一。截至2000年年底,康泰克在市场的累计销量已经超过50亿粒,年销售额高达6亿元,在感冒药市场中占据较高的市场份额。但是2000年10月国家药品监督管理局颁布禁止销售含有苯丙醇胺（PPA）药物的通告，不仅让使用过该药的患者感到担心和失望，对中美史克公司更是当头一棒，其面临着市场份额、利润下降等多方面的沉重打击。据2001年9月6日《市场报》报道，在康泰克退出市场不到1年的时间里，中美史克公司的直接经济损失高达6亿元。与此同时，其他竞争者迅速瓜分康泰克退出的市场。

其实早在2000年前，美国食品药品监督管理局就委托哈佛大学某药物研究所对PPA所造成的不良反应进行跟踪及研究。对于这一信息，史克必成公司不会不知道，中美史克公司也不会不知晓。但它们都没有考虑到此项研究结果对康泰克将造成什么样的不良后果，也没有积极准备补救措施，更没有及时研究市场的需求状况，及时开发不含PPA的替代品。这就致使在该药被禁止销售后，中美史克公司无法在短期内生产出不含PPA的感冒药。而美国的一些生产含有PPA药品的厂家在得知PPA不良反应调查研究后，迅速寻找替代品，掌握了药品市场的主动权。292天之后，中美史克公司终于推出用盐酸伪麻黄碱（PSA）取代PPA的"新康泰克"，但由此而造成的市场空隙已很难填补。

资料来源 马连福. 现代市场调查与预测〔M〕. 北京：首都经济贸易大学出版社，2002：1.

4.1 市场营销信息系统

4.1.1 市场营销信息的概念、类型及作用

4.1.1.1 市场营销信息的概念

信息是指人类共享的一切知识、学问，以及人与人之间、人与客观世界之间交往的各种数据、资料、情报和消息的总和。广义的信息由数据、文本、声音和图像组成，主要与视觉和听觉相关。

市场营销信息属于经济信息范畴，是指一定时间和条件下，与企业的市场营销有关的各种事物的存在方式、运动状态及对接收者效用的综合反映，如下年度市场营销环境的变化趋势、企业销售额的变化、企业的广告效果如何等。市场营销信息一般通过语言文字、数据、符号等形式表现出来。

4.1.1.2 市场营销信息的类型

（1）依据信息来源划分，可分为外部信息和内部信息

企业是市场环境的子系统，企业的外部信息是来自市场环境的其他子系统的信息。与市场营销有关的外部信息主要包括政治、经济、科技、人口、社会、法律、文化、心理、生态、竞争等方面。

企业内部信息是指来自企业的各种报表、计划、记录、档案的有关市场营销方面的信息。

（2）依据决策的级别划分，可分为战略信息、管理信息和作业信息

战略信息是指企业最高层领导用于对经营方针、目标等方面进行决策的有关信息，主要包括对新产品的研发、对新市场的开拓、对设备的投资及服务方向的改变等。

管理信息是指企业一般管理人员在决策中所需要的信息。企业市场营销活动不仅要加强内部管理，而且要接受国家的宏观调控。因此，管理信息既包括对现有资源的分配、应用、控制等有关计划、方案的制订、执行、管理等方面的信息，即微观管理信息，又包括国家对企业的调控和管理的有关宏观信息，如经济政策、经济杠杆、经济法规等。

作业信息是指企业日常业务活动的信息，主要包括商品的生产和供应信息、商品的需求和销售信息、竞争者动态信息等。

此外，市场营销信息还可以根据信息的表示方式分为文字信息和数据信息；根据信息的处理程度分为原始信息与加工信息；根据信息的稳定性分为固定信息和流动信息等。

4.1.1.3　市场营销信息的作用

（1）企业经营决策的前提和基础

企业在市场营销过程中，无论是对于企业的市场营销目标、发展方向等战略问题的决策，还是对于企业的产品、价格、渠道、促销等战术问题的决策，都必须建立在准确地获取市场营销信息的基础上。

（2）制订企业市场营销计划的依据

企业在市场营销中，必须根据市场需求的变化，在市场营销决策的基础上，制订具体的市场营销计划，以确定实现市场营销目标的具体措施和途径。不了解市场营销信息，企业就无法制订出符合实际需要的市场营销计划。

（3）实现市场营销控制的必要条件

市场营销控制是指按照既定的市场营销目标，对企业的市场营销活动进行监督、检查，以保证实现市场营销目标的管理活动。由于市场环境的不断变化，企业在市场营销中必须随时注意市场的变化，进行信息反馈，以此为依据来修订市场营销计划，对企业的市场营销活动进行有效控制，使企业的市场营销活动能按预期目标进行。

（4）进行内外协调的依据

企业在市场营销活动中要不断地搜集市场营销信息，根据市场的变化和内部条件的变化，协调内部条件、外部环境和企业市场营销目标之间的关系，使企业市场营销系统与外部环境系统、各要素系统之间都能保持协调发展，以实现企业市场营销的最佳效果。[①]

4.1.2　市场营销信息系统概述

企业的市场营销信息系统（marketing information system，MIS）是一种由人员、设备、

---

①　万后芬，汤定娜，杨智. 市场营销教程［M］. 北京：高等教育出版社，2003：87.

计算机程序及相关数据所构成的，通过相互作用提供企业市场营销所需信息的综合系统。企业借以搜集、分类、分析、评价以及分配适当、及时和准确的相关信息，为市场营销管理人员改进市场营销计划、执行和控制工作提供依据。①

4.1.2.1　市场营销信息系统的构成

企业的市场营销信息系统由内部报告系统、市场营销情报系统、市场营销调研系统、市场营销分析系统构成，通过4个运行要素的运作，完成信息的沟通。市场营销信息系统处于市场营销环境与市场营销管理人员（信息使用者）之间。各种市场营销数据由市场营销环境流向企业市场营销信息系统，后者将数据加以转换，并通过市场营销信息流程传导给市场营销管理人员，市场营销管理人员依据这些数据制订各种计划、方案，由此形成的各种数据又通过市场营销沟通流程回到环境中（如图4-1所示）。

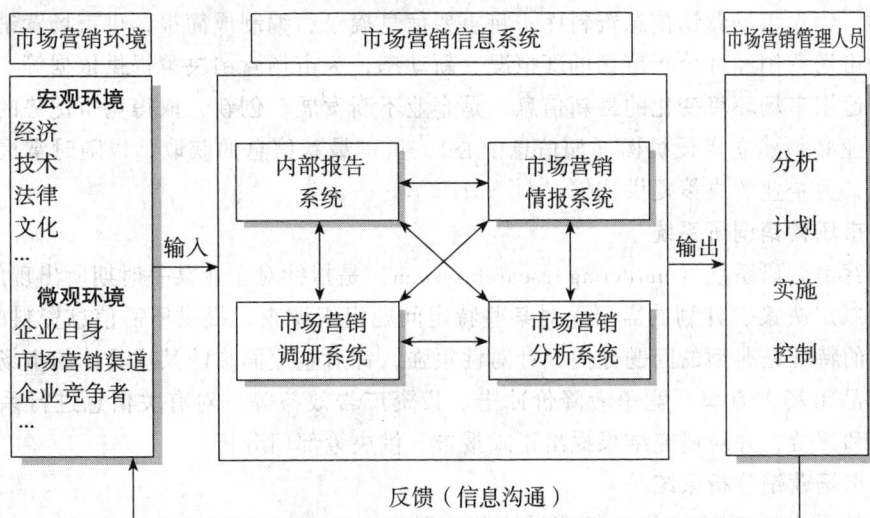

图4-1　市场营销信息系统的构成

资料来源　[1] 万后芬，汤定娜，杨智. 市场营销教程 [M]. 北京：高等教育出版社，2003：90. [2] 伯恩斯，布什. 营销调研 [M]. 梅清豪，周安柱，徐炜熊，译. 2版. 北京：中国人民大学出版社，2001：10.

（1）内部报告系统

内部报告系统（internal report system）是指企业市场营销信息系统中最基本的系统，反映企业内部目前的市场营销活动状况。它提供有关企业各类产品的开发以及销售额、存货量、现金流量、应收应付账款等方面的瞬时信息和动态信息，为企业进行科学的销售管理、存货管理和客户管理，提高销售服务水平，降低销售成本，缩短销售周期提供依据。目前，很多企业都已建立计算机管理系统，决策者可以随时通过计算机查阅企业市场营销的有关信息。

（2）市场营销情报系统

市场营销情报系统（marketing intelligence system）是指市场营销管理人员用以了解有关外部环境发展趋势的信息的各种来源与程序。企业内部报告系统主要用于向市场营销管

---

① 郭国庆. 市场营销学通论 [M]. 3版. 北京：中国人民大学出版社，2005：119.

理人员提供内部运营的"结果资料"，而市场营销情报系统被用于提供外部环境的"变化资料"。该系统可以将环境发展的新信息传递给市场营销管理人员。

市场营销情报的质量和数量决定着企业市场营销决策的灵活性和科学性。为扩大信息的来源，提高信息的质量和数量，企业可以采取以下措施来改进与强化信息搜集工作：

①搜集外部信息。企业市场营销经理在与顾客、供应商、分销商、企业外界其他人员、企业内部员工的交谈中发现有关信息；训练和鼓励销售人员搜集情报信息；推销人员、分销商和其他贸易伙伴提供信息；聘请专家搜集信息，或向专业的咨询公司购买有关竞争对手、市场动向的信息；通过参加各种贸易展销会、订货会等了解信息；从网络、图书、报刊及交流资料上摘录有关信息等。

②企业建立常设机构，积累、处理与传递外部信息。信息机构的专职人员将信息整理、分类，建立市场营销信息资料库；将重要信息摘录、编制成简报，供市场营销经理参阅；协助市场营销经理分析市场的新情况、新动态，为市场营销决策提供依据等。及时取得并合理运用市场环境变化的最新信息，是企业不断发展、创新，取得竞争优势的前提和基础。企业必须建立常设机构（如信息中心），负责最新信息的获取，以随时掌握市场环境的变化，为企业的决策提供依据。

（3）市场营销调研系统

市场营销调研系统（marketing research system）是指针对企业某一时期所出现的问题，或为满足制定决策、计划的需要而对某些特定问题组织调查，提供所需信息资料的系统。其最显著的特征是典型的问题导向，针对性很强，针对企业面临的某项具体的市场营销问题，如产品市场占有率、竞争者降价冲击、投资广告效益等，对有关信息进行系统的搜集、分析和评价，并对研究结果提出正式报告，供决策部门分析。

（4）市场营销分析系统

市场营销分析系统又称市场营销决策支持系统（marketing decision support system），通过对以上3个子系统所提供的信息资料的科学分析，为决策者提供量化分析结论，并进而提出多种决策建议，供决策者参考、选择。该系统借助统计库和模型库中一系列统计分析模型和市场营销决策模型进行运作，是市场营销信息系统中的高级处理系统。

4.1.2.2　建立市场营销信息系统的原则

（1）统一性和整体性原则

企业市场营销信息系统必须将企业的市场营销活动作为一个整体来看待，疏通企业内部的纵横关系，兼顾企业的现实运转和未来发展。同时，企业信息要做到内外统一、微观与宏观统一、当前需要与长远需要相统一、信息交流的形式与传递语言相统一。

（2）简明性和适当性原则

企业所加工和传递的信息应尽量简短明了，信息的处理过程应尽可能避免繁杂的手续，信息的筛选优化应以适当为标准。

（3）有效性原则

企业市场营销信息必须反映和满足企业市场营销活动的需要，适应企业市场营销决策和管理的要求。

4.1.2.3　建立市场营销信息系统的步骤

（1）分析
根据系统目标，进行调查、分析，提出系统的模型。
（2）设计
根据以上分析，确定系统结构，确定子系统、存储方式、系统流程图等。
（3）实施
这包括程序设计、程序和系统的调试、技术文件的编写、系统转换及系统评价等。

4.1.2.4　市场营销信息系统的运行要素

（1）信息输入
信息输入是指将企业内部和外部的有关市场营销的各种信息搜集起来，如政策、行情、价格、竞争者动态、消费者需求动态等。
（2）信息处理
信息处理是指对原始信息进行加工、鉴别、筛选、分类、编码、存储等。
（3）信息输出
信息输出是指将处理过的有用信息提供给企业决策者和管理部门，作为决策的依据。
（4）信息反馈
这是一个输入过程，将信息输出后产生的反应再输入到信息系统中。

4.2　市场营销调研

4.2.1　市场营销调研的含义与作用

市场营销调研是指运用科学的方法，有计划、有目的、系统地设计、搜集、分析并报告与企业市场营销活动有关的数据、信息及研究结果的市场营销活动。市场营销调研供市场营销人员了解市场营销环境，发现市场机会和威胁，为市场营销预测和决策提供依据，使市场营销活动更有效地发展。

在市场竞争日趋激烈的情况下，拥有市场比拥有一个工厂更为重要。市场营销调研在现代企业的市场营销活动中具有十分重要的作用[①]：
（1）为企业提供市场信息，有助于企业制定科学的市场营销策略
市场是企业研究的中心，根据市场的状况而制定的市场营销策略决定了企业的经营方向和目标，其正确与否直接关系到企业的成功与失败。因此，研究市场，使企业市场

---

① 马连福. 现代市场调查与预测 [M]. 北京：首都经济贸易大学出版社，2002：24.

营销的产品适应和满足消费者的需求是市场营销策略中首先要解决的问题。通过市场营销调研，企业能了解市场、分析市场，掌握市场需求及其变化、市场规模和竞争格局、消费者的购买行为、市场营销环境的基本特征等，从而能科学地制定和调整市场营销策略。

（2）帮助企业开拓市场，开发新产品

当一种产品在某个特定市场尚未达到饱和状态时，企业应开始着眼于更远的、还没有满足的市场。这就需要通过市场营销调研，了解顾客当前的需求和满足程度，发现消费者的未满足需求，测量市场上现有产品及市场营销策略满足消费者需求的程度，为企业制定行之有效的市场开发战略提供重要的依据。

（3）有助于企业在竞争中占据有利地位

企业面对的可能是一个竞争对手，也可能是多个竞争对手，是采取实力相拼的策略，还是避开竞争，采取另辟蹊径的策略，要根据调研结果并结合企业实际作出决断。通过市场调研了解竞争对手的经营策略、产品优势、经营力量、促销手段以及未来的发展意图等，就可以在竞争中扬长避短，吸引消费者选择本企业的产品；否则，一旦竞争决策失误，经营的失败就不仅表现为市场占有率的降低，也意味着竞争对手的进一步强大。

（4）为企业预测未来市场发展提供基础

每个企业在进行现行市场营销的同时，还要注重对未来市场的研究，从而抓住新的发展契机。而对未来市场的了解就是在市场调研的基础上进行的市场营销预测。

4.2.2　市场营销调研的内容

4.2.2.1　市场营销环境调研

（1）政治和法律环境

了解对市场产生影响和制约作用的国内外政治方针与政策、法规、条例等，如政府关于产业发展、财政、税收、金融、外贸等方面的政策和法令及其影响下市场的变化情况。

（2）经济环境

经济发展水平、消费水平等对市场活动有直接影响。

（3）技术环境

技术环境如新技术、新材料、新工艺及新产品的开发和进入市场情况，原材料及能源供应情况等会影响企业市场营销。

（4）人口环境

人口环境如人口总量及结构的变化、目标市场人口的数量及构成的变化等。

（5）竞争环境

竞争环境如竞争者的生产经营状况及规模、特色，竞争者所采取的各种市场营销战略和策略及其对市场的影响。

（6）社会文化环境

社会文化环境如思想意识、风俗习惯、思维方式、宗教信仰和价值观念等，影响人们的生活方式和消费习惯。

4.2.2.2　市场需求调研

（1）市场需求总量及其构成

市场需求总量及其构成，如人口总量和可支配收入的变化情况、行业及相关行业的市场需求状况、市场的供求关系及其变化情况。

（2）消费结构

消费者将其货币收入用于不同产品支出的比例，决定了消费者的消费倾向。

（3）消费者购买动机

了解影响和引起消费者购买行为的愿望和意念。

（4）各细分市场及目标市场的需求

各细分市场及目标市场的需求，如各细分市场及目标市场的现实需求量和销售量、产品市场的最大潜在需求量和行业供给量、各细分市场的需求量与行业市场营销努力的关系。

4.2.2.3　市场营销组合调研

（1）产品调研

产品调研包括新产品设计开发、产品组合、产品生命周期等。

（2）价格调研

价格调研包括供求形势、需求价格弹性、新产品定价策略等。

（3）渠道调研

渠道调研包括现有销售渠道、经销单位、渠道选择、渠道建设及调整等。

（4）促销调研

促销调研包括广告目标、广告设计、广告媒体、广告效果、促销受众及促销效果等。

4.2.2.4　企业形象调研

（1）企业理念形象

企业理念形象如企业高层领导的经营观念、经营风格与信条，以及企业组织的文化氛围、员工素质。

（2）企业行为形象

企业行为形象如企业的经营现状、发展战略，同行业及同类产品的竞争态势和特色，企业的社会责任、公益活动、公共关系活动的实施状况及其效果。

（3）企业视觉传递形象

企业视觉传递形象如企业的知名度及宣传措施、社会公众对企业的印象、企业标识系统。

4.2.3 市场营销调研的一般过程

4.2.3.1 明确调研主题

明确调研主题的目的是找出企业自身市场活动中存在的问题，从而研究和探讨解决问题的途径和方法。企业必须明确以下问题：为什么要调查？在调查中想了解什么？调查结果有什么用处？

4.2.3.2 拟订调研计划

调研计划的内容包括确定调研目的和调研项目、选择调查方法、估算经费、确定调研进度。

4.2.3.3 确定抽样计划

（1）确定样本数

①定性分析方法，即根据研究课题的要求、研究项目在样本间差异的大小、企业可投入研究的人力和财力情况等来确定调查样本数。

②定量分析方法，即运用统计中的下列两个公式进行测算：

重复抽样公式：$n=(\delta/\delta_{\bar{x}})^2$ (4-1)

不重复抽样公式：$n=\dfrac{t^2\delta^2 N}{N\Delta_{\bar{x}}^2 + t^2\delta^2}$ (4-2)

式中：n为样本单位数；N为总体单位数；δ为总体标准差估计值；$\Delta_{\bar{x}}$为误差允许值；t为可信度水平下的t临界值；$\delta_{\bar{x}}=\Delta_{\bar{x}}/t$。总体标准差估计值$\delta$可依经验确定，也可通过小样本调查后由下列公式计算得出：

$$\delta=\sqrt{\dfrac{\sum(x-\bar{x})^2}{k-1}}$$ (4-3)

式中：x为调查值；k为小样本数。

【例4-1】要调查市场上对某产品的需求量。依历史资料得知，消费者对该产品需求的标准差为15，若调查误差的允许值为3个单位，95%的可信水平下查得t=1.96，则：

$\delta_{\bar{x}}=\Delta_{\bar{x}}/t=3\div1.96=1.53$

$n=(\delta/\delta_{\bar{x}})^2=(15\div1.53)^2=96.12$

（2）选定抽样方法

①随机抽样，是指按照一定的程序，遵循随机性原则，从总体中抽出一部分个体组成样本，通过对样本的研究达到认识总体的目的。在样本的抽取过程中，应排除主观因素的干扰，保证总体中的所有个体都有同等被抽中的机会。具体的随机抽样方法主要有单纯随机抽样、分层随机抽样、分群随机抽样、系统随机抽样、多阶段随机抽样等。

②非随机抽样，是指不按随机性原则，由调查人员根据调研目的和要求，主观地从总体中抽选样本。样本的抽选往往受调查人员主观因素的影响。具体的非随机抽样方法主要

有任意非随机抽样、判断非随机抽样、配额非随机抽样等。

4.2.3.4　搜集市场资料

市场资料分为现有资料和原始资料两种。

（1）现有资料

现有资料又称第二手资料，是经过他人搜集、已经公开发表并为某种目的而搜集起来的资料。市场调研过程中，对某个特定问题的有关现有资料主要由内部报告系统和外部信息系统提供。现有资料容易取得，省时、省力、省费用，因此在市场调研中首先要充分利用现有资料，而将原始资料作为对现有资料的补充和验证。

（2）原始资料

原始资料又称第一手资料，是调查人员通过实地调查所取得的资料。一般采用直接调查法获得原始资料。直接调查法分为固定样本连续调查法和一次性调查法。

第一，固定样本连续调查法，即在一定时期内，通过对某固定样本小组的反复调查来取得市场资料，了解市场依时间变化而变化的发展规律和发展趋势的调查方法。

固定样本连续调查法主要通过访问、问卷调查、样本日记、观察记录等方法来取得资料。

第二，一次性调查法，主要包括：

①询问调查法，即以当面、网络、电话或书面的不同形式向被调查者提出问题，以获得所需资料。

②观察调查法，即带有一定的目的在调查现场观察、记录正在发生的市场行为或状况。

③实验调查法，即调查者有目的地控制一个或几个市场因素的变化，以研究某市场现象在这些因素影响下的变动情况。

4.2.3.5　调研数据的整理和分析

在搜集了大量的数据之后，市场调研人员就开始利用各种数理统计分析工具对数据进行分析，以揭示数据中潜在的各种关系。调研数据的整理和分析一般包括：

（1）数据的审核

编辑加工数据，去粗取精，找出误差，剔除前后矛盾处。

（2）数据的分析处理

运用统计模型和其他数学模型，充分发掘从现有数据中可推出的结果，在看似无关的信息之间建立起内在联系。常用的分析方法有线性回归分析、聚类分析、因子分析、多维尺度分析和联合分析等。

（3）数据的分类、制图、列表

这样以便归档、查找和使用。

4.3　市场营销预测

4.3.1　市场营销预测的概念、类型及步骤

4.3.1.1　市场营销预测的概念

预测是一门综合性的学科，是人们根据过去和现在的已知情况，研究已知情况中的真实情况，分析真实情况的演变规律，掌握这个规律以判断未来发展趋势的活动过程。市场营销预测是预测的重要组成部分，是指企业在市场调研的基础上，利用各种信息资料，运用科学的理论和方法，对影响市场供求变化的因素进行研究分析，预见其发展趋势，掌握市场供求发展变化的规律，并以此规律去推断未来，为市场营销决策提供可靠的依据。

4.3.1.2　市场营销预测的类型①

（1）根据预测范围，可分为宏观预测与微观预测

宏观预测是指对影响市场营销的总体市场状况的预测，主要包括对购买力水平、商品的需求总量及构成、经济政策对供求的影响等方面的预测。

微观预测是从一个局部、一个企业或某种商品的角度来预测供需发展前景。其主要任务是掌握本企业供应范围内商情的变化情况，为合理安排市场供应、扩大销量、提高企业经济效益提供依据。微观预测主要包括商品的资源、销售、库存情况以及企业的市场占有率和经营效果等情况。在微观预测中，必须借助上级主管部门所提供的宏观预测资料，在宏观指导下来进行。

（2）根据预测期长短，可分为长期预测、中期预测、短期预测

长期预测一般是指5年以上的预测；中期预测是指1至5年的预测；短期预测是指1年以内的预测。中长期预测主要用于宏观预测，主要任务是为制定长远规划和长期计划提供依据。短期预测主要是为制订年度、季度计划，安排市场供应提供依据。

4.3.1.3　市场营销预测的步骤

（1）确定预测目标

依据各时期的任务、上级布置的预测任务、本单位制订计划的需要、本单位急需解决的问题等确定预测目标。

（2）搜集和整理资料

根据预测目标的要求进行市场营销调查，取得所需要的资料，并将资料进行整理，为预测做好充分准备。

---

① 万后芬，汤定娜，杨智. 市场营销教程［M］. 北京：高等教育出版社，2003：104–105.

（3）选定预测方法

预测方法归纳起来可分为：

①市场调研预测法，即在市场营销调查的基础上，通过对调查资料的分析直接作出预测。

②经验判断预测法，即依据一部分人凭经验所作出的判断来进行预测。

③回归分析法，即通过分析找出预测目标与影响因素之间的统计规律来进行预测。

④时间序列分析法，即以时间序列资料为依据来进行预测。

（4）分析预测误差，调整预测结论，作出最终预测

注意运用相关检验、假设检验及插值检验的方法来分析预测误差，进行可行性分析，并结合预测期间的政治、经济形势，进行定性分析。

4.3.2　市场营销预测的内容

4.3.2.1　市场需求预测

市场需求预测是对社会商品购买力及其投向的预测，是市场营销预测的中心内容。市场需求是指在一定的市场营销投入水平下，一定时期内在特定的地区、特定的市场营销环境下，特定的顾客群可能购买的产品的总量。影响市场需求的因素是产品、总量、购买、顾客群、地理区域、时期、市场营销环境和市场营销投入等。

在图4-2中，横轴表示在一定时间内的行业市场营销费用，纵轴表示受市场营销费用影响的市场需求，曲线表示估计的行业市场营销费用与市场需求之间的对应关系。图4-2表明，基本销售量或称市场底量（Q_0），不需支出任何市场营销费用也会存在。随着行业市场营销费用的增加，市场需求一般也会增加，先以递增比率增加，然后以递减比率增加。当行业市场营销费用超过一定水平后，即使进一步增加，市场需求亦不会随之增加，一般把市场需求所达到的极限值称为市场潜量（Q_1）。

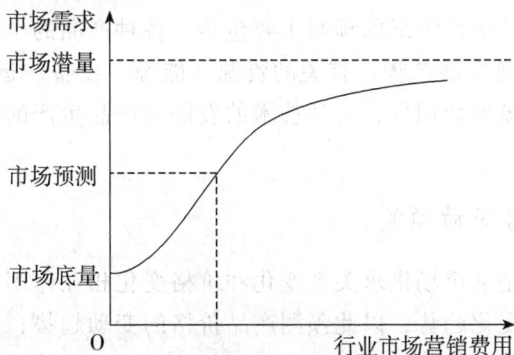

图4-2　市场需求与行业市场营销费用

市场底量、市场潜量以及它们之间的距离依产品的类别不同而有所不同。生活必需品的市场底量会较多，市场潜量较少，市场底量与市场潜量之间的距离较窄；选购品和特殊品受行业市场营销费用的影响较大，市场底量相对偏少，但市场潜量较多，市场底量与市场潜量之间的距离较宽。通常把市场需求受行业市场营销费用水平影响大的产品市场称为可扩张的市场，如家具市场、家用电器市场；把市场需求几乎不受行业市场营销费用水平影响的产品市场称为不可扩张的市场，如食盐市场。

市场需求函数不是随时间变化而变化的需求曲线，只表明了在现阶段可选择的行业市场营销努力与当前需求预测的关系。行业市场营销费用可以有不同的水平，但是在一定的市场营销环境下，考虑到企业资源及发展目标，行业市场营销费用水平必须是有计划的。同计划的行业市场营销费用相对应的市场需求被称为市场营销预测，市场营销预测表示在一定的环境条件下和行业市场营销费用下估计的市场需求。

4.3.2.2　企业需求预测（市场占有率预测）

企业需求是在市场总需求中企业所占的份额，用数学公式表示为：

$$Q_i = S_i Q \qquad\qquad (4\text{-}4)$$

式中：Q_i 为企业 i 的需求；S_i 为企业 i 的市场占有率；Q 为市场总需求。

同市场需求一样，企业需求也是一个函数，被称为企业需求函数或销售反应函数。企业产品的市场需求是由企业的市场占有率 S_i 和产品的市场总需求 Q 决定的。影响企业市场占有率的因素主要是市场营销努力。企业的市场占有率与市场营销努力成正比，用数学公式表示为：

$$S_i = \frac{M_i}{\sum M_i} \qquad\qquad (4\text{-}5)$$

式中：M_i 为企业 i 的市场营销努力，$\sum M_i$ 为行业的市场营销努力。在其他条件一定的情况下，企业需求随企业市场营销努力的变化而变化，企业一定的市场营销努力对应于一定的企业需求。因此，企业需求的预测是指在企业市场营销努力确定的条件下，预测企业产品的预期销售量。

4.3.2.3　生产情况预测

形成市场活动的主要矛盾是生产和需求，因此在预测市场需求和企业需求的同时，必须对生产情况进行预测。生产情况的预测主要包括：各种产品的生产布局、生产能力、生产技术、当前生产状况及发展趋势；有关的资源、能源、设备、运输条件的状况及趋势；企业现有产品所处的市场生命周期；科学技术的发展对产品生产的影响；新产品投入市场的发展前途等。

4.3.2.4　产品价格变动预测

产品价格变动预测是从市场供求关系变化和价格变化相互作用的角度来进行的。一方面，分析生产成本及其变化趋势，以此预测产品价格的变动趋势；另一方面，预测市场的供求关系，再根据供求关系对价格的影响来预测价格的变动趋势。

4.3.2.5　企业经济效果预测

在市场营销活动中，企业在预测销售潜量的同时，还必须对成本与利润进行预测，争取最大的经济效果。预测经济效果不仅能为企业的投资决策和其他市场营销决策提供可靠的依据，而且对促进企业改善经营管理有重要作用。

4.3.3　市场营销预测的方法

4.3.3.1　定性预测法

定性预测法是人们通过对已掌握的资料进行研究，根据自身的经验和分析判断能力对市场未来的发展变化趋势进行预测。这种方法简便易行，适用范围广，成本低，费时少；但由于缺乏客观标准，往往受预测者主观因素的影响，带有一定的片面性。常用的定性预测法有以下几种：

（1）购买者意向调查法

购买者意向调查法是指直接询问购买者的购买意向和意见，以此来预测产品的销售量。如果购买者的购买意向是清晰、明确的，这种意向会转化为顾客的购买行为，购买者愿意将其意向告诉调查者，那么这种预测方法就特别有效。因为产品的潜在购买者很多，难以逐个调查，所以购买者意向调查法多被用于预测工业用品和耐用消费品。同时，购买者的购买意向会随着时间的变化而转移，故此法适宜作短期预测。

（2）销售人员综合意见法

销售人员综合意见法是指通过听取销售人员的意见来预测市场需求。其基本原理是：销售人员最接近市场和购买者，最了解竞争者的动态以及购买者的购买动向和意见，所以他们所作的预测应是可靠的。但这种方法可能会受到销售人员的某些主观想法的影响，如担心预测结果和自己的利益挂钩，故意压低预测数字，从而可能导致预测结果的失实。同时，由于销售人员中大多数没有受过预测技术教育，对预测没有足够的知识、能力和兴趣，又因所处地位的局限性，对经济发展形势和企业的市场营销总体规划不够了解，可能会出现过于乐观或悲观的预测。当销售人员较多时，过高或过低的预测值可相互抵销，从而使预测结果趋于合理。

（3）专家意见法

专家意见法是一种应用范围十分广泛的预测方法，根据有关专家的知识、经验和分析判断能力对市场需求及其发展变化趋势进行预测。该方法分为：

①专家会议法，是指邀请有关的专家面对面地开会，对所要预测的市场需求问题进行讨论，在分析判断的基础上综合各位专家的意见，最后得出预测结果。

②专家调查法，又叫德尔菲法，是指组成专家组，采用不署名、背靠背、反复征询的方式，将调查提纲和背景资料提交专家，轮番征询专家意见后再汇总得出一致的预测结果。

4.3.3.2　定量预测法

定量预测法根据历史统计资料，运用各种数学方法对市场未来的发展变化趋势进行预测。定量预测法的特点是凭数据说话，预测结果比较客观、准确；其局限性在于，单纯量的分析会忽视非量化因素，因而预测值有可能出现误差。

比较简单、常用的定量预测法是时间序列分析法，将某种经济统计指标（如购买力增长、销售量变化等）的观察值，按时间的先后顺序排列，形成统计的时间序列，再用一定的数学方法将此序列数值的变化加以延伸，进行推算，预测未来发展趋势，确定市场营销预测值。该方法的主要特点是，以时间推移研究来预测市场需求趋势，不受其他外在因素的影响。时间序列分析法具体的做法有：

（1）算术平均法

算术平均法的计算公式为：

$$Y_t=\frac{x_1+x_2+x_3+\cdots+x_n}{n}=\frac{\sum\limits_{i=1}^{n}x_i}{n} \qquad (4-6)$$

式中：Y_t 为预测对象历史数据的平均值，即下一期（第n+1期）的预测值；x_1，x_2，$\cdots$，x_n 为各时期的实际数据；n为时期数。

算术平均法简便易算，但只适用于销售量变化稳定的预测，因为这种方法不能充分反映出需求趋势和有明显季节变动的情况。

【例4-2】假设某企业2023年7—12月的实际销售额见表4-1，请预测2024年1月的销售额。

表4-1　　　　　　　　　某企业2023年7—12月的实际销售额

月　份	7	8	9	10	11	12
实际销售额（万元）	330	335	325	345	355	360

$$Y_t=\frac{330+335+325+345+355+360}{6}=341.67（万元）$$

（2）移动平均法

移动平均法是在算术平均法的基础上发展起来的，对历史数据按顺序逐点分段移动平均，以反映预测对象的变化趋势。其计算公式为：

$$当期预测值=\frac{前1期实绩+前2期实绩+\cdots+前n期实绩}{n（跨越期数）}$$

或　　$M_t=\dfrac{x_t+x_{t-1}+x_{t-2}+\cdots+x_{t-n+1}}{n} \qquad (t\geq n) \qquad (4-7)$

式中：M_t 为t时期的移动平均数；x_t 为第t期的实际发生值；n为移动平均期数，即每次移动平均所包含的实际发生值的个数。

应用移动平均法进行预测，本期的移动平均值就是下一期的预测值。使用移动平均法关键是要选择好跨越期数n。对于n的选择通常根据一定跨期内序列的基本发展趋势变化而定。如果变化大，则n应取小些，使移动平均值能贴近近期变化趋势；如果变化小，则n应取大些，这样平滑修匀的效果更为显著。

移动平均法克服了算术平均法对所有历史数据一次平均从而看不出预测对象长期趋势的缺陷。但应当看到，由于平均数的特性，移动平均数反映的发展趋势带有一定的滞后性。

【例4-3】假定例4-2中该企业2024年1月的销售额为350万元，则采用移动平均法预测2024年2月的销售额是：

$$M_t = \frac{350 + 360 + 355 + 345 + 325}{5} = 347 （万元）$$

（3）加权移动平均法

加权移动平均法是指考虑到时间序列中各期资料的不同重要性，因此设计一个权数，对各期数据加权后再进行移动平均。其计算公式为：

$$M_t = \frac{\sum\limits_{i=t-n+1}^{t} W_i \cdot Y_i}{\sum W_i} \tag{4-8}$$

式中：M_t 是第 t 期的加权移动值；W_i 代表权数，$\sum W_i = 1$；Y_i 是第 i 期销售量。

权数可按实际需要和经验确定。一般而言，对于近期的数据，其影响较大，权数的取值也较大；对于远期的数据，其影响较小，权数的取值也较小。

【例 4-4】从例 4-2 中取 2023 年 9、10、11、12 月这 4 个月作为观察值，根据每个月的数据对 2024 年 1 月的预测销售额的不同影响程度，确定不同的权数，分别为 0.1（9月）、0.2（10 月）、0.3（11 月）、0.4（12 月）。用加权移动平均法预测 2024 年 1 月的销售额是：

$$M_t = \frac{325 \times 0.1 + 345 \times 0.2 + 355 \times 0.3 + 360 \times 0.4}{0.1 + 0.2 + 0.3 + 0.4} = 352 （万元）$$

（4）指数平滑法

指数平滑法采用指数加权的方法进行移动平均，是一种特殊的加权移动平均法。其计算公式为：

$$Y_t = \alpha X_{t-1} + （1-\alpha） Y_{t-1} \tag{4-9}$$

式中：Y_t 是本期预测值；Y_{t-1} 是上期预测值；X_{t-1} 是上期实际值；α 是平滑系数，其取值范围是 $0 \leqslant \alpha \leqslant 1$。

在使用指数平滑法进行预测时，关键是确定 α 的取值。α 是个经验数据。一般情况下，α 的取值越大，预测值就越接近上期实际值；α 的取值越小，预测值就越接近上期预测值。在实际工作中，可以试用若干不同数值的 α 计算预测值，以预测值与实际值差异最小的作为最佳权数。

【例 4-5】假定前例中的企业 2024 年 1 月的销售额预测值是 352 万元，实际值是 350 万元，如果 α 取 0.4（指 1 月预测值的权数占 60%，实际值的权数占 40%），则用指数平滑法预测 2024 年 2 月的销售额是：

$$Y_t = 0.4 \times 350 + （1-0.4） \times 352 = 351.2 （万元）$$

（5）回归分析法

回归分析法是指找出预测对象和影响预测对象的各种因素之间的线性或非线性关系，并建立相应的回归方程进行预测。回归分析可以是线性回归，也可以是非线性回归；可以是一元回归，也可以是多元回归。这里只介绍在市场需求预测中使用比较普遍的一元线性回归方法。该方法又称直线趋势法，通过处理一个自变量和因变量之间的线性关系及其发展变化来预测未来市场状况。这种方法是找出一条倾斜的直线，作为预测的依据。该直线到实绩各点之间的偏差平方和为最小，最能代表实绩各点的变动倾向。回归分析法的预测模型为：

$$y=a+bx \qquad (4-10)$$

式中：y表示因变量，即预测值；a是直线在纵轴上的截距，表示现象的起点水平；b是直线斜率，表示现象的发展速度；x表示自变量。根据最小平方原理，先计算预测趋势值的总和：

$$\sum y = na + b\sum x \qquad (4-11)$$

式中：n为年份或月份。

再计算xy的总和：

$$\sum xy = a\sum x + b\sum x^2 \qquad (4-12)$$

为简化计算，将$\sum x$取0。若n为奇数，即取x的间隔为1，x=0置于资料期的中央1期；若n为偶数，则取x的间隔为2，将x=−1与x=1置于资料期中央的上下两期。

当$\sum x=0$时，式（4-11）和式（4-12）分别变为：

$$\sum y=na$$

$$\sum xy=b\sum x^2$$

由此推算出：

$$a=\frac{\sum y}{n}$$

$$b=\frac{\sum xy}{\sum x^2}$$

$$y=\frac{\sum y}{n}+\frac{\sum xy}{\sum x^2}\cdot x \qquad (4-13)$$

【例4-6】已知某商场2019—2023年的商品销售额见表4-2，请用一元线性回归方法预测2024年的销售额。

表4-2　　　　　　　　　　　　　　　某商场商品销售情况　　　　　　　　　　　　金额单位：万元

年份（n）	期数（x）	销售额（y）	实绩与期数乘积（xy）	期数的平方（x²）
2019	−2	52	−104	4
2020	−1	60	−60	1
2021	0	68	0	0
2022	1	65	65	1
2023	2	78	156	4
n=5	$\sum x = 0$	$\sum y = 323$	$\sum xy = 57$	$\sum x^2 = 10$

将表4-2中的数据代入公式得：

$$a=\frac{\sum y}{n}=323\div 5=64.6$$

$$b=\frac{\sum xy}{\sum x^2}=57\div10=5.7$$

$y_{2024}=64.6+5.7x$

因为是预测2024年的销售额，所以x取3，代入式中，得：

$y_{2024}=64.6+5.7\times3=81.7$（万元）

关键术语

市场营销信息　市场营销信息系统　市场营销调研　市场营销预测

主要观念

1.企业市场营销信息系统必须将企业的市场营销活动作为一个整体来看待，疏通企业内部的纵横关系，兼顾企业的现实运转和未来发展。

2.市场是企业研究的中心，根据市场的状况而制定的市场营销策略决定了企业的经营方向和目标，其正确与否直接关系到企业的成功与失败。

3.在市场竞争日趋激烈的情况下，拥有市场比拥有一个工厂更为重要。

4.在市场调研中首先要充分利用现有资料，而将原始资料作为对现有资料的补充和验证。

基本训练

❖ 知识题

第4章判断题

一、简答题

1.市场营销信息有哪些作用？

2.市场营销调研在现代企业的市场营销活动中具有什么作用？

3.调研计划的内容包括哪些方面？

4.直接调查法包括哪些方法？

5.市场营销预测的含义、类型和步骤分别是什么？

二、论述题

试述企业市场营销信息系统的主要内容及构成。

❖ 技能题

将班级内学生分组，以4~5名学生组建调研项目小组，进行组内角色分工。各小组自选调研主题，完成拟订调研计划，设计调研工具（如问卷），实施数据搜集、整理及分析，撰写调研报告，调研成果展示（制作 PPT）等一系列工作。教师根据各项目小组时间规划表进行指导，要求在 4 周内完成。

❖ 能力题

透明百事可乐

20 世纪 90 年代初期，百事公司计划实施一项产品延伸策略，即推出一种新饮料——透明百事可乐。当时，公司的支柱产品——百事可乐和健怡百事可乐在市场上已拥有了很高的知名度。公司认为透明百事可乐的推出将满足产品线扩张的需求，也不会对其成功品牌产生影响。公司希望以透明百事可乐与姜汁酒、冰淇淋苏打，甚至苏打水展开竞争。最初的市场测试表明，该产品将占有 6% 的市场份额，是公司最小期望值的 3 倍。但由于透明百事可乐的时尚效应，这个测试结果有些被夸大了。

两种类型的消费者对透明百事可乐感兴趣：一是年轻的软饮料消费者，他们被新产品独一无二的特性所吸引；二是年长的消费者，他们被该产品的澄清与健康形象所吸引。事实上，透明百事可乐根本就没有可乐的口味。

资料来源　伯恩斯，布什. 营销调研 [M]. 梅清豪，周安柱，徐炜熊，译. 2 版. 北京：中国人民大学出版社，2001：69.

问题：

（1）百事公司的管理层是否应全面推行透明百事可乐？为什么？

（2）全面推行透明百事可乐的市场营销决策是否需要进行深入调研？如果进行该项市场营销调研，你认为应包含哪些基本调研内容？

第5章 战略规划与市场营销管理

学习目标

知识目标

◆了解企业战略的含义和特点。

◆了解实现市场营销战略目标的基本策略。

◆理解市场营销组合的含义与特点。

◆理解市场营销管理的实质与任务以及市场营销管理过程。

技能目标

◆熟悉企业战略规划过程。

◆掌握企业发展新业务的主要途径。

能力目标

◆能运用波士顿矩阵法和GE矩阵法对企业的战略业务单元进行分析和评价。

◆初步掌握制定企业战略规划的步骤与内容。

◆学会用系统的方法分析市场机会，选择目标市场，设计市场营销组合，管理市场营销活动。

❖ 引例

拼多多：电商"战场"的新式选手

拼多多成立于2015年9月，是一家专注于C2B拼团的第三方社交电商平台。用户通过发起和朋友、家人、邻居等的拼团，可以以更低的价格拼团购买优质商品。拼多多依靠网络技术的广泛应用，借助腾讯公司的高流量产品开展其独具创新性的"社交电商"购物拼单模式。2022年，拼多多的营业收入达到1 305.575亿元，同比增长39%；净利润为315.381亿元，同比增长306%。

一、拼多多的拼团购物模式

拼多多的购物方式有"单独购买""参与拼单""发起拼单"3种模式，用户可以在挑选商品时直观地看到在"单独购买""拼单购买"不同购买方式下带来的差价。若选择"发起拼单"方式，用户需首先下单支付费用，随后系统会告知"需组团人数"，用户需在24小时内以分享链接至微信等方式邀请亲友一同购买；若未成功邀请到亲友，可与陌生人一同拼团，拼团成功即可等待收货；若未拼团成功，则系统返还已交金额。若选择"参与拼单"，则可直接加入他人发起的拼团中，组团成功后即可等待收货。

拼团购物不是一个新兴的概念，但拼多多是第一家将拼团购物大规模运用于实践并勇于创新的电商平台，其利用的原理是"多购买、多优惠"，类似于我们经常所说的"批发价"，商家薄利多销，顾客在低价时获得更多的优惠，从而达到双赢。

二、拼多多的社交裂变模式

若拼多多的用户想通过拼团获得某种大额优惠，他就必须主动邀请其亲友一同参与进来，从而由一人参与迅速扩大到多人共同参与。在拼多多的拼团模式下，若想参与拼单，必须下载拼多多 App 并注册成为拼多多的用户，从而拼多多的用户数量从一位用户迅速扩大到该用户周边很多亲友。拼多多将每一位用户看作社交拼团的裂变原点，每一个人都可以是流量的入口，也可以是流量扩散的渠道，利用他们的朋友圈、社交网络，在短时间内聚集大量用户，实现用户的指数式增长。

拼多多利用消费者大多追求物美价廉的心理，利用低成本的裂变式社交拼团模式赢得大量用户；同时，利用亲友之间的信任，实现产品的高销售量。

拼多多的优惠活动不仅局限于拼团购物，还推出了"砍价免费拿""0.01 元抢"等活动。用户若想免费或以超低价获得该产品，必须主动邀请其亲友为其砍价，而通常一件商品若想免费获得，必须邀请几十位甚至上百位好友的帮忙，这使得即使有人日常不使用拼多多购物，也可能经常参与到这些活动的开团与助力中来，从而为拼多多维持了大量的活跃用户。同时，"一分拼"活动在拼团成功后需参与抽奖，而极低的中奖率使得大多数的拼团成为无效拼团，但这些利用消费者获利心理的博人眼球的低成本活动，为拼多多带来了更多的用户量和点击量。

如果说"互联网的上半场"是流量逻辑，那么天猫、京东等主流电商基本上解决了对中心市场用户的信息触达，而社交工具的必要性和有效性并不突出。在"互联网上下半场转换之际"，对耕耘纵深市场的拼多多来说，仅仅信息触达显然是不够的，用户需要有强度的影响、激发和震荡，而社交平台的引入和传播工具的充分利用，就是补足与用户互动、触发购买行为的最后一块价值链拼图。

资料来源　徐文慧. 拼多多营销策略分析［J］. 现代商贸工业，2018（33）：54-55.（有改编）

5.1　企业战略

现代市场营销学认为，企业战略管理应作为企业市场营销管理的重要内容来看待。企业战略的制定和执行是企业生死攸关的大事。

5.1.1　企业战略的含义与特点

企业战略也叫企业发展战略，是企业为实现各种特定目标以求自身发展而设计的行动纲领或方案。[①]

企业战略有如下特点[②]：

① 陈殿阁，吴玲，马声，等. 现代市场营销管理［M］. 沈阳：东北大学出版社，1993：45.
② 兰苓. 营销理论与实践［M］. 北京：科学技术文献出版社，1992：139-140.

（1）长远性

企业战略着眼于未来，既从现实出发，又不为现实所限，而是在科学分析、预测的基础上，对不确定的未来作准备，规划和创造未来。

（2）全局性

战略规划包含整个企业，以企业的全系统为控制对象。虽然在某些时刻可能只着重于某一特殊部门的活动，但最终是企业协调整体的一部分。企业战略涵盖了企业的各种单项活动。

（3）指导性

战略规划不是 3~5 年的一系列数字，也不是对预算中的数字进行合理的解释，而是透过表象研究实质性的问题，解决企业中的主要矛盾，确定企业的发展方向与基本趋势，规定企业具体市场营销活动的基调。

（4）抗争性

企业战略是竞争中的计谋，带有抗争性质。

（5）客观性

企业战略不是对企业最佳愿望的表述和描绘，它是在充分认识企业的市场营销环境、估计企业自身的经营资源及能力的基础上制定的，是既体现企业目标又切实可行的发展规划。

（6）可调整性

由于构成战略的因素在不断变化，外部环境也在不断运动，企业战略必须具备一定的"弹性"，即在基本方向不变的情况下，对战略的局部或非根本性方面进行修改和校正。

（7）广泛性

企业战略不是企业中少数人思想的汇集，而应当有比较广泛的思想基础。只有员工广泛了解、领会和主动承担责任，企业战略才能较好地实施。

5.1.2 企业战略规划过程

企业战略是 20 世纪 60 年代中期出现的新概念，到 70 年代，特别是进入 80 年代以后得到广泛应用。许多企业越来越重视预测市场未来，以企业之变适应外界环境之变，并越来越关注对企业的未来方向制定决策和实施这些决策的战略管理。随着企业战略管理的影响日益扩大和市场营销活动的要求，近些年来，市场营销理论提出了企业战略性市场营销概念，并明确它是制定战术性的市场营销组合的基础和先决条件。企业的市场营销活动是企业整体活动的一部分，企业战略性市场营销也必须作为一个重要组成部分，服从、服务于企业的整体战略。要制定企业的市场营销战略，首先要了解企业战略管理的程序和主要内容。

5.1.2.1 规定企业任务

规定企业任务（使命）是企业战略的基本内容之一。企业任务一般包括两个方面的内容：企业观念和企业宗旨。企业观念提出了企业为其经营活动方式所确定的价值观、信念和行为准则；企业宗旨则指明了企业的类型以及企业现在和将来的活动方向和范围。制定企业任务时，企业必须不断回答这样几个问题：本企业是干什么的？谁是本企业的现实顾客？顾客需要的是什么？顾客期望得到什么？本企业的潜在顾客的主要特征是什么？

为了指引全体工作人员都朝着同一方向前进，企业的最高管理层要写出一份正式的企业使命报告书来具体阐述企业使命。一份有效的企业使命报告书应达到如下要求：

（1）以市场为导向

过去，表述企业使命的传统方式是产品导向的，如"本企业生产化妆品""本企业是化学工业企业"。现在，企业在市场营销观念指导下，要用市场导向来写企业使命报告书，即在企业使命报告书中要按照目标顾客的需求来规定和表述企业使命，如"本化妆品企业的使命是满足顾客对美容的需求"。

（2）切实可行

企业使命报告书要根据本企业的资源特长来规定和表述其业务范围，不要把业务范围定得太窄或者太宽，也不能说得太笼统；否则，不切合实际，或者工作人员感到方向不明。

（3）具有感召力

企业任务要能提高士气，鼓励企业全体员工为实现企业的使命而奋斗。

（4）既高度概括又具体明确

企业使命任务书既要高度概括企业的任务和发展方向，又要明确列出完成这些任务的主要方针和措施，以尽量限制个人任意解释的范围；要让企业全体员工在重大问题上有共同的标准可遵循。

5.1.2.2　确定企业目标

企业要确定在计划期内必须实现的目标。企业常用的目标有投资收益率、销售增长率、市场占有率、产品创新等。切实可行的市场营销目标应当具备以下几点特征：

（1）多重性

企业目标是一个整体的概念，应着眼于"企业目标体系"。

（2）层次化

诸多目标按其重要程度排列，呈现出一定的顺序，企业要明确主要目标与派生目标及各目标之间的关系，不能不分主次、轻重，将目标平行置放。

（3）数量化

尽可能使目标数量化，这样的目标才易于把握和核查。但并非所有目标都能量化，有些目标不得不用定性条件来表达。

（4）可靠性

可靠性指选择的目标水平是从实际出发的，是与企业资源条件和市场环境相适应的。

（5）阶段性

不少长期目标应分阶段提出具体要求。

（6）时限性

时限性指各个具体目标只在一定期限内是适当的。显然，不明确规定时间界限的目标是毫无意义的。

（7）协调性

各个具体目标之间应协调一致，而不是相互矛盾、相互抵触。

（8）社会一致性

企业目标应当有利于增进社会整体利益，与社会经济发展目标相协调。

5.1.2.3　安排业务组合

确定了企业任务和目标后，企业就需要安排业务组合。大企业一般都有各种品牌、产品大类、产品等，也有许多业务部门。由于企业的资金总是有限的，所以企业必须对现有的业务加以分析、评价，合理安排业务组合，把企业有限的资金用于经营效益最好的业务。

战略业务单元（strategic business unit，SBU）具有如下特征：

①是单独的业务或一组有关的业务；

②有不同使命；

③有竞争者；

④有认真负责的经理；

⑤掌握一定的资源；

⑥能从战略计划中得到好处；

⑦可以独立计划其他业务。

一个战略业务单元可能包括一个或几个部门，或者是某部门的某类产品，或者是某种产品或品牌。最著名的对战略业务单元的分类和评价方法是美国波士顿矩阵法和GE矩阵法。

（1）波士顿矩阵法

波士顿咨询公司主张企业用"市场增长率-相对市场占有率矩阵"来对其战略业务单元加以分类和评价（如图5-1所示）。

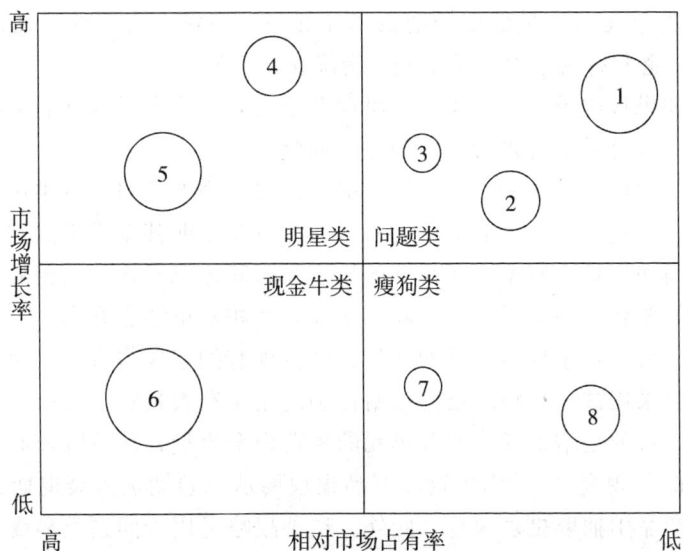

图 5-1　波士顿矩阵图

资料来源　郭国庆. 市场营销学通论 [M]. 3版. 北京：中国人民大学出版社，2005：46.

矩阵图中的纵坐标代表市场增长率，表示公司的各战略业务单元的年市场增长率；横坐标代表相对市场占有率，表示企业的各战略业务单元的市场占有率与同行业最大的竞争者的市场占有率之比。矩阵中的8个圆圈代表企业的8个战略业务单元。这些圆圈的位置表示企业的战略业务单元的市场增长率和相对市场占有率的高低；各个圆圈面积的大小则表示企业的各个战略业务单元的销售额大小。

矩阵图把企业所有的战略业务单元分为以下类型：

第一，问题类单元。这是高市场增长率和低相对市场占有率的战略业务单元，大多数战略业务单元最初都处于这一类。这类单元需要大量现金，因为企业要提高这类单元的相对市场占有率，使之赶上市场上的"大头"，而且必须增添一些设备、人员才能适应迅速增长的市场。因此，企业的最高决策者要慎重考虑经营这类单元是否合算；如果不合算，就应精简或淘汰。从图5-1看，企业有3个问题类单元，这类单元可能过多。企业与其把有限的资金分散用于3个单元，不如集中兵力打歼灭战，用于其中一两个单元，这样经营效益也许会更好些。

第二，明星类单元。问题类的战略业务单元如果成功，就会转入明星类单元。明星类单元是高市场增长率和高相对市场占有率的单元。该类单元，因为迅速增长，同时要击退竞争对手的进攻，需要投入大量现金，因而是使用现金较多的单元。由于任何产品都有其生命周期，该类单元的市场增长率的增长速度会逐渐放缓，最后就转入现金牛类单元。

第三，现金牛类单元。该类单元是低市场增长率和高相对市场占有率的单元，相对市场占有率高、盈利多、现金收入多，可以提供大量现金。企业可以用这些现金来支援需要现金的问题类、明星类和瘦狗类单元。从图5-1看，企业中现金牛类战略业务单元只有1个，这种财务状况是很脆弱的。这是因为如果这个单元的相对市场占有率突然下降，企业就不得不从其他单元抽回现金来加强这个战略业务单元，以维持其市场领导地位。如果企业把这个单元抽出的现金都用于支援其他单元，强壮的"现金牛"就会变为弱"现金牛"。

第四，瘦狗类单元。这是低市场增长率和低相对市场占有率的单元，盈利少或者亏损。从图5-1看，企业有两个瘦狗类单元，情况显然不妙。

一个企业，如果瘦狗类或问题类的战略业务单元多、明星类和现金牛类的战略业务单元少，那么其投资组合是不合理的，应当加以调整。

对战略业务单元加以分析和评价之后，就应采取适当的战略。可供选择的战略有：

第一，发展，目的是提高产品的市场占有率。有时企业甚至不惜放弃短期收入来达到这一目的，因为增加市场占有率需要足够的投资和时间才能奏效。这种战略特别适合问题类产品，如果它们要转入明星类产品，就必须提高其相对市场占有率。

第二，维持，目的在于保持产品的地位，维持现有的市场占有率。生命周期处于成熟期的产品，大多数采用这一战略。维持战略特别适用于有大量资金支持的现金牛类产品。

第三，收割，目的是增加战略业务单元的短期现金流量，而不顾长期效益。这种战略特别适用于弱小的"现金牛"，因为这类产品很快要从成熟期进入衰退期，前途黯淡，企业又需要从这类产品中抽取更多现金。此外，这种战略可用于问题类和瘦狗类产品。

第四，放弃，目的是清理、变卖某些战略业务单元，以便把有限的资源用于经营效益较好的业务，从而增加盈利。这种战略特别适用于那些没有前途或妨碍企业增加盈利的问题类和瘦狗类产品。

上述4类战略业务单元在矩阵图中的位置不是固定不变的。因为任何产品都有其生命周期，随着时间的推移，这4类战略业务单元在矩阵图中的位置就会发生变化。例如，企业的战略业务单元开始属于问题类；这类单元如果经营成功，就会转入明星类；后来，随着市场增长率下降，又会从明星类转入现金牛类；最后，到产品衰退期，产品销售量下降，它又从现金牛类转为瘦狗类。①

（2）GE矩阵法②

通用电气（GE）公司认为，企业在对其战略业务单元加以分类和评价时，除了要考虑市场增长率和相对市场占有率以外，还要考虑许多其他因素，这些因素包含在以下两个主要变量中：

第一，行业吸引力，包括市场容量、市场年增长率、历史利润率、竞争强度、技术要求、通货膨胀引起的脆弱性、能源要求、环境影响，以及社会、政治、法律等因素。

第二，竞争能力。战略业务单元在本行业中的竞争能力包括市场占有率、市场增长率、产品质量、品牌信誉、商业网、促销力、生产能力、单位成本、研发能力等。

通用电气公司的方法较波士顿咨询公司的方法有所发展，用"多因素投资组合矩阵"来对企业的战略业务单元加以分类和评价。矩阵中的纵轴表示行业吸引力，横轴表示竞争能力。如果以5分表示行业吸引力和竞争能力的最大值，行业吸引力和竞争能力在1分以下的不考虑，同时将1~5范围内的行业吸引力和竞争能力分为3等份，建立一个由9个部分或象限表示的矩阵，将企业不同业务的行业吸引力和竞争能力的综合评价值标在图中，就可以得到企业的GE矩阵图（如图5-2所示）。

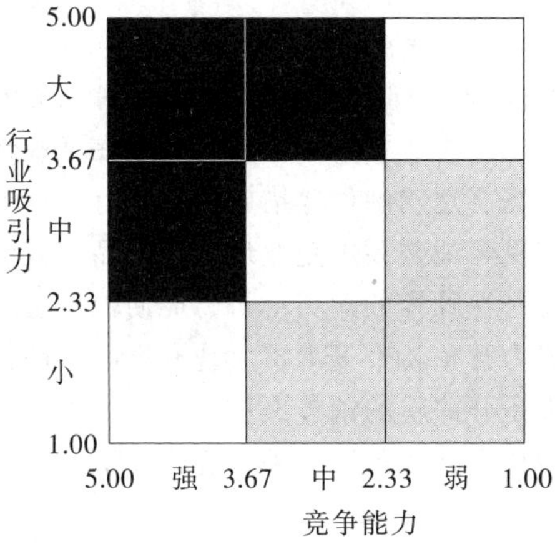

图5-2 GE矩阵图

资料来源 邝鸿.市场学概论［M］.北京：中央广播电视大学出版社，1986：86.

根据企业不同战略业务单元在GE矩阵图中的不同位置，可以为企业的不同战略业务单元制定不同的投资对策。

第一，左上角地带，又叫"绿色地带"，该地带的3个小格是"大强""中强""大中"，在图5-2中为黑色区域。企业对这个地带的战略业务单元要"开绿灯"，采取"发展"的战略。

① 郭国庆.市场营销学通论［M］.3版.北京：中国人民大学出版社，2005：46.
② 邝鸿.市场学概论［M］.北京：中央广播电视大学出版社，1986：85-89.

第二，从左下角到右上角的对角线地带，又叫"黄色地带"，该地带的3个小格是"小强""中中""大弱"，在图5-2中为白色区域。这个地带的行业吸引力和战略业务单元的竞争能力总的说来是"中中"。因此，企业对这个地带的战略业务单元要"亮黄灯"，采取"维持"原来的投资水平的市场占有率的战略。

第三，右下角地带，又叫"红色地带"，这个地带的3个小格是"小弱""小中""中弱"，在图5-2中为浅灰色区域。总的说来，这个地带的行业吸引力偏小，战略业务单元的竞争能力偏弱。因此，企业对这个地带的战略业务单元要"亮红灯"，采取"收割"或"放弃"的战略。

5.1.2.4 制订新业务计划①

企业安排了业务组合之后，还应对未来的业务发展方向作出战略计划，即制订企业的新业务计划或增长战略。企业发展新业务的方法有以下几种：

（1）密集增长

密集增长是指一个特定市场的全部潜力尚未达到极限时存在的市场机会。这种增长战略分为以下几种（如图5-3所示）：

	现有市场	新市场
现有产品	市场渗透	市场开发
新产品	产品开发	多元化增长

图5-3 产品-市场矩阵

资料来源 邝鸿. 市场学概论［M］. 北京：中央广播电视大学出版社，1986：91.

①市场渗透，即通过改进广告、宣传和推销工作，在某些地区增设商业网点，借助多渠道将同一产品送达同一市场，短期削价等措施，在现有市场上扩大现有产品的销售。其具体形式有：刺激现有顾客更多地购买本企业现有的产品；吸引竞争对手的顾客，提高现有产品的市场占有率；激发潜在顾客的购买动机，促使他们也来购买本企业的这种产品。

②市场开发，即通过努力开拓新市场来扩大现有产品的销售量，从而实现企业业务的增长。实施这种策略的关键是开辟新的销售渠道，并大力开展广告、宣传等促销活动。

③产品开发，即通过增加产品花色、品种、规格、型号等，向现有市场提供新产品或改进产品。

（2）一体化增长

一体化增长是指企业把自己的市场营销活动伸展到供、产、销不同环节而使自身得到发展。一体化增长战略有以下几种情况：

①后向一体化，即按销、产、供为序实现一体化经营而获得增长的策略。其具体表现为，通过自办、契约、联营或兼并等形式，对它的供给来源取得控制权或所有权。例如，某拖拉机制造商过去向橡胶轮胎公司采购所需轮胎，现在决定自己生产轮胎。

②前向一体化，即企业以供、产、销为序实现一体化经营，使企业得到发展的策略。其具体表现为，企业通过一定形式对其产品的加工或销售单位取得控制权或所有权。例

---

① 邝鸿. 市场学概论［M］. 北京：中央广播电视大学出版社，1986：89-95.

如，美国胜家公司设有批发销售机构，在全国各地设有缝纫机商店，自产自销。

③水平一体化，即企业收购、兼并同类产品生产经营企业，或者在国内外与其他同类企业合资生产经营。例如，20世纪80年代末日本资生堂公司与当时的北京丽源日用化学联合公司合资生产化妆品。

（3）多元化增长

多元化增长是指企业利用经营范围之外的市场机会，新增与现有产品业务有一定联系或毫无联系的产品业务，实行跨行业的多样化经营，以实现企业业务增长。多元化增长有以下几种形式：

①同心多元化，即企业利用原有的技术、特长、经验等发展新产品，增加产品种类，从同一圆心向外扩大业务经营范围。例如摩托车生产者增加小轿车的生产。同心多元化的特点是原产品与新产品的基本用途不同，但有着较强的技术关联性。

②水平多元化，即企业利用原有市场，采用不同的技术来发展新产品，增加产品种类。水平多元化的特点是原产品与新产品的基本用途不同，但存在较强的市场关联性，可以利用原来的分销渠道销售新产品。例如，21世纪初原来主要生产食品类产品的娃哈哈集团开始生产童装。

③集团多元化，即大企业收购、兼并其他行业的企业，或者在其他行业投资，把业务扩张到其他行业中去，新产品、新业务与企业的现有产品、技术、市场几乎没有关系。

5.1.3　实现市场营销战略目标的策略分析

在进行市场分析的基础上，企业必须明确自己在同行业竞争中所处的地位，结合本企业的策略目标、资源和环境，以及本企业在目标市场的预期地位，制定正确的市场竞争策略。企业的市场竞争定位可以分为以下类型：市场领先者、市场挑战者、市场追随者和市场补缺者。企业应在对市场上的竞争者进行全面分析的基础上，对自己作出恰当的竞争定位，并据此制定自己的竞争策略。市场领先者、市场挑战者、市场追随者以及市场补缺者分别适合不同的竞争策略。

5.1.3.1　市场领先者竞争策略

市场领先者是某一品牌产品在某行业市场占有最大份额，并且经常在价格变动、新产品导入、分销的覆盖面及促销的力度上领先于其他企业的企业。同时，市场领先者是竞争对手的众矢之的，竞争者或者向其挑战，或者模仿，或者避免与之竞争。市场领先者品牌要继续保持其第一名的位置，必须采取有效的行动：

（1）寻找新用户

每类产品总有其潜在购买者，这些潜在购买者或者根本不知道有这类产品，或者因为价格不合理或缺少某些性能而拒绝购买。作为市场领先者应千方百计寻找新用户。

（2）开辟新用途

不少产品的用途不仅仅是一种，当新的用途被发现而又被顾客认同时，这一市场会因此而扩大。

（3）增加使用频率

增加使用频率即说服消费者更多地使用该产品。

5.1.3.2　市场挑战者竞争策略

市场挑战者是指那些在市场上处于第二、三位甚至更低地位的企业。市场挑战者不仅攻击市场领先者，也攻击其他竞争者，以获取更多的市场占有率或者搞垮小企业。市场挑战者的竞争策略有以下几种：

（1）正面进攻

正面进攻即集中全力向对手的长处发动进攻。这一策略打击的不是竞争者的弱点，而是其最强的地方，胜负则取决于双方的优势大小及耐力强弱。但如果市场挑战者的资源比竞争对手少，正面攻击无异于自杀。

（2）侧翼攻击

侧翼攻击即集中优势力量攻击对手的弱点。一般来说，市场领先者往往是最强大的，但最强大的也难免有不安全的地带，因此，它的弱点往往是敌方进攻的目标。

侧翼攻击一般可以从几个战略角度进行，核心是"细分市场转移"，如地理细分，即进攻市场领先者忽略的区域。IBM公司的进攻者往往选择较小规模的城市建立分销机构，因为IBM公司对这些地方不太重视。

（3）包围进攻

包围进攻即针对几个方面同时进攻，使竞争者必须同时保卫自己的前方、边线和后方。当市场挑战者具有较优越的资源，而且相信包围进攻策略能迅速和完全突破竞争者所占有的市场时，该策略就更有用了。

（4）迂回攻击

迂回攻击是一种避免直接和竞争者冲突的竞争策略。挑战者尽量避开对手，而瞄准竞争程度较弱的市场。迂回攻击有三种方法：发展多样化的不相关产品、开拓新的地理市场、开发新技术以取代现有产品。

（5）游击战

其适用于那些规模较小的市场挑战者，它们发动小型的间歇性攻击，骚扰竞争者，并希望建立永久的据点。

5.1.3.3　市场追随者竞争策略

大多数公司喜欢追随而不是向市场领先者挑战，这是因为市场领先者对市场挑战者的挑战行为往往不会善罢甘休。在市场领先者的反击下，市场挑战者损失惨重。市场追随者一般不需要投入大量人、财、物，不冒很大风险也可获得一定的利润。例如索尼，承担开发新产品任务，并在市场开发上花费巨大的开支，赢得了市场领先者的地位。而松下公司很少创新，它仿制索尼产品，然后用低价销售，也获得相当多的利润。市场追随者有以下策略可供选择：

（1）紧密追随策略

紧密追随策略是指在各个细分市场和市场营销组合方面，尽可能仿效市场领先者。这种市场追随者有时好像是市场挑战者，但它不从根本上侵犯市场领先者的地位，就不会发生直接冲突，有时甚至被看成寄生者。

（2）距离追随策略

距离追随策略是指在主要方面，如目标市场、产品创新、价格水平和分销渠道等方面追随市场领先者，但仍与市场领先者保持若干差异。这种市场追随者可通过兼并小企业而使自己发展壮大。

（3）选择追随策略

选择追随策略是指在某些方面紧跟市场领先者，而在另一些方面自行其是。也就是说，它不是盲目追随，而是择优追随，在追随的同时要发挥自己的独创性，但不直接竞争。在这些追随者中，有些可能成为市场挑战者。

5.1.3.4　市场补缺者竞争策略

市场补缺者是指精心服务于市场某些细小部分，而不与主要的企业竞争，只是通过专业化经营来占据有利的市场位置的企业。这些企业往往是行业中的小企业，其不追求整个市场或较大的细分市场，而是以细分市场里的空缺位置为目标。

一个理想的市场空缺位置具有下列特征：有足够的市场潜量；利润有增长的潜力；对主要竞争者不具有吸引力；能有效地服务于市场；企业既有的信誉足以对抗竞争者。

市场补缺者有以下几种方案可供选择：

（1）最终用户专业化

最终用户专业化是指专门致力于为某类最终用户服务，因为此类用户往往被大企业忽略。

（2）垂直层面专业化

垂直层面专业化是指专门致力于分销渠道中的某些层面。

（3）地理区域专业化

地理区域专业化是指专为某特定区域顾客服务。

（4）产品或产品线专业化

产品或产品线专业化是指只生产一大类产品或一条产品线，如美国绿箭公司专门生产口香糖这一种产品。

（5）质量和价格专业化

质量和价格专业化是指专门提供某种质量和价格的产品。

5.2　市场营销管理

在现代市场经济条件下，企业为了实现战略计划规定的各项任务、目标，必须十分重视市场营销管理，根据市场需求的现状和趋势，制订计划，配置资源，通过有效满足市场需求来赢得竞争优势，求得生存与发展。

市场营销管理是指为了实现企业目标，创造、建立和保持与目标市场之间的互利交换关系，而对设计方案进行分析、计划、执行和控制。市场营销管理的实质是需求的管理。市场营销管理的任务是调节需求的水平、时机和性质，以促进企业目标的实现。

根据需求水平、时机和性质的不同，可以将需求状况归纳为 8 种。在不同的需求状况下，市场营销管理的任务有所不同。

（1）负需求

负需求是指绝大多数消费者对某个产品感到厌恶，甚至愿意出钱回避它的一种需求状况。在这种需求下，市场营销管理的任务是改变市场营销，即分析市场为什么不喜欢这种产品，以及是否可以通过产品重新设计、降低价格和积极促销的市场营销方案等，来改变市场的信念和态度，将负需求转变为正需求。

（2）无需求

无需求是指目标市场对产品毫无兴趣或漠不关心的一种需求状况。在这种需求下，市场营销管理的任务是刺激市场需求，即通过宣传、沟通、大力促销及其他市场营销措施，努力将产品所能提供的利益与人的各层次相关需求和兴趣联系起来。

（3）潜在需求

潜在需求是指相当一部分消费者对某物有强烈的需求，而现有产品无法使之满足的一种需求状况。在这种需求下，市场营销管理的任务是开发新产品，即开展市场营销研究和测量潜在市场范围，进而开发有效的产品来满足这些需求，将潜在需求转变为现实需求。

（4）下降需求

下降需求是指市场对一个或几个产品的需求呈下降趋势的一种需求状况。在这种需求下，市场营销管理的任务是重振市场需求，即分析需求衰退的原因，改进产品特色和外观，以及采用更有效的沟通手段来重新刺激需求，使老产品焕发新的生命周期，并通过创造性的产品再次进行市场营销来扭转需求的下降趋势。

（5）不规则需求

不规则需求是指某产品的市场需求在一年不同的时间波动很大的一种需求状况。在这种需求下，市场营销管理的任务是协调市场需求，即通过灵活定价、促销策略及其他刺激手段来调适或改变需求的时间模式，使产品的市场供给与需求在时间上协调一致。

（6）充分需求

充分需求是指某种产品的目前需求水平和时间等于预期的需求水平和时间的一种需求状况。在这种需求下，市场营销管理的任务是努力维持市场需求，即经常测量消费者满意程度，以保持并改进产品质量；同时，通过降低成本来保持合理价格，激励推销人员和经销商大力推销，千方百计维持目前的需求水平。

（7）过量需求

过量需求是指某种产品的市场需求超过了企业所能供给或所愿意供给的水平的一种需求状况。在这种需求下，市场营销管理的任务是降低市场需求，即通过提高价格、合理分销产品、减少服务和促销等措施，暂时或永久地降低市场需求水平，或者设法降低盈利较少的市场需求水平。

（8）有害需求

有害需求是指市场对某些有害产品的需求。在这种需求下，市场营销管理的任务是反市场需求，即劝说喜欢有害产品的消费者放弃这种爱好和需求，大力宣传有害产品的严重危害性，大幅度提高价格，以及停止生产供应等。

5.3　市场营销管理过程

市场营销管理过程是指企业通过对市场机会的研究和分析，选择目标市场，制定适当的市场营销组合，执行和控制市场营销计划，以适应外部环境变化的要求，实现企业目标的过程。该过程一般由分析市场机会、选择目标市场、设计市场营销组合、管理市场营销活动4个步骤组成。

5.3.1　分析市场机会

市场机会是指市场上存在的尚未完全满足的需求。[①]在现代市场经济条件下，由于市场需求不断变化，任何产品都有其生命周期，因此，任何企业都不能永远依靠现有产品过日子，每一个企业都必须寻找、发展新的市场机会。市场营销管理人员可以采取以下方法寻找、发展市场机会：

第一，搜集市场信息。通过上网浏览、阅读报刊、参加展销会、研究竞争者产品、召开献计献策会、调查研究消费者的需求等来发现未被满足的需求。

第二，分析产品-市场矩阵，寻找、发现增长机会。

第三，进行市场细分。

5.3.2　选择目标市场

对市场机会进行评估后，企业要作进入市场的准备。进入哪个市场或者某个市场的哪个部分，涉及企业目标市场的选择。有关目标市场的内容将在本教材第6章专门论述。

5.3.3　设计市场营销组合

5.3.3.1　市场营销组合的概念

市场营销组合的概念是由美国哈佛大学的尼尔·鲍敦教授首先提出来的，此后受到学术界和企业界的普遍重视和广泛运用。所谓市场营销组合，就是企业的综合市场营销方案，即企业根据目标市场的需求和自己的市场定位，对企业可控制的各种市场营销因素进行优化组合和综合运用，使之协调配合，扬长避短，发挥优势，以达到企业的经营目标，并取得最佳的经济效益。

企业可控制的因素很多，为了更好地实践"组合"的概念，麦卡锡教授把许多因素概括为4个方面，即产品（product）、价格（price）、渠道（place）、促销（promotion），简称为4P。这4个部分在后面的章节中都有详尽论述。

---

① 兰苓. 市场营销学 ［M］. 2版. 北京：中央广播电视大学出版社，2006：33.

5.3.3.2　市场营销组合的特点

（1）可控性

确定市场营销组合时是站在企业的立场看市场，因此所考虑的主要是微观可控因素。企业根据市场上产品竞争状况决定产品结构；根据供需状况确定产品价格；根据消费习惯决定分销渠道；根据消费者心理因素选择广告媒体。

（2）复合性

市场营销组合是一种多层次的复合体，它的基本构成内容——4P的内部各因素又可组成次一级的组合关系，它们之间互相不可替代，既有联系又相互制约。作为经营决策者，应善于协调组合中多层次的结构关系，这是发挥市场营销组合策略的重要条件。

（3）可变性

构成市场营销组合的各种因素随时都会随着自身的运动规律以及环境的变化发生相应的变化，企业要遵循规律，适应这种变化。因此，要求市场营销组合必须是一个动态的组合，根据需要来进行组合的调整，以变应变，从而使市场营销组合策略成为实现企业经营目标的竞争武器。

（4）整体性

市场营销组合发挥作用，不是构成因素中每一个因素作用的简单相加，而是由各个因素相互配合，共同形成整体力量，从而协调企业内部各职能部门的作用，有效利用企业一切资源，满足目标市场的需求，最终实现企业整体利益。

5.3.3.3　市场营销组合的发展——由4P到4C

随着市场营销学研究的不断深入，市场营销组合的内容也在发生变化，如4P发展为6P、10P。20世纪90年代，美国市场学家罗伯特·劳特伯恩提出了以4C为主要内容的市场营销组合：

（1）顾客（customer）

他针对产品策略，提出企业应更关注顾客的需求和欲望，而不应再把重点放在考虑自己提供什么产品上。

（2）成本（cost）

成本是指顾客成本。他针对价格策略，提出企业应重点考虑顾客为得到某项商品所愿意付出的所有代价，而不是价格。

（3）便利（convenience）

他告诫企业不要再从自身的角度去考虑如何利用渠道，而应当意识到企业所做的一切的出发点是为顾客"制造和提供方便"。

（4）沟通（communication）

他认为应该强调企业与顾客的双向沟通，而不是单方面地推动。

营销视野 5-1

5.3.4　管理市场营销活动

管理市场营销活动即执行和控制市场营销计划。这是整个市场营销管理过程的一个关键的、极其重要的步骤。

5.3.4.1　执行市场营销计划

这是指将计划转变为具体市场营销行动的过程，即企业把市场营销资源有效地投入企业市场营销活动中，完成计划规定的任务，实现既定目标的过程。通常为执行市场营销计划，企业要设立专门的市场营销部门。市场营销部门开展工作的有效性，不仅取决于市场营销组织结构的合理性，而且取决于市场营销部门对市场营销人员的选择、培训、指挥、激励等活动。只有配备了合格的市场营销管理人员，充分调动他们的工作积极性，才能保证在一定时间内完成计划任务。

5.3.4.2　控制市场营销计划

在执行市场营销计划的过程中，不可避免地会出现各种意外情况，企业必须进行控制，根据实际情况调整市场营销计划。控制方法主要有年度计划控制、盈利能力控制、效率控制、战略控制。有关详细内容参见本教材 11.3 部分。

以上方面是企业市场营销管理的主要内容。突出企业战略性市场营销管理和加强对企业自身的市场营销控制是市场营销学发展到 20 世纪 70 年代的一个显著变化。

关键术语

企业战略　市场营销战略　密集增长　一体化增长　多元化增长　市场机会

主要观念

1. 企业战略性市场营销是制定战术性的市场营销组合的基础和先决条件。

2. 在进行市场分析的基础上，企业必须明确自己在同行业竞争中所处的地位，结合本企业的策略目标、资源和环境，以及本企业在目标市场的预期地位，制定正确的市场竞争策略。

3. 市场营销管理的实质是需求的管理，任务是调节需求的水平、时机和性质。

基本训练

❖ 知识题

第5章判断题

一、简答题

1. 企业战略有哪些特点？

2. 企业战略规划的过程是怎样的？

3. 对战略业务单元加以分析和评价之后，可供企业选择和采取的战略有哪些？

4. 企业市场营销管理的过程是什么？

5. 市场营销组合包括哪些内容？

6. 管理市场营销活动的主要内容有哪些？

二、论述题

试述企业发展新业务的途径。

❖ 技能题

请以某牛肉干生产企业为例，试以发展新业务的3种方法，为该企业的新业务发展制定具体的市场营销举措。

❖ 能力题

蜜雪冰城：新茶饮品牌的崛起之路

在茶饮江湖里，蜜雪冰城一直都是不可忽视的存在。截至2023年6月，蜜雪冰城线下在营门店数量已达23 637家，同比增加2 175家，店均客流指数为126。在门店数量快速扩张的情况下店均客流指数仍保持相对稳定，反映蜜雪冰城门店经营效率良好。蜜雪冰城为什么能在众多茶饮品牌中脱颖而出？在"奶茶界拼多多"的背后，蜜雪冰城有怎样的品牌发展逻辑？

一、错位竞争，主攻下沉市场

在不少奶茶品牌将目标放在一线城市时，蜜雪冰城反其道而行之，选择在三四线城市布局。一方面是三四线城市的店铺租金低，另一方面是竞争对手少。小城市讲究熟人社交，社交媒体的营销作用相对有限，所以可以节约很多营销成本。这些省下来的成本被蜜雪冰城用在了产品折扣上，巩固了其低价优势。在三四线城市落根之后，蜜雪冰城攻陷了各个大学城，成为当年的"四大校园"品牌之一。密集开店策略使蜜雪冰城极具"侵略性"，提升了品牌辨识度，让品牌最大化曝光。除此之外，大量门店覆盖提升了品牌渗透率，增加了消费者的消费频次和新的消费需求，从而达到覆盖更广人群的目的。

二、"高质低价"抢占用户心智，用口碑铸就品牌护城河

在大多数奶茶品牌抢占高端茶饮市场之际，蜜雪冰城看到了低价市场的无限潜力，以一款"1元冰淇淋"为爆品，为品牌引流。消费者为了买到便宜的冰淇淋，不惜排长队。

难道排这么长的队伍，最后只为买 1 元的冰淇淋吗？低价产品只是一个引流工具，用来吸引消费者，带来更大的创收，这是流量思维的精髓。很多消费者为了摊低自己排队的时间成本，同时购买其他产品，毕竟蜜雪冰城的其他产品也比较便宜。这是用低价产品来带动整体销量，提高客单价的打法。直至今日，蜜雪冰城的冰激凌也才 2 元，其他产品的客单价也在 10 元以下，而喜茶、奈雪的茶在 30 元左右。此后，"高质低价"刻在了蜜雪冰城品牌的基因里，也让其积累了好口碑，给品牌做了"免费"广告。

蜜雪冰城之所以能够一直保持"高质低价"，是因为其有完善的供应链，从原料的采购到配送等各个环节都是一体化的。蜜雪冰城还有自己的工厂和物流中心，原料可以直接运到各个门店，从而节省了中间商费用。这正是蜜雪冰城的核心竞争力所在。

三、新品营销，花式"讨好"年轻人

蜜雪冰城坚持每月上新，并且保证同类型的新品保证有 1~2 款，在应季时还会上新应季产品。这一点与喜茶、奈雪的茶有得一拼，由此保证了消费者对品牌的新鲜感。如今的蜜雪冰城，包含冰淇淋、奶茶、鲜果茶、特调 4 个系列 40 多种产品。

此外，为了迎合年轻人，蜜雪冰城每个月都会玩出不一样的营销活动。比如，2019 年 2 月的珍珠奶茶 Q 弹"元宵节团团圆圆"活动、3 月的摇摇奶昔新品上市"喝前摇一摇"活动、4 月的"冰淇淋音乐节"活动、5 月的"手捣满杯香橙"活动等。以"摇摇奶昔"活动为例，主战场选在了抖音、快手和微博。以"全年免单"为福利，"摇摇奶昔"活动实现了抖音话题 1 304.2 万次播放，微博话题 817.8 万次阅读的高关注。

四、打造超级符号，以"IP"点燃品牌传播力

什么是超级符号？直白来说，就是找一个被消费者广泛认知的符号元素，与品牌进行巧妙嫁接，借助这个符号在消费者心中的力量来传播品牌。

蜜雪冰城的超级符号是雪人。雪人是一个人人都熟悉、人人都喜欢的符号，而且无论在北方还是南方，无论在中国还是国外，全世界对雪人的描述都是相同的：两个圆滚滚的雪球身体，一个尖尖的胡萝卜鼻子。这个超级符号选择得特别好，从 6 岁到 60 岁，对其都有认知。蜜雪冰城的"雪人"是一个手拿冰淇淋的小雪人，名叫"雪王"。蜜雪冰城还用这个 IP 打造了周边产品（如马克杯和手机支架等）和微信表情包，在生活场景中不断向消费者强化"雪王"的形象。

资料来源　孙明. 一个三四线城市的小茶饮品牌，蜜雪冰城凭什么做到上市？［EB/OL］.［2023-11-21］. https://www.sohu.com/a/429281125_470082.

问题：

（1）相比于喜茶、奈雪的茶等茶饮品牌，蜜雪冰城的营销策略有何不同？

（2）请简要分析和评价蜜雪冰城的市场竞争策略。

第6章 目标市场营销战略

学习目标

知识目标

◆ 明确市场细分的概念及依据。

◆ 掌握常用的目标市场营销策略。

◆ 掌握市场定位的概念及战略。

技能目标

◆ 熟悉市场细分和定位步骤。

◆ 熟悉企业如何识别有吸引力的细分市场并选择目标市场营销战略。

能力目标

◆ 学会运用市场细分的原理对消费者市场和产业市场进行细分。

◆ 学会运用产品定位，并使其在市场上具有最大的竞争优势。

❖ **引例**

精品酒店的开发热

璞丽酒店属于精品酒店、奢侈酒店范畴。消费者在精品酒店中消费的不是类似路易威登、爱马仕之类的实物，而是奢侈服务、个人与环境能够产生共鸣的感受和酒店提供的舒适私密空间。

近些年，精品酒店在上海发展比较迅速。这在很大程度上跟中国人生活水平的不断提高和中国经济的开放程度有关。中国的商界高端人士、知名艺人等是精品酒店比较固定的顾客来源。同时，因为经济地位的变化，一部分新富人群也在加入这个行列。

不同于早已拥有金钱和地位的那部分人群，新富人群有了金钱上的能力，更希望通过消费时尚、前卫、与众不同的产品来表达自己在品位上的不同。这种表达有中国现阶段的盲目性：有些商人是因为价格；有些则是刻意地显示他们的与众不同。但这确实是一个趋势，也是新兴消费者心理成熟过程中关键的一环。酒店的投资者和经营者如果失去了对这个环节的培养，忽视新兴群体消费取向的变化，很有可能失去以后更多环节上的竞争力。

另外，消费标准五星级酒店的客人中还有一部分会因为审美和标准化疲劳转而尝试消费精品酒店。精品酒店能不能在他们"尝鲜"的过程中抓住消费者，把他们变成长期消费的一群人，对于酒店未来发展的可持续性很重要。这也是璞丽酒店极力地分析各个消费者的需求，不断地完善服务、创新服务的原因。

除了以上细分消费者群体外，国际商务人士成为注入中国精品酒店市场的另一条支流。以璞丽酒店为例，客人有50%左右是国际商务人士。未来，随着中国经济的进一步转型，中国人的比例可能进一步提升。因此，单从精品酒店不断增长的客源和目前有限的酒店数量来看，精品酒店行业的投资价值毋庸置疑。

开发精品酒店，不单单是为了迎合不断增长的市场需求，更可能是酒店投资和经营者战略上的选项。未来，酒店业的竞争会日趋激烈，投资精品酒店是一个很好的规避这些细分市场上过度竞争的战略手段之一。

资料来源 边冬. 璞丽酒店：差异化生存［J］. 今日财富，2014（1）：56-58.

6.1 市场细分

任何企业在开展市场营销时，都必须进行深入的市场分析，明确本企业的服务对象，将哪些消费者群体作为自己的目标顾客，并为他们生产和销售特定的产品，以最大限度满足他们的需求。这便是市场细分战略要解决的问题。

6.1.1 市场细分的概念

市场细分（market segmentation）的概念最早是由美国市场营销学家温德尔·史密斯于20世纪50年代中期提出的。其含义是指企业根据顾客购买行为与购买习惯的差异性，将某一特定的整体市场划分为若干不同的相似的消费者群体，将整个市场划分为若干不同的子市场的过程。可以从下述几方面理解市场细分概念的内涵[①]：

第一，市场细分的客观依据是现实及潜在顾客对某种产品需求的差异性。例如，女士和男士对时装有不同的需求和偏好，所以可将时装市场分割为女装市场和男装市场，消费者群体分别由女士集合和男士集合组成。

第二，市场细分的对象是对某一特定产品有现实和潜在需求的顾客群体，而不是产品。例如，针对服装市场可以按照消费者的购买力差异细分为高、中、低档服装市场。

第三，子市场消费者群体常被称为细分市场或子市场，是整体市场的一部分。在同一整体市场中，不同细分市场中的顾客对某种产品的需求有显著的差异性；同一细分市场的不同顾客对某种产品的需求则有明显共性。

第四，市场细分是一种存大异、求小同的市场分类方法。消费者由于所处的社会、经济、自然条件等因素不同，以及消费者的性别、年龄、文化、职业、爱好、经济条件、价值观念不同，他们的需求和购买行为具有明显差异。但对某种特定的产品而言，各种不同的消费者组成了对其某个特性具有相同或相似偏好的群体。

---

① 万后芬，汤定娜，杨智. 市场营销教程［M］. 北京：高等教育出版社，2003：272.

第五，市场细分的目的在于帮助企业发现和评价市场机会，以正确选择和确定目标市场。

市场细分概念的提出是市场形势在总体上由卖方市场转化为买方市场的条件下，企业的市场营销战略由大量市场营销最终转向目标市场营销的必然产物。从现代市场营销发展史考察，企业最初实行的是大量市场营销。当时，市场经济国家处于工业化初期，由于物资缺乏，生产观念为很多企业所采用，纷纷实施大量市场营销，即大量生产某一产品，并通过众多的渠道进行分销，试图吸引市场上所有购买者。后来，由于科技的进步及管理的日益成熟，产品产量迅速增加，市场上出现了商品供过于求的局面，企业之间的竞争加剧，买方市场逐步形成。到20世纪50年代，西方企业纷纷接受现代市场营销观念，开始实施目标市场营销。目标市场营销由市场细分、目标市场选择和市场定位组成。①

6.1.2 市场细分的客观基础

6.1.2.1 顾客需求的差异性是市场细分的内在依据

由于顾客需求千差万别和不断变化，顾客需求的满足也呈现出差异性。以蛋糕（如果只考虑蛋糕的丝滑度和甜度两种属性）为例，消费者对这种产品的偏好呈现出不同的模式：同质偏好、扩散偏好和集群偏好。图6-1（a）显示了一个所有消费者有大致相同的偏好的市场，即同质偏好市场；图6-1（b）显示出另外一个极端的市场，消费者偏好在市场四处散布，即扩散偏好市场；图6-1（c）显示的市场出现了独特偏好的密集群，即集群偏好市场。

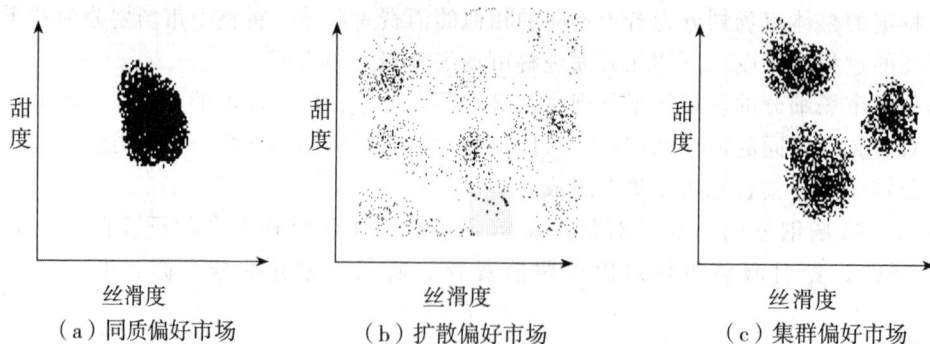

（a）同质偏好市场　　　　（b）扩散偏好市场　　　　（c）集群偏好市场

图6-1　顾客偏好的主要模式

资料来源　张成娴. 新编市场营销学［M］. 昆明：云南民族出版社，1995：275.

6.1.2.2 企业的资源闲置和有效的市场竞争是其外在的限制条件

现代企业规模再大，都不可能完全占有人力、财力、物力、信息等一切资源，不可能向市场提供所有的产品，满足市场上所有的需求。同时，任何一个企业由于资源闲置和其他约束，都不可能在市场营销全过程中占有绝对优势。在激烈的市场竞争中，为了求生

----

① 万后芬，汤定娜，杨智. 市场营销教程［M］. 北京：高等教育出版社，2003：271.

存、谋发展，企业必须进行市场需求分析，进行市场细分，选择目标市场，进行市场定位，集中资源有效地服务市场，力争取得最大的竞争优势。

6.1.3 市场细分的作用

6.1.3.1 有利于发现市场营销机会

市场营销机会是已出现于市场但尚未加以满足的需求。这种需求往往是潜在的，一般不易发现。运用市场细分的手段便于发现这类需求，并从中寻找适合本企业开发的需求，从而抓住市场机会，使企业赢得市场主动权。例如，我国服装市场竞争较激烈，通过市场细分可以看出，竞争激烈的主要是青年服装市场和儿童服装市场，老年服装市场却比较冷清。于是有些服装企业把目标市场放在老年服装市场上，生产出各式各样的老年服装，结果大获成功。"空档"市场是企业的市场机会。

6.1.3.2 能有效与竞争对手相抗衡

在企业之间竞争日益激烈的情况下，通过市场细分，有利于发现目标消费者群体的需求特性，从而调整产品结构，增加产品特色，提升企业的市场竞争能力，有效地与竞争对手相抗衡。例如，日本有两家最大的糖果公司——森永公司和明治公司，它们以前生产的巧克力都是满足儿童消费市场的。森永公司为增强竞争能力，经过市场调查与充分论证，研制出一种"高王冠"大块巧克力，定价为70日元，推向成人市场。明治公司也不甘示弱，通过市场细分，选择了3个子市场：初中学生市场、高中学生市场和成人市场。该公司生产出两种大块巧克力：一种单价为40日元，用于满足十二三岁的初中学生市场；一种单价为60日元，用于满足十七八岁的高中学生市场。明治公司又将两种大块巧克力合包在一起，定价为100日元，适宜于满足成人市场。明治公司的市场细分策略比森永公司略高一筹。

6.1.3.3 能有效地拓展新市场，扩大市场占有率

企业对市场的占有不是轻而易举的，必须从小到大，逐步拓展。通过市场细分，企业可先选择最适合自己占领的某些子市场作为目标市场，在占领这些子市场后再逐渐向外推进、拓展。

6.1.3.4 有利于企业扬长避短，发挥优势

每一个企业的市场营销能力对于整体市场来说都是有限的。所以，企业必须将整体市场细分，确定自己的目标市场，把自己的优势集中到目标市场上；否则，企业就会丧失优势，从而在激烈的市场竞争中失败。特别是有些小企业，更应该注意利用市场细分原理，选择自己的市场。

6.1.4　市场细分的依据

6.1.4.1　消费者市场细分的依据[①]

消费者需求是千差万别的，影响因素也是错综复杂的，对消费者市场的细分所依据的标准一般来说可概括为四大类：地理变量、人口变量、消费者心理变量和消费者行为变量。

由此，市场细分的依据分为以下几种：

（1）地理细分

地理细分是指企业按照消费者所在的地理位置以及其他地理变量（包括城市和农村、地形、气候、交通运输等）来细分消费者市场。地理因素影响消费者的需求和反应。市场潜量和成本费用会因市场不同而有所不同，企业应选择那些本企业能够最好地为之服务的、效益较高的地理市场为目标市场。例如，北京燕京啤酒集团公司的酒厂和物资供应都集中在北京、河北等地，其以这些地区为主要目标市场，经营成本、费用较低，效益较高。

按照地理因素进行市场细分较为明显，比较容易衡量和运用。它基本上是一个相对稳定的静态因素，但不是影响消费者需求的唯一因素，同一地理环境里的消费者也常有不同的需求和行为，因此还必须考虑其他因素。

（2）人口细分

人口细分是指企业按照人口变量（包括年龄、性别、收入、职业、教育水平、家庭规模、家庭生命周期阶段、宗教、种族、国籍等）来细分消费者市场。人口是构成市场的根本要素，是企业市场营销活动的最终服务对象，与人口相关的各个要素成为细分市场的重要依据。例如，不同性别、年龄以及不同的教育程度的人，具有不同的审美情趣和价值观，因此，在服装色彩、款式、面料上有极大的选择差异。同是年轻女性，分别从事白领和务农的工作，她们对化妆品的需求就存在极大的差异：白领女性着重在美容方面；乡村女性着重在护肤方面。

> ❖ **营销实践6-1**
> ### SUV市场持续火热　七座SUV成细分市场新宠
> 近些年，SUV以其惊人的增长速度成为车市绝对的主角，而随着市场及消费者需求的变化，SUV如今已被逐渐细分为更多产品种类。除了备受年轻人关注的紧凑型SUV，另一种七座SUV的细分也受到了越来越多厂商的关注。其中30万~40万元的七座SUV凭借在空间、实用性及价格等方面形成的较高的性价比，受到大多数消费者的欢迎，但对于注重豪华、品质并兼顾MPV多功能、实用性以及SUV性能的高端消费者来说，这一区间的产品已远远不能满足他们的用车需求。显然，70万元左右的更为高端的豪华七座SUV更适合他们。从目前及未来市场发展来看，七座SUV这一细分

① 郭国庆. 市场营销学通论［M］. 3版. 北京：中国人民大学出版社，2005：178-183.

市场不断提速，而且潜力巨大，俨然成为SUV细分市场的新宠。

　　资料来源　佚名．SUV市场持续火热　七座SUV成细分市场新宠［EB/OL］．［2023-11-06］．http://news.bitauto.com/others/20130730/1106181232.html.

（3）心理细分

　　心理细分是指按照消费者的生活方式、个性等心理变量来细分消费者市场。同一性别、同一年龄阶段的消费者，对于商品的偏爱和态度也不完全相同，这是由心理因素造成的。心理因素是较为复杂的动态因素，企业必须根据消费者的不同心理变化，随时进行市场调研，由此获得可靠的数据，来确定企业目标市场。特别应掌握目标顾客所处的社会阶层、生活方式、所具备的个性特征以及消费的习惯偏好，这些都是构成心理因素的重要组成部分。以心理因素的差异来细分市场，就必须从这些相关的构成要素入手进行不同因素的组合，使细分后的市场成为企业能够进入的目标市场。

❖ 营销实践6-2

宝洁的多品牌洗衣粉

　　在洗衣粉方面，有些人认为洗涤和漂洗能力最重要，有些人认为使织物柔软最重要，还有人希望洗衣粉气味芬芳、性质温和。宝洁公司至少发现了洗衣粉的9个细分市场，就相应地设计了9种不同的品牌：

　　1．汰渍（Tide）

　　它洗涤能力强，去污彻底。它能满足洗衣量大的工作要求，是一种用途齐全的家用洗衣粉。"汰渍一用，污垢全无。"

　　2．奇尔（Cheer）

　　它具有"杰出的洗涤能力和护色能力，能使家庭服装显得更干净、更明亮、更鲜艳"。

　　3．奥克多（Oxydol）

　　它含有漂白剂，"可使白色衣服更洁白，花色衣服更鲜艳。所以不需漂白剂，只需奥克多"。

　　4．格尼（Gain）

　　它最初是宝洁公司的加酶洗衣粉，后重新定位为令衣物干净、清新，"如同太阳一样让人振奋"的洗衣粉。

　　5．波德（Bold）

　　其中加入了织物柔软剂，能"清洁衣服，柔软织物，并能控制静电"。波德洗衣粉还增加"织物柔软剂的新鲜香味"。

　　6．象牙雪（Ivory Snow）

　　其"纯度达到99.44%"，性质温和，适合洗涤婴儿尿布和衣服。

　　7．卓夫特（Dreft）

　　它也用于洗涤婴儿尿布和衣服，含有"天然清洁剂"——硼石，"令人相信它的清洁能力"。

8.达诗（Dash）

它能有效去除污垢，价格还相当低。

9.时代（Era）

它是天生的去污剂，能清除难洗的污点，在整个洗涤过程中效果良好。

可见，洗衣粉可以从功能上和心理上加以区别，并赋予不同的品牌个性。不同的顾客希望从产品中获得不同的利益组合。通过多品牌策略，宝洁已占领了美国更多的洗涤剂市场份额，这是单个品牌所无法达到的。

资料来源　科特勒，阿姆斯特朗．市场营销原理［M］．郭国庆，等译．11版．北京：清华大学出版社，2007.

（4）行为细分

行为细分是指企业按照消费者购买或使用某种产品的时机、消费者对品牌的忠诚度、消费者待购阶段和消费者对产品的态度等行为变量来细分消费者市场。

①时机细分。在现代市场营销实践中，许多企业往往通过时机细分，试图扩大消费者使用本企业产品的范围。如中国移动公司每年在大学新生入学的时候到各大学专门针对新生开展促销活动，扩大其产品销售的范围。

②利益细分。消费者由于购买动机不同，追求的利益也不同，所以购买不同的产品和品牌。例如，牙膏这一日常消费品，消费者在选用时有的注重防牙病，有的追求洁白光亮，有的选择香味和外观。实践经验证明，利益是一种非常重要的行为变量。

③使用者细分。许多商品的市场都可以按照使用者情况，如非使用者、曾经使用者、潜在使用者、初次使用者和经常使用者等来细分。

④使用率细分，又称数量细分，按照消费者对某种产品的使用率，如少量使用者、中量使用者、大量使用者来细分。研究表明，某种产品的大量使用者往往有某些共同的人格、心理特征和广告媒体习惯。一家市场研究公司发现，大量喝啤酒者大多数是工人，他们的年龄在25~50岁，每天看电视3.5小时以上，而且最喜欢看体育节目。

⑤忠诚度细分。品牌忠诚度是指由于价格、质量等诸多因素的吸引力，消费者对某一品牌的产品情有独钟，形成偏爱并长期地购买这一品牌产品的行为。按照忠诚度这种行为变量，可以将所有的消费者细分为不同的消费者群体：

一是坚定品牌忠诚者，即只忠诚于某一固定品牌的消费者。假设有A、B、C、D、E 5种品牌，这类消费者在品牌选择上表现为A、A、A、A、A、A。

二是有限品牌忠诚者，即忠诚于有限的两三种品牌的消费者，其在品牌选择上表现为A、A、B、B、A、B。

三是游移忠诚者，即从忠诚于某一种品牌转移到忠诚于另一种品牌的消费者，其在品牌的选择上表现为A、A、A、B、B、B。

四是非忠诚者，即购买各种品牌，并不忠诚于某一种品牌的消费者，其在品牌选择上表现为A、C、E、B、D、B。

⑥待购阶段细分。在任何时候，人们都处于购买某种产品的不同阶段。企业必须针对待购阶段酌情运用适当的市场营销组合，采取适当的市场营销方案，提高经营效益。比如，海尔在把冰箱推向农村市场时，把农村消费者划分为三类：半年之内可能购买冰箱

的，采取赠品促销；一年之内有购买需求的，发送宣传册引导消费；两年以上有购买需求的潜在消费者，采用教育培养的方式，通过事例展示冰箱对提高生活质量的意义。该种细分取得了良好的效果。

⑦态度细分。消费者对某种产品的态度有 5 种：热爱、肯定、不感兴趣、否定和敌意。企业对待不同态度的消费者群体，应分别采取不同的市场营销对策。

消费者市场细分是一个以调研为基础的分析过程，根据消费者对商品潜在的需求，选择对消费者影响较大的因素作为细分市场的依据。一个理想的细分市场不是由单一因素构成的，而是由多种因素相互关联组合而成的。

6.1.4.2　产业市场细分依据

细分产业市场的变量，除了与消费者市场细分相同的变量外，还有最终用户、顾客规模和地理位置等。

（1）最终用户

在产业市场，不同的最终用户对同一产品追求的利益不同。企业分析产品的最终用户，就可针对不同用户的不同需求制定不同的对策。例如，计算机生产者采购产品时重视的是产品质量、性能和服务，价格并不是要考虑的最重要因素。

（2）顾客规模

顾客规模也是细分产业市场的一个重要变量。许多公司建立适当的制度来分别与大客户和小客户打交道。一般来说，大客户数量少但购买额高，对企业有举足轻重的作用，应予以特殊重视，可保持直接的、经常的业务关系；对小客户则一般不直接供应，而是通过中间商分销。

（3）地理位置

用户所处的地理位置涉及当地资源条件、自然环境和生产力布局等因素，这些因素决定地区工业的发展水平、发展规模和生产布局，形成不同的工业区域，产生不同的生产资料需求特点。企业按照用户所处位置来细分市场，选择用户较为集中的地区作为自己的目标市场，不仅联系方便、信息反馈快，而且可以更有效地规划运输路线，节省运力和运费，还能更加充分地利用市场营销力量，降低市场营销成本。

6.1.5　市场细分程序

美国市场营销学家麦卡锡（E. J. McCarthy）提出市场细分的整套程序：

第一，选定产品市场范围，即确定进入什么行业、生产什么产品。产品市场范围应由消费者的需求而不是产品本身特性来确定。

第二，列举潜在消费者的基本需求。

第三，了解不同潜在消费者的不同需求。对于列举出来的基本需求，不同消费者强调的侧重点可能会存在差异。

第四，抽掉潜在消费者的共同需求，以特殊需求作为细分标准。

第五，根据潜在消费者基本需求的差异，将其划分为不同的细分市场，并赋予每一细分市场一定的名称。

第六，进一步分析每一细分市场需求与购买行为的特点，并分析原因，以便在此基础上决定是否可以对这些细分市场进行合并或作进一步细分。

第七，估计每一细分市场的规模，即在调查的基础上，估计每一细分市场的消费者数量、购买频率、平均每次的购买数量等，并对细分市场上的产品竞争状况及发展趋势作出分析。

6.1.6 市场细分的有效性标志

(1) 可衡量性

可衡量性是指用于市场细分的标准必须是可以衡量的。

第一，可以区分各个细分市场，而且能具体测定各细分市场的特征和规模，这将有利于企业正确制定市场营销战略。

第二，不仅企业要明确为什么样的顾客群体服务，以及为他们提供什么样的产品，而且目标顾客知道是哪个企业为他们服务的，因此，会积极响应该企业的市场营销刺激，并在市场上主动寻求和购买其产品。

(2) 可达到性

可达到性又称可进入性，即企业有能力克服种种壁垒和障碍顺利进入所选择的细分市场，有效开展经营活动，扩大市场份额，赢得优势。

(3) 价值性

价值性是指企业所选择的细分市场规模要足够大，发展前途看好，盈利水平高，即企业要有利可图。如福特汽车公司曾经在20世纪50年代计划专门为身高1.2米以下的成年人生产特制汽车。虽然特殊的产品设计、与大众化汽车生产不同的生产线及工装设备必然造成成本的大量增加，但更好地满足了特殊消费者的需求。不过通过市场调研与细分后，福特汽车公司发现这一汽车细分市场的需求极其有限，人口较少，盈利前景暗淡，最终放弃了这一构想。

(4) 相对稳定性

相对稳定性是指市场细分的主要标准在经营周期内应保持相对稳定；否则，细分市场就会不稳定，发生裂变和重组，届时企业将无法为之制定市场营销战略。

6.2 目标市场

目标市场（target market）是企业拟投其所好、为之服务，而且其需求具有相似性的顾客群体。[①] 有了明确的目标市场，企业才可提供适当的产品，并根据目标市场的特点制定一系列的措施和策略，实施有效的市场营销组合，这就是目标市场营销。企业目标市场的选择正确与否，对企业可谓生死攸关。

---

① 郭国庆. 市场营销学通论 [M]. 3版. 北京：中国人民大学出版社，2005：185.

❖ 营销实践6-3

精准营销——OPPO以定制化产品成功出圈

随着消费群体的更迭和手机智能硬件更新速度的加快，仅拼参数的手机已很难满足用户需求，如何抓住用户痛点，精准定位在细分市场的用户需求成为手机品牌增量拉新的方向。

说到细分市场、精准定位，不得不提一下近年来手机圈中的黑马——OPPO。在中国手机市场增速放缓的情况下，该品牌却实现了逆势增长。其产品Reno Ace在首销之日即夺京东、天猫2 500~3 500元价位段手机销量和销售额冠军，让OPPO当天8分钟的线上销售额赶超2018年全天销售额，10小时突破了"618"全天销量，成绩令人艳羡。不仅如此，OPPO在2019年"双11"中也取得了非常不错的成绩。根据官方数据显示，OPPO线上全平台"双11"3小时内销量超过2019年"618"全天，天猫、京东的销量都明显提升，OPPO官方商城更是实现了"1分钟销量超去年全天"的突破，表现十分抢眼。

而OPPO之所以能在2019年下半年逆风而上，与其精准布局细分市场、持续挖掘细分人群、与圈层人群保持沟通的策略分不开。当下年轻人热衷探索未知世界，热爱冒险，也热爱幻想，游戏、二次元、动漫在他们的生活中扮演着重要角色，为此年轻人也更愿意为自己热爱的事物付费，以满足自己对生活的追求。

OPPO洞察到这群用户的本质，针对他们的喜好和需求定制了"超级玩家"Reno Ace，为特定圈层人群打造属于他们的爆款，精准触及他们的消费偏好。OPPO深谙这群年轻用户的购机取向：预算不高，却追求高性能；重视外观，更重视实用价值。因此，这款为他们量身打造的Reno Ace定价虽然仅从3 199元起，却搭载有65W超级闪充、90Hz电竞屏、骁龙855 Plus、4 800万超清像素等顶级配置。姣好的外观搭配强劲的性能，使得这款在充电、屏幕和硬件上都表现出色的Reno Ace几乎没有弱点，一经发布便在消费者中激起不小水花。

此外，OPPO还通过与高达推出联名定制机Reno Ace高达版实现了跟动漫圈层人群的沟通。据了解，Reno Ace高达版针对《机动战士高达》中的元祖高达RX-78-2进行了深度定制，不论在外观配件还是内在配置上都精准击中了目标消费者的购机欲，导致该机还在预售阶段就吸引来了黄牛，产品还未正式发售就已出现400元以上的溢价。可见，在如今不断细分的手机市场中，品牌唯有精准布局，积极与圈层人群建立立体化沟通，才能实现营销触达和产品触达。

资料来源 月牙一龙. 手机市场细分正在进行中，OPPO以定制化爆款产品破局［EB/OL］. ［2023-11-22］. https://baijiahao.baidu.com/s?id=1649978174540264473&wfr=spider&for=pc.

6.2.1 评估细分市场

企业为了选择适当的目标市场，必须对各个细分市场进行评估，以确定适当的目标市场。评估细分市场的主要指标有①：

6.2.1.1　市场规模和潜力

适当规模是相对于企业的规模和实力而言的。较小的市场对于大企业来说，不值得涉足；较大的市场对于小企业来说，又缺乏足够的资源进入，并且小企业在大市场上也无力与大企业竞争。

市场增长潜力的大小关系到企业销售和利润的增长。但有发展潜力的市场常常是竞争者激烈争夺的目标，这又减少了它的获利机会。例如，美国的Lee牌牛仔裤始终把目标市场对准占人口比重较大的生于"婴儿潮"时期的消费者群体，从而成功地扩大了该品牌的市场占有率。20世纪六七十年代，Lee牌牛仔裤以15~24岁的年轻人为目标市场，因为这个年龄段的人在"婴儿潮"时期出生，在整个人口中占有相当大的比重。可是，到20世纪80年代初，生于"婴儿潮"时期的年轻人已经步入中青年阶段。新一代年轻人在人口数量上已大大少于昔日的年轻人。为了提高市场占有率，在20世纪80年代末，Lee牌牛仔裤又将其目标市场对准25~44岁年龄段的消费者群体，即仍是"婴儿潮"一代。为适应这一目标市场的变化，厂商只是将原有产品略加改进，使其正好适合中青年消费者的体型。结果，20世纪90年代初，该品牌牛仔裤在中青年市场上的份额上升了20%，销售量增长了17%。

6.2.1.2　竞争对手尚未满足目标市场需求

所选择的目标市场是竞争对手尚未满足其需求的，因而有可能是属于自己的市场。日本本田汽车公司在向美国消费者推销其汽车时就遵循这一原则，成功地开发了自己的目标市场。同"奔驰""奥迪"等高级轿车比，本田汽车公司的汽车不仅价格较低，技术也较高，足以从竞争对手口中争食。然而，本田汽车公司没有这样做。根据本田汽车公司的预测，20世纪80年代末和90年代初，随着两人家庭收入的增多，年轻消费者可随意支配的收入将越来越多，涉足高级轿车市场的年轻人也将越来越多。与其同数家公司争夺一个已被瓜分的市场——一部分早就富裕起来并拥有高级轿车的中老年消费者市场，不如开辟一个尚未被竞争对手重视的从而可完全属于自己的市场——刚刚和将要富裕起来的中青年消费者市场。

6.2.1.3　消费者能作出肯定反应

如果所选择的目标市场很大，但该市场的消费者对企业品牌不感兴趣，则不能获得利润。例如，在20世纪70年代中期，德国"宝马"汽车在美国将目标市场定位于当时的高级轿车市场。经过调查发现，该细分市场的消费者不但不喜欢甚至嘲笑"宝马"，说"宝马"就像是一个大箱子，既没有自动窗户，也没有皮座套，同其他车简直无法媲美。显然，这个市场对"宝马"的高超性能并无兴趣。于是，厂家决定将目标转向收入较高、充满生机、注重驾驶感受的青年消费者市场，因为该市场的消费者更关心汽车的性能，更喜欢能够体现不同于父辈个性和价值观的汽车。为吸引这个市场的消费者，厂家就突出宣传

①　万后芬，汤定娜，杨智. 市场营销教程［M］. 北京：高等教育出版社，2003：271.

该车的高超性能。结果，到1978年，该车的销售量虽然还未赶上"奔驰"，但已达到3万多辆，到1986年已接近10万辆。

6.2.1.4 企业自身状况

有些市场虽然规模适合，也具有吸引力，但还必须考虑：

第一，是否符合企业的长远目标；如果不符合，就不得不放弃。

第二，企业是否具备在该市场获胜所必需的能力和资源；如果不具备，也只能放弃。

6.2.2 目标市场营销策略

常用的目标市场营销策略有以下3种①：

6.2.2.1 无差异营销策略

无差异营销策略（undifferentiated marketing strategy）是指企业在市场细分之后，不考虑各子市场的特性，而只注重子市场的共性，决定只推出单一产品，运用单一的市场营销组合，力求满足尽可能多的顾客需求（如图6-2所示）。美国可口可乐公司自1886年问世，直到20世纪70年代，一直采用无差异营销策略，生产一种口味、一种配方、一种包装的产品，满足世界各个国家和地区消费者的需求，被称作"世界性的清凉饮料"。

$$市场营销组合 \longrightarrow 市场$$

图6-2 无差异营销策略

无差异营销策略的优点在于：

第一，有效地适用于需求广泛，品种、规格、款式简单，能进行标准化、大批量生产的产品。该策略凭借广泛的分销渠道和大面积的广告宣传，长久地在消费者心目中建立起产品形象。

第二，大幅降低成本和费用。因为采用标准化和大批量生产，生产、储存和运输成本均可下降，所以将整个市场作为统一的市场进行研发，可节省大量的市场研发费用。

第三，便于操作实施和管理。该策略有利于企业实行统一的市场营销计划，以及组织、实施和监督等各项管理活动的展开与考核。

无差异营销策略的缺点在于：

第一，它只适合具有同质性的产品，绝大多数产品不适用此策略。

第二，它忽视消费者需求的变化及各子市场的差异性，因此将丢失许多市场机会。

第三，它将增强同一市场竞争的程度，利润趋向变小，特别是当几个企业在同一市场上采取无差异营销策略时。

---

① 郭国庆. 市场营销学通论［M］. 3版. 北京：中国人民大学出版社，2005：185-186.

广告为什么失败？

　　美国一家洗涤用品公司于20世纪50年代推出一种新型地板用洗涤用品。产品开发出来后，该公司确认其目标消费者群体是家庭主妇，就由广告设计部门设计出迎合妇女心理的广告——"使用××洗涤用品，你的丈夫会满意的"。整体市场营销方案推出后，效果不如预期的理想。这家公司立即分析原因，发现问题的症结在于广告口号的设计。根据调查，目标消费者群体中大约30%的人是旧式的、保守型的家庭主妇，她们接受这样的广告口号，而大部分妇女是解放运动的热衷者和有成就的职业女性，她们对这样的宣传有抵触情绪。于是，该公司在发布前一个广告的同时，为那些新女性设计了"讲究高效率的人使用高效率的洗涤用品"的广告。

　　资料来源　兰苓. 营销理论与实践［M］. 北京：科学技术文献出版社，1992：89.

6.2.2.2　差异营销策略

　　差异营销策略（differentiated marketing strategy）是指企业同时为几个子市场服务，设计不同的产品，并在渠道、促销和价格方面都加以相应的改变，以适应各个子市场的需要（如图6-3所示）。如有些服装企业，按生活方式把女性分成时髦型、男子气型、朴素型。时髦型女性喜欢把自己打扮得华贵艳丽、引人注目；男子气型女性喜欢打扮得超凡脱俗、卓尔不群；朴素型女性购买服装讲究经济实惠、价格适中。公司根据不同类型的女性的不同偏好，有针对性地设计出不同风格的服装，使产品对相应的各类消费者更具有吸引力。

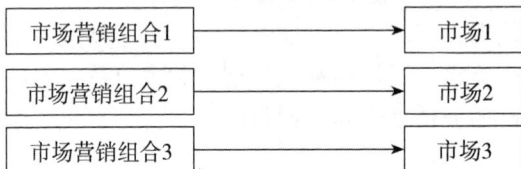

图6-3　差异营销策略

差异营销策略的优点在于：

第一，能够服务于更多的不同消费者群体，拓展企业的市场空间。

第二，能在不同的细分市场上树立企业形象，争取更多回头客。

第三，能增强企业对目标市场的渗透力和控制力，从而增强竞争能力。

第四，能分散企业经营风险，不至于受限于单一市场范围。

差异营销策略的缺点在于：

第一，增加企业经营成本，直接影响企业产销数量和利润。

第二，其实施将受企业自身资源的限制，缺乏各种资源优势的企业难以推行此策略。

❖ **营销实践**6-5

资生堂细分"岁月"

20世纪80年代以前，资生堂实行的是一种不对顾客进行细分的大众营销策略，即希望自己的每种化妆品对所有的顾客都适用。20世纪80年代中期，资生堂因此遭遇重大挫折，市场占有率下降。1987年，公司经过认真反省以后，决定由原来的无差异的大众营销转向个别营销，即对不同顾客采取不同的市场营销策略。资生堂提出的口号便是"体贴不同岁月的脸"，为不同年龄阶段的顾客提供不同品牌的化妆品：为十几岁少女提供的是RECIENTE系列，20岁左右的女性用ETTUSAIS，中年女性则用长生不老ELIXIR，50岁以上的女性则可以用防止肌肤老化的资生堂返老还童RIVITAL系列。

资料来源　杨慧. 占领国际市场百策［M］. 南昌：江西高校出版社，1995：120.

6.2.2.3　集中营销策略

集中营销策略（concentrated marketing strategy）是指企业集中所有力量，以一个或少数几个性质相似的子市场作为目标市场，试图在较少的子市场上实现较大的市场占有率（如图6-4所示）。例如，日本尼西奇起初是一个生产雨衣、尿布、游泳帽等多种橡胶制品的小厂，由于订货量不足，面临破产。总经理在一个偶然的机会发现婴儿尿布是一个竞争者忽视且较大的市场，所以决定实行尿布专业化生产。由此，该厂不仅垄断了日本尿布市场，还远销世界几十个国家和地区，成为闻名于世的"尿布大王"。[①]

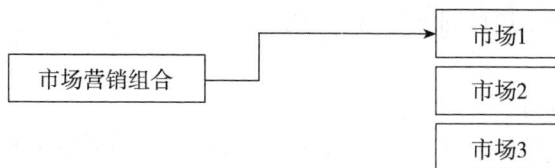

图6-4　集中营销策略

集中营销策略的优点在于：

第一，适用于资源有限的中小企业，或初入新市场的大企业。

第二，能使企业集中自己的所有资源攻占有限的子市场，避免了大量市场营销费用的消耗，节省了成本和费用，将会获得较高的投资收益率。

第三，由于服务面窄，服务对象相对集中，便于企业作深入的调查研究，及时把握信息，便于作出适应市场变化的决策。

集中营销策略的缺点在于：由于将企业的所有资源集中在一个或几个特定的市场，一旦市场突变，企业将陷入困境，甚至会被逐出已占领的市场。

6.3　市场定位

企业一旦选择了目标市场，就要在目标市场进行产品的市场定位。市场定位是企业

---

① 凯方. 成功的秘诀：世界经济强人荟萃［M］. 福州：福建人民出版社，1985：205-206.

市场营销机会选择过程中的重要组成部分，也是制定市场营销组合策略的必要前提。产品的市场定位是否准确，直接关系到市场营销过程的成败。尤其是在竞争比较激烈的市场上，市场定位几乎成为产品能否为更多顾客所接受、企业能否击败竞争对手的关键问题。

6.3.1　市场定位的内涵

"定位"是由广告经理艾·里斯（Al Ries）和杰克·特劳特（Jack Trout）提出的，他们将定位看成对现有产品的创造性实践。定位是以产品为出发点的，如一种商品、一项服务、一家公司、一个组织，甚至一个人，但定位的对象不是产品，而是潜在顾客的思想。这就是说，企业要为产品在潜在顾客的大脑中确定一个合适的位置。市场定位是指企业为了在目标顾客心目中寻找和确定最佳位置而设计产品与经营特色的活动。[①]其内涵是[②]：

（1）心灵的双向沟通

定位本质上是攻心术。商战如兵战，但商战并不是竞争者之间直接的争斗，而是由第三者即顾客的选择决定胜负。顾客选择哪个企业的产品，哪个企业就更能获胜。定位概念的提出者说："营销战在人的大脑中进行，在你的大脑里和你的潜在顾客的大脑里进行。战斗旷日持久，永不停息。"

（2）差异性

定位时务必针对目标顾客的心理需求，塑造鲜明个性，突出与竞争者之间的主要差别，以在目标顾客心目中形成强烈的第一印象。

（3）战略性

定位是一种战略行为。

第一，企业要想在目标顾客心目中成功树立鲜明独特的形象，并能得到他们的高度认同，非一朝一夕之功。

第二，独特的市场定位所塑造的独特市场形象，向目标顾客传递着有独特含义的市场信息，并使其产生与此特定含义相关的联想。成功的市场定位是企业一笔巨大的无形资产，因此应站在战略的高度倍加珍惜，而不能轻率、模糊。

第三，正确的市场定位指明了与目标顾客心灵沟通的正确道路，以便将产品快速、有效地送到目标顾客手中。

（4）竞争性

市场定位的出发点和终结目标均是寻求与造就差别优势，以赢得市场竞争。

（5）主动性

市场定位是企业为赢得市场竞争的主动权和战略优势而积极、主动实施的市场行为。

（6）适度的灵活性

当企业生产经营多种产品时，若产品品质有显著差异，则应有不同的市场定位；若产品品质差异很小，则可以运用不同的定位战略和信息沟通方式，在目标顾客心目中造成一

---

① 万后芬. 现代市场营销 ［M］. 北京：中国财政经济出版社，2002：313.
② 万后芬，汤定娜，杨智. 市场营销教程 ［M］. 北京：高等教育出版社，2003：284-285.

定的差异，以进入不同的细分市场。

6.3.2　市场定位的步骤

市场定位的关键是企业设法在自己的产品上找出比竞争者更具有竞争优势的特性。

竞争优势一般有两种基本类型：一是价格竞争优势，就是在同样的条件下比竞争者定出更低的价格。这就要求企业采取一切努力来降低单位成本。二是偏好竞争优势，即能提供确定的特色来满足顾客的特定偏好。这就要求企业采取一切努力在产品特色上下功夫。因此，企业市场定位的全过程可以通过以下三大步骤来完成：

（1）分析目标市场的现状，确认本企业潜在的竞争优势

这一步骤的中心任务是要回答以下3个问题：一是竞争对手产品定位如何？二是目标市场上顾客欲望满足程度如何以及还需要什么？三是针对竞争者的市场定位和潜在顾客的真正需求，企业应该以及能够做什么？要回答这3个问题，企业市场营销人员必须通过一切调研手段，系统地设计、搜索、分析并报告有关上述问题的资料和研究结果。通过回答上述3个问题，企业就可以从中把握和确定自己的潜在竞争优势。

（2）准确选择竞争优势，对目标市场进行初步定位

竞争优势表明企业能够胜过竞争对手的能力。这种能力既可以是现有的，也可以是潜在的。选择竞争优势实际上就是一个企业与竞争者各方面实力相比较的过程。比较的指标应是一个完整的体系，只有这样，才能准确地选择相对竞争优势。通常的方法是分析、比较企业与竞争者在经营管理、技术开发、采购、生产、市场营销、财务和产品等7个方面究竟哪些是强项、哪些是弱项；借此选出最适合本企业的优势项目，以初步确定企业在目标市场上所处的位置。

（3）显示独特的竞争优势和重新定位

这一步骤的主要任务是企业通过一系列的宣传促销活动，将其独特的竞争优势准确传播给潜在顾客，并在顾客心目中留下深刻印象。为此，企业首先应使目标顾客了解、熟悉、认同、喜欢和偏爱本企业的市场定位，在顾客心目中建立与该定位相一致的形象。其次，企业通过各种努力强化目标顾客形象，稳定目标顾客的态度，加深与目标顾客的感情，以此巩固与市场相一致的形象。最后，企业应注意目标顾客对其市场定位理解出现的偏差或由企业市场定位宣传上的失误造成的目标顾客模糊、混乱和误会，及时纠正与市场定位不一致的形象。企业的产品在市场上定位即使很恰当，在下列情况下也应考虑重新定位：

①竞争者推出的新产品定位与本企业产品相近，侵占了本企业产品的部分市场，使本企业产品的市场占有率下降。

②消费者的需求或偏好发生了变化，使本企业产品销售量骤减。

重新定位是指企业为已在某市场销售的产品重新确定某种形象，以改变消费者原有的认识，争取有利的市场地位的活动。如某日化厂生产婴儿洗发剂，以强调该洗发剂不刺激眼睛来吸引有婴儿的家庭，但随着出生率的下降，销售量减少；为了增加销售，该企业将产品重新定位，强调使用该洗发剂能使头发松软、有光泽，以吸引更多、更广泛的购买者。重新定位对于企业适应市场环境、调整市场营销战略是必不可少的，可以视为企业的战略转移。重新定位可能导致产品的名称、价格、包装和品牌的更改，也可能导致产品用途和功能上的变动，企业必须考虑定位转移的成本和新定位的收益问题。

6.3.3　市场定位战略

通常企业的市场定位战略有如下几种：

（1）避强定位

避强定位是一种避开强有力的竞争对手，在无竞争的市场部分定位的战略。避强定位是一种"见缝插针""拾遗补阙"的定位方法。其优点是能够使企业远离其他竞争者，在该市场上迅速站稳脚跟，树立企业形象，从而在该市场上取得领导地位。

（2）迎头定位

迎头定位是一种与市场上强劲的竞争对手"对着干"的定位战略。迎头定位有时候是危险的，但不少企业认为这是一种更能激励自己奋发向上的可行的定位尝试，一旦成功就会取得巨大的市场优势，如可口可乐与百事可乐之间、肯德基与麦当劳之间的竞争。实行迎头定位，必须知己知彼，尤其应清醒估计自己的实力，不一定非要压倒对方。

（3）比附定位

比附是指拿不能相比的东西来勉强相比。比附定位是指拿自己的产品比附市场领先者，以便在消费者心目中为自己确立一个有利位置。例如，"七喜"品牌刚刚诞生时只不过是一种普通的汽水。由于可口可乐和百事可乐的品牌形象和利益点已经在消费者脑海中构筑了坚固的抗拒壁垒，所以七喜采用了借建好的梯子往上爬的办法，定位于"非可乐"饮料，一下子把默默无闻的七喜与可口可乐和百事可乐对等起来，同时通过"非可乐"的定位又与"两乐"分隔开来，凸显七喜的个性。

（4）补缺定位

补缺定位是指寻找新的尚未被占领但有潜在市场需求的位置，填补市场上的空缺，生产市场上没有的、具备某种特色的产品。如当年日本索尼公司的随身听等一批新产品正是填补了市场上迷你电子产品的空缺，使得索尼公司迅速发展，一跃成为世界级的跨国公司。

（5）重新定位

企业通常对销路少、市场反应差的产品进行第二次定位。上文已经详述。

关键术语

市场细分　目标市场　无差异营销策略　差异营销策略　集中营销策略　市场定位

主要观念

1. 市场细分的客观基础是顾客需求的差异性、企业的资源闲置和有效的市场竞争。

2. 消费者市场细分的依据有地理细分、人口细分、心理细分和行为细分；产业市场细分的依据有最终用户、顾客规模、地理位置。

3.目标市场营销策略包括无差异营销策略、差异营销策略以及集中营销策略。

4.市场定位战略包括避强定位、迎头定位、比附定位、补缺定位和重新定位。

基本训练

❖ 知识题

第6章判断题

简答题

1.产品市场细分的依据是什么？

2.怎样的市场细分才是有效的？

3.企业评估细分市场时应该考虑哪些因素？

4.什么是市场定位？市场定位战略有哪些？

5.美国可口可乐公司由于拥有世界性专利，在20世纪70年代以前曾经以单一口味的品种、单一标准的瓶装和统一的广告宣传长期占领世界软饮料市场。请问可口可乐公司在20世纪70年代以前奉行的是什么目标市场营销策略？这种策略有何优缺点？

❖ 技能题

1.针对目前我国汽车市场需求及发展状况，提出对汽车市场的细分方案。

2.假设宝洁公司的新产品开发小组正在研制一种全新的洗发水，请你为其选择几种可供选择的市场定位。对于每一种选择，请描述公司应该如何研制产品并将其市场定位传播给市场。

❖ 能力题

"万宝路"香烟的市场定位

20世纪20年代，美国男女都喜欢悠闲、雅致地吸烟。女士们抱怨白色的香烟嘴常沾上她们的唇膏。于是，菲利普·莫里斯公司开发出"万宝路"香烟，烟嘴是红色的，其广告口号是"像五月的天气一样温和"。菲利普·莫里斯公司希望广大女士能为这种无微不至的关怀所感动，然而所期待的销售热潮始终没有出现。

20世纪30年代，"万宝路"的名字鲜为人知。第二次世界大战爆发以后，烟民数量上升，菲利普·莫里斯公司给"万宝路"香烟配上可以阻挡有害的尼古丁的香烟过滤嘴，但烟民对"万宝路"香烟始终很冷淡。

"万宝路"香烟一直到20世纪50年代都默默无闻。菲利普·莫里斯公司决定请利奥-伯内特广告公司为"万宝路"香烟重塑形象："让我们忘掉脂粉香艳的女子香烟，重新创造富有男子汉气概的举世闻名的'万宝路'香烟！""万宝路"香烟品质不变，包装采用当时首创的平开式盒盖技术，并将名称的标准字（Marlboro）尖角化，使之更富有男性的阳刚特点，并以红色作为外盒主要色彩。广告的重大变化是："万宝路"香烟不再以妇女为主要顾客，而是"硬铮铮的男子汉"。菲利普·莫里斯公司选用了"美国牛仔"这个男子汉形象：目光深沉、皮肤粗糙，浑身散发着粗犷、豪气的英雄男子汉，手指夹着一支"万宝路"香烟，烟雾冉冉升起。该广告于1954年问世，仅1年，"万宝路"香烟的销售量就提高了3倍，一跃成为全美第十大香烟品牌；1968年其市场占有率上升到全美同行第2位。1995年，"万宝路"居全球品牌之首，全球平均每分钟消费"万宝路"香烟100万支。

据1987年的一项调查，许多"万宝路"香烟爱好者认为该香烟味道好，烟味浓烈，使他们身心愉快，他们每天要将香烟拿出口袋20~25次。同时，调查者向每个自称喜欢"万宝路"香烟味道的吸烟者以半价提供外表没标明品牌但的确是真品"万宝路"香烟的简装香烟，结果只有21%的人愿意购买。这说明：烟民们真正需要的是"万宝路"香烟包装带给他们的满足感。

从"万宝路"香烟两种风格的广告戏剧性的效果转变中，我们可以看到产品定位的魔力。正是因为有了正确、精准的定位，通过广告塑造了"万宝路"男子汉的产品形象，增加了产品的价值，"万宝路"香烟才成长为世界名牌香烟。

资料来源　王维，龚福麒. 市场营销学［M］. 北京：经济科学出版社，2002.

问题：

（1）"万宝路"香烟原来的市场定位存在什么问题？

（2）"万宝路"香烟的重新市场定位为何能够成功？

第三篇 市场营销策略

第7章 产品策略

学习目标

知识目标

◆了解产品整体概念。

◆了解品牌的概念和作用，熟悉品牌实施策略。

◆了解包装的概念、作用及包装策略。

◆了解产品生命周期各阶段的特点及相应的市场营销策略。

◆了解新产品的概念及种类、开发程序、市场扩散。

技能目标

◆掌握产品组合策略。

◆具备创立品牌与实施品牌的技能。

◆具备识别产品生命周期各阶段的技能。

能力目标

◆能运用产品组合原理帮助企业设计产品组合策略。

◆能帮助企业正确选择品牌策略。

◆能运用产品生命周期理论判断企业产品所处的阶段及应采用的市场营销策略。

❖ 引例

东鹏饮料——从"梦想之鹏"到"年轻之鹏"

深圳市东鹏饮料实业有限公司始创于1987年，起初以生产利乐包豆奶、清凉系列饮料为主，之后慢慢形成了以东鹏特饮维生素功能饮料为主导、以九制陈皮饮料为辅，以纯净水、纸盒装清凉饮料为基础的产品结构。起初东鹏特饮只是东鹏饮料公司的一款副线产品，2008年，东鹏饮料公司启动瓶装东鹏特饮的研发及生产。次年，该款产品正式面世，并率先在广东市场开售。2013年，东鹏饮料公司开始进军全国市场，并邀请艺人作为东鹏特饮的代言人。2015年，东鹏饮料公司正式确定"品牌年轻化"的战略布局，打出了"累了困了喝东鹏特饮""年轻就要醒着拼"等一系列广告语。2017年，东鹏特饮销售额突破40亿元，在功能饮料领域排名第二。

东鹏特饮市场营销中的重要一环是通过体育营销传递品牌理念。2017年8月，国际冠军杯足球赛在广州隆重举行。东鹏特饮作为2017年国际冠军杯足球赛的官方赞助商，全程助力该赛事顺利进行；同时，在广州文华东方酒店举行广州站东鹏特饮官方欢迎派对，让参加赛事的运动选手感受到来自广州的热情和呼喊。牵手国际冠军杯足球赛，不仅源于足球对于年轻人疯狂的吸引力，更源于东鹏特饮作为功能饮料与足球得天独厚的关联性。一方面，东鹏特饮能迅速为球员补充体力和能量；另一方面，东鹏特饮"年轻就要醒着拼"的品牌精神与足球运动的拼搏精神天然契合。作为维生素功能饮料，东鹏特饮除了联姻国际冠军杯足球赛，还积极开展了其他极具产品特色的体育活动，如深圳足球联赛、欢乐跑、旱地冰球、中国女排、中国超级跑车锦标赛等。特别是2015年东鹏特饮与中国女排合作，助力中国女排时隔12年后重回巅峰，中国女排淋漓尽致地发挥了"永不言弃，顽强拼搏"的体育精神。

除了体育营销，东鹏特饮也在不断通过年轻人更熟悉的社交方式和表达方式向年轻消费者靠拢。"鹏哥"是东鹏特饮在微信、微博中使用的品牌昵称，早有广泛的群众基础。在2018年足球世界杯期间，东鹏特饮使用品牌IP"鹏哥"正式进驻抖音。"鹏哥"的角色设定是一个逗趣的青年球迷，世界杯期间因为和不懂球的老婆斗智斗勇而吸粉无数。世界杯后，"鹏哥"又通过各种有话题性的日常故事一次又一次地抓住了年轻群体的心智。至此，东鹏特饮不再是距离遥远的一个品牌，而是"鹏哥"这样一个和其他普通用户一样的抖音玩家。东鹏特饮借由"鹏哥"这个形象，让品牌和用户在同一个维度上互动，不仅通过鲜活的短视频内容加深了产品记忆点和品牌认知，更建立了人格化的情感链接，使年轻顾客群和品牌有了牢固的情感纽带，让品牌能始终如一地矗立在消费者心中。

此外，东鹏特饮还在高校设立"犯困研究院"，陆续赞助《极速前进》《挑战不可能》《欢乐喜剧人》等综艺节目，在《老九门》《你和我的倾城时光》等热播电视剧中植入"场景式"广告，推出"一物一码"微信红包等市场营销手段，强化与目标消费者的沟通与联系。东鹏饮料公司通过多样化的市场营销手段完成了与年轻消费者的沟通和互动，得到了行业和消费者的高度认可，拥有广东、广西、华中、华东等事业部，并形成广东、安徽、广西等辐射全国主要地区的生产基地，销售网络覆盖全国超300万家终端门店。

资料来源　[1] 新消费产业研究中心. 2018中国食品饮料行业品牌年轻化研究报告 [EB/OL]. [2023—11—22]. https://www.163.com/dy/article/DQI7GVG00524HIPH.html. [2] 我要赞体育. 金赞奖体育营销案例——东鹏特饮：年轻就要醒着拼 [EB/OL]. [2023—11—22]. https://www.sohu.com/a/225966201_99915717.

产品是市场营销组合中的第一个要素。任何企业在制订市场营销战略计划时，首先考虑的就是产品策略问题。因为产品是市场营销活动的中介，只有通过它才能使生产者和消费者之间实现交换的目的；同时，企业只有提供满足消费者需求的产品，才能实现获取利润的目标。此外，市场营销组合中的其他三个要素——价格、渠道、促销，都是以产品策略为基础的。因此，产品策略直接影响和决定其他市场营销组合的因素，关系着企业市场营销的成败。

7.1 产品整体概念与产品分类

7.1.1 产品整体概念

从市场营销的角度来看，产品是指能够提供给市场、用于满足人们某种欲望和需求的任何事物，包括有形物品、服务、人员、组织、观念及其组合。由此可见，产品概念已经远远超越了传统的有形实物的范围，市场营销学所研究的产品是一个整体概念，由核心产品、有形产品和附加产品等层次构成（如图7-1所示）。

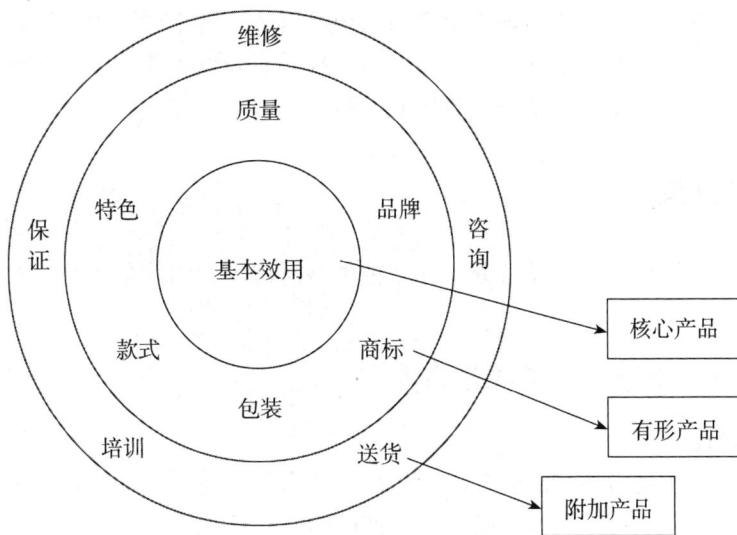

图7-1 产品的整体概念

7.1.1.1 核心产品

核心产品指的是产品给消费者提供最基本的效用和利益。它是消费者需求中的核心部分，也是产品整体概念中最主要的内容。消费者购买某种产品，并不是为了占有或获得产品本身，而是为了获得能满足某种需求的效用或利益。例如，人们买书要满足的核心需求是获得精神满足，获得知识；买冰箱是为了储存食物；买车是为了代步，这些都不是为了产品本身。鉴于此，市场营销人员的任务是发现产品背后的真正需求，把产品的核心价值传递给顾客。当然，同一种产品，不同消费者的核心需求也不同。例如，同样购买电脑，工程师是为了制图，孩子更多是为了玩游戏。

7.1.1.2　有形产品

有形产品是核心产品所展示的全部外部特征，即呈现在市场上的产品的具体形态或外在表现形式，主要包括产品的款式、质量、特色、品牌、包装等。具有相同效用的产品，其表现形态可能有较大的差别。企业的生产人员把核心产品有效地转变为有形产品提供给消费者，帮助消费者更好地使用核心产品。正是因为这样，企业应该关注有形产品，实用而美观的有形产品也能在一定程度上影响消费者对产品的满足程度和评价，甚至成为消费者满意度提高的重要依据。

7.1.1.3　附加产品

附加产品是顾客购买有形产品时所获得的全部附加服务和利益，包括提供信贷、免费送货、质量保证、安装、售后服务等。附加产品的概念来源于对市场需求的深入认识。因为购买者的目的是满足某种需求，他们希望得到与满足该项需求有关的一切。美国学者西奥多·莱维特曾经指出：新的竞争不在于各个企业的工厂生产什么产品，而是在于其产品能提供何种附加利益（如包装、服务、广告、顾客咨询、融资、送货、仓储及具有其他价值的形式）。可见，提供附加产品能增强产品的市场竞争力。

产品的整体概念是市场营销理论中完整的产品概念，各个层次缺一不可。其中，核心产品是根本，通过有形产品实现价值，同时为了提升企业竞争能力尽可能地提供更多的附加利益。企业提供的产品应该是一个整体的产品。

7.1.2　产品分类

按照不同的分类标准，产品可分为许多种类。从市场营销的角度看，有意义的分类主要包括以下几种：

7.1.2.1　按消费产品是否有形分类

（1）无形产品

无形产品是指花钱购买来的服务，如旅游、住宿等。需要注意的是，作为无形产品的服务是独立的产品，不同于有形产品中服务性的附加产品。

（2）有形产品

有形产品是有包装和外观的产品，以下分类都是有形产品。

7.1.2.2　按产品的用途分类

（1）消费品

消费品也叫生活消费资料，指直接用于满足最终消费者生活需求的产品。根据消费者的购物习惯可分为便利品、选购品、特殊品和非渴求品（见表7-1）。

表7-1   消费品分类与分析

分 类	便利品	选购品	特殊品	非渴求品
概念	消费者经常使用的产品，购买不愿花精力	消费者通过仔细比较质量、价格、功能、附加值等因素后购买，购买频率较低	消费者愿意花费大量精力去选择购买，具有个人特征	消费者不知道或者知道却没有兴趣购买
消费者购买行为分析	经常性、习惯性购买	偶尔购买，购买时会花费时间比较	购买时花费特殊精力，对于品牌有强烈忠诚度，几乎不用比较	对产品少有了解或兴趣低，甚至反感
市场营销策略分析	价格低廉；有方便的购买渠道；有较多的促销活动	价格较高；有选择性的中间商；塑造企业品牌知名度	高价销售；有针对性的广告；独特的销售点	配合公共关系提高企业产品的知名度；寻找合适的人群开展市场营销活动
实例	饼干、酱油、牙膏、洗发水	电视、电脑	爱马仕包、游艇	保险

（2）工业品

工业品也叫生产用品，是由生产企业购买后用于再生产的产品。该类产品与消费品在购买目的、购买方式及购买数量等方面具有较大差异。因此，对于这两类产品，企业在生产与销售上应采用不同的市场营销策略。按照工业品进入生产过程的程度及相对成本的大小，工业品可分为以下类别：

①原材料和零部件，又叫完全进入产品的生产用品，是指完全进入生产过程并全部转化为新产品的生产用品。原材料可细分为农产品和天然产品。农产品主要包括粮、油、棉等种植或养殖产品；天然产品包括木材、原油、矿石等自然界自然产生或贮藏的物品。零部件分为半成品和零件，在形成最终消费品之前需加工。

②资产项目，又叫部分进入产品的生产用品，指生产过程中被逐渐或分次转移到新产品中去的生产用品，主要包括建筑物和固定设备，如厂房、吊车、起重机等，以及在生产过程中因为使用而逐渐折旧、磨损，其价值分期、分批进入新产品的机器设备。

③易耗品和服务，指维持生产经营活动所需，其本身不直接进入生产过程和产品之中的用品和服务。易耗品主要指维护企业经营的办公用品；服务主要指售后保修和咨询服务等。

7.2 产品组合策略

7.2.1 产品组合及其相关概念

产品组合是指企业生产经营的全部产品线和产品项目的组合，或者企业生产经营的全部产品结构。

要准确理解产品组合这一概念，必须理解与之相关的两个概念：

第一，产品线，又叫产品大类和产品系列，是指密切相关的满足同类需求的一组产品。

第二，产品项目，是指因性能、规格、商标、式样等不同而区别于企业其他产品的任何产品，也就是企业产品线中的每一个产品，是构成产品线的基本元素。

例如，某家用电器公司可生产经营液晶电视机、冰箱、洗衣机三大类产品，即该企业拥有3条产品线。在液晶电视机这条产品线中，又有42英寸、46英寸、50英寸、55英寸、60英寸、65英寸、70英寸这7种规格，即液晶电视机这条产品线包括7个产品项目。

对于产品组合的衡量一般可从4个方面予以反映：

（1）产品组合的宽度

产品组合的宽度又称产品组合的广度，指一个企业生产经营的产品大类有多少，拥有多少条产品线，多者为宽，少者为窄。某企业有5条产品线，即宽度为5（见表7-2）。

表7-2 某企业产品组合

项目	产品组合宽度				
产品组合长度	沐浴液	洗面乳	香皂	洗衣粉	杀虫剂
	留春	维康	呵护	奥白	全效
	蜜蜂	佳洁	洁盈	美佳	杀无敌
	宝宝乐	洁美	婷美		
	百合				
	百草				

资料来源 方青云，袁蔚，孙慧. 现代市场营销学［M］. 上海：复旦大学出版社，2005：165.

（2）产品组合的长度

产品组合的长度是指企业各条产品线所包含的产品项目总数，多者为长，少者为窄。表7-2中某企业的产品项目总数为15，即产品组合的长度是15，平均长度为3。在一般情况下，产品组合的长度越长，说明企业的产品品种、规格越多。

（3）产品组合的深度

产品组合的深度是企业生产经营的某一条产品线的产品项目的数量。表7-2中某企业的沐浴液的产品组合深度为5。产品组合的深度往往反映了一个企业产品开发能力的强弱。

（4）产品组合的关联性

产品组合的关联性是指企业生产经营的各个产品大类在最终使用、生产条件、分销渠道等方面的密切相关程度。表7-2中某企业的所有产品都通过同样的渠道销售，所以该企业的产品具有关联性。

产品组合的宽度、长度、深度和关联性在市场营销战略上具有重要意义。

第一，企业增加产品组合的宽度，即增加产品大类，有利于扩展企业的经营领域，实行多元化经营，可以充分发挥企业技术、资源的潜在优势，提高企业的经济效益，并分散企业经营的风险。

第二，企业增加产品组合的长度和深度，即增加产品项目，增加产品的花色、品种和规格，可以使企业产品线的内容更丰富，占领同类产品的更多细分市场，满足不同消费者的不同需求和爱好。

第二，企业增加产品组合的关联性，即使企业的每个产品大类在最终使用、生产条件、分销渠道等方面更加紧密联系，这样可以提升企业在特定行业和市场的竞争能力，赢得良好的声誉，提高品牌知名度。

7.2.2　产品组合策略

企业根据市场需求、企业能力和竞争形势对产品组合的宽度、长度、深度和关联性作出的决策被称为产品组合策略。通常企业决定调整产品组合时，根据不同的情况，可供选择的产品组合策略有以下几种：

7.2.2.1　扩展产品线

这是指企业超出现有范围来增加它的产品线的长度。具体的扩展办法有：

（1）向下扩展

向下扩展即在原有的产品线下面增加一些低档产品。该方法常常是在企业的高档产品增长速度缓慢、受到激烈竞争，或者企业原来推出的高档产品已树立起其质量形象，或者想借此填补市场空隙时采用。实行这种策略会使企业原有高档产品的声誉和品牌形象受到影响，造成市场收缩，也可能招致新的竞争对手。

（2）向上扩展

向上扩展即原定位于低档产品的企业进入高档产品市场，在原来产品线上增加高档产品。通过这一方法，可以提高企业的产品声誉和市场地位，给企业带来丰厚的利润；但同时有一定的风险，消费者对低档产品企业生产高档产品可能缺乏信任，也可能使原先生产高档产品的竞争对手在低档产品领域与其展开竞争。

（3）双向扩展

双向扩展即指原位于市场中间范围的企业在占据市场优势之后，决定朝产品线的上下两个方面扩展，同时增加高档产品和低档产品，扩大市场阵地。

实际上，产品线的扩展往往是企业生产能力过剩和企业为了更好地满足消费者需求所造成的。虽然产品线的扩展可以使企业有更多的销售收入和利润，但是随着产品线的扩展，企业的设计费、储运费、装卸费、制造费、订单处理和促销费用也会随之上升。这样，企业产品线可能先随意增长，后又大量删减，所以在使用产品线扩展策略时应该谨慎决策。

7.2.2.2　扩展产品组合

扩展产品组合包括扩展产品组合的宽度和深度。

（1）扩展产品组合的宽度

扩展产品组合的宽度是在原产品组合中增加一个或几个产品大类，扩大产品经营范围。当企业预测现有产品大类的销售额和利润额在未来一段时间内有可能下降时，就应考虑扩展产品组合的宽度。

（2）扩展产品组合的深度

扩展产品组合的深度是在原有产品大类中增加新的产品项目。当企业打算增加产品特色或为更多的子市场提供产品时，可选择在原有产品大类内增加新的产品项目。

一般而言，扩展产品组合，可使企业充分地利用人、财、物资源，分散风险，增强市场应变能力和竞争能力。

7.2.2.3 缩减产品组合

随着产品线的延长，设计、工程、仓储、运输、促销等市场营销费用也随之增加，最终有可能减少企业的利润。尤其是当市场不景气或原料、能源供应紧张，或者产品线中出现大量难以销售的存货时，企业就应该考虑缩减产品组合，从产品组合中剔除那些获利很少甚至不能获利的产品线或产品项目，使企业可以集中力量发展获利多的产品线或产品项目，从而保存企业实力。该策略是灵活的，当市场需求回升时，曾经被删减的项目仍可以恢复生产。

7.2.2.4 产品线现代化

这是指把现代化科学技术应用到生产过程中去。虽然产品组合的宽度、长度都非常适应，但产品线的生产形式可能已经过时，这时就必须对产品线实施现代化改造。改造可以通过逐项更新或全线更新两种方式来实现。前者可以通过较少的投资，在测试消费者和中间商反应等因素后，再进行继续更新和停止的选择。这种方式风险较小，但也容易丧失先机。全线更新则可以避免前者的缺点，但是需要的投资多，企业风险也更大。

7.3 产品品牌策略

7.3.1 品牌与商标的含义

品牌是商品的商业名称，是由企业独创，有显著特点，用以识别卖方的产品的某一名词、术语、标志、符号、设计及其组合。品牌的基本功能是把不同企业之间的同类产品区别开来，使竞争者之间的产品不致发生混淆。完整的品牌包括：

第一，品牌名称，是指品牌中可以用语言来称呼和表达的部分，如"华为""比亚迪""大疆"等。

第二，品牌标志，是指品牌中可识别但不能直接用语言表达的特定标志，即专门设计的符号、图案、色彩、文字等。如三叉星圆环和相连着的四环分别是"奔驰""奥迪"的标志。

商标是经政府有关部门依法定程序注册登记并受法律保护的产品品牌。商标是一个法律术语，经注册登记的商标有"R"标记或标明"注册商标"字样。

商标与品牌既有联系又有区别。其联系主要表现在，它们都具有一定专有性，其目的都是区别于竞争者，有助于消费者识别，所以商标与品牌经常被混淆使用。两者的区别主要表现在：

①品牌是市场概念，是产品在市场上通行的牌子，是品牌使用者对顾客在产品特征、服务和利益等方面作出的承诺。品牌无须注册，一经注册，品牌就成为商标了。商标是法律概念，一般都要注册，它是受法律保护的一个品牌或品牌的一部分；其产权可以转让和买卖。

②品牌主要表明产品的生产或销售单位，而商标是区别不同产品的标志。一个企业的品牌和商标可以是相同的，也可以不相同。

③品牌比商标有更广的内涵。品牌比商标代表更多的文化和个性。

7.3.2　品牌的作用

7.3.2.1　品牌对生产者的作用

第一，品牌可以提升企业形象，促进产品销售。有效简单的品牌好记好念，便于消费者认识。产品通过首次尝试而被消费者认可，从而产品的品牌也会被消费者所熟知。

第二，品牌可以保护所有者权益。如果品牌注册成为商标，就受到法律保护而具有排他性，从而防止他人冒用。

第三，品牌有利于企业市场营销活动顺利进行。好的品牌可以帮助企业树立合理的市场定位。同时，企业可以借助已有的品牌更方便地推出新产品。

第四，品牌作为企业重要的无形资产，比有形资产更有增值能力，可以给企业带来巨大的经济效益和良好的口碑。

7.3.2.2　品牌对消费者的作用

（1）品牌可以方便消费者购买产品

不同品牌可以代表不同厂家的产品属性，便于购买。

（2）品牌有利于维护消费者权益

一旦有了品牌，企业为了强化品牌的市场定位而作出各种努力，不断提高自身的品牌形象、维护自己的信誉，这样消费者在企业品牌管理中获得更好、更稳定的利益。另外，行政部门及其他相关部门也会对企业的品牌实施监督，有效保护消费者权益。

（3）品牌有利于降低消费者的购买风险

消费者可以根据自己与他人的购买实践，对于不同品牌作出不同认知与评价，并形成购买偏好，从而大大降低购买风险。

营销视野 7-1

7.3.3 品牌策略

品牌策略指的是企业如何合理、有效地使用品牌，以充分发挥品牌作用的方法。

7.3.3.1 品牌化策略

品牌化策略是指企业首先要决定是否给产品规定品牌名称、设计品牌标志。对于大部分产品，企业均实施品牌化策略，为其产品确定一个品牌，借以推广到市场。但采用品牌会产生一定费用，而维持品牌成长与发展必须不断投入费用。通常以下产品不使用品牌：

第一，不因制造商而形成特点的产品，如电力。

第二，临时性或一次性生产的产品。

第三，生产简单、消费者选择性不大的产品，如钉子、纽扣、针线。

第四，原材料或初级加工产品，如木材、沙石等。

7.3.3.2 品牌归属策略

这是指根据品牌的归属不同而决定采用制造商品牌、中间商品牌或制造商与中间商混合使用品牌。

（1）制造商品牌

制造商品牌是指以生产者名称或生产者自己的品牌作为产品品牌。这是最为传统的一种做法，至今仍被广泛采用。在制造商具有良好市场声誉、拥有较大市场占有率的条件下，尤其是当制造商品牌成为名牌后，使用制造商品牌将更为有利。

（2）中间商品牌

中间商品牌即企业决定将其产品大批量卖给中间商，中间商再用自己的品牌将货物转卖出去。中间商在产品与消费者之间起着质量保证和售后服务保证的信誉作用。中间商使用自己的品牌有以下好处：

①可以更好地控制价格，并且在某种程度上控制制造商；

②进货成本较低，因而销售价格较低，竞争力较强，可以得到较高利润。

因此，越来越多的中间商特别是大批发商、大零售商都使用自己的品牌。

（3）制造商与中间商混合使用品牌

一些新产品往往借助知名中间商打开市场，之后再考虑改用制造商品牌，或将两种品牌名称同时打在标签或包装上。企业在进入国际市场时常采用这种方法。

7.3.3.3 品牌统分策略

这是指企业所生产的不同种类、规格、质量的产品分别使用不同的品牌，还是全部使用一个品牌。

（1）个别品牌策略

个别品牌策略是指企业对不同产品分别使用不同的品牌名称。

其好处是：

①企业不会因某一品牌信誉下降而承担较大的风险；

②企业为每一款新产品寻求最佳的品牌，而不必把高档优质产品的品牌引到较低质量的产品线上；

③每种新的品牌都可以造成新的刺激，建立新信念，有利于企业产品向多个细分市场渗透。

其缺点是：产品的促销费用过高，不利于企业创立名牌。

（2）统一品牌策略

统一品牌策略是指企业对所生产的多种产品使用同一品牌。

其优点是：

①企业可以运用多种媒体来集中宣传一个品牌，借助品牌的知名度来展示企业实力，塑造企业形象；

②有助于新产品进入目标市场。

但使用统一品牌必须对每种产品质量都进行严格控制；否则，若某一种产品出现质量问题，就可能影响全部产品和整个企业的信誉。统一品牌策略还存在容易相互混淆、难以区分产品质量档次等令消费者不便的缺点。

（3）统一品牌和个别品牌并列策略

一个拥有多条产品线或者具有多种类型产品的企业可考虑采用该策略，一般是在每种个别品牌前冠以公司的商号名称。采用这种策略的出发点是企图兼收以上两种策略的优点。

7.3.3.4　多品牌策略

多品牌策略是指企业在同一类产品线上同时使用两个或两个以上相互竞争的品牌。

其优点是：

①在零售商的货架上占用更大的陈列面积，提供几种品牌不同的同类产品，吸引求新、好奇的品牌转换者；

②使产品深入多个不同的细分市场，占领更广大的市场；

③有助于企业内部多个产品部门之间的竞争，提高效率，增加总销售额。

其主要风险在于：不能集中到少数几个获利水平较高的品牌，同时要协调很多品牌之间的矛盾。

7.3.3.5　品牌扩展策略

品牌扩展策略亦称品牌延伸策略，是指企业利用已具有市场影响力的成功品牌来推出改良产品或新产品。例如，百事可乐利用其拥有的品牌知名度推出它的运动休闲服饰系列，以获得一部分消费者的认可。采用品牌扩展策略，可以借助原品牌的知名度，提高新产品的声誉，减少新产品的市场进入费用，还可以进一步扩大原品牌的影响和声誉。但是在使用该策略时，应考虑原产品与品牌扩展产品之间是否存在资源、技术等方面的关联性，或者是否具有互补性；否则，将难以被消费者所接受。只有将品牌扩展策略使用到与其形象、特征相吻合、接近的产品领域，才有可能成功。品牌名称滥用会使它失去在消费者心目中的定位。

营销视野 7-2

❖ **营销实践 7-1**

品牌的误区

1. 品牌的核心是产品

在现代世界经济一体化环境中，品牌真正的核心应该是企业。随着信息流和技术进步速度的加快，以产品为核心的品牌战略无疑要承担更高的运营成本和更大的风险。所以，品牌战略在时间概念上不仅要体现产品现实的优点与特点，更要涵盖产品未来的发展趋势。这意味着品牌战略必须具备企业管理、企业文化和产品研发的"三位一体"。新市场理念更强调品牌的企业化，而非品牌的产品化。

2. 为品牌而品牌

有些企业在实施品牌战略时不是"运作"，而是"炒作"。品牌的物质载体是产品的性能、质量、价格等实质性内容。

3. 品牌即高档、高价

很多企业家以为知名品牌的商品就必须是价格昂贵的"精品""极品"，在产品开发、生产上完全脱离国民现实的消费水平，脱离最广大的消费者。因此，价格高低并不是衡量品牌的唯一尺度，而满足一定消费群体的需求是所有知名品牌必须具备的。

4. 品牌是一劳永逸的"铁饭碗"

创名牌不易，守名牌更难。品牌的力量不是天然的，而是由正确的品牌战略所创造的。缺乏技术的进步、工艺的改进、制度的创新、有序的宣传，品牌也会黯然失色。

5. 只有大规模企业才需要品牌

一些不注重品牌战略的中小企业的想法是：只要我的东西有人买就行了，品牌是大企业操心的事。这种消极的想法在短期内会使企业缺乏激情与进取心，从长期看必然被竞争所淘汰。品牌战略的直接效果是：使消费者易于分辨；变被动迎合需求为主动创造需求；使创造力及绩效持久。任何一家大企业都是依靠品牌的力量逐渐壮大的。

资料来源　苏华.中国企业品牌发展的五大误区［EB/OL］.［2023-11-24］. http://www.emkt.com.cn/article/293/29315.html.

▙ 7.4　产品包装策略 ▜

7.4.1　包装的概念

在市场竞争日益加剧的今天，包装变成厂商重要的市场营销策略，在产品形式上不断创新，借以在终端竞争中制胜。包装的设计也是求新求变、花样翻新。市场实践表明，产品的包装策略也是产品策略中不可缺少的一个环节。

包装有两层含义：其一，将产品用容器盛装或在外部用包装物包扎起来；其二，设计盛装或包扎产品的容器或包装物的材质和外观。在市场营销中更多指的是第二层含义。

包装分为两类：

一是内包装，又称销售包装，既保护产品，又使产品美观、易识别、携带方便。有些包装还因为外观的美学设计而使产品增值，如绝对伏特加酒瓶的设计。

二是外包装，又称运输包装，主要作用是保护产品在运输过程中的安全，分单件包装和集装包装。

7.4.2　包装的作用

产品包装既是一项技术，也是一项艺术工作，是产品整体概念中不可分割的部分。包装不仅起到运输、携带、保管的效果，而且美观的设计能捕获消费者的目光，并体现产品的特色、风格和定位。包装的作用主要体现在如下方面：

（1）保护产品

保护商品质量的完好和数量的无损，这是包装的基本作用，主要通过外包装完成。

（2）提供便利

商品形态的多样性要求包装能让消费者更好地使用商品本身。液体、气体、固体等不同形态的商品要采用不同的包装，以达到便于使用的目的。

（3）促进销售

现在放置在终端货架上的商品琳琅满目，无一不具有经过美学设计的产品包装。激发消费者的购买兴趣，在一定程度上要归功于产品的包装。一些老产品随着时间的推移也要不时更换包装，从而重新激发消费者的购买兴趣，促进销售。通过设计精美的包装也能激励消费者保存外包装，塑造企业形象，宣传企业产品。例如上文中提及的绝对伏特加酒瓶，很多人喜欢收藏。

（4）增加利润

外包装保证产品安全性，减少运输中损坏的可能性，降低成本。设计精美的内包装能刺激消费者的购买欲望，实现销售量的增加，进而增加利润。

7.4.3 包装策略

（1）类似包装策略

类似包装策略是指企业生产的不同产品采用共同的或相似的图案、形状、标签或其他共同的特征的包装。其目的是使消费者建立品牌识别系统，辨识本企业的家族产品，既节省包装的成本，又能提高企业声誉、塑造企业形象。但需注意的是，这种包装策略适用于同种品质的商品。

（2）配套包装策略

配套包装策略是指包装时将相互关联的多种产品纳入一个包装中，同时出售，如化妆品套装，有利于扩大销售，满足消费者的多重需求。

（3）再使用包装策略

这种包装力争在产品使用后，其包装物还可以用作他用。这样可使消费者获得额外的满足，在包装续用过程中也能起到免费的广告宣传作用。

（4）等级包装策略

等级包装策略是指按照产品的价值、品质，分成若干等级并实行不同等级的包装，使包装和产品价值相称，体现价值差距，如礼品装和普通装。该策略有利于消费者识别档次差异，适用于同一品牌但品质不同的产品。

（5）附赠品包装策略

在产品包装内附赠给消费者其他物品或奖券，可以激发消费者的购买兴趣。

（6）更新包装策略

对原有的包装重新改良或更换，可以重新塑造产品在消费者心目中的形象，使消费者产生新的购买欲望。

7.5 产品生命周期理论

一种产品在市场上的销售情况和获利能力不是固定不变的，而是随着时间的推移发生变化的。这种变化正像人和其他生命的变化历程一样，也会经历诞生、成长、成熟和衰亡的过程，这一变化过程使现代市场营销学中产生了产品生命周期理论。这一理论揭示了产品在生命周期各阶段的特点，有助于企业清楚地判断产品的竞争能力，因而它是企业制定市场营销策略的基本依据。

7.5.1 产品生命周期的含义与特点

7.5.1.1 产品生命周期的含义

产品生命周期是指产品从进入市场到被市场淘汰的全过程，也称产品的市场寿命。它是通过产品的市场销售收入和利润的变化来进行分析判断的，反映的是产品的销售情况及获利能力在时间上的变化规律。在实际经营中，应用产品生命周期理论更多的是分析产品品种或具体品牌。但是产品生命周期不等于产品使用寿命，它特指的是一类产品的市场寿命。典型的产品生命周期可分为引入期、成长期、成熟期和衰退期（如图 7-2 所示）。

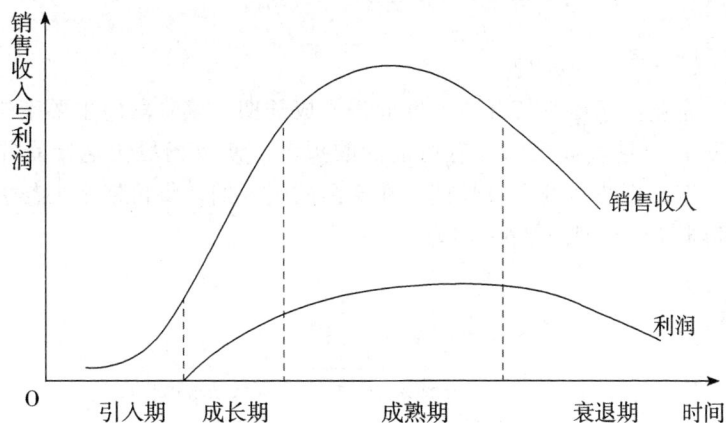

图 7-2　产品生命周期曲线

7.5.1.2　产品生命周期各阶段的特点

（1）引入期

引入期是指产品刚刚投入市场试销的阶段。

这一阶段的特征是：销售量低，人均顾客成本高，无利润甚至亏损，竞争者很少。

（2）成长期

成长期是指产品通过试销取得成功之后，转入成批生产和扩大市场销售的阶段。

这一阶段的特征是：销售量剧增，人均顾客成本一般，利润开始增长，竞争者开始增多。

（3）成熟期

成熟期是指产品在市场上销售增长速度明显减缓，或者销售总量达到顶峰后转入缓慢下降的阶段。

这一阶段的特征是：销售量几乎达到最大，人均顾客成本低，利润达到顶峰，竞争者数量比较固定或小的竞争者已被驱逐出市场。

（4）衰退期

衰退期是指产品不能适应市场需求，逐渐被同类新产品所替代，销售量出现急剧下滑的阶段。

这一阶段的特征是：销售量衰退，人均顾客成本低，利润下滑，竞争者纷纷退出市场。

以上各个阶段有不同的市场表现，市场营销人员应该根据不同的市场阶段制定有针对性的市场营销策略。

7.5.2 产品生命周期各阶段的市场营销策略

7.5.2.1 引入期

在引入期，企业都想尽快打开知名度而进入成长期。该阶段的主要策略是：在产品宣传上，设法把销售力量直接投向最有可能的购买者，使市场尽快地接受并首次使用该产品，以缩短引入期，更快地进入成长期。在产品的引入期，将价格水平与促销水平结合起来考虑，可以形成4种典型的策略（如图7-3所示）：

促销费用水平

		高	低
价格水平	高	快速掠取	缓慢掠取
	低	快速渗透	缓慢渗透

图7-3 引入期的市场营销策略

（1）快速掠取策略

快速掠取策略又称"双高"策略，即以高价格和高促销费用推出新产品，迅速占领市场。采用这种策略的目的在于先声夺人，抢先占领市场，在竞争者还没有大量出现之前就尽快收回成本，赚取利润。高促销费用能够快速建立知名度，占领市场。实施这一策略必须具备以下条件：

①目标顾客求新心理强，急于购买新产品；

②企业面临竞争者的威胁，需要及早树立品牌形象。

（2）缓慢掠取策略

缓慢掠取策略即以高价格和低促销费用将新产品推向市场。实行高价格的目的是尽快获取利润，推行低促销费用是为了降低市场营销费用。实施这一策略的条件是：

①市场规模较小，产品已有一定的知名度；

②目标顾客愿意支付高价；

③潜在竞争者的威胁不大。

（3）快速渗透策略

快速渗透策略即以低价格和高促销费用推出新产品。这样可使产品迅速进入市场，有效限制竞争对手的出现，为企业带来最大的市场占有率。实施该策略的条件是：

①产品的市场容量比较大；

②消费者对产品不了解，但对价格非常敏感；

③潜在竞争较激烈；

④产品的单位制造成本可随着生产规模和销售量的扩大而迅速降低。

（4）缓慢渗透策略

缓慢渗透策略又称"双低"策略，即以低价格和低促销费用推出新产品。这一策略的主要目的在于，通过低价来扩大销售，通过低促销费用来降低市场营销费用，以实现尽可能多的利润。这一策略的实施条件是：

①市场容量很大；

②市场上该产品的知名度高；

③市场对价格十分敏感；

④存在某些潜在的竞争，但威胁不大。

引入期的市场营销策略要突出一个"快"字，尽量缩短新产品投放市场的时间，使产品被市场所接受。

7.5.2.2　成长期

产品进入成长期后，企业市场营销策略的核心应该是尽可能维持产品的市场增长率。在市场营销策略上要突出一个"占"字，占领更多、更广的市场，使企业获取最大利润的时间得以延长。具体来说，可供成长期企业选择的市场营销策略有以下几种：

（1）不断完善产品品质

这是指增加新的功能，改变产品款式，发展新的型号，开发新的用途等。对产品进行改进，可以增强产品的竞争能力，满足顾客更广泛的需求，吸引更多的顾客。

（2）改变广告宣传的重点

把广告宣传的重心从介绍产品转到建立产品形象上来，树立产品品牌，维系老顾客，吸引新顾客。

（3）寻找新的细分市场

通过市场细分，找到新的未满足的细分市场，根据其需求组织生产，迅速进入这一新的市场。

（4）适时降价

在适当的时机可以采取降价策略，以激发那些对价格比较敏感的消费者产生购买动机，采取购买行动。

（5）扩展分销渠道

增加新的分销渠道，发挥中间商的作用，进行广泛分销。

7.5.2.3　成熟期

进入成熟期的产品就进入销售量最大的阶段，且在整个产品生命周期中经历时间最长。对于处于成熟期的产品，企业应该促使产品的成熟期延长，或使产品生命周期出现再循环。市场营销策略突出一个"改"字。有以下3种策略可供成熟期企业选择：

（1）市场改良

市场改良即寻求新用户，开发新市场。市场改良具体可通过3种方式实现：一是开发产品的新用途，寻找新的细分市场，把产品引入尚未使用过这种产品的市场；二是刺激现有顾客购买，提高使用频率，增加重复购买率；三是产品重新定位，寻找新的潜在顾客。

（2）产品改良

产品改良是指改进产品的品质或服务再投入市场，以扩大产品的销售量。产品改良方式具体可包括：①改进产品质量；②增加产品功能；③增加产品特点，扩大产品的安全性、方便性等；④改进产品的式样、包装、外观等。

（3）市场营销组合改良

市场营销组合改良即通过综合运用产品、价格、渠道、促销4个市场营销组合因素来刺激产品销售量的回升，尽量延长产品的成熟期。

7.5.2.4 衰退期

衰退期的市场营销策略要突出一个"转"字。具体而言，可供衰退期企业选择的市场营销策略有：

（1）继续策略

继续策略是指继续采用过去的策略，仍按照原来的细分市场，使用相同的渠道、价格和促销策略，直到这种产品完全退出市场。

（2）集中策略

集中策略是指把企业的资源集中到最有利的细分市场上，从中获利。这样有利于缩短产品退出市场的时间，同时能为企业创造更多的利润。

（3）收缩策略

收缩策略是指大幅度降低各种市场营销费用，以增加眼前的利润。

（4）放弃策略

放弃策略是指对衰退迅速的产品，当机立断，放弃经营，努力发掘新的市场机会，将资源转向新的经营项目。

产品生命周期各阶段的市场营销目标和策略见表7-3。

表7-3　　　　　　　　　　　产品生命周期各阶段的市场营销目标和策略

项　目	引入期	成长期	成熟期	衰退期
市场营销目标	创建产品知名度和试用	市场份额达到最大	在保护市场份额的同时最大化利润	减少开支，挤干品牌剩余价值
产品策略	提供基本产品	提供产品扩展：服务、担保等	品牌和型号多样化	逐渐减少衰退产品
价格策略	高价高促销 低价高促销 高价低促销 低价低促销	制定能渗透市场的价格	定价方面和竞争者抗衡或战胜它们	降价
渠道策略	选择性销售	密集性销售	更密集性销售	有选择地减少无利润销售点
促销策略	在早期接受者和经销商中建立产品知名度；加强促销，引导试用	在大量市场建立产品知名度和激发兴趣；利用重度消费者的需求，减少促销	强调品牌差异和利益；为鼓励转换品牌加强促销	降低到维持绝对忠诚顾客的水平，或者降低到最低水平

资料来源　科特勒，阿姆斯特朗. 科特勒市场营销教程［M］. 俞利军，译. 4版. 北京：华夏出版社，2000.

7.6　新产品开发

随着技术发展的日新月异和消费者需求的不断变化，产品生命周期日益缩短，任何一个产品都有退出市场的时候。企业要在现代市场中站住脚，就必须不断研究与开发新产品。

7.6.1　新产品的概念及种类

新产品是指在科技、性能、功能、形态等方面比老产品有明显进步，并能够给消费者带来新的利益和满足的产品。

市场营销学将新产品的创新特征作为新产品分类的标准。新产品主要有如下分类：

（1）全新产品

全新产品是指应用科技新成果，运用新原理、新技术、新工艺和新材料制造的市场上前所未有的产品。

（2）换代产品

换代产品也叫部分新产品，是指部分改变市场上原有产品的结构和性能而形成的产品。

（3）改进产品

改进产品是指在现有产品基础上进行改进，使产品的质量、特点、外观、款式或包装加以全面或局部改进的产品。

（4）仿制产品

仿制产品是指对国内外市场上已有的产品进行模仿，使之成为本企业初次生产并销售的产品。

7.6.2　新产品开发的程序

一个新产品（这里特指全新产品）从创意到进入市场主要经历8个阶段（如图7-4所示）。

（1）构思新产品

这是指给新产品提出一个设想方案。一个产品的出现是从构思开始的，创意来源是顾客、竞争者、企业市场营销人员、企业高级管理人员和经销商。

（2）筛选构思

筛选构思的目的是剔除那些与企业目标或资源不协调的新产品创意与构思。常用的方法是采用评价体系及科学评分表来对各种创意构思进行分析比较，选出可行性强的创意。在筛选的过程中，要注意"误舍""误选"，考虑如下因素：一是该创意是否符合企业战略目标；二是该创意企业是否有能力开发。

（3）新产品概念形成与测试

产品概念是指把产品构思具体化，即用文字、图像、模型等予以清晰阐述，具有确定

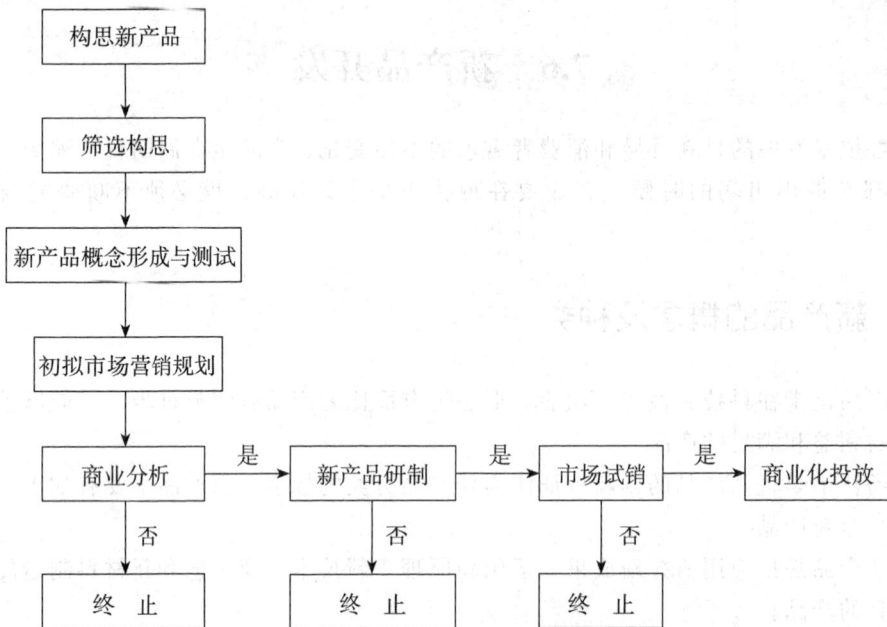

图7-4 新产品开发的程序

特性的产品形象。一个产品构思可以转化为若干产品概念。产品概念测试一般采用概念说明书的方式，说明新产品的功能、特性、规格、包装、售价等，印发给部分可能的顾客，有时说明书还可附有图片或模型。

（4）**初拟市场营销规划**

经过新产品概念形成与测试选择出最佳产品概念后，一般要确定初期的市场营销规划，其包括：

第一，市场容量预测，描述目标市场的规模、结构，消费者的购买行为，产品的市场定位，以及短期的销售量、市场占有率、利润率预期等。

第二，短期规划与预算，包括产品预期价格、分配渠道及第一年的市场营销预算。

第三，较长期规划与预算，如5年的销售额和投资收益率，以及不同时期的市场营销组合策略。

（5）**商业分析**

商业分析也称市场分析，主要分析经济效益。其包括两个具体步骤：预测销售额、推算成本与利润。

（6）**新产品研制**

将通过商业分析后的新产品概念送交研发部门或技术工艺部门研制成为产品模型或样品，同时进行包装的研制和品牌的设计；进行严格的测试与检查，包括专业人员进行的功能测试和消费者测试。

（7）**市场试销**

市场试销是指将正式产品投放在企业选定的小范围市场上进行试验性销售。试销的目的主要是了解消费者对产品的购买和再购买情况，以便确定是否要大批量生产。试销过程最重要的是注意信息的搜集，包括3个方面：

第一，顾客对产品的看法；

第二，顾客再购率；

第三，中间商对产品市场营销策略的看法。

（8）商业化投放

商业化投放是指试销成功后正式批量生产与全面投放市场。这一阶段要注意以下决策：

第一，投放时机：根据产品本身特点来决定投放时机，如季节性产品需要在旺季来临前铺货到位。

第二，投放地区：是全国、全省还是局部地区，进行充分论证。一般来说都是局部投放，范围逐渐扩大。

第三，目标市场：与初拟的市场营销规划相结合，考虑最初购买群体，进行分销与促销，更有针对性地对准目标群体。

第四，市场营销组合策略：包括4P策略。

7.6.3 新产品的采用与市场扩散

新产品进入市场后，企业最主要的任务就是抓住一切机会将新产品推广出去，让消费者认识并接受。这里主要是从消费者角度研究新产品在市场中的接受过程和新产品的扩散过程。

7.6.3.1 消费者接受新产品的过程

这是指消费者个人从接受创新产品到成为重复购买者的各个心理阶段。消费者对新产品的接受在一定程度上有其规律性。美国市场营销学者罗杰斯对人们接受新产品的程序作了一次调研，总结出消费者接受新产品的5个阶段（如图7-5所示）：

知晓 〉 兴趣 〉 评价 〉 试用 〉 接受

图7-5 消费者接受新产品的过程

（1）知晓

知晓是消费者获得信息的初始阶段。获得信息的渠道可以是商业的、个人的、家庭的。在该阶段，消费者对产品的认识还比较浅，只是一般性的了解。

（2）兴趣

消费者不仅已认识新产品，还对其产生兴趣。这时的消费者会主动搜集资料，并对比分析，研究新产品的功能、用途、使用方法等。如果各方面都比较满意，则消费者可能会实施购买行为。

（3）评价

评价是指消费者对产品进行风险收益评估。消费者在购买商品需要承担的风险与他的享受程度之间作评价，从而促成购买。

（4）试用

这需要和新产品上市试用期结合起来。消费者尝试试用装或者试用期，满意将继续购买，不满意可能会放弃采购商品。

（5）接受

消费者已成功完成试用，收到理想效果，心理上已经认识并认同企业新产品，从此可能会开始重复购买。

企业市场营销人员应该充分认识到，消费者接受新产品有一个阶段，不是一蹴而就的，因此，应该认真分析每个消费者或者消费者群体处于哪一个阶段，有针对性地制定市场营销策略。

7.6.3.2 新产品的扩散过程

新产品的扩散是指新产品在市场中取代老产品的过程，或者新产品逐渐被广大消费者接受的过程。在新产品的市场扩散过程中，由于受社会地位、消费心理、产品价值观、个人性格等因素的影响和制约，不同的消费者对新产品的接受速度不同。进行企业分析、掌握不同消费者对新产品的评价的差异，有利于加快新产品的市场扩散。罗杰斯根据消费者接受新产品速度的差异，把新产品的采用者分为5种类型（如图7-6所示）：

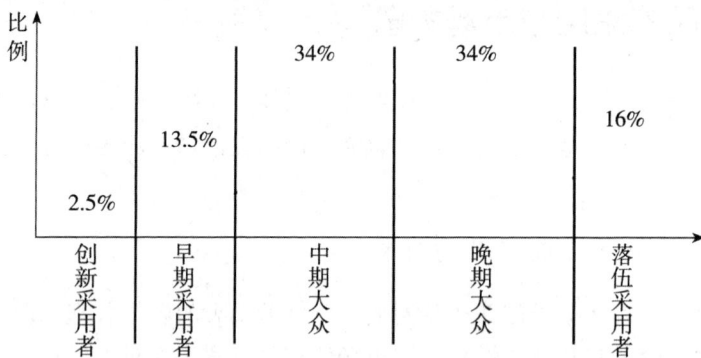

图7-6 新产品采用者类型

（1）创新采用者

他们敢于冒险，有较强的经济实力。产品一上市，他们就会积极购买和使用。他们只占全部采用者的2.5%左右。他们的宣传会使新产品被一批早期采用者接受。

（2）早期采用者

这类人虽不及创新者那么敢于冒险，但他们是某些领域中的舆论领袖，往往在新产品的引入期和成长期内采用新产品。这批人约占全部采用者的13.5%。这批人对于以后的采用者影响重大，所以在产品生命周期的成长期寻找适合的早期采用者并采取有针对性的市场营销是十分重要的。

（3）中期大众

他们是态度谨慎、深思熟虑、决策时间长、顺应社会潮流，但又比较慎重的"追求时尚者"。这部分人占全部采用者的34%左右。他们与晚期大众占总人数的比例最多，研究他们可以加速新产品的扩散，获得较大的市场份额。

（4）晚期大众

他们从不主动采用或接受新产品，一定要到多数人都使用并且评价良好时才行动。这部分人占全部采用者的34%左右。他们是市场营销中的难点，市场营销人员要多下功夫，用多种手段与方法打消他们的顾虑，关键在于增强他们的购买信心。

（5）落伍采用者

落伍采用者即新产品的最后采用者。他们拘泥于传统的生活习惯与消费模式，不愿意接受新事物，或者收入水平较低，在产品进入成熟期甚至衰退期降价时才会购买。这部分人占全部采用者的16%左右。

学思践悟

大疆：中国科技品牌全球崛起的秘诀

深圳市大疆创新科技有限公司（DJI-Innovations，DJI），2006年由香港科技大学毕业生汪滔等人创立，是全球领先的无人飞行器控制系统及无人机解决方案的研发和生产商，客户遍布全球100多个国家。通过持续的创新，大疆致力于为无人机工业、行业用户以及专业航拍应用提供性能最强、体验最佳的革命性智能飞控产品和解决方案。

大疆创立到目前为止仅十来年，就给世界交出了一份华丽的成绩单，刷新了"中国智造"的名片，成为全球智能飞控创新的引领者。长久以来，性价比被视为"中国制造"赢得市场的标签，而通过技术创新打动世界的"中国智造"产品少之又少。而大疆无人机的横空出世，不但圆了创始人汪滔的梦想，也为"中国制造"贴上高品位、高质量、高科技的标签。正因为如此，在国内一些科技企业从低端市场"走出去"的时候，大疆科技则选择从欧美等高端市场"杀入"国际市场。从大疆科技2016年营业收入数据来看，欧美和亚太各占30%，拉美和非洲地区占10%。中国大疆在世界无人机市场上拥有绝对话语权，2020年占全球市场70%~80%的市场份额，2022年的营业收入为301.40亿元，是当之无愧全球民用无人机第一品牌。

拥有自主品牌是大疆科技创建国际知名品牌的前提。中国已成为全球制造大国，但还不是一个自主品牌强国。在国际市场上，中国还缺少足够数量的自主品牌，过多企业仍在充当代工商，这也是我国还未进入世界品牌强国的重要表现。中国企业应该努力扩大自主品牌在全球的销售、市场份额和品牌影响力，进一步推动我国跻身世界品牌强国。

资料来源　[1] 王海忠. 品牌管理 [M]. 2版. 北京：清华大学出版社，2021. [2] 张炎. 大疆汪滔谈创业：当初只想做好20人的团队 [J]. 商学院，2015（11）：110-111. [3] 马翊华，郭立甫. 大疆无人机占领国际市场的成功经验与启示 [J]. 对外经贸实务，2016（1）：76-79.

关键术语

产品的整体概念　产品组合　品牌　商标　包装　产品生命周期　新产品开发

主要观念

1. 市场营销学中的产品是一个整体概念，包括核心产品、有形产品和附加产品。
2. 产品组合策略是企业根据市场需求、企业能力和竞争形势对产品组合的宽度、长度、深度和关联性作出的决策。

3.品牌是企业重要的无形资产，对生产者和消费者都有很大的作用。

4.品牌策略指的是企业如何合理有效地使用品牌，以充分发挥品牌作用的方法。

5.产品生命周期理论揭示了企业应该在产品生命周期的不同阶段采用不同的市场营销策略。

基本训练

❖ 知识题

第7章判断题

一、简答题

1.如何理解产品整体概念？

2.什么是产品组合？产品组合策略有哪些？

3.什么是新产品？新产品开发一般有哪些程序？

二、论述题

品牌是什么？结合实际探讨企业如何加强对品牌的管理。

❖ 技能题

1.3~5人一个小组，以小组为单位，选择你熟悉的5个中外品牌，描述对它们的品牌印象，并研究其发展历史，分析中国品牌与世界品牌的差距。

2.到市场上调查某种消费品的不同品牌，指出每一种产品在生命周期中所处的阶段。

❖ 能力题

可口可乐新配方饮料的失败

20世纪70年代中期以前，可口可乐公司是美国饮料市场上的"No.1"，可口可乐占据了全美80%的市场份额，年销量增长速度高达10%。然而好景不长，70年代中后期，百事可乐的迅速崛起令可口可乐公司不得不着手应对这个饮料业"后起之秀"的挑战。在1975年的全美饮料业市场份额中，可口可乐领先百事可乐7个百分点，到1984年降为3个百分点，市场地位的逐渐势均力敌让可口可乐胆战心惊。

百事可乐公司的战略意图十分明显，通过大量动感而时尚的广告冲击可口可乐的市场。首先，百事可乐公司推出以饮料市场最大的消费群体——年轻人——为目标消费者群的"百事新一代"广告系列。随后，百事可乐又推出一款非常大胆且富创意的"口味测试"广告。在被测试者毫不知情的情形下，请他们对两种不带任何标志的可乐口味进行品尝。由于百事可乐口感稍甜、柔和，因此，此番现场直播的广告的结果令百事可乐公司非常满意，80%以上的人回答是百事可乐的口感优于另一种可乐（其实就是可口可乐）。这个名为"百事挑战"的直播广告令可口可乐公司一下子无力应对，百事可乐的销量再一次激增。

为了着手应战并且得出可口可乐发展不如百事可乐的原因，可口可乐公司推出了一项代号为"堪萨斯工程"的市场调研活动。1982年，可口可乐公司广泛地深入到10个主要城市，进行了大约 2 000 次的访问；通过调查，看口味因素是否是可口可乐市场份额下降的重要原因，同时征询顾客对新口味可乐的意见。在问卷设计中，询问了如"你想试一试新饮料吗？""可口可乐味变得更柔和一些，您是否满意？"等问题。调研最后的结果表明，顾客愿意尝新口味的可乐。这一结果更加坚定了可口可乐公司的决策者们的想法——长达 99 年的可口可乐配方已不再适合今天消费者的需要了。于是，满怀信心的可口可乐开始着手开发新口味可乐。可口可乐公司向世人展示了比老可乐口感更柔和、口味更甜、泡沫更少的新可口可乐样品。在新可口可乐推向市场之初，公司不惜血本进行又一轮的口味测试。公司注资 400 万美元，在 13 个城市邀请约 19.1 万人参加对无标签的新老可口可乐的口味测试活动。结果，60% 的消费者认为新可口可乐比老可口可乐好，52% 的人认为新可口可乐比百事可乐好。新可口可乐的受欢迎程度一下打消了可口可乐公司决策者原有的顾虑，于是，新可口可乐推向市场只是个时间问题。

因为新可口可乐的瓶装不同于老可口可乐，所以要调整生产线，于是，可口可乐公司各地的瓶装商因为加大成本而拒绝新可口可乐。然而可口可乐公司为了争取市场，不惜又一次投入巨资帮助瓶装商重新改装生产线。在新可口可乐上市之初，公司又大造了一番广告声势。1985 年 4 月 23 日，可口可乐公司在纽约的林肯表演艺术中心举办了盛大的记者招待会，共有 200 多家报纸、杂志和电视台的记者出席，依靠传媒的巨大力量，可口可乐公司的这一举措引起了轰动效应。

刚开始，新可口可乐的销路不错，有 1.5 亿人试用了新可口可乐。然而，新可口可乐的配方并不是每个人都能接受的，而不接受的原因往往并非口味原因，而是这种"变化"受到了原可口可乐消费者的排挤。开始，可口可乐公司已为可能的抵制活动作好了应对准备，但不料顾客的愤怒情绪犹如火山爆发般难以驾驭。愤怒的顾客认为 99 年秘不示人的可口可乐配方代表了一种传统的美国精神，而热爱传统配方的可口可乐就是美国精神的体现，放弃传统配方的可口可乐意味着一种背叛。在西雅图，一群忠诚于传统可口可乐的人组成"美国老可乐饮者"组织，准备发起全国范围内的"抵制新可乐运动"。在洛杉矶，有的顾客威胁说："如果推出新可口可乐，将再也不买可口可乐。"同时，老口味的传统可口可乐由于人们预期会减少，而居为奇货，价格竟在不断上涨。每天，可口可乐公司都会收到来自愤怒的消费者的成袋信件和 1 500 多个电话。为数众多的批评使可口可乐公司迫于压力不得不开通 83 部热线电话，雇请大批公关人员温言安抚愤怒的顾客。面临如此巨大的批评压力，公司决策者们不得不稍有动摇。在事后又一次推出的顾客意向调查中，30% 的人说喜欢新口味的可口可乐，而 60% 的人明确拒绝新口味的可口可乐。可口可乐公司又一次恢复了传统配方的可口可乐的生产，也保留了新可口可乐的生产线和生产能力。在不到 3 个月的时间内，即 1985 年 4—7 月，尽管公司曾花费 400 万美元进行长达 2 年的调查，但新可口可乐还是失败了。

资料来源　彭德格拉斯特. 上帝、国家、可口可乐［M］. 丁岚，译. 南宁：广西人民出版社，2003.

问题：

（1）如果你是一位可口可乐公司市场营销人员，你可以在新可口可乐遭受失败之际给公司提出什么样的解决方案？

（2）我们从新可口可乐决策之误的教训中可得到哪些启示？

第8章 产品价格策略

学习目标

知识目标

◆ 了解影响产品定价的主要因素。

◆ 掌握常用的产品定价方法。

◆ 掌握常用产品定价策略及其优缺点。

技能目标

◆ 理解并能运用基本的产品定价方法。

◆ 理解各种常用的产品定价策略以及价格调整。

能力目标

◆ 学会在不同时期、不同情况下灵活运用各种产品定价策略。

◆ 学会当环境、市场营销条件、市场营销目标发生变化时，如何调整产品价格。

❖ 引例

小米手机的定价策略

智能手机市场的消费潜力巨大，厂商之间的竞争也十分激烈。小米手机在激烈的市场竞争中通过渗透定价策略成功树立了"高性价比"的产品形象，赢得了消费者的喜爱，占据了较高的市场份额。

渗透定价策略也是我们熟知的薄利多销策略，是指企业在产品上市初期，牢牢抓住消费者求廉的消费心理，在定价策略上采取低价，以物美价廉的产品形象吸引顾客，打造"高性价比"的品牌形象，从而占领市场，以此谋求长期稳定的利润源。一方面，渗透定价策略能够让产品快速被市场接受，通过较高的销售量实现规模经济效益，降低产品单位成本；另一方面，低价在市场上形成了一定的行业壁垒，增强了产品竞争力。

小米手机的定位是做"感动人心，价格厚道"的好产品，让全球每个人都能享受到科技带来的美好生活。事实证明，小米手机采取的渗透定价策略非常贴合其市场定位，从小米最初的简单机型到后面的各款手机，其都能保持在产品价格位于智能手机市场中低水平的同时提供给顾客较高配置的产品。

权威机构BCI数据显示，2023年11月，中国智能手机市场呈现出喜人的增长趋势，新机激活量达到了2 871万台，同比增长12.7%，增长幅度可观。其中，小米手机成为引人注目的焦点，其新机激活量达到 524.3 万台，同比增长 44.1%，占据了市场份额的 18.3%，在国产手机品牌中位居榜首，实现了强劲的增长势头。小米在中低端市场占据较大优势。国内很多用户把小米当作中国低端手机的代表，小米"为发烧而生"的广告语也一度深入人心。渗透定价策略的好处是标签明显。在低端市场里，小米能够一直保持其"性价比"的鲜明烙印，从而获得大量价格敏感型用户的喜爱。

资料来源 张玉荣. 浅析小米手机的渗透定价策略 [J]. 商场现代化，2018（15）：42-43.

价格在市场营销组合中与产品、渠道和促销相比，是企业唯一产生收入的因素。价格的制定和调整不仅直接影响消费者的购买行为，而且直接涉及生产者、中间商和消费者三方面的利益。对于企业而言，价格始终是一种重要的竞争手段，定价策略是企业市场营销组合策略中一个极其重要的组成部分。

8.1 影响产品定价的因素

8.1.1 定价的目标

任何企业制定价格，都必须按照企业的目标市场战略及市场定位战略的要求来进行。定价应考虑的因素较多，定价目标也多种多样。不同企业可能有不同的定价目标，同一企业在不同时期、不同条件下也有不同的定价目标。因此，企业应权衡各种定价目标的影响因素和利弊，慎重地选择和确定定价目标。

8.1.1.1 以利润为定价目标

利润是企业从事经营活动的主要目标，也是企业生存和发展的源泉。在市场营销中不少企业就直接以获取利润作为制定价格的目标。

（1）以获取最大利润为定价目标

获取最大利润是市场经济中企业从事经营活动的最大愿望。市场营销中以获取最大利润为定价目标，是指企业综合分析市场竞争、产品专利、需求量、各种费用开支等后，以总收入减去总成本的差额最大化为定价基点，确定单位产品价格，争取最大利润。应当明确，最大利润并不必然导致高价，有时单位产品的低价也可通过扩大市场占有率、争取规模经济效益而使企业在一定时期内获得最大的利润。在竞争性的市场上，任何企业都难以长期维持不合理的高价。高价既难以为市场所接受，又会过早地引起激烈的竞争，故不宜轻易采用。

（2）以获取合理利润为定价目标

企业在强大的市场竞争压力下，为了保全自己、减少风险，以及限于自身实力，只能在补偿正常情况下的社会平均成本的基础上加上适度利润，作为产品价格，被称为合理利润定价目标。这是因为该定价目标价格适中，消费者愿意接受，稳定了市场价格，避免不必要的竞争，能获得长期利润，符合政府的价格指导方针。这是一种兼顾企业利益和社会利益的定价目标。

8.1.1.2 以保持或提高市场占有率为定价目标

市场占有率是企业的销售量（额）占同行销售量（额）的百分比，是企业的经营状况和企业产品竞争力的直接反映，它的高低对企业的生存和发展具有重要的意义。一个企业只有在产品市场逐渐扩大和销售额逐渐增加的情况下，才有可能生存和发展。因此，保持或提高市场占有率是一个十分重要的目标。许多企业宁愿牺牲短期利润，以确保长期的收益，即所谓"放长线，钓大鱼"。为此，企业就要实行全部或部分产品的低价策略，以实现提高市场占有率这一目标。

8.1.1.3 以抑制或对付竞争对手为定价目标

当企业具有雄厚的实力、在该行业中居于价格领袖地位时，其定价目标主要是应对或抑制竞争对手，往往会首先变动价格，故意将产品价格定得很低；当企业具有一定的竞争力量、居于市场竞争的挑战者位置时，定价目标是攻击竞争对手，侵蚀竞争对手的市场占有率，价格定得相对低一些；市场竞争力较弱的中小企业，在竞争中为了防止竞争对手的报复，一般不首先变动价格，在制定价格时主要跟随市场领先者的价格。

8.1.1.4 以保持最优产品质量为定价目标

有些市场领先企业的目标是以高质量的产品占领市场，这就需要实行"优质优价"策略，以高价来保证高质量产品的研发成本和生产成本。采取这种定价目标的企业，其产品一般都在消费者心目中享有一定声誉，利用消费者的求名心理，制定一个较高的产品价格。

8.1.2 产品成本

从长远来看，商品的价格只有高于成本才能产生利润，成本的高低直接影响价格的高低。一般来说，成本是企业定价的底线，以成本为导向的定价方法至今仍被很多企业采用。在制定价格时，我们必须了解一些重要的成本概念并对它们进行估算，熟练掌握成本因素往往是定价策略获得成功的重要保证。

8.1.2.1 固定成本及单位固定成本

固定成本是指在特定的产量范围内不受产量变动影响、一定期间的总额能保持相对稳定的成本。例如，固定资产折旧、固定月工资、财产保险费、研发费、广告费等，不论产量是多少，都必须支出。

单位固定成本则与此相反，由于它等于固定成本总额除以产量，所以它的数值往往与产量成反比例关系。正是这一原因使大批量生产可以降低单位固定成本，从而降低产品的单位成本，实现规模经济效应。

8.1.2.2 变动成本及单位变动成本

与固定成本相对应的成本概念是变动成本。变动成本是指在特定的产量范围内，总额随产量变动而成正比例变动的成本。变动成本往往是产品的直接成本，如直接材料、直接人工、外部加工费等。

单位变动成本是变动成本总额与产量的商。如果变动成本总额与产量成正比例关系，则单位变动成本在一定范围内会是一个常量。

8.1.2.3　边际成本

边际成本是指在一定产量水平下，增加或减少一个单位产品所引起的成本总额的变动数。由于生产者所关心的是找到一个能获得最大利润的产量，故对因产量变动而发生的新增成本比对平均成本更为重视。企业可根据边际成本等于边际收益的原则来确定获取最大利润的产量。

8.1.2.4　机会成本

机会成本是指企业为从事某项经营活动而放弃另一项经营活动的机会，被放弃的经营活动所应取得的收益，即为正在从事的经营活动的机会成本。研究机会成本的实践意义在于，企业在经营活动中应就各种可能的经营途径，慎选其中最佳途径。企业选择经营途径的依据是实际收益大于机会成本，从而使企业有限的资源得到最合理的利用。

8.1.3　市场需求

一般情况下，市场需求状况是影响企业定价的最重要的外部因素，决定产品价格的最高临界点。市场需求对企业制定价格有着重要的影响，需求又受到价格和收入变动的影响，因价格与收入等因素而引起的需求的相应变动率，被叫作需求弹性。需求弹性分为需求的收入弹性、价格弹性和交叉弹性。

8.1.3.1　需求的收入弹性

需求的收入弹性是指因收入变动而引起的需求的相应变动率。有些产品的需求收入弹性大，意味着消费者货币收入的增加导致该产品的需求量有更大幅度的增加。一般来说，高档食品、耐用消费品、娱乐支出的情况就是如此。有些产品的需求收入弹性较小，这意味着消费者货币收入的增加导致该产品的需求量的增加幅度较小。一般来说，生活必需品的情况就是如此。也有的产品的需求收入弹性是负值，这意味着消费者货币收入的增加将导致该产品的需求量下降。例如，某些低档食品、低档服装的需求收入弹性就是负的。因为消费者收入增加后，对这类产品的需求量将减少，甚至不再购买这些低档产品，而转向中高档产品。

8.1.3.2　需求的价格弹性

价格会影响市场需求。在正常情况下，市场需求会按照和价格相反的方向变动。价格提高，市场需求就会减少；价格降低，市场需求就会增加。也有例外情况，如名牌手表提价后，其销售量却有可能增加，因为消费者认为较高的价格代表更好的品质。当然，如果价格提得太高，其需求和销售量将会减少。

价格会影响市场需求量，影响企业产品的销售量，并影响企业市场营销目标的实现。企业通常都需要有一定水平的市场需求量，以便保持一定的销售量和利润额。所以，企业的市场营销管理部门在制定价格时，必须知道需求的价格弹性，了解市场需求对价格变动的反应趋向与反应程度，从而确定自己的产品价格水平与价格策略。

需求的价格弹性反映需求量对价格的敏感程度。需求价格弹性的大小通常用需求价格弹性系数来表示：

需求价格弹性系数＝｜需求量变动的百分比/价格变动的百分比｜

定价时考虑需求价格弹性的意义在于：不同产品具有不同的需求价格弹性，而且弹性的大小决定企业的价格决策。需求价格弹性系数有以下几种情况：

（1）需求价格弹性系数等于1

这种情况下，商品价格提高的幅度与需求量降低的幅度相同，价格变化对销售收入影响不大，企业的总销售收入基本不变。企业定价时，可选择预期盈利率作为定价依据，同时将其他市场营销措施作为提高盈利的重要手段。

（2）需求价格弹性系数大于1

这种情况下，需求量降低的幅度大于价格上涨的幅度，企业的总销售收入会有所减少。企业定价时，应通过降低价格、薄利多销来达到增加盈利的目的。提价则务必谨慎，以防需求量锐减，影响企业收入。

（3）需求价格弹性系数小于1

这种情况下，需求量降低的幅度小于价格上涨的幅度，企业的总销售收入会有所增加。企业定价时，较高水平的价格往往会增加盈利，低价对需求量的刺激效果不强，薄利并不能多销。

在一些情况下，需求可能缺乏弹性：

①市场上没有替代品或者没有竞争者；

②购买者对交易价格不在意；

③购买者改变购买习惯较慢，也不积极寻找较便宜的商品；

④购买者认为产品质量有所提高，或者认为存在通货膨胀等，价格较高是应该的。

8.1.3.3 需求的交叉弹性

需求的交叉弹性是指其他商品的价格变动对有关商品需求量变动的影响程度。产品线中的某一个产品项目很可能是其他产品的替代品或互补品，此时，替代品或互补品的价格变动往往会影响其他产品项目销售量的变动，两者之间存在需求的交叉弹性。需求交叉弹性可以是正值，也可以是负值。如果需求交叉弹性为正值，则表明这两种产品为替代品，一旦产品B的价格上涨，产品A的需求量就必然增加；相反，如果需求交叉弹性为负值，则表明这两种产品为互补品，即当产品B的价格上涨时，产品A的需求量会下降。

8.1.4 市场竞争状况

市场竞争状况是影响企业定价不可忽视的因素，企业必须考虑比竞争对手更为有利的定价策略才能获胜。因此，企业定价的"自由程度"在一定意义上取决于市场竞争的格局。在现代经济中，市场竞争一般有以下状况：

8.1.4.1　完全竞争

在完全竞争市场状况下，市场上企业很多，买卖双方的交易都只占市场份额的一小部分，彼此生产经营的产品相同；企业不能用增加或减少产量的方法来影响产品的价格，也没有一个企业可以根据自己的愿望和要求来提高价格。在这种情况下，企业不是"价格的决定者"，价格完全由供求关系决定。

8.1.4.2　完全垄断

一个行业中的某种产品是独家经营，没有竞争对手。完全垄断通常有政府垄断和私人垄断之分。这种垄断一般有特定条件，如垄断企业可能拥有专利权、专营权或特别许可等，控制了进入这个市场的种种要素，所以能完全控制市场价格。从理论上分析，垄断企业有完全自由定价的可能，但在现实中其价格也受消费者情绪及政府干预等方面的限制。

8.1.4.3　不完全竞争

这是一种介于完全竞争和完全垄断之间的市场条件，是一种既有独占倾向又含竞争成分的常见状况。市场中的企业虽然很多，但彼此提供的产品是有差异的。企业根据其"差异"的优势，可以部分地通过变动价格的方法来寻求比较市场利润。

8.2　产品定价方法

企业产品价格的高低受到市场需求、产品成本和竞争状况等因素的影响和制约。企业制定价格时应全面考虑到这些因素。大体上，企业定价分成本导向、需求导向和竞争导向，因此常见的定价方法有以下几种。

8.2.1　成本导向定价法

成本导向定价法是指在成本的基础上加上一定的利润和税金来制定价格的方法。根据产品形态不同以及成本基础上核算利润的方法不同，成本导向定价法可分为以下几种形式：

8.2.1.1　成本加成定价法

成本加成定价法是一种最简单的定价方法，就是在单位产品成本的基础上，加上一定比例的预期利润和税金作为产品的售价。售价与成本、税金之间的差额即为利润。由于利润的多少是按一定比例反映的，这种比例习惯上被称为加成率，所以这种方法被称为成本加成定价法。其计算公式为：

单位产品价格=单位产品成本×（1+加成率）÷（1-税率）

式中：加成率即预期利润占产品成本的百分比。

企业一般根据某一行业或某种产品已经形成的传统习惯来确定加成率。不同的商品、行业、市场、时间、地点的加成率是不同的，甚至同一行业中不同的企业也会有不同的加成率。

成本加成定价法的主要优点在于：

第一，由于成本的不确定性一般比需求的不确定性小得多，定价着眼于成本可以使定价工作大大简化，不必随时依需求情况的变化而频繁地调整，因而大大地简化了企业的定价工作。

第二，如果同行业企业都采用这种定价方法，那么在成本与加成率相似的情况下价格也大致相同，从而可以使价格竞争降至最低限度。

第三，对买卖双方都较为公平。卖方不利用买方需求量增加的优势趁机哄抬物价，因而有利于买方，固定的加成率也可以使卖方获得相当稳定的投资收益。

这种方法应用得较为广泛，尤其在商品零售、建筑施工、进出口和消费服务业中。但成本加成定价法也存在不足，主要是加成率一经确定就易于被固定化，从而导致企业忽视市场需求、竞争状况等方面的变化，使市场营销工作很被动，这是企业应该注意的。

8.2.1.2 收支平衡定价法

收支平衡定价法是应用收支平衡原理进行的一种保本定价方法。收支平衡点产量的计算公式如下：

收支平衡点产量=固定成本÷（单位产品价格-单位产品变动成本）

当企业的产量达到收支平衡点产量时，企业不盈不亏，收支平衡，保本经营。

保本定价的计算公式如下：

保本点价格=固定成本÷收支平衡销售量+单位产品变动成本

如果企业把价格定在保本点价格上，则只能收回成本，不能盈利；若高于保本点价格，便可获利，获利水平取决于高于保本点的金额；若低于保本点价格，企业无疑是亏损的。因此，也可以将收支平衡定价法理解为：规定了在产量一定的情况下保证企业不亏本的最低价格。

8.2.1.3 目标利润定价法

目标利润定价法是指企业预测产品的产量和销售量，并估算总成本，按确定的成本利润率估算目标利润，同时估算总销售收入并计算单位产品的目标价格。这是制造业企业应用比较普遍的方法。企业在应用目标利润定价法时，若完全凭借主观推测产品的销售量，可能会偏离市场所能接受或所愿意接受的价格水平，从而导致产品供过于求或供不应求。因此，企业在应用目标利润定价法时应借助需求函数、需求曲线来进行。

成本导向定价法本质上是卖方导向，它忽视了市场需求、竞争状况和价格水平相互影响的关系，所以有时按这种定价方法确定的价格与市场实际相脱节，难以得到有效的实施。另外，运用这种定价方法要建立在对产量和销量主观预测的基础上，从而降低价格制定的科学性。因此，在适用成本导向定价法时，还应充分考虑市场需求和竞争状况，这样确定的价格才更有现实意义。

8.2.2 需求导向定价法

需求导向定价法是以消费者对产品价值的理解程度和需求强度为依据的定价方法，主要有以下几种：

8.2.2.1 理解价值定价法

理解价值也叫感受价值、认知价值，是指消费者对某种商品的主观评判。理解价值定价法是指企业不以成本为依据，而以消费者对商品价值的理解度为定价的依据。因此，在定价时先要估计和测量在市场营销组合中非价格变量在顾客心目中建立起来的认知价值，然后根据顾客对商品的认知价值制定出商品的价格。理解价值定价法的关键在于获得消费者对有关商品价值理解的准确资料。企业如果过高估计消费者的理解价值，价格就可能过高，这样会影响商品的销量；反之，如果企业低估了消费者的理解价值，其定价就可能低于应有的水平，企业可能会因此减少收入。所以，企业必须搞好市场调查，了解消费者的消费偏好，准确地估计消费者的理解价值。

❖ **营销实践8-1**

拖拉机的定价

美国一家拖拉机制造公司运用理解价值定价法，通过对比说明，将其拖拉机的价格定在10万美元，比其他竞争者的同类产品高出1万美元，销售数量不但未见减少，反而大增。该公司是这样说明的：

我们的拖拉机

与竞争者产品质量相同，应定价为90 000美元

因耐用性高于竞争者产品，应加价7 000美元

因可靠性高于竞争者产品，应加价6 000美元

因维修服务好，应加价5 000美元

因保证零部件供应期限，应加价2 000美元

我们每台拖拉机

总价值：110 000美元

减去折扣：10 000美元

最终价格：100 000美元

该公司采用积极的创造方法，通过模仿购买者的决策过程（对比和计算），使购买者确信该公司每台拖拉机的真实价值是110 000美元，而不是100 000美元。因此，将价格定在100 000美元，实际上是给了购买者10 000美元的折扣。这适应了购买者的购买决策心理，使购买者觉得物超所值。

资料来源　乔荣章. 价格管理词典［M］. 北京：中国物资出版社，1988：717-718.

8.2.2.2 需求差异定价法

需求差异定价法是指企业根据市场需求的时间差异、数量差异、地区差异、消费水平

差异及心理差异等来制定产品价格的方法。这种定价方法对于同一产品可以制定两个或两个以上的价格，可以使企业定价最大限度地符合市场需求，促进商品销售，有利于企业获取更多的经济效益。例如，在市场需求大的季节定高价，反之则定低价；在消费水平高的地区定高价，反之则定低价；对购买量大的消费者定低价，反之则定高价。

由于需求差异定价法针对不同的需求采用不同的价格，可以为企业谋取更多的利润，所以在实践中得到广泛的运用。但是，实行需求差异定价法必须具备一定的条件。首先，要对市场进行细分，即购买者对产品的需求有明显的差异，不会因差别定价而导致购买者的反感。其次，细分后的市场在一定时期内相对独立，互不干扰。最后，企业在市场上高价销售产品时，竞争者不可能以低价销售。

8.2.3　竞争导向定价法

企业在制定价格决策时，主要以同类竞争对手的定价为依据，而不是过多地考虑成本及市场需求因素，这就是通常所说的竞争导向定价法。使用这种方法定价的企业往往对竞争对手的价格变动较为敏感，一旦竞争对手采取降价策略，它们就会积极地反击。竞争导向定价法主要包括随行就市定价法、产品差别定价法、密封投标定价法和拍卖定价法，其差别大致见表8-1。

表8-1　　　　　　　　　　　几种竞争导向定价法的区别

竞争导向定价法	价格水平	目　标
随行就市定价法	"合理"的行业平均价格	避免竞争，获取适当利润
产品差别定价法	低于平均价格	夺取市场份额
	高于平均价格	区别竞争产品
密封投标定价法	低于竞争者，高于成本	获得合同
拍卖定价法	高于竞争者，低于支付能力	获得合同

8.2.3.1　随行就市定价法

大多数以竞争为导向定价的企业采用随行就市定价法。企业往往按同行业的市场平均价格或市场流行的价格来定价。在完全竞争市场中，由于任何企业都无法独立影响市场价格，所以它们定价时只能随行就市；在垄断竞争市场中，一些产品没有显著差异的中小企业经常根据在市场中担任"价格领袖"的大企业的产品价格来定价，它们没有实力用价格手段与大企业竞争，只能充当市场追随者的角色；在寡头垄断市场中，各竞争厂商相互比较了解，各企业在长期的互相试探中可能形成一定的价格默契，任何一个企业都不会贸然改变价格，以避免可能的产品恶性竞争。

随行就市定价法具有以下一些优点：

首先，定价简单，无须对成本和需求作详细了解，对测算成本与调查市场困难的企业很适合。

其次，流行价格水平代表了整个行业或部门中所有企业的集体智慧，在成本接近、产品差异小、交易条件基本相同的情况下，采用这种定价方法可以保证各企业获得平均利润。

再次，各企业价格保持一致，易于与同行竞争者和平相处，避免价格战和竞争者之间的报复，也有利于在和谐的气氛中促进整个行业的稳定发展。

最后，在竞争激烈、市场供求复杂的情况下，单个企业不易了解消费者和竞争者对价格变化的反应，采用随行就市定价法既可为企业节约调研时间和费用，又避免了因价格突然变动而带来的风险，是一种较为稳妥的定价方法。

但值得注意的是，此定价法不适应大型企业或市场领先者。同时，在一个行业中，如果企业普遍采取这种方法定价，则很容易被视为垄断行为，即可能与反垄断立法相冲突。

8.2.3.2　产品差别定价法

从根本上说，随行就市定价法是一种防御性的定价方法，它在避免价格竞争的同时，也抛弃了价格这一竞争武器。产品差别定价法则与之形成了鲜明的对比。一些企业依据自身及产品的差异性，特意制定出高于或低于市场竞争者的价格，甚至直接将低价格作为企业产品的差异特征。主动降价的企业一般处于进攻地位，这就要求它们必须具备真正的实力，不能以牺牲顾客满意度为降价的代价。而实施高价战略的企业必须保证本企业的产品具备真正有价值的差异性，才能使企业在长期竞争中立于不败之地。

8.2.3.3　密封投标定价法

当多家供应商竞争企业的同一个采购项目时，企业经常采用招标的方式来选择供应商。供应商对标的物报价的高低是决定竞标成功与否的关键。密封投标定价法主要用于建筑包工、产品设计和政府购买等方面。尽管各供应商在报价时会考虑产品的成本因素，但是预测竞争者的报价非常重要，尤其是在竞争者之间的实力不存在很大差别的情况下。价格报得过高自然会得到更多的利润，但是降低了中标的可能性；反之，可能由于急于中标而失去可能得到的利润。很多企业在投标前往往会拟订几套方案，计算出各方案的利润，并根据对竞争者的了解预测出各方案可能中标的概率，然后计算各方案的期望利润，选择期望值最大的投标方案。密封价格就是投标者愿意承担的价格。[①]

8.2.3.4　拍卖定价法

拍卖定价法是指卖方委托拍卖行，以公开叫卖方式引导买方报价，利用买方竞争求购的心理，从中选择高价格成交的一种定价方法。这种方法历史悠久，常见于出售古董、高级艺术品、土地或大宗商品的交易中。

8.3　产品定价策略

定价策略是企业为了实现预期的经营目标，根据企业的内部条件和外部环境，对某种产品选择最优定价目标所采取的应变谋略和措施。

---

① 李农勤. 市场营销学 [M]. 北京：清华大学出版社，2006：249-250.

8.3.1 新产品定价策略

新产品定价是企业价格策略的一个关键环节。在激烈的市场竞争中，企业开发的新产品能否尽快打开销路、占领市场和获得满意的利润，这不仅取决于企业适宜的产品策略，而且取决于其他市场营销手段和策略的协调配合。其中，新产品定价策略就是一种必不可少的市场营销策略。常见的新产品定价策略有以下几种：

8.3.1.1 撇脂定价策略

撇脂定价策略是一种高价格策略，是指在新产品上市初期，价格定得很高，以便在较短时间内获得最大利润，之后随着商品的进一步成长逐步降低价格。采用此策略的企业产品一上市便以高价取得丰厚的利润，这是因为新产品能对消费者产生新的吸引力。

实行撇脂定价策略必须具备一定的条件：

第一，新产品比市场上现有产品有显著的优点，能使消费者"一见倾心"。

第二，在产品新上市阶段，商品的需求价格弹性较小或者早期购买者对价格的反应不敏感。

第三，短时期内由于仿制等方面的困难，类似仿制产品出现的可能性小，竞争对手少。

撇脂定价策略的优点是：

第一，新产品初上市，竞争者还没有进入，企业利用顾客求新心理，以较高价格刺激消费，开拓早期市场。

第二，由于价格较高，因而企业可以在短期内取得较大利润。

第三，定价较高，便于在竞争者大量进入市场时主动降价，增强企业的竞争能力；顾客在商品降价时也会增强购买意愿。

这种方法的缺点是：

第一，由于定价过高，有时渠道成员不支持或得不到消费者认可。

第二，高价厚利会吸引众多的生产者和经营者转向此产品的生产经营，加速市场竞争的白热化。

8.3.1.2 渗透定价策略

渗透定价策略是一种低价格策略，即在新产品投入市场时，价格定得较低，以便消费者容易接受，很快打开和占领市场。

采用渗透定价策略的条件是：

第一，商品的市场规模较大，存在强大的竞争潜力。

第二，商品的需求价格弹性较大，稍微降低价格，需求量会大大增加，通过大批量生产能降低生产成本。

渗透定价策略的优点是：

第一，可以占有比较多的市场份额，通过提高销售量来获得企业利润，也较容易得到销售渠道成员的支持。

第二，低价低利对阻止竞争对手的介入有很大的屏障作用。

这种方法的缺点是：投资的回收期较长、见效慢、风险大，一旦渗透失利，企业就会一败涂地。

8.3.1.3　满意定价策略

满意定价策略是一种介于撇脂定价和渗透定价之间的折中定价策略，其新产品的价格水平适中，兼顾生产企业、购买者和中间商的利益，能较好地使各方面接受，是一种中间价格。

这种价格策略的优点在于：满意价格对企业和顾客都较为合理公平，由于价格比较稳定，在正常情况下盈利目标可按期实现。

其缺点是：价格比较保守，不适于竞争激烈或复杂多变的市场环境。

这一策略适用于需求价格弹性较小的商品，包括重要的生产资料和生活必需品。[①]

以上3种新产品定价策略各有利弊，并有其相应的适用环境，企业在具体运用时，应从企业的实际情况如市场需求特征、产品差异性、生产能力、预期收益、消费者的购买能力和对价格的敏感程度等因素出发，综合分析，灵活运用。

8.3.2　折扣定价策略

折扣定价策略是利用各种折扣和折让吸引经销商和消费者，促使其积极推销或购买本企业产品，从而达到扩大销售、提高市场占有率的目的。这一策略能增加销售的灵活性，给经销商和消费者带来利益和好处，因而在现实中经常被企业所采用。常见的价格折扣主要有以下几种形式：

8.3.2.1　现金折扣

现金折扣是指企业为了加速资金周转，减少坏账损失或收账费用，对用现金付款或提前付款的顾客在价格方面给予一定的优惠。例如，某企业规定，提前付款10天的顾客，可享受1%的价格优惠；提前20天付款，享受2%的价格优惠。运用现金折扣策略，可以有效地促使顾客提前付款，从而有助于盘活资金，减少企业的利率和风险。折扣大小一般根据付款期间的利率和风险成本等因素确定。

8.3.2.2　数量折扣

数量折扣是指企业给大量购买的顾客在价格方面的优惠。购买量越大，折扣越大，以鼓励顾客大量购买。这是企业运用得最多的一种价格折扣策略。数量折扣又分为以下两种形式：

（1）累计折扣

累计折扣是指在一定时期内，购买商品累计达到一定数量所给予的价格折扣。例如，某服装店推出顾客在3个月内购买服装金额累计达到2 000元可享受八五折优惠的促销方

---

① 李农勤. 市场营销学 ［M］. 北京：清华大学出版社，2006：253.

法。采取这种策略，可以鼓励顾客经常购买本企业的产品，稳定顾客，建立与顾客的长期关系；同时，适宜推销过时、滞销或易腐易坏的产品。这种策略在批发及零售业务中经常采用。

（2）非累计折扣

非累计折扣是指规定每次购买达到一定数量或一定金额时给予价格折扣。采取这种策略，既可以鼓励顾客大量购买，扩大销售，又可以减少交易次数和时间，从而节省人力、物力等方面的费用，达到增加利润的目的。例如，一次购买50个以下，单价为20元；购买50至100个，单价为18元；购买100个以上，单价为16元。

8.3.2.3　职能折扣

职能折扣又称同业折扣或贸易折扣，是生产企业给予中间商或零售商的价格折扣。折扣的大小因商业企业在商品流通中的不同功用而异。对批发商来厂进货给予的折扣一般要大些，零售商从厂方进货的折扣低于批发企业。例如，某生产企业报价为200元，按价目表分别给中间商和零售商15%和10%的职能折扣，以鼓励其经销自己的产品。

8.3.2.4　季节折扣

季节折扣是指企业对生产经营的季节性产品，为鼓励买方提早采购或在淡季采购而给予价格折扣。在季节性产品销售淡季，资金占用时间长，这时如果能扩大产品销售量，便可加快资金周转，节约流通费用。在这种情况下，卖方以价格折扣来鼓励买方在淡季购买商品，并向其转让一部分因节约流通费用而带来的利润，这对买卖双方都具有积极意义。厂家和中间商之间采用季节折扣，可以促使中间商提早进货，保证企业生产能够正常进行。而零售企业在销售活动中实行季节折扣，能促进消费者在淡季提前购买商品，减少过季商品库存，加速资金周转。例如，对冬季购买电风扇、夏季购买电暖炉等都可给予一定的价格折扣。

8.3.3　心理定价策略

心理定价策略是一种针对消费者心理活动和变化所使用的定价策略。其运用心理学的原理，依据不同类型的消费者在购买商品时的不同心理需求来制定价格，以诱导消费者增加购买，扩大企业销售量。这种定价策略一般在零售企业中对最终消费者应用得比较多，具体策略包括以下6种：

8.3.3.1　整数定价策略

整数定价策略是指在定价时把产品的价格定成整数，不带尾数，使消费者产生"一分钱一分货"的感觉，以满足消费者的某种心理，提高商品的形象。这种策略主要适用于高档产品或消费者不太了解的某些产品。例如，一套环绕音响的定价为9 000元，而不是8 998.98元。

8.3.3.2　尾数定价策略

尾数定价策略是指企业在制定产品价格时以零头数结尾。据心理学家分析，消费者通常认为整数价格如10元、20元、200元等是概略价格，定价不准确，而认为非整数价格如9.96元、19.95元、198元等，是经过精确核算的价格，容易产生安全和信任的感觉，从而满足了消费者求廉的心理。对于价格较低的商品，特别是日用消费品采用尾数定价策略，能使消费者对商品产生便宜的感觉而迅速作出购买决策。

8.3.3.3　组合定价策略

组合定价策略是指企业为迎合消费者求全的心理将两种或两种以上有关联的产品合并制定一个价格。具体做法是将这些产品捆绑在一起或装入一个包装物中，如将牙膏与牙刷捆绑进行销售。此策略常常易激发消费者的购买欲望，能收到促进多种商品销售的即时成效。

8.3.3.4　分级定价策略

分级定价策略是指在定价时，把同类产品分为几个等级、档次，不同等级、档次的产品的价格有所不同。这种定价策略能使消费者产生货真价实、按质论价的感觉，因而容易被消费者接受。采用这种定价策略，等级、档次的划分要适当，级差不能太大或太小；否则，起不到应有的分级效果。

❖ **营销实践8-2**

休布雷公司巧定酒价

休布雷公司是美国生产经营伏特加酒的专业公司，其生产的史密诺夫牌伏特加酒在市场上享有较高声誉，占有率曾高达23%。20世纪60年代，另一家公司推出一种新型伏特加酒，其质量不比史密诺夫牌伏特加酒差，每瓶价格却比它低1美元。

面临对手的价格竞争，按照惯常的做法，休布雷公司有3种对策可以选择：

（1）降价1美元，以保证市场占有率；

（2）维持原价，通过增加广告费用和推销支出来与竞争对手争夺市场；

（3）维持原价，任自己的市场占有率降低。

由此看出，上述策略对该公司来说都影响了销售收入。但是，休布雷公司的市场营销人员经过深思熟虑后采取了对方意想不到的第4种策略，就是将史密诺夫牌伏特加酒的价格提高1美元，同时推出一种与竞争对手新伏特加酒价格一样的瑞色加牌伏特加酒和另一种价格更低的波波牌伏特加酒。其实这3种酒的品质和成本几乎相同。但实施这一定价策略使休布雷公司扭转了不利局面：一方面提高了史密诺夫牌伏特加酒的地位，使竞争对手的新产品沦为一种普通的品牌；另一方面不影响该公司的销售收入。结果，休布雷公司不仅渡过了难关，而且利润大增。

资料来源　张保林. 中外最新市场营销案例［M］. 南京：南京大学出版社，1990：216.

8.3.3.5　特价品定价策略

特价品定价策略又称招徕定价策略，是指企业将产品的价格定得低于市价，并广泛宣传，引起消费者的兴趣，满足消费者购买便宜商品的心理需求。此策略常在经营多品类的超级市场、百货商店使用，有意将店中的几种商品的价格标得很低（特价），有时甚至低于成本，再配上醒目的标签以吸引顾客来店，目的在于召唤顾客，引发连带购买行为。

8.3.3.6　习惯定价策略

有些商品在顾客心目中已经形成了一个习惯价格，该价格稍有变动，就会引起顾客不满。若提价，顾客容易产生抵触心理；若降价，会被认为降低了质量。因此，对于这类商品，企业宁可在商品的内容、包装、容量等方面进行调整，也不采用调价的办法。

8.3.4　地理定价策略

地理定价策略是指企业根据产销地的远近、交货时间的长短和运杂费用的多少制定不同的价格策略。其主要有以下几种形式：

（1）产地价格

产地价格是指顾客在产地按厂价购买产品，卖方负责将产品运至顾客指定的运输工具上，交货前的有关费用由卖方负担，交货后的有关运费、保险费、装卸费、仓储费等全部由买方负担。我国企业在产品进口中多选择这种方式。

（2）买方所在地价格

这种策略与前者相反，企业的产品不管卖向何方，也不管买方路途的远近，一律实行统一运送价格，即把产品运到买方指定的目的地。到达目的地前的一切运输、保险等费用均由卖方负担。

（3）成本加运费价格

其内容与买方所在地价格相似，只是卖方不负担保险费。

（4）分区运送价格

分区运送价格是指把产品的销售市场分成几个价格区域，在一个区域内实行统一的价格，对于不同价格区域的顾客制定不同的价格，实行地区价格。通常原材料和农产品实行此种价格策略。

（5）运费补贴价格

运费补贴价格是指卖方对距离远的买方给予适当的价格补贴，以补偿买方较多的运输费用。

8.3.5　差别定价策略

差别定价策略是指在给产品定价时可根据不同需求强度、不同购买力、不同购买地点和不同购买时间等因素，采取不同的价格。

（1）以顾客为基础的差别定价

以顾客为基础的差别定价是指同一种产品对不同的消费者可以采用不同的价格。例如，电影院对普通观众收取正常的票价，对学生收取较低的学生票价；同一产品卖给批发商、零售商或消费者时采用不同的价格等。

（2）以产品式样为基础的差别定价

以产品式样为基础的差别定价是指对同种产品进行某些改动，如改变其外观样式、增加某些功能等，以采取不同的价格。例如，给电熨斗加上温度显示灯，则售价会比没有安装温度显示灯时高20元。

（3）以地点为基础的差别定价

例如，同一地区或城市的影剧院、运动场、球场、游乐场等因地点或位置的不同，价格也不同。

（4）以时间为基础的差别定价

以时间为基础的差别定价是指对不同季节、不同日期甚至不同时点的产品可以制定不同的价格。例如，宾馆、饭店在旅游旺季和淡季的收费标准不同；景点门票的价格也有淡季和旺季之分。

8.4 价格调整及价格变动反应

8.4.1 价格调整

产品在定价以后，由于情况发生了变化，经常需要对价格进行调整。调整价格的主要原因有两种：

一是主动调整，即市场供求环境发生了变化，企业认为有必要对自己产品的价格进行调整；

二是被动调整，即竞争者的价格发生了变动，企业不得不作出相应的反应，以适应市场竞争的需要。

无论企业价格调整的动因来自何方，企业是主动调整还是被动调整，价格调整策略的形式不外乎降价和提价两种。

8.4.1.1 降价策略

降低价格是企业在经营过程中经常采用的市场营销手段。导致企业降价的原因主要有以下几个方面：

（1）存货积压占用了大量资金

企业可能会因为对市场的预测不准确或是产品销售旺季已过等原因出现一定量的存货积压。为了解决企业对资金的迫切需求，尽快回笼资金，企业经常会将积压的存货降价处理。这种现象在生产及销售服装的企业中尤为常见。每当季节更替时，消费者都可以看到大量降价处理的服装。

（2）行业及企业的生产能力过剩，形成了供大于求的市场局面

企业的生产能力相对于需求过剩至少有两方面的原因：一是产品的利润吸引力大，大量厂商进入这一市场，使供给大量增加。二是产品本身已进入衰退期，替代品的出现使得消费者的需求减少。此时企业未必会有大量的存货积压，但是为了收回产品线的投资或是延缓产品进入衰退期，企业会通过降低价格来刺激消费者需求。

（3）应对价格挑战，保持市场份额

企业在竞争对手降价或者新加入者增多的强大竞争压力下，企业的市场占有率下降，迫使企业以降价方式来维持和扩大市场份额。例如，在当年的中国彩电市场上，当"长虹"率先将彩电价格下降30%时，"康佳""TCL""海信"等其他企业为了保护市场份额，不得不采取降价措施，从而引发了中国彩电市场的价格大战。

（4）成本优势

企业在经营过程中很可能由于某些生产及管理技术的革新而降低成本，掌握成本优势。为了利用这一优势扩大销售额及市场份额，企业会主动降低价格。降价引起的销售额增加会进一步导致成本降低，从而使企业进入良性循环。所以，发挥成本优势的主要手段就是降低产品价格。

❖ **营销实践8-3**

格兰仕为什么要降价？

格兰仕作为国内微波炉行业的龙头老大，素以刚性的市场营销策略——降价而闻名。近些年来，格兰仕数次下调产品价格，在将微波炉的价格大幅降下来的同时，也使自己的市场占有率节节攀升。

格兰仕一直信奉"价格是最高级的竞争手段"，以确保其成本领先的优势。其价格战的目标十分明确，就是消灭散兵游勇。每当其规模上一台阶，格兰仕就要降一次价格。当生产规模达到125万台时，它立即把出厂价定在规模为80万台的企业的成本价以下；当生产规模达到400万台时，它又把出厂价调到规模为200万台的企业的成本线以下；当生产规模达到1 200万台时，它又将其出厂价定在规模为500万台的企业的成本线以下。格兰仕的降价使微波炉行业的"成本壁垒"站到了"技术壁垒"之前，让很多年产只有几万台、几十万台的家电企业对微波炉生意失去了兴趣，甚至连海尔、荣事达这样的大集团在它面前也输得头破血流。2000年上半年，格兰仕用新一轮降价战略进一步巩固其在行业的"寡头垄断"地位。2015年，格兰仕微波炉智能化产品占九成以上，微波炉销售量同比增长25%，保持业界龙头地位。2018年，格兰仕微波炉线上市场占有率达到47.2%，线下达到54.97%，稳坐微波炉行业黄金品牌的位置。2022年，格兰仕微波炉销售额同比增长了9.67%，创历史新高，微蒸烤一体机销售额同比增长75%。

资料来源　盛安之.营销的58个创新策划［M］.北京：企业管理出版社，2008：93.（有改编）

（5）宏观政治、法律、经济环境的影响

宏观环境的变化也会导致企业的降价行为。有时政府为了保护消费者，控制某个行业的利润，会通过政策和法令限制这个行业的利润率，从而导致该行业产品价格下调。例如，国家出台一系列的措施抑制高房价。此外，整体宏观经济环境的变化也会直接导致企业产品降价。例如在经济紧缩的形势下，由于币值上升，价格总水平下降，企业的产品价格也随之降低。

调低价格的方式主要有：

（1）增加额外费用支出

在价格不变的情况下，企业增加运费支出，实行送货上门，或免费安装、调试、维修以及提供技术培训等。

（2）改进产品的性能，提高产品的质量

在价格不变的情况下，这实际上等于降低了产品的价格。

（3）实行价格折扣

实行价格折扣，如数量折扣、现金折扣、津贴等。

（4）营业推广

在其他条件不变的情况下，给购买商品的顾客馈赠礼品，如玩具、工艺品等。赠送礼品的费用应从商品价格中得到补偿，这实际上也等于降低了商品的价格。

降价一般会受到消费者的欢迎，但也可能引起一些消费者的疑惑。他们可能会认为产品降价是因为质量、性能方面出了问题。所以企业在采取降价措施时，应当能提供一个令人信服的理由，尽量打消消费者的疑惑。另外值得注意的是，降价策略只适用于需求价格弹性较大的产品；对需求价格弹性较小的产品降价并不能有效地提高产品的销量，反而会由于单位产品利润的下降而使企业得不偿失。

8.4.1.2 提价策略

虽然价格上涨会引起消费者、中间商和企业推销人员的不满，但是一次成功的提价活动会导致企业利润大大增加，所以企业只要有机会，就可以适当采用提价策略。导致企业提价的原因主要来自以下几个方面：

（1）成本上涨

成本上涨的原因可能来自企业内部，如企业自身生产及管理水平出现问题导致总成本增加。如果企业在这种情况下提高产品价格可能并不是明智之举，因为一旦竞争者不上调价格，企业的销售一般就会受到严重影响。成本增加还可能发生在整个行业中，如行业的原材料价格、工资上涨。企业成本提高，产品继续保持原价，会妨碍企业获得合理利润，甚至会影响企业再生产的进行。这时，企业只好通过涨价来转移成本上涨的压力，维持正常的盈利水平。

（2）通货膨胀

由于通货膨胀，货币贬值，产品的市场价格低于其价值，迫使企业不得不通过涨价的形式来减少因货币贬值造成的损失。

（3）产品供不应求

企业碰到产品供不应求的情况时，必须提价，这样做不但能平衡供需，还能使企业获得高额利润，为企业进一步扩大生产作好准备。

（4）改进产品

企业通过技术革新，提高了产品质量，改进了产品性能，增加了产品功能。企业为了补偿改进产品过程中支付的费用和显示其产品的高品位，会提高产品价格。

（5）竞争策略的需要

有的企业涨价，并非出于前几种原因，而是由于竞争策略的需要。以产品的高价格来显示产品的高品位，即将自己产品的价格提高到同类产品价格之上，使消费者感到其产品的品位要比同类产品高。

调高价格的方式主要有：

（1）公开真实成本

这是指企业通过公共关系、广告宣传等方式，在消费者认知的范围内，把产品的各项成本上涨情况真实地告诉消费者，以获得消费者的理解，使涨价在没有或只有较少抵触的情况下进行。

（2）提高产品质量

为了减少顾客因涨价而感受到压力，企业在产品质量上应多下功夫，如改进原产品、新设计同类产品，在产品性能、规格、式样等方面给顾客更多的选择机会，使消费者认识到，企业在提供更好的产品，索取高价是应该的。

（3）增加产品分量

增加产品分量是指在涨价时增加产品供应分量，使顾客感到，产品分量增多了，价格自然要上涨。

（4）附送赠品或优惠

附送赠品或优惠是指在涨价时以不影响企业正常的收益为前提，随产品赠送一点实用小礼物或提供某些特殊优惠。这种方式在零售商店最常见。

（5）在其他方面变相涨价

价格不变，但减少产品的附加服务或对原来免费的服务收取服务费。

8.4.2 价格变动反应

8.4.2.1 购买者对价格变动的反应

企业的价格调整会直接影响购买者的利益以及购买者的购买决策，因此分析他们对调价的反应，是企业在制定价格调整策略时应当关注的问题。根据对消费者价格意识的分析，可将消费者对价格变动的反应归纳为以下几点：

①一定范围内的价格变动是可以被消费者接受的；提价幅度超过可接受价格的上限，会引起消费者的不满，使他们产生抵触情绪而不愿购买企业产品；降价幅度低于可接受价格的下限，则会导致消费者的种种疑惑，也会对实际购买行为产生抑制作用。

②在产品知名度提高、收入增加、通货膨胀等情况下，消费者可接受价格的上限会提高；在收入减少、价格连续下跌、通货紧缩等情况下，消费者可接受价格的下限会降低。

③消费者对某种产品降价可能的反应是：

第一，产品可能有质量问题或是因为过时、过期而将被淘汰；

第二，企业遇到财务困难，很可能会停产，产品的售后服务可能受到影响；

第三，价格可能会进一步下降；

第四，产品成本降低了。

④消费者对某种产品提价可能的理解是：

第一，产品供不应求，价格可能会继续上涨；

第二，产品质量有所改进；

第三，企业过于贪婪，想获得更高的利润；

第四，各种商品价格都在上涨，提价很正常。[①]

8.4.2.2　竞争者对价格变动的反应

这是企业调整价格时需要认真考虑的重要因素。由于每个竞争者对企业调价的理解不同，所以问题比较复杂。一般来说，竞争者对价格变动的反应可以归纳为以下几点：

（1）跟进

跟进是指竞争者也出台同样的价格变动措施。当企业发动降价可能对竞争者的市场份额产生威胁时，或者企业提价，竞争者能看到明显的市场回应或好处时，竞争者都可能跟进。

（2）不变

在下面情况下，可能在企业变动价格时，竞争者会保持现有价格不变：

①降价的企业所占市场份额很小，声誉较低，对对手不会有多少威胁；

②竞争者拥有比较稳定的忠诚顾客群；

③竞争者想避免打"价格战"；

④竞争者认为整个市场增长潜力太小，变动价格没有什么意义。

（3）战斗

战斗是指竞争者针锋相对地进行价格调整，不惜与变动价格的企业打"价格战"。一般在下列情况下竞争者可能作出上述反应：

①竞争者认为企业价格变动是针对其本身而来的，因为变动价格的企业对自己的市场地位会产生威胁；

②竞争者是市场中的领先企业，不愿意放弃自己的领导地位；

③竞争者相当看好当前的市场，将通过包括价格竞争在内的方法排挤掉对手，以获得长远利益。

无论竞争者将作出什么反应，企业应该事先掌握对手可能的反应，并且估计对手的反应对于企业的市场营销活动会有哪些不利的影响，同时考虑相应的对策。

关键术语

产品成本　需求价格弹性　成本导向定价法　需求导向定价法　竞争导向定价法　新产品定价策略　折扣定价策略　心理定价策略

---

① 李农勤. 市场营销学 [M]. 北京：清华大学出版社，2006：260.

主要观念

1. 价格始终是一种重要的竞争手段，产品定价策略是企业市场营销组合策略中一个极其重要的组成部分。

2. 市场需求状况是影响企业定价的最重要的外部因素，决定着产品价格的上限。

3. 企业常见的定价方法有成本导向定价法、需求导向定价法和竞争导向定价法。

4. 常用的产品定价策略有新产品定价策略、折扣定价策略、心理定价策略、地理定价策略和差别定价策略。

5. 由于市场环境及企业内部因素在不断变化，企业必须对已制定的价格策略进行不断调整，包括降价和提价。

基本训练

❖ 知识题

第8章判断题

一、简答题

1. 企业在定价时主要考虑哪些因素？

2. 企业在制定价格后，为什么有时需要进行价格调整？

3. 什么是撇脂定价法？实施撇脂定价法需要满足哪些适用条件？

4. 简述企业在哪些情况下可能需要采取降价策略。

5. 企业新产品的定价策略有哪些？它们各有什么优缺点？

二、论述题

试述产品定价策略如何与其他市场营销组合策略相配合。

❖ 技能题

1. 假如你是一家在汽车行业中处于领先者地位的汽车公司的总经理，新近又研发出了新技术，在市场中有绝对的控制权，在重新制定价格时，是制定可以获取利润的最高价还是消费者能够接受的价位？

2. 对于直接涨价，消费者常常会有什么样的反应？如果产生这样的反应，则企业该如何应对？分析思考在什么情况下，企业涨价消费者不会产生这些反应。

❖ 能力题

保健品公司的定价策略和技巧

某保健品公司通过派员到零售商店保健品专柜观测发现，约有60%的顾客对西洋参制品表示关注，前来咨询者众多，但购买者还不多。同时，该公司通过市场调查了解到中老年人是主要消费群体。结合A省人均收入增长较快，城市老龄化趋势明显，老年人数已占人口总量9.6%的状况，该保健品公司认为西洋参制品在该省市场具有相当的需求潜力，决定开发西洋参制品，引进新的生产线。为了增强本公司产品对抗其他企业的竞争能力，企业专门针对中老年人的需求特征设计了四大类西洋参保健品（夕阳红口服液、再青春滋补酒、长寿含片、永寿果茶），共开发了32个不同规格的产品，同时针对不同的市场需求设计了经济型、普通型、礼品型等包装，并根据《西洋参分等质量》（GB/T 36397—2018）严把质量关。

202×年元旦，该保健品公司将产品投放本市各类零售商店。在定价上，该公司将每盒西洋参口服液的价格定为69.8元，比市场上同类产品的平均价格低20%。此外，该公司开展了一系列促销活动，凡出生月份为元月的老年顾客，均可凭身份证以五折优惠购买产品，同时出资举办了全市老年新春门球赛，迅速提高了产品的知名度，打开了销路。

资料来源　佚名.《市场营销学》练习题1〔EB/OL〕.〔2023-11-24〕.https://www.sodocs.net/doc/4c16266312.html.（有改编）

问题：该保健品公司开发的西洋参新产品采用了什么定价策略和定价技巧？

第9章 分销渠道策略

学习目标

知识目标
◆ 掌握分销渠道的含义和类型、分销渠道系统的含义和类型。
◆ 掌握分销渠道的设计流程及其影响因素。
◆ 了解各类中间商的特点和功能。
◆ 了解物流管理的内容及决策重点。

技能目标
◆ 能够清晰表述分销渠道策略在市场营销组合中的地位和作用。
◆ 认识分销渠道流程设计与企业经营目标的关系。
◆ 掌握中间商的选择标准以及激励中间商的方法。

能力目标
◆ 能够根据企业战略目标设计和选择合适的渠道类型。

❖ **引例**

宝洁公司的渠道运作管理体系

宝洁公司作为西方知名公司进入中国市场，其成功是有目共睹的。尽管有效的促销策略、巨额的广告投入是其取得成功的法宝之一，但许多市场营销人士认为，宝洁公司成功的真正秘密武器是在市场营销理念指导下的渠道运作综合管理体系，即其在中国实行的无缝营销渠道模式。在该模式下，为了提高整个市场营销渠道的服务质量，从而为消费者创造更有价值的服务，市场营销组织中的各成员组织打破原有的组织边界，在多层面基础上相互协作，如同在一个企业的团队中工作的市场营销方法。这里既包括制造商与其经销商之间建立合作关系，也包括批发商与零售商之间成立联盟。

宝洁公司把握市场的发展趋势，实施无缝营销渠道策略，具体包括以下内容：

1.建立良好的协作关系，并根据各自优势进行合理分工

首先，宝洁公司在全国各地精心挑选实力雄厚的批发商，其要求是：必须符合一定规模、财务能力、商业信誉、销售额、仓储能力、运输能力和客户结构等指标。

其次，利用渠道成员优势进行合理分工，确立相对平衡的合作关系。宝洁公司对其经销商进行互补性基础上的定向整合，而非各自独立的内部优化，从而大大避免了重复无效的工作，降低了经营成本。宝洁公司以经销商为中心，视之为公司下属销售机构，负责一切终端铺货、陈列及促销工作，并组建宝洁公司产品专营小组，这样将终端市场控制权掌握在自己手中。

2. 实行一体化经营改造

经销商是独立的经济主体，与宝洁公司有着不同的经济利益，甚至利益相悖，其要求自主决定价格、延迟付款等。为了改变这种局面，宝洁公司对其经销商进行改造，使经销商的市场营销职能部门有与宝洁相似的组织机构与运作方式。

3. 经销商的激励机制多样化

为了确保厂方代表对宝洁产品专营小组成员的全面控制管理，专营小组成员的工资、奖金甚至差旅费、电话费等全部由宝洁公司发放。为提高专营小组的工作效率，宝洁公司不定期地派专业销售培训师来培训，内容涉及公司理念、产品特征、谈判技巧等多个方面。同时，厂方代表协助专营小组成员拜访客户，及时进行实地指导和培训。为改善卖场的商品陈列，宝洁公司一方面要求小组成员通过与经销商建立良好的关系，免费争取到产品的最佳陈列位与最多陈列面；另一方面给各大卖场提供专项陈列费和进场费，以确保大卖场中的最佳陈列位置。

虽然拓展零售商的职能主要由经销商承担，但宝洁公司不放弃与零售商的合作，并采用教育零售商的方式来加强对它们的管理与影响。宝洁公司不惜耗费大量的人力、物力、财力在各个销售区域雇用当地人作为促销员，负责定期拜访零售商，利用促销品向零售商宣传其产品特点，传授销售技巧，以及POP张贴技巧；同时，搜集宝洁产品的消费信息，并反馈给宝洁公司的市场营销部门，从而可以与零售商保持密切关系，并共同分享信息。

资料来源　胡德华，夏凤. 国际市场营销实务［M］. 北京：清华大学出版社，2009：183.

产品只有到达消费者手中才是真实的，才能实现其价值和使用价值。在现代市场经济条件下，生产与消费之间在时间、地点、数量、品种、信息、产品估价和所有权等多方面存在差异和矛盾。企业生产出来的产品只有通过一定的分销渠道，才能在适当的时间、地点，以适当的价格供应给广大消费者，从而克服生产与消费的差异和矛盾，在实现社会生产目的、满足市场需求的同时，实现企业的市场营销目标。

商品在流通领域的转移涉及两项重要内容：商品所有权转移和商品实体转移。因此，本章首先侧重从所有权转移的角度，介绍分销渠道的结构及选择、渠道成员的类型和作用，然后分析介绍产品实体转移中的相关决策。

9.1　分销渠道的含义及类型

9.1.1　分销渠道的含义

在市场营销理论中，有两个与渠道相关的术语被混用或交替使用，即市场营销渠道和分销渠道，实则两者有所区别。

市场营销渠道是指配合或参与生产、分销和消费某一生产者的产品的所有企业和个人，包括某种产品供、产、销过程中的所有相关企业和个人，如供应商、生产者、商人中间商、代理中间商、辅助商以及最终消费者或用户等。

分销渠道是指某种产品从生产领域向消费领域转移过程中，取得这种产品的所有权或协助所有权转移的企业和个人。因此，分销渠道包括商人中间商（其取得所有权）、代理中间商（其帮助转移所有权）、处于分销渠道起点和终点的生产者和最终消费者，但不包括供应商、辅助商等。

9.1.2　分销渠道的类型

9.1.2.1　长渠道与短渠道

分销渠道的长度是指企业分销渠道中使用中间商的数量，也称渠道层级（如图9-1和图9-2所示）。分销渠道根据长度划分，可分为长渠道和短渠道。

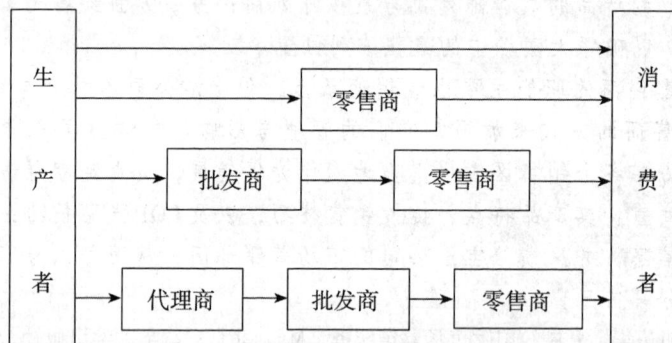

图9-1　消费者市场分销渠道的基本类型

（1）零层渠道

零层渠道常被称为直接分销渠道，是指生产者直接把产品卖给消费者或用户，不经过任何中间商转手的分销渠道。直接分销渠道由于没有中间商的介入，可以加速产品流通，节省流通费用，为生产者增加收益，也为降低产品价格创造条件。但是，生产者直接销售产品，必然在流通领域耗费大量的人力、物力和财力，不利于生产者集中精力从事生产，同时可能由于销售经验的不足而增加费用开支，并独自承担流通风险。

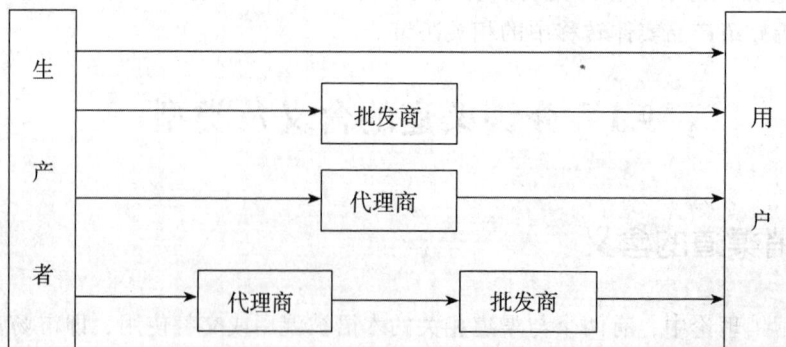

图9-2　产业市场分销渠道的基本类型

（2）一层渠道

一层渠道仅含有一个市场营销中介机构，是指生产者把产品出售给一个中间商，再由中间商把产品转售给消费者或用户的流通模式。在生产资料产品的流通中，一般是指生产者把产品出售给一个批发商或委托给一个代理商，再由其转售给用户的流通模式；在日用消费品的流通中，一般是指生产者把产品出售给零售商，再由零售商出售给消费者的流通模式。在商品流通实践中，一层渠道的使用是比较广泛的。由于渠道内仅有一个市场营销中介机构，不仅使生产者节省了市场营销费用，还分散了生产者风险，扩大了其产品的市场覆盖范围，同时有利于生产者集中精力于生产活动，提高生产效率。

（3）二层渠道

二层渠道是指在商品流通过程中有两个中间商的渠道模式。在消费者市场，通常采用批发商加零售商的形式；在产业市场，则通常是指代理商和批发商。这种渠道模式在日用消费品流通中使用得更为广泛。因为很多消费品货源分散，销售面广，与居民的日常生活密切相关，客观上需要有多层次的分销网络。这样，既可以节省生产者的销售费用，又可以节约零售商的进货时间，从而有利于零售商扩大经营品种，更好地满足消费者日益复杂的多方面需求。

（4）三层渠道

三层渠道是指在商品流通过程中有三个中间商的渠道模式。其特点是：在生产者和批发商之间又增加了代理商这一环节。代理商在这种分销渠道模式中的存在，有利于为中小企业推销产品，以及开展代购、代批、代储、代运、代销、代办信息传递等代理业务。近些年来，我国的贸易信托公司、某些贸易中心广泛开展的代营业务部分，就具有代理商的业务性质。在对外贸易中使用代理商和实行代理制，则更为普遍。

更多层次的分销渠道较少见。从生产者的角度看，随着渠道层次的增多，控制渠道所需解决的问题也会增多。在以上渠道模式中，前两种可称为短渠道，后两种可称为长渠道。

9.1.2.2　宽渠道与窄渠道

分销渠道的宽度是指分销渠道的每个层次中使用同类中间商的数量，如批发商、零售商、代理商的数量等。宽的分销渠道是指生产者通过许多批发商、零售商将产品在广泛的市场上销售；窄的分销渠道是指生产者只利用较少的批发商或零售商，使产品在有限的市场上销售。

分销渠道的宽度主要有以下类型：

（1）密集性分销渠道

密集性分销渠道是指生产者在某一市场尽可能多地选择多家中间商推销其产品的模式。其旨在扩大产品的市场覆盖面，让尽可能多的消费者方便购买。一般需求量大的产品如牙膏、毛巾、洗衣粉等生活必需品适合采用这种宽度模式。

（2）选择性分销渠道

选择性分销渠道是指生产者在某一个地区仅选择几个最合适的中间商推销其产品的模式。其重心在于维护本企业的良好声誉，建立稳固的市场竞争地位，既使产品获得足够的市场覆盖面，又可以比密集性分销渠道更容易控制和节省成本。一般而言，消费品中的选购品较适合采取选择性分销渠道。

（3）独家分销渠道

独家分销渠道是指生产者在某一地区仅选择一家中间商推销其产品的模式。其意图是保持对渠道的高度控制，如对产品价格、品牌形象和服务等的控制。通常双方要签订独家经销合同，规定中间商不得经营其他竞争者的同类产品，同时生产者不得再委托其他中间商在该区域销售其产品。中间商最欢迎独家经销，因为这种方式排除了竞争，利润较高，但对生产企业而言，若运用不当，风险较大。

9.1.3 传统分销渠道与分销渠道系统

分销渠道是一个系统、一种组织形式。渠道内不同类型的渠道成员通过一定的组织形式联结起来，构成一个有机的组织形态。

9.1.3.1 传统分销渠道

传统分销渠道是指渠道各成员松散和不稳定的合作组织形态。渠道成员各自追求自身利润最大化，不顾整体利益，最终使渠道整体分销效益低下。同时，渠道成员之间缺乏信任感和忠诚度，缺乏合作精神，难以形成长期稳定的渠道成员关系。

9.1.3.2 分销渠道系统

分销渠道系统是指渠道成员实施纵向或横向联合或利用多渠道系统开拓目标市场的渠道组织形式。分销渠道系统主要分为以下类型：

（1）垂直分销渠道系统（如图9-3所示）

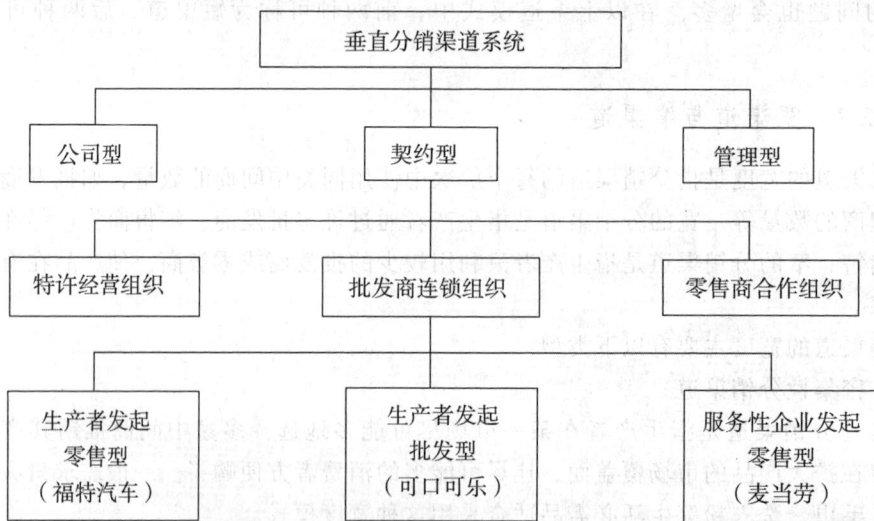

图9-3 垂直分销渠道系统结构图

①公司型垂直分销渠道系统，也称所有权垂直分销渠道系统，是指生产者和中间商以产权为纽带，控制分销渠道的若干层次甚至整个分销渠道，综合经营生产、批发、零售业

务，实施产、供、销一体化的分销渠道系统。该系统是所有垂直分销渠道系统中最紧密的渠道安排，其建立主要通过生产者对中间商或中间商对生产者参股、控股的形式，加强对渠道成员及整个渠道系统的控制。其主要模式有工商一体化和商工一体化。

②管理型垂直分销渠道系统，是指由一个或少数几个实力强大、具有良好品牌声望的大企业依靠自身影响，通过强有力的管理将众多中间商聚集在一起而形成的分销渠道系统。该系统内存在一个公认的渠道主导企业，这个企业具有对整个渠道系统更多的控制力，可以对其他渠道成员的渠道决策施加有效影响。管理型垂直分销渠道系统中的主导者可以是生产者，也可以是中间商。通常，那些拥有市场优势的品牌生产者可以得到中间商诸如在促销、库存管理、定价、商品陈列等方面的通力合作，彼此协调一致，从而形成关系比较稳定、目标一致的渠道合作关系。

③契约型垂直分销渠道系统，是指生产者和中间商为了实现某种共同利益而以契约为基础建立的联合体。它与公司型垂直分销渠道系统的最大区别是成员之间不形成产权关系，与管理型垂直分销渠道系统的最大区别是用契约而不是用权力和实力来规范各方行为。契约型垂直分销渠道系统的形式分为：

第一，特许经营组织，是一种以对特许经营权的购买和授予为核心内容的、以技术知识产权和经营管理权为纽带而建立起来的分销网络。其特点是：特许经营商将自己所拥有的商标、产品、专利或专有技术等以特许经营合同的形式授予特许经营人使用，特许经营人按合同规定从事经营活动，并向特许经营商支付特许权使用费或加盟费。这种分销网络有三种形式：生产者组织的零售商特许经营网络；生产者组织的批发商特许经营网络；服务性企业组织的零售商特许经营网络。

第二，以批发商为核心的自愿连锁组织，是由大批发商发起，将许多独立的零售商组织起来形成的联盟，以提高系统的规模经济和竞争能力。批发商不仅为其零售商统一供货，而且提供多种服务，如销售活动的标准化、库存管理、共同采购、融资、培训等。

第三，零售商自愿合作组织，是由零售商相互组织成立起来的新的商业实体。该系统通过零售商合作组织进行集中采购，共同开拓市场、策划广告。成员间最重要的合作是集中采购，以提高其规模竞争能力。相对于以批发商为核心的自愿连锁组织，其成员之间的联系程度要松散些。

（2）水平分销渠道系统

水平分销渠道系统又称共生型分销渠道系统，是指由两个或两个以上成员携手合作，共同开拓新市场或提高组织化程度。它是渠道系统中处于同一层次的成员之间的合作，这种合作可以是生产者之间、批发商之间或零售商之间的。例如，可口可乐公司和雀巢公司合作，雀巢公司以其专门技术开发新的咖啡饮料和茶饮料，然后交给熟悉饮料市场分销的可口可乐公司销售。再如，零售商合作组织的集中采购功能也属此例。通过横向整合渠道资源，可以充分发挥系统内各个成员的资源优势或规避风险，从而创造更大的协同效应。

（3）多渠道分销系统

多渠道分销系统也称复合渠道系统，是企业同时利用数条渠道分销其产品的渠道系统。这样可以增加产品的市场覆盖面和销售量，但渠道之间的竞争有可能造成"窜货"，从而形成渠道冲突，增加渠道运行成本。例如，某纸张生产企业利用自己的销售分公司和独立的经销商来销售产品，经销商必须从销售分公司进货，而销售分公司也向出版社、印刷厂等客户推销，销售分公司较大的价格优势导致经销商很难开展业务。所以，企业在采用多渠道分销系统时，必须加强对渠道的管理。

9.2 分销渠道的设计与管理

9.2.1 分销渠道的设计

分销渠道的设计包括以下主要步骤（如图9-4所示）：

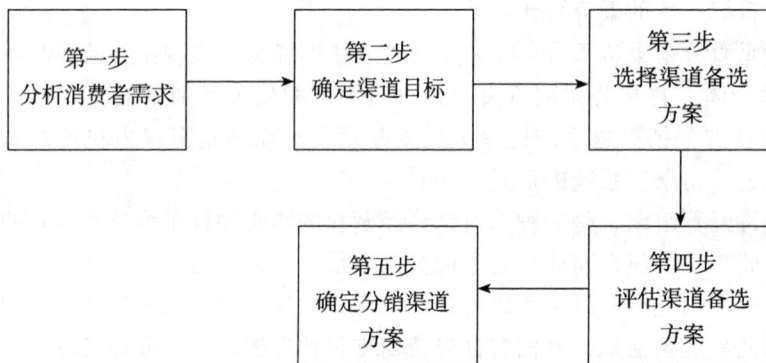

图9-4 分销渠道的设计流程

9.2.1.1 分析消费者需求

企业市场营销目标的实现必须以满足消费者的需求为前提。在市场营销组合中，如果说产品满足的是消费者的效用需求，价格满足的是消费者的价值需求，促销满足的是消费者的信息需求，那么渠道是满足消费者购买时的便利需求，即服务需求。所以，了解目标顾客群需要购买什么、在哪里购买、怎样购买，以及他们希望经销商提供什么样的时间、空间的便利条件等，是渠道决策最基础的环节。

消费者需求的主要分析内容有：

（1）购买批量

购买批量是指目标顾客在一次购买行为中购买产品的数量。比如，对于日常生活用品，小工商户喜欢到仓储商店批量购买，而一般消费者偏爱到超市购买。因此，购买批量的差异要求生产者设计不同的分销渠道。购买批量越小，对于分销渠道提供的服务水平要求越高。

（2）等待时间

等待时间是指顾客通过某个渠道收到货物的平均时间。如果顾客喜欢快速交货的渠道，则必须提高服务水平。要想缩短顾客等待时间，企业就需要在分销物流系统上加大投入。

（3）空间便利性

空间便利性是指分销渠道对顾客购买商品的方便程度。空间便利性与出行距离、交通状况和网点密度等有关。网点密度越大，顾客购物的出行距离就越短；反之，则越长。但是不同的商品，人们所能接受的出行距离是不同的。企业在设计分销渠道时，需根据顾客对不同商品的购买特点加以考虑。

（4）商品组合多样化

商品组合多样化表示渠道提供的商品花色、品种等的宽度。顾客通常喜欢较宽的商品组合，商品的选择范围广，容易使顾客购买到适合的商品。

（5）服务支持

服务支持是指分销渠道提供的附加服务，包括信贷、送货、安装、维修等。分销渠道设计者必须了解目标市场顾客需要的服务水平。提供更多、更好的服务意味着渠道成本的增加和消费者所支付价格的上升。折扣商店的成功表明了许多消费者愿意接受较低水平的服务带来的低价格。

9.2.1.2 确定渠道目标

确定渠道目标是指要确定产品以何种最佳渠道模式到达目标市场。这就需要在目标顾客期望的服务水平下，为企业的产品送达目标市场建立起快速、高效和有效率的系统，使产品在适当的时间和地点，以合适的价格满足消费者需求。但是渠道目标的实现往往受到诸多因素的影响，主要包括：

（1）市场因素

①市场规模。市场规模越大，顾客数量越多，对产品的需求量就越大，要求提供的服务也越多。企业的分销能力有限，难以充分满足市场需求，因此，应当选择长而宽的分销渠道来满足需求；反之，若市场规模小，可考虑选择短而窄的渠道。

②市场聚集度，指消费者的集中程度。市场聚集度高，可采取短而窄的渠道；市场聚集度低，顾客分布较散，则需要更多地发挥中间商的分销功能，尽可能选择长而宽的渠道。

③购买行为。体现购买行为特征的主要因素有：

一是购买批量。顾客购买批量越大，单位分销成本越低，因此可选择短渠道；购买批量越小，越需要选择长渠道。

二是购买频率。购买频率高的产品，需要通过间接渠道来进行分销；购买频率低的产品，如家电、家具等，可选择直接渠道。

三是购买的季节性。对于季节性强的商品，生产者很难在短时间内实现较高铺货率，而且在淡季会造成渠道资源的闲置和浪费，因此适合选用较长的分销渠道。

四是购买的探索度，指顾客购买商品之前比较研究的程度和购买过程中付出精力的多少。一般而言，日常生活用品的购买探索度较低，生产者可以选择较长的渠道；耐用消费品的购买探索度较高，生产者可选择较短的渠道。

④竞争者因素，是影响渠道决策的重要因素之一。一般情况下，生产者应尽量避免与竞争者采用相同的分销渠道，除非生产者的产品具有比竞争对手更高的性价比优势。

（2）产品因素

①技术性。产品的技术性越强，渠道就应越短，因为这样有利于生产者提供良好的售后服务支持；对技术性弱的产品，一般采用较长的渠道。

②易腐性。易腐的产品应当选择短渠道；不易腐的产品可选择长渠道。

③时尚性。时尚产品宜采用短渠道，以加快进入市场的速度。

④单位价值。产品的单位价值越高，越宜采用短渠道；单位价值低的产品宜选择长渠道。

⑤标准化。产品标准化程度越高，越需要利用长而宽的渠道。因为标准化高的产品的顾客数量多，需要更多的中间商进行分销，以满足需求。标准化低的产品尤其是定制产品的顾客数量少，可采取直销方式。

⑥生命周期。产品的生命周期越短，越需要采用短渠道；反之，则采用长渠道。

⑦体积和重量。体积和重量大的产品，需选择短渠道；反之，则选择长渠道。

（3）中间商因素

①可得性。考察中间商的可得性需要回答两个问题：第一，在现有的中间商中是否存在可以经营本企业产品的中间商？第二，如果存在，它们是否能够有效经营本企业的产品？若答案是否定的，则生产者只能考虑建立直销渠道。

②成本。若采用某类中间商而使生产者承担过高的费用，进行渠道决策时可考虑不采用这类中间商。但是，过分看重成本也是渠道设计的一个误区，因为这可能导致生产者倾向于使用成本最低的中间商，而忽视了渠道目标，从而使产品不能有效覆盖市场和提供有效的服务。最好能够以效率为标准，在成本和渠道目标之间寻求适当的平衡。

③服务。考察中间商的服务情况，就是比较中间商所提供的服务与顾客对中间商服务要求之间的关系。最理想的状态是：服务的供给与需求水平相当，或者在不增加成本的情况下，中间商的服务水平高于顾客希望。然而，中间商所提供的服务常常与成本（最终反映为产品的零售价格）有关。因此，服务评价应与成本评价结合起来。

（4）生产者因素

①企业财务能力。采用直销渠道需要有足够的资金来支持市场调查、广告、商铺投资、推销人员和产品储运等方面的费用，因此，企业必须具备强大的财务能力。企业规模大、经济实力强，对渠道模式就具有更大的选择余地。而财务能力较弱的企业，即使其产品适合直接渠道，也只能选择中间商分销产品。

②企业管理水平。企业利用中间商的目的就在于它们能够更加有效地推动商品广泛地进入目标市场。如果生产者在销售管理、储运安排、零售运营等方面缺乏商业工作经验，最好选择较长的渠道；反之，可选择短渠道。

③企业对渠道的控制愿望及能力。如果生产者为了充分宣传本企业产品和有效控制产品的服务和零售价格等，希望对分销渠道进行高强度控制，而且具有较强的渠道控制能力，可选择短渠道。

④企业的产品组合。企业产品组合的宽度越大，则与顾客直接交易的能力越强；产品组合的深度越大，使用独家分销或选择性分销渠道就越有利；产品组合的关联性和互补性强，往往可以利用相同的分销渠道。

9.2.1.3 选择渠道备选方案

（1）确定中间商类型

经济活动中存在大量的不同类型的中间商，如批发商、零售商、代理商等。不同的中间商具有不同的特点和承担不同的职能，究竟哪一类中间商适合本企业使用，需要作具体分析。

（2）确定中间商数量

确定中间商数量即决定渠道宽度。企业在确定每一层次所需的中间商数量时，有三种策略可供选择：密集性分销、选择性分销、独家分销。

（3）选择中间商的标准

中间商的选择是否恰当，直接关系到厂商利益和市场营销效果，因此有必要参考如下一些选择标准：

①中间商的市场范围，即需要考察中间商的市场覆盖范围是否符合企业的要求，以及中间商的销售对象是否与生产者的目标顾客相一致。

②中间商的历史经验。经营某种产品的历史和成功经验是中间商的一大优势。中间商长期从事某种产品的经营，通常会积累比较丰富的专业知识和经验，因而在行情变动中能够掌握经营主动权，保持销售稳定。此外，经营历史较长的中间商早已为周围的顾客所熟悉，拥有一定的市场影响力。

③中间商的地理区位优势。地理区位优势对零售商尤为重要。选择零售商最理想的区位应该是顾客流量较大的地点，而选择批发商需考虑其所处位置是否有利于产品的批量储存与运输。

④中间商的产品组合。一般认为，中间商经销的产品组合状况与生产者自己生产的产品是竞争产品，应该尽量避免使用该中间商；但实际情况是如果中间商的产品组合有空缺，或者生产者自己的产品具有竞争优势，则可选择。

⑤中间商的财务状况。生产者倾向于选择资金实力强、财务状况良好的中间商，因为这样的中间商能保证及时付款，还可能在财务上向生产者和顾客提供一些融资服务，如向生产者提供部分预付款、允许顾客分期付款等，从而不仅有利于增加产品的市场覆盖面，还有利于促进生产的发展。

⑥中间商的促销政策及促销能力。中间商推销产品的方式以及运用促销手段的能力，直接关系到企业产品的销售规模。产品有的适合进行广告促销，有的适合进行人员推销，有的需要进行有效储存，有的需要进行快速运输。因此，需要考虑中间商是否愿意承担一定的促销费用，有没有必要的物质技术装备以及相应的人才条件等。

⑦中间商的合作意愿，是企业实现渠道目标的重要因素，也是实现双赢的基础。生产企业应根据其产品销售的实际需要确定与中间商合作的具体方式，然后选择最理想的中间商。

⑧中间商的综合服务能力。选择中间商需要考察其综合服务能力。现代商业经营服务项目繁多，如有的产品在销售中要求向顾客提供技术指导，有的产品需要中间商提供售后服务等。合适的中间商所能提供的综合服务项目和具有的服务能力应与企业产品销售所需要的服务要求相一致。

9.2.1.4　评估渠道备选方案

每一个渠道备选方案都是企业产品送达最终顾客的一条线路。对企业而言，可能的线路会有好几条，但其中有合理的，也可能有不合理的，因此应对备选渠道作科学评估。渠道评估的主要标准有：

（1）经济性标准

由于企业追求的主要目标就是获利，因此该标准是最重要的。使用该标准，主要是比较每种备选渠道模式可能达到的销售额及费用水平。例如，比较由本企业推销人员直接推销和使用代理商销售的水平哪种更高。

（2）控制性标准

企业使用中间商会产生更多的控制问题，因为中间商都是独立的企业或个体，它们更关心自己的利益最大化。例如，它们可能会仅注意在其产品组合中购买量最多的顾客，而忽略了与本企业产品相关的顾客群。

（3）适应性标准

适应性是指生产者必须具有灵活适应市场环境变化的应变能力。企业与渠道成员常常有较为长期的合作关系，并通过一定的合约方式固定下来，这会失去渠道调整与改变的灵活性。例如，在使用地区独家代理期间，即使企业发现了更好的销售方式，也不能随意取消代理合同。所以，如果选择的分销渠道受到合约的限制，它的经济性和控制性就必须优于其他分销渠道。

9.2.1.5 确定分销渠道方案

经过对所选渠道备选方案的经济性、控制性和适应性进行科学评估后，企业通常能够筛选并确定符合自身需要的最佳分销渠道。

营销视野9-1

9.2.2 分销渠道的管理

中间商选定以后，就可以按照分销渠道设计方案加以实施了。此时，管理工作的重点主要体现在对中间商的关系协调以及监测评估上。分销渠道管理包括渠道成员的激励、评估与调整等内容。

9.2.2.1 渠道成员的激励

激励是指通过刺激和满足人们的需要或动机，强化、引导或控制人们行为的过程，其核心目的是调动人的积极性。目前大部分渠道激励方法都是站在生产者的角度提出来的。渠道成员激励是指针对中间商的需求持续提供一些动力源，以不断增强维系双方关系的利益纽带，为提高整个渠道效率而努力工作。

中间商销售厂商产品的积极性主要源自以下方面：利润回报、产品畅销、价格优惠、先期铺货、供货及时、广告支持、销售技巧、特殊补贴、付款优惠、区域销售潜力、品牌威望等。据此，激励中间商通常采用以下方法：

第一，向中间商提供适销对路的优质产品。

第二，给予中间商尽可能大的利润空间。

第三，协助中间商进行人员培训。

第四，提升中间商的地位。

第五，双方共同开展广告宣传或促销活动。

第六，对成绩突出的中间商在价格上给予较大优惠，如批量订货的价格折扣。

激励是为了使中间商做得更好，但在实践中，容易出现激励过分或激励不足两种情况，这是应当尽量避免的。例如，当生产者给予中间商的优惠条件超过双方合作所需提供的条件时，就会出现过分激励的情况，其可能的结果是销售量提高而利润率下降；或者当生产者给予中间商的条件过于苛刻，以至于不能激励中间商作出努力时，会出现激励不足的情况，其结果是销售业绩下降，利润减少。

一般情况下，对中间商的合理激励水平，应以保证稳定的交易关系为基础。如果生产者察觉对中间商仍激励不足，可采取两种办法激励中间商：

一是提高中间商的可得毛利率，放宽信用条件，或改变交易关系组合（如双方结成长期的伙伴关系），使之更有利于中间商；

二是采取人为的办法来刺激中间商，迫使它们创造有效的销售业绩，如举办中间商销售竞赛或威胁取消其独家代理权等。

当然，如果通过适当的激励也无法有效改变其行为，就可以考虑调整渠道成员。通过清理不合格的中间商，重新选择新的成员，企业的分销渠道体系可保持活力和效率。

9.2.2.2　渠道成员的评估

生产者除了对渠道成员进行选择和激励外，还必须定期对其绩效进行检查和评估。对渠道成员的评估有两类方法：一是以产出为基础的定量测算方法，如销售额、利润、利润率和存货周转率等；二是以行为为基础的定性评估方法，如服务质量、顾客满意度、中间商竞争能力、顾客投诉处理能力、中间商忠诚度等。如果发现某些中间商的绩效欠佳，就应采取一定的措施加以激励或要求整改。

评估渠道成员主要有两种方法：

第一，将每一个中间商的销售业绩与其上期的业绩进行比较，并以整体销售业绩的变化比例作为评价标准。对于在整个销售业绩平均水平以下的中间商，应给予重视并加强激励措施。

第二，将每一个中间商的销售业绩与根据该地区的销售潜力分析而确定的潜在销售量相比较，即将中间商的实际销售额与其潜在销售额进行比较，并按业绩优劣进行排序，以便于企业的调整与激励措施集中于那些未达既定标准的中间商。

这两种方法所运用的具体指标可参考表 9-1。

9.2.2.3　渠道成员的调整

生产企业的任务不能仅限于设计一个良好的分销渠道，并推动其运转，随着市场的变化，对分销渠道还要定期进行调整，以适应市场的新动态。

表9-1 中间商绩效评估参考指标

指 标	数 值	与前期比较	同行业比较
1.总销售额			
2.利润总额			
3.利润率			
4.每件商品平均流通费用			
5.每件商品平均运输费用			
6.每件商品平均储存费用			
7.商品脱销发生率			
8.陈旧商品库存率			
9.不良债权发生率			
10.订货处理错误发生率			
11.破损商品发生率			
12.商品亏损发生率			
13.折扣价商品的比例			
14.进入新市场的费用			
15.新产品上市成功率			
16.新市场销售额占总销售额的比例			
17.订货的数量			
18.顾客抱怨发生率			
19.顾客投诉率			

资料来源 王国才，王希凤. 营销渠道 ［M］. 北京：清华大学出版社，2007：316.

渠道成员的调整有三种不同的层次：增减个别渠道成员、增减某种分销渠道、创建一个全新的分销系统。当某个中间商经营不善而影响整个渠道的效益时，企业可以考虑淘汰该中间商，调换新的中间商。最困难的决策是改革整个分销系统。这一决策不仅改变了渠道体系，还要求改变市场营销组合中的其他要素，以期和新的分销系统相适应。

9.3 中间商

中间商是介于生产者和消费者之间专营商品由生产领域向消费领域转移业务的经济组织。根据中间商在流通领域或分销渠道中的作用不同，一般将其分为批发商和零售商。

9.3.1　批发商

批发商是指从生产企业购进商品，然后转售给其他批发商、零售商、生产用户以及各种非营利组织，一般不直接向个人消费者销售商品的商业机构。

9.3.1.1　批发商的功能

（1）商品集散

生产者出于规模经济的考虑，一般从事大批量、小品种的生产。而零售商作为消费者的采购代理，希望获得小批量、多品种的供货，这样既能减少资金占压，又能更好地满足消费者需求。批发商的首要职能是解决供给和需求在商品集散上的矛盾。批发商从生产者那里大批进货，然后进行编配，批发给零售商或其他产业用户，从而满足了供求双方在品种、数量上的各自要求，完成了商品的集中和分散，疏通了流通渠道，促进了商品流通顺畅进行。

（2）供求调节

供求调节是商品流通的重要功能。在社会化、专业化生产条件下，生产（供给）与消费（需求）不仅在时间上是分离的，而且在空间上是分离的。为了调节生产与消费在时间和空间上的矛盾，客观上需要有专门的流通机构，而批发商正是调节这一矛盾的主体。在市场经济条件下，全社会之所以没有经常发生极度的供不应求或供过于求状况，也正是因为流通过程中供求调节功能在发挥作用。批发商自身的保管与运输活动很好地解决了供求之间在时空上的矛盾，促使二者相互协调，保障了商品流通的顺利进行。

（3）信息沟通

批发商能够担负起信息传递功能是由其在商品流通过程中的地位决定的。批发商在集散商品过程中，既可以获得来自生产者的消息，也可以获得来自零售商的信息。一般来说，批发商向生产者提供的信息主要是从许多零售商那里搜集来的有关商品流行趋势的变化、购买力投向和同行业竞争者的动向等信息情报；向零售商提供的信息则主要是有关生产者的新产品开发、产量变化、成本变动等方面的信息情报。通过批发商的信息沟通，促使供求彼此协调，有利于实现社会资源的优化配置。

（4）商品整理

批发商在进行批发业务时，往往要对其采购的商品进行分类、分级、分割、整理、包装和初加工，只有这样，才能增加商品的可流通性，适应零售商或其他产业用户的需要，从而提高流通效率，降低流通成本。这对于高效、有序地组织商品流通具有重要意义。

（5）资金融通

批发商的融资功能主要体现在：对于生产者而言，批发商不仅在商品进入最终消费之前垫付了资金，而且可以为生产者提供预付货款等信用服务，从而保证了社会生产的延续；对于零售商和其他企事业用户而言，批发商作为其采购代理，可以提供赊销、延期付款等商业信用，缓解其资金压力，有利于生产经营及业务活动的顺利进行。

（6）风险承担

商品在从生产领域向消费领域转移的过程中，客观上存在各种各样的流通风险。例如，既有变质、腐败、破损、受潮、烧毁等物理性、化学性的风险，也有被盗、被骗、被赖账等商品所有权丧失的风险，还有商品跌价、过时、积压、拖欠等经营风险。批发商由于交易量大，同时承担着相应的物流功能，因此自然是以上流通风险的主要承担者。

9.3.1.2 批发商的类型

（1）商人批发商

商人批发商又称独立批发商，是指不依附其他经济主体，独立地专门从事批发交易活动并对所经营的商品拥有所有权的批发商。商人批发商是最传统、最标准的批发商，也是现代批发商业的主要形式。商人批发商可从不同角度进一步细分：

①根据经营商品（经营客体）范围的不同，可分为综合批发商（或称普通批发商）、专业批发商。

②根据市场覆盖面（商圈）的不同，可分为全国性批发商、区域性批发商、地方性批发商。

③根据承担职能的不同，可分为两种：一是完全服务职能批发商，指承担批发商业的全部职能和提供全方位服务的批发商，如承担商品集散、供求调节、信息沟通、商品整理、资金融通、风险承担等职能和提供购、销、运、存等服务。二是有限服务职能批发商，指部分承担批发商业职能和提供部分商业服务的批发商，如现购自运批发商、直运批发商、卡车批发商、邮购批发商、货架批发商。

（2）代理商和经纪人

代理商和经纪人与商人批发商最大的区别在于，它们对商品没有所有权，不是经营商品，不是先买后卖，而是代表买方寻找卖方，或是代表卖方寻找买方，并通过促成买卖双方的商品交易来从委托人处获取佣金作为报酬。由于代理商和经纪人对商品不拥有所有权，因此也不承担商品流通过程中的风险。在商品流通领域，代理商与经纪人的不同之处在于，代理商与客户的关系往往比较持久，而经纪人与客户的关系一般比较短暂。

根据代理商承担的职责不同，其可分为以下几类：

①厂商代理商，是指受生产者委托，签订合同，在一定区域内为生产者代销全部或部分产品的代理商。此类代理商通常按照生产者规定的商品销售价格或价格幅度销售商品，对商品售价及销售条件的决策权有限。

②销售代理商，是指在签订合同的基础上，为委托人销售某些特定商品或全部商品的代理商。销售代理商常常起到企业销售部门的作用，在很大程度上控制着厂商的市场营销活动。虽然它们不拥有商品所有权，但能够代替委托人就产品价格、合同条款以及销售条件等与买方谈判、签约。

厂商代理商与销售代理商有如下区别：

①生产者一般只能使用一个销售代理商，而且生产者将全部销售工作委托给某一销售代理商后，不得再委托其他代理商销售产品，甚至不能委派自己的推销人员去销售产品。然而，生产者可以同时使用几个厂商代理商，还可以设置自己的销售机构。

②销售代理商通常替委托人代销全部产品，而且不限定只能在一定地区内销售；同时，在产品售价和其他销售条件上有较大决策权。而厂商代理商需要按照生产者规定的价格或价格幅度以及其他销售条件，在一定区域内替生产者代销部分或全部产品。

事实上，生产者如果使用销售代理商，等于是将全部销售工作委托给销售代理商处理，从而使其具有独家全权代理销售的资格。

③采购代理商，是指代理商与委托人有着长期的业务往来，代理委托人进行采购，也负责收货、验货、储运等商务活动。采购代理商大都对市场行情比较了解，并能向客户提供市场信息，还能代替买方以合理的价格购买高品质的商品。

（3）制造业批发商

制造业批发商是指属于生产者所有、专门从事批发销售业务的独立商业组织。其一般设有仓库，有一定量的商品储存，形式如同专业批发商。有一些生产者的销售组织也批发和销售从其他生产者购进的产品，执行储存、运输、销售和服务等职能，其组织形式类似于完全服务职能批发商。

9.3.2　零售商

9.3.2.1　零售与零售商

零售是指针对最终消费者的销售活动。菲利普·科特勒将其定义为："将商品或服务直接销售给最终消费者供其个人非商业性使用的过程中所涉及的一切活动。"零售商是指向最终消费者提供商品或服务的所有组织和个人。

零售商在分销渠道中连接生产企业（或批发企业）与广大的消费者。零售商是分销渠道系统中数量最多的组织，又是商品流通过程中的最后一道中间环节，因此它在整个分销渠道中具有举足轻重的作用。对于生产者而言，不论它采取何种渠道策略，零售商都是不可缺少的合作伙伴。

9.3.2.2　零售商的功能

（1）分类、组合、备货功能

在市场经济条件下，个人消费者与生产者或批发商直接交易的成本巨大，因此，个人消费者很难与生产者或批发商进行直接交易。零售商可以代替消费者从生产者或批发商那里采购商品，并将这些商品按照个人消费者最适合的购买批量进行分类、组合、包装，这样不仅易于消费者购买，而且可以从零售商那里获得其他服务。

（2）物流功能

这主要体现在商品的储存和保管上，主要是由社会化生产的单一性和需求的多样性，以及消费者的需求与生产者的供给在时间上存在的矛盾所决定的。因此，零售商必须储存和保管一定数量且种类繁多的商品，这样才可能较好地解决供求双方在商品集散上的矛盾，从而最大限度满足需求。

（3）服务功能

零售商的特点之一是注重服务。其在销售商品时，还必须向消费者提供多种服务，尤其是在买方市场业已形成的条件下。零售商的服务功能不仅体现在与商品交易直接相关的订货、送货、包装、安装、退货、换货、修理等方面，还体现在提供购物咨询、商品展示、消费信用、展览、餐饮、游乐场等方面的服务。

（4）信息传递功能

零售商处于商品流通的最终环节，直接连接消费市场，因而能够最快获得消费市场的各种信息，并将这些信息迅速反馈给批发商或生产者，使其能够及时购进或组织生产适合消费者需求的商品。同时，零售商还可以将批发商或生产者以及自身的商品供给信息通过各种渠道传递给消费者，激发其购买欲望，指导其科学消费。

（5）融资功能

这主要是通过向消费者提供赊销、分期付款等消费信用来实现的，不仅方便消费、刺激消费，而且加速商品流通，有利于商品流通规模的扩大。

（6）风险承担功能

商品从生产领域到消费领域，客观上存在诸多风险，如物流风险、价格波动风险、财务风险、信用风险和外汇风险等。虽然流通风险大部分由批发商承担，但零售商作为消费者的采购代理人，需要承担余下的风险。

（7）休闲娱乐功能

零售店铺的商品陈列、店内装饰及文化设施会使消费者在购买商品的同时享受休闲娱乐。随着零售商业竞争的加剧，很多零售商为了吸引消费者，越来越重视对休闲娱乐功能的开发。

9.3.2.3　零售商的类型

（1）食杂店

食杂店是指以经营烟、酒、饮料、休闲食品为主，传统的无明显品牌形象的零售业态。其选址位于居民区或传统商业区内；商圈较窄，目标顾客以相对固定的居民为主。

（2）便利店

便利店又称方便店，是指满足消费者便利需求的零售业态。其基本特征是：

①选址位于商业中心、交通要道，以及车站、码头、医院、学校、加油站等公共活动区。

②商品经营结构以即食食品、日用小百货为主，具有即时消费、小容量、应急性等特点。

③注重服务，营业时间一般在16小时以上。

（3）超市

超市又称超级市场，是指开架售货、集中收款，满足社区消费者日常生活需求的零售业态。其基本特征是：

①小型超市一般位于市、区商业中心和居民区。

②大型超市一般位于市、区商业中心、交通要道或大型居民区。

③经营结构以包装食品、生鲜食品和日用品为主。大型超市一般可以满足顾客一次性购齐所有日常生活用品的需要。

④售卖方式采取自选销售，分设出入口，在收银台统一结算。

⑤营业时间一般在12小时以上。

⑥大型超市具备与经营面积相适应的停车场。

（4）专业店

专业店是指以专门经营某一大类商品为主的零售业态，如办公用品、家具、药品、服装、体育用品等各类商品的专业店。专业店是目前世界各国零售业态发展势头良好的一种零售形式，因为它具有如下优势：

①满足顾客的挑选要求。虽然经营的商品大类单一，但是能够提供某大类商品下的齐全的规格、档次、花色、款式等，消费者容易买到称心如意的商品。

②经营者以某一顾客群为目标市场，针对性强，对消费者需求反应敏感。

③容易树立商店的品牌形象。经营者一般具有较深入的专业商品知识，能够为消费者提供商品使用、维护、保养等方面的专业化建议。

（5）专卖店

专卖店是指专门经营或授权经营制造商品牌，满足消费者品牌选择需求的零售业态。其特点是：

①选址多在繁华商业区、商业街、百货商店或购物中心。

②商品结构以著名品牌、大众品牌为主。

③销售上量小、质优、高毛利。

④商店的陈列、装潢、灯光、包装布局、广告讲究。

⑤采取定价销售，注重品牌名声。

（6）折扣店

折扣店是指提供有限服务、商品价格低廉的零售业态。其特征是：

①商品齐全。折扣店类似于百货商店，但销售的商品主要是家庭生活用品。

②价格低廉。折扣店的所有商品都标有折扣价，价格大幅低于一般商店。

③商店采取自我服务方式，设备简单，很少提供送货服务。

④选址大多位于物业租金较低且交通较方便的地区。

折扣店能够以折扣价格出售商品，主要是由于商店节约了投入费用，而并非经营质次价高、不合时令的商品。

（7）仓储会员店

仓储会员店是指以会员制为基础，实行储销一体、批零兼营，以提供有限服务和低价格商品为主要特征的零售业态。其特点是：

①仓库与商场相结合，采用货仓式销售。

②选址一般在城乡接合部，交通方便，既面向城市中下收入阶层，又方便农民购买。

③自由选购与导购相结合。

④投入费用低，以廉价吸引顾客，具有成本优势、价格优势和地域优势。

（8）百货商店

百货商店是指在一个大型建筑物内，根据不同商品部门设立销售区，满足顾客对时尚商品多样化需求的零售业态。其基本特点是：

①选址位于城市商业中心或历史形成的商业聚集地。

②商圈一般比较大，目标顾客以追求时尚和品位的流动顾客为主。

③商品经营门类齐全，综合性强。

④售卖普遍采取柜台销售和开架面售相结合的方式。

（9）购物中心

购物中心是指多种零售店铺、服务设施集中在一个建筑物内或一个区域内，由开发商有计划开发、管理、运营的为消费者提供综合服务的商业集合体。其基本特点是：购物中心不仅满足消费者购物需求，而且成为丰富消费者生活的综合服务中心。其一般设有银行、剧场、儿童游乐场、理发店、美容店、洗衣店等服务设施，能够满足顾客购物、餐饮、休闲娱乐等"一站购齐"的多层次需要。

（10）无门市销售

其涵盖的范围很广，是近些年来发展很快的零售形式，大致有网络购物、自动售货机、电视购物、上门推销、邮购、电话购物等。

9.3.2.4 零售组织——连锁店

连锁店由若干经营同类商品和服务的商店组成，可以是百货商店、超市的连锁，也可以是专业店、专卖店、便利店等其他同一业态类型的连锁。它是一种组织形式，而非经营形式。根据各成员商店之间所有权和管理权的集中程度不同，连锁店可分为：

（1）正规连锁

正规连锁也称直营连锁、公司连锁或联号商店。国际连锁协会对其定义为：以单一资本直接经营11家以上商店的零售业或餐饮业组织。其主要特征是：统一采购，统一配送，统一店名、店貌，统一商品，统一价格，统一经营方针，统一服务规范，统一广告宣传等。总之，公司总部对各连锁店拥有完全的所有权和直接经营权，实行人、财、物、产、供、销等方面的高度统一管理。其经营优势在于：可以统一调动资金、人力和其他资源，制定统一的经营战略，进行统一的开发。

（2）特许连锁

特许连锁又称合同连锁，是一种以契约关系为基础建立起来的连锁组织。其主要特征是：

①总部和加盟店是不同资本之间的关系，两者之间关系的核心是特许权的有偿转让，各连锁加盟店保持独立的法人地位。

②总部对各加盟店实施统一管理，加盟店经营自主性差。

③总部与加盟店的合同约束力强，加盟店需向总部交纳一定的营业权使用费或经营指导费。

特许连锁是近些年来在我国发展得较快的零售组织。其优势在于：

①主导企业无须增加自有资本投入，就可以控制若干独立的店铺，从而创造品牌效应，扩大市场，获取规模收益。

②加盟店通过加盟获得经营特许权，借助主导企业开发的产品、服务、技术和营业系统及品牌的整体优势，降低成本，减少风险，提高经济效益，同时保持了所有者的独立性。

（3）自由连锁

自由连锁也称自愿连锁。根据日本经济界的定义：自由连锁是许多零售企业自己组织起来，在总部的指导下，实行共同经营，通过集中采购、统一经销，获得低成本、合理化经营的利益，不断提高流通效率的连锁商业组织。其特点是：

①成员店的所有权和经营权独立，成员店实行单独核算。

②自愿联合，统一管理，共同合作。

③以批发企业为主导设立总部。

④共同分享合理化经营利益。

9.4　物流管理

商品流通过程不仅是转移商品所有权、实现其价值的过程，同时必须伴随着商品实体的转移，只有商品实体也从生产者手里转移到消费者手里，其使用价值才能最终实现。

广义的物流包括生产者原材料的"采购物流"、生产企业内部半成品的"生产物流"和制成品的"销售物流"，由此形成整体供应链管理。狭义的物流只涉及产品实体从生产者到消费者这一阶段的时空转移过程，这也是根据市场营销学研究对象所定义的范围。美国市场营销协会的定义是："物流是对从生产阶段到消费或利用阶段的货物移动与经营的管理。"

因此，从市场营销的角度看，物流管理是指在分销过程中，为满足顾客需求，对产品实体从生产者到消费者这一流通过程中的时空转移过程进行的计划、实施和控制活动。物流管理的内容包括：

（1）运输

运输是指借助各种运力，实现商品实体空间转移。商品运输是物流的中心活动之一，其目的是解决商品生产与消费地点的差异问题，满足需求。运输决策的内容，首先是根据商品对运输时间和运输条件的具体要求选择适宜的运输方式；其次是决定发运的批量、发运的时间以及最经济的运输路线等。

（2）仓储

仓储是指利用一定的仓库设施收储、保管商品的活动。仓储决策时应该决定是否使用仓库或从工厂直运给顾客：若使用仓库，则需要选择是自建、购买还是租赁；如果决定自建仓库，则应决定仓库的类型、结构、规模和地点。

（3）包装

包装分为销售包装和运输包装。物流中的包装主要指运输包装。物流中包装形式的确定、包装材料的采用和包装方法的选择都要求与物流的其他要素相适应。

（4）存货控制

存货控制包括决定产品的存放地点、产品的储存结构和合理的储存量、顾客需要的发货期和发货批量等。产品储存会相应发生各种费用，如存货管理费、税金、保险费和搬运费等。企业希望既节约费用，又能保持足够的库存水平，以便在顾客需要时可以组织供货。

（5）装卸搬运

装卸搬运是对商品运输、保管、包装、流通加工等物流活动进行衔接的中间环节，包括装卸、堆垛、入库、出库以及连接以上各项活动的商品的短程位移。装卸搬运是随商品运输和保管而产生的必要物流活动，在物流活动的全过程中频繁发生。企业应决定装卸搬运的方式，选择使用合适的机械设备或人力，根据商品性能、储存仓库的条件、作业的效率以及由此产生的各项费用作出正确的决策。

（6）订单处理

订单处理包括接收、查核、记录、整理、汇集订单和准备发运商品等工作。订单及其相应的各种凭证的传递速度直接影响物流速度。企业的用户越多，订单处理量越大，提高订单处理速度、降低订单处理差错率对企业的服务水平和经济效益的影响就越显著。订单处理的每一环节所用的时间及工作质量都直接影响着物流效率和对顾客的服务水平。

将以上物流管理内容结合起来，就是物流策略组合。由于在整个物流成本中，运输和仓储费用占了最大比例，因此，下面将重点探讨运输、仓储和存货决策。

9.4.1 运输决策

运输是物流活动中最具节约潜力的领域。运输费用是物流成本的最大组成部分，占一般产品价格的10%~20%，甚至更多。因此，有效的运输决策对于提高服务水平和降低物流成本至关重要。企业要根据商品对运输时间和运输条件的要求，选择适当的运输方式和运输工具，使商品能用最少的时间走最短的路线、花最少的费用，被安全地运抵仓库、中间商、消费者或用户手中。运输决策主要包括两个方面的内容：

9.4.1.1 运输方式的选择

（1）铁路运输

其优点是运量大、速度较快、连续性强、成本较低。但由于铁路运输受铁轨、站点、运营时间等的限制，运输时间较长，其灵活性和发货频率低于公路运输。一般情况下，铁路运输适用于运量大、运距长、单位商品价值较低的笨重货物。

（2）公路运输

其具有机动灵活、运送速度快、适应性强、受自然条件影响较小、能够实现门到门供货等优点。但与铁路运输相比，公路运输运量小、费用较高。公路运输的特点决定了它适宜于中小批量商品的短途运输。

（3）水路运输

其包括内河运输和海运。其特点是：运量大、费用低，但速度较慢，受地理位置和自然条件的影响较大。水路运输适合运送一些笨重的非易腐商品。

（4）管道运输

其是一种费用较低廉的运输方式，一般适用于液体货物和气体货物的运输，如天然气、石油等。

（5）航空运输

这是速度最快、运费最高、装运量较少的运输方式。一般来说，只有高价值、易腐产品或精密产品才采用航空运输。虽然航空运输费用较高，但迅速可靠，有利于企业增强抢占市场的能力，从而为顾客提供良好服务。

企业应根据产品特点、交货时间、运输距离、成本和费用、顾客要求等来具体确定采取哪一种或哪几种运输方式。在当代，集装箱的广泛应用使人们能够将两种以上的运输方式结合起来加以使用，从而产生了多种联合运输方式。企业在运输方式的决策中也应当加以考虑多式联运。

此外，运输方式的决策还应该考虑规模经济和距离经济：运输的规模经济是指货物装运规模越大，单位运输成本越低。例如，整车装运的单位重量成本低于零担装运。这是因为有关的固定费用可以按整批货物的重量分摊。运输的距离经济是指单位距离的运输成本随运输距离的增加而减少。距离经济的合理性类似于规模经济。距离越长，单位固定费用分摊值就越小。根据规模经济原则合理选择运输工具，对于降低物流成本具有重要作用。

9.4.1.2　运输路线的选择

企业在确定运输方式后，还必须确定运输路线。科学合理的运输路线应在最大限度满足顾客服务需求的同时保持运输费用最低。但在实践中，顾此失彼的情况经常发生。这就要求企业精心设计，在提高顾客服务水平和降低运输费用之间进行综合平衡。

9.4.2　仓储决策

在市场经济条件下，由于生产和消费在时间、数量上存在差异，客观上要求用商品储存来调节，并以此解决供求矛盾，因此，商品储存在商品的供求之间起着重要的"调节器"作用。仓储决策主要涉及以下内容：

9.4.2.1　确定仓库的类型

根据所有权的不同，仓库可以分为自有仓库和租赁仓库。

（1）自有仓库

自有仓库是指由企业自己拥有并管理的仓库。使用自有仓库储存商品具有很多优势：对于仓库的使用拥有较强的控制能力和灵活性；从长远角度看，自有仓库的运行成本较低。其缺点是：

①一次性建设资金投入量大，投资回报率较低；

②自有仓库规模和技术水平固定，可能会造成仓储资源闲置或短缺；

③企业需要专业人才进行仓库管理等。

（2）租赁仓库

租赁仓库也称公共仓库，是指企业不拥有所有权的第三方仓库。使用租赁仓库的优点是：

①企业无须投入仓库建设资金，减少投资风险和资金占压情况；

②具有完全职能的公共仓库可以为企业提供一系列标准化的仓库服务；

③有专业人员对出入仓库的商品进行管理，保证商品的在库安全；

④灵活性强，可以根据经营的需要和商品的特点选择合适的仓库。

但租赁仓库也有储存费用高、不能根据企业自身的需要配置必要设施等缺点。

企业在对仓库类型进行选择时，需要综合考虑自己的经济实力、市场营销战略和目标市场，分析利弊，比较优劣，选择适合自己的仓库类型。

9.4.2.2 确定仓库规模和数量

仓库规模是指仓库的容量。选择仓库规模主要受商品储存量、储存时间和商品周转速度的影响。一般而言，商品储存量与所需仓库规模成正比。在商品储存量一定的条件下，商品周转速度越快，所需仓库规模就越小；反之，所需仓库规模就越大。此外，企业需对仓库的数量进行决策。仓库数量多，即储货地点多，意味着更快地满足客户的供货需求，体现出企业较高的服务水平；但同时会增加更多的仓储费用。因此，仓库规模和仓库数量的决策，既要考虑成本因素，还要考虑与企业准备向客户提供的服务水平和目标相一致。

9.4.2.3 确定仓库位置

仓库位置的确定，关系到企业的服务水平、服务质量，是影响企业产品物流速度和费用的重要因素。从市场营销的角度看，企业对仓库位置的选择主要需考虑供货的方便与快速。特别是在市场销量大且比较稳定的地区，在最靠近顾客的地方选择仓库地址，有利于缩短商品配送时间，实现规模经济效益和提高顾客服务水平。

9.4.3 存货决策

存货水平是影响顾客满意程度的一项重要的物流管理决策。对生产者而言，存货水平高，能及时向顾客发运商品，有利于增加销售量和提高顾客满意度。但存货水平高，占用的商品资金也多，并有增加库存费、提高商品破损率以及款式过时的风险；反之，库存量小，能节省各种费用，但也会降低为顾客提供服务的水平。因此，合理的存货决策需要考虑成本和服务两个因素间的平衡。

存货决策需要解决两个问题：

9.4.3.1 订购点决策

存货的基本特点是库存随着提取而减少。因此，企业管理人员需要决定在何种存货水平就必须发出新的订单，以避免缺货。这个存货水平被称为订购点。企业所存货物降到订购点的数量时就必须发出订单，以保持应有的存货量。订购点的确定还需要考虑服务水平。服务水平越高，订购点就应越高，只有这样，才能满足供货的需要。订购点的计算公式为：

$$R=DE \tag{9-1}$$

式中：R为订购点；D为供货率，是指在某段时间内顾客的平均购买数量，它等于全年库存量/全年天数；E为订购前置时间，是指自订单发出到接到货物所需要的平均天数，它等于进货提前期之和/进货次数。

例如，某仓库全年订货量为1 200件，工作时间为300天，若订购前置时间为5天，则：

D=1 200÷300=4（件/天）

R=DE=4×5=20（件）

即当库存量下降到20件时就需要订货。

9.4.3.2　订购量决策

企业每次的订购量主要受两个因素的影响：一是订购处理成本，是指每次从发出订单到收货、验货所产生的成本；二是存货占用成本，是指存货过程中产生的费用。

最佳订购量的计算公式为：

$$Q=\sqrt{\frac{2DS}{IC}} \qquad (9\text{-}2)$$

式中：Q 为最佳订购量；D 为年需求量或销售量；S 为每次订购处理成本；I 为单位产品的存货占用成本占总成本的比例；C 为单位产品成本。

一般而言，订购处理成本与订购量成反比关系，即订购量越大，订购次数就会越少，订购处理成本就越低；存货占用成本与订购量成正比关系，即订购量增加，存货占用成本也就会增加。根据这一特点，按照最佳订购量安排企业的进货与库存，确定商品的库存水平和进货次数，就能够保证企业以较低的成本满足顾客需求。

关键术语

分销渠道　分销渠道系统　代理商　批发商　零售商　物流管理

主要观念

1. 市场营销渠道和分销渠道有所区别。分销渠道分为长渠道与短渠道、宽渠道与窄渠道。

2. 分销渠道系统分为垂直分销渠道系统、水平分销渠道系统、多渠道分销系统。

3. 分销渠道的设计流程包括分析消费者需求、确定渠道目标、选择渠道备选方案、评估渠道备选方案、确定分销渠道方案。

4. 分销渠道中，中间商是连接生产和消费的纽带，合理使用中间商有利于企业降低交易成本，实现社会资源的有效配置。

5. 物流管理的主要内容有运输、仓储、包装、存货控制、装卸搬运和订单处理。

基本训练

❖ 知识题

第 9 章判断题

一、简答题

1. 何谓分销渠道系统？

2. 分销渠道设计的过程及具体内容是什么？

3. 简述分销渠道的类型。

4. 什么是契约型垂直分销渠道系统？它的主要形式有哪些？

5. 批发商有哪几种类型？

二、论述题

1. 试述分销渠道设计的重点内容及与企业经营目标的关系。

2. 试述物流管理的主要内容及与满足顾客需求之间的关系。

❖ 技能题

1. 一大型超市在销售某食品公司产品的过程中，业绩呈不断下滑趋势。如果你是渠道经理，该如何应对？

2. 根据新产品和老产品的不同市场特性，分别设计不同的分销渠道。

❖ 能力题

传统中间商的生存危机

随着市场形势的变化，食品、日化行业的中间商的地位变得日益尴尬，遭遇两面夹击。

1. 厂商向中间商开刀

食品巨头可口可乐、日化巨头宝洁等先后发起大规模中间商整合。无论宝洁、立白，还是纳爱斯，都特别注重向中间商强化"专营专注"的概念。它们希望通过整改，更进一步掌控中间商，而这些中间商曾经是厂商们攻占中国市场的功臣。尤其是跨国公司刚踏入中国市场时，分销渠道和网络的建设主要是依靠数量众多的中间商网络。当时，这些中间商承担的职能是"物流配送+资金+仓库"。等这些巨头发展到了一定阶段，中间商的这些功能便由厂商或一些大卖场来代替了。同时，厂商开始尝试自己开专卖店，尽管店面销售情况差强人意，但也构成了对中间商的压力。

2. 大卖场挤压中间商

随着沃尔玛等大型零售商越来越多，许多品牌产品开始越过中间商环节，直接从制造环节进入销售终端，即直销。由于跨国公司和大卖场与全球多个市场有合作，国际卖场总能得到比一般中间商更好的价格和销售支持。即使一些普通小卖场进行低价抛货也让中间商们无从接招，因为这些小卖场可以从其店铺的整体销售中获取利润，而这是一般小规模中间商无法做到的。

资料来源　胡春. 市场营销渠道管理 [M]. 2版. 北京：清华大学出版社，北京交通大学出版社，2006：195.

问题：请设计出能使这些中间商摆脱尴尬处境的一至两套方案。

第10章 沟通与促销策略

学习目标

知识目标
◆ 掌握有效沟通的步骤。
◆ 了解促销组合的构成以及影响因素。
◆ 了解每一种促销工具的特性和优劣势。

技能目标
◆ 能够根据产品和宣传目的，灵活选择、运用不同的促销工具。
◆ 能够用不同的方法制定广告预算。

能力目标
◆ 能够运用不同的促销工具开发沟通和宣传的潜力。
◆ 能够制订促销计划。

❖ 引例

九寨沟喜来登：破除淡季营销魔咒

九寨沟喜来登国际大酒店坐落在"童话世界"九寨沟的碧水青山之间，是中国风景区第一家五星级酒店。其注重凸显独特的地域风格，在追求标准化的同时，从建筑风格到装饰风格都有着浓郁的藏羌文化色彩，在竞争对手面前突出的则是集团的理念、系统和管理。每年的9月和10月是九寨沟各酒店的旺季，但此后，包括九寨沟喜来登在内，各酒店都面临长达大半年的淡季和平季。

一、与旅行社良性互动

和传统的产品一样，再高级的酒店也需要建立自己的营销渠道和代理网络，这是提升酒店入住率的关键所在。卖方市场与买方市场的季节性差异，是权衡酒店与旅行社合作关系的关键所在。九寨沟喜来登的方法之一是，旅行社在淡季给酒店带来多少生意，在旺季就可以得到相应的房间配额。这是提升淡季营业额的方法，带来的效益是比较可观的。

二、整合营销传播

九寨沟在淡季和平季一直针对海外有重点地进行推广，尤其是在东亚和东南亚。高频率、高强度的整合营销传播，使九寨沟喜来登的名声随着景区全球化的推广而蜚声中外，成为海外游客的首选酒店。

> 与同业竞争者相比，喜来登能通过全球喜来登酒店的网络达成销售。在喜达屋集团旗下的品牌中，喜来登恐怕是最负盛名的一个，在全球数十个国家建有网络。来自喜达屋集团的诸多计划，常常给九寨沟喜来登带来意想不到的惊喜。比如"喜达屋顾客优先计划"，保证了喜达屋的全球会员能在旺季顺利入住。更让人心动的是这个计划中的"积分兑奖"，能做到即时兑奖，这对许多旅客来说颇具诱惑力。对九寨沟喜来登来说，喜达屋集团的诸多计划不仅是招徕新顾客和维系顾客忠诚度的一个招数，而且为九寨沟喜来登的淡季销售提供了促销途径。
>
> 九寨沟喜来登非常重视大企业等消费群体。五星级酒店通常是大企业举行会议的首选场所。会议营销成了九寨沟喜来登在最冷淡的季节增加营业额的关键点。
>
> 喜达屋集团制订了详尽的会议营销方案，如针对各家大公司秘书进行奖励的"明星之选奖励计划"。九寨沟喜来登加大了会议营销的力度，投资建成900平方米的纯藏羌风格的宴会厅，用以承办大型会议。会议营销成为九寨沟喜来登破除淡季魔咒的一柄利刃。
>
> 资料来源　刘缘. 九寨沟喜来登：破除淡季营销魔咒［EB/OL］.［2023-11-24］. http://bschool.hexun.com/2008-11-17/111317361.html.（有改编）

现代市场营销所提倡的不仅是从市场出发，开发和生产消费者喜爱的产品，制定有吸引力的价格，寻找到适合的分销渠道，使消费者易于获得产品，更重要的是企业需要选择适合的媒体来宣传和推广其产品和企业自身，以树立良好的企业形象。这就要求企业必须不断地推出各种促销策略，并和现有的以及潜在的客户保持沟通。

每个企业都不可避免地需要扮演沟通者和宣传者的角色，然而要想取得良好的沟通效果，企业就需要请广告代理商设计有效的广告，让专业人士来设计有效的促销组合策略，并选择恰当的媒体来刺激消费者购买。对于绝大多数企业而言，它们面临的不是是否需要沟通和促销的问题，而是需要了解对谁说、说什么、怎么说和隔多久说的问题。

10.1　沟通与促销

在竞争日益激烈的今天，企业要想在众多的企业和产品中让顾客注意到自己，让大家知道自己卖什么、想要做什么，并接受自己的产品和理念，就必须创造有力的促销手段和及时、有效的顾客沟通。

10.1.1　沟通、促销和促销组合

沟通（communication）是企业与顾客之间发生在销售的各个阶段（包括销售前、销售中、销售后）的对话。通过这种对话，企业能直接或者间接通知、说服和提醒消费者，使消费者了解企业出售的产品或者品牌。

促销是指企业将其产品及相关的有说服力的信息告知目标顾客，以影响目标顾客的购买行为和决策，促进企业产品销售的市场营销活动。促销活动实质是一种信息沟通活动。

每一个企业都需要考虑"我们如何才能接触到消费者""消费者如何接触到我们"。因此，企业必须围绕其宣传和市场营销目标，构建综合的市场营销沟通计划，这就是促销组合，也称市场营销传播组合。促销组合是对各种促销方式进行恰当的选择和组合。促销方式包括广告、营业推广、人员推销、公共关系、事件营销和直接营销（如图10-1所示），将在本章后面分别作详细介绍。

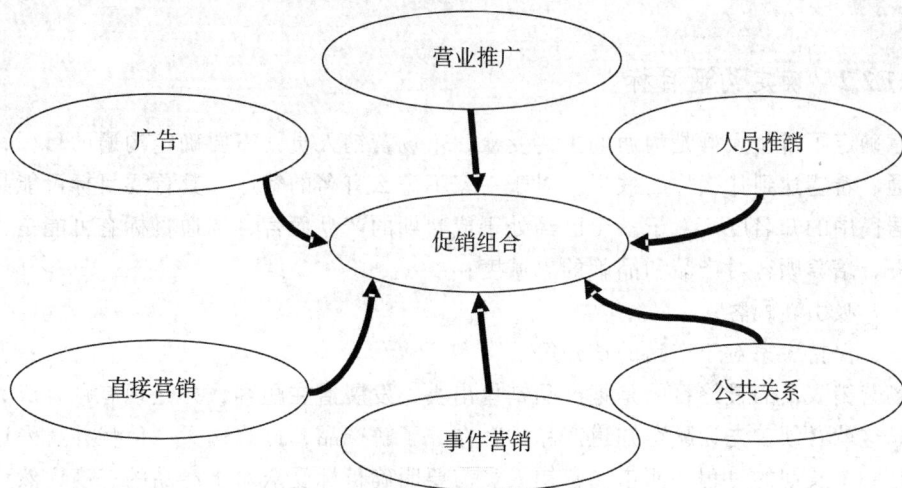

图 10-1 促销组合的要素

10.1.2 开发有效的沟通

心理学家认为沟通主要通过6个步骤（如图10-2所示）。发送者和接收者是沟通中的主要参与者，对于企业市场营销而言，这是指企业和其目标受众。信息是指所希望沟通的内容，这一内容将通过促销工具和不同的组合传播给沟通对象。沟通中的主要职能通过编码、解码和反馈实现。需要注意的是，发送者所希望表达的信息往往会由于传递过程中的噪声干扰而不能准确传播。

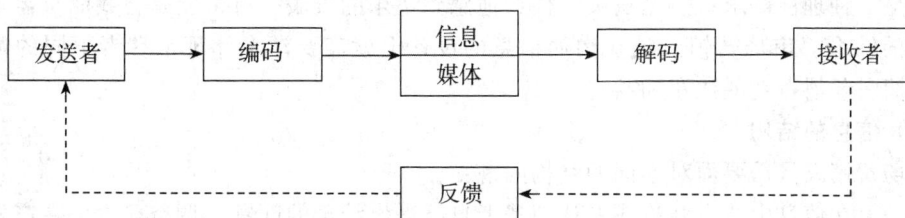

图 10-2 沟通模型

沟通模型强调了有效沟通的关键要素，为市场营销人员开发设计有效的沟通策略具有重要的指导意义。从该模型中我们可以看出，沟通策略的开发可以通过5个步骤来完成：

10.1.2.1　识别目标受众

要想开发有效的沟通策略，市场营销人员首先需要知道他们主要的沟通对象是谁。这个对象可以是他们的主要顾客群或者潜在目标顾客群。目标受众的情况和购买行为决定了沟通者的沟通策略：表达什么、如何表达、何时表达、通过什么媒体表达以及由谁表达等。

10.1.2.2　确定沟通目标

一旦确定了哪些人群是沟通的主要受众，市场营销人员就需要确定沟通的目标，即为什么沟通、希望达到什么样的效果。对于一家不怎么有名的餐厅，其首要目标可能是提高在当地居民中的知名度。对于一个已经处于成熟期的产品而言，沟通目标有可能是：

第一，培养顾客对产品和品牌的忠诚度；

第二，吸引新顾客；

第三，保持大家对于产品的认知等。

市场营销人员的最终目的是把产品销售出去，发展潜在顾客，并让现有顾客成为其忠诚顾客。这就必须首先让顾客知道产品的存在，了解产品，最终购买、信赖并喜爱这些产品。这是一个长期的过程。而市场营销人员需要明确目标受众对于产品的态度，然后确定需要对现有的目标和措施进行哪些改进。

10.1.2.3　设计沟通信息

设计有吸引力的沟通信息是沟通成功的保障。为了使沟通能够获得预期效果，市场营销人员需要解决以下问题：说什么、怎么说、谁来说。

（1）信息的内容

市场营销人员需要寻找诉求和主题，以及关于品牌定位和产品定位等的想法。一般而言，消费者对于产品可能有理性、感性、社会性和自我满足需求。这些需求可能是单一的，但更多的是一种综合的结果。例如，购买洗衣粉，消费者希望的是使衣物易于被清洗，这是一种理性需求；但是购买一件让他感到快乐的衣服，有可能是自我满足需求与感性需求的综合。市场营销人员在沟通信息的设计上就需要注意体现消费者不同的情感诉求，以期引起消费者的注意和共鸣。

（2）信息的结构

市场营销人员需要面对不同的结构问题：

第一，在信息中给出结论或者让消费者自己得出结论的问题。调查显示，在广告中提出问题让消费者自己得出结论的方式更有效。

第二，说出单方面的观点或者列举出双方观点的问题。有的专家认为，一般在促销中提出单方面的观点更为有效，但是对于那些有良好知识背景的人或者那些持相反观念的人来说，他们更喜欢列举不同观点，并认为这样更可信。

第三，将最有力的表述放在开头还是结尾的问题。把最有力的表述放在开头，可以引起注意，但也会有"虎头蛇尾"的感觉。

此外，市场营销人员需要考虑如何能够更好地吸引消费者的注意。这就需要良好的创意和画面布局，运用不同的色彩、形式和风格去营造与众不同的广告表现形式。

（3）信息源

有的企业的传播用企业内部的资源，有的则选择通过名人或者非名人进行。声誉好的信息源发出的信息更容易让人相信。例如，药品广告往往选用医生或者医药专家来介绍产品，而体育用品往往会选择体育明星。

那些吸引力和号召力大的人物作为信息源的效果一般较佳，这是很多企业倾向于选择名人作为代言人的原因。但是需要注意的是，代言人本身的声誉是至关重要的，他们的不良言行举止会给企业形象造成损害。

选择一个好的信息源的因素是：专业性、可信度和亲近感。专业性是信息源用于支持其观点所具备的权威，如医生、科学家和教授等。可信度是与信息来源的客观程度相关的，如朋友比推销人员更可靠。亲近感是信息来源对目标群体的吸引程度。人们比较喜欢幽默和自然的信息来源。声誉好的代言人无疑是那些在专业性、可信度和亲近感方面都突出的人。

10.1.2.4 选择沟通渠道

沟通渠道包括人员沟通渠道和非人员沟通渠道，其中又包含多个子渠道。

（1）人员沟通渠道

人员沟通渠道是指两个或者更多的人相互之间直接进行信息传播。他们通过面对面、互联网聊天工具、电话、电子邮件等形式进行沟通。在不少情况下，人们希望有人向他们推荐或者介绍产品。尤其是对那些价格高昂、有风险或购买不频繁的产品而言，人员沟通起了很大的影响作用。

（2）非人员沟通渠道

非人员沟通渠道是指那些不直接面对某一个人的传播方式，包括媒体传播、营业推广和事件营销等。非人员沟通渠道也可以直接和间接地影响消费者。一方面，消费者可以直接受大众媒体的影响去购买产品；另一方面，使用大众媒体可以通过影响那些"观念领导者"从而间接地影响消费者。因此，大众媒体应该直接瞄准那些"观念领导者"，从而将信息传递给其他人。

10.1.2.5 评估沟通效果

发出信息后，沟通人员必须评价沟通效果，也就是信息对目标市场的影响，包括目标顾客是否记住了信息、记住了多少，其浏览信息的频率，其对信息的评价如何，以及对企业的看法是否因为沟通而有所改变等。沟通人员也需要去评价这些信息所引致的市场行为，如多少人购买产品、多少人提出产品咨询或者浏览产品和企业信息。

10.1.3 影响促销组合的因素

任何一个企业的资源都是有限的，因此必须认真选择促销工具，并合理分配促销人员和预算。在同一个行业，不同的企业对于如何划分其促销预算都有所不同。有的把预算集中在广告宣传上，如宝洁注重电视广告的宣传。有的则把其集中于人员推销上。例如，直销公司的预算大多集中在人员推销和直接销售上，通过人员和大量邮寄或直接发放的印制广告宣传品来宣传其产品。

在设计促销组合时企业需要考虑许多因素，包括产品类型、市场状况、促销目标、产品生命周期和促销策略等。

❖ 营销实践10-1

日本蛇目公司的善举树立良好企业形象

日本蛇目公司是一家知名的缝纫机公司，其发家之道有非同寻常之处。1951年，日本发生大水灾，许多家庭的缝纫机都被浸泡得面目全非。于是，畅销日本的"蛇目"牌缝纫机厂商当即命各地生产及经销部门积极加班，替全日本的家庭免费维修缝纫机；如果人手不足，可以破例雇用临时工作人员加以支援。结果花了1个月的时间，蛇目公司共修护了840余万台缝纫机，而其中"蛇目"牌缝纫机仅占35%。从表面上看，蛇目公司是做了一件亏本的事，其实这是一个增进消费者对公司的了解的大好时机，很容易在消费者心目中建立高层次的形象。所以，许多同行竞争者在蛇目公司"趁水打劫"的行动中丧失了许多既有市场，也形成了日后蛇目公司闻名全国的基础。

资料来源　姜振华. 农村致富锦囊［M］. 北京：中国青年出版社，1993：97.

10.1.3.1　产品类型

不同类型产品的消费者在信息需求、购买方式等方面是不同的，需要采用不同的促销方式。一般来说，人员推销更多用于价格和风险较高的产品，以及那些只有少数大型供应商的市场。工业品购买者希望在掌握大量信息的基础上进行选择，人员推销可以更好地满足这方面的要求；消费品购买者则更注重产品的形象，高知名度的产品容易受欢迎，广告促销效果就比较明显。公共关系、营业推广对工业品和消费品同等重要。

10.1.3.2　市场状况

对不同的市场需求应采取不同的促销组合。

（1）应考虑市场的地理位置和范围

规模小、距离近的本地市场，应以人员推销为主，而在较大规模的市场如全国市场进行促销时，应采用广告和公共关系宣传。

（2）应考虑市场类型

消费品市场的顾客多而分散，不可能由推销人员与消费者广泛接触，主要靠广告宣传介绍产品、吸引顾客。工业品市场的用户数量少且购买量都很大，应以人员推销为主。

10.1.3.3　促销目标

企业促销包含很多具体的目标，如提高企业及产品的知名度，供顾客了解本企业的产品并产生信任感，扩大产品销售和提高市场占有率等。不同的促销形式在实现同一促销目标上，其成本效益比是大不相同的。广告和公共关系在提高企业知名度和声望方面远远超过人员推销；在促进顾客对企业及产品的了解方面，广告和人员推销的成本效益比最佳；在促销订货方面，人员推销的成本效益比最佳，营业推广则起协调辅助作用。

10.1.3.4　产品生命周期

在产品生命周期的不同阶段，促销的目标不同，要相应选择不同的促销组合。

（1）投入期

在投入期，要让消费者认识了解新产品，可利用广告与公共关系广为宣传，人员推销主要针对中间商展开工作，促使其经销本企业产品；同时，配合使用营业推广，鼓励消费者试用新产品。

（2）成长期

在成长期，要继续利用广告和公共关系来扩大产品的知名度，同时用人员推销来降低促销成本。

（3）成熟期

在成熟期，竞争激烈，要用广告及时介绍产品的改进，同时使用营业推广来增加产品的销量。

（4）衰退期

在衰退期，营业推广的作用更为重要，同时配合少量的广告来保持顾客的记忆。

10.1.3.5　促销策略

企业有两种基本的促销策略：推动策略和拉引策略（如图 10-3 所示）。

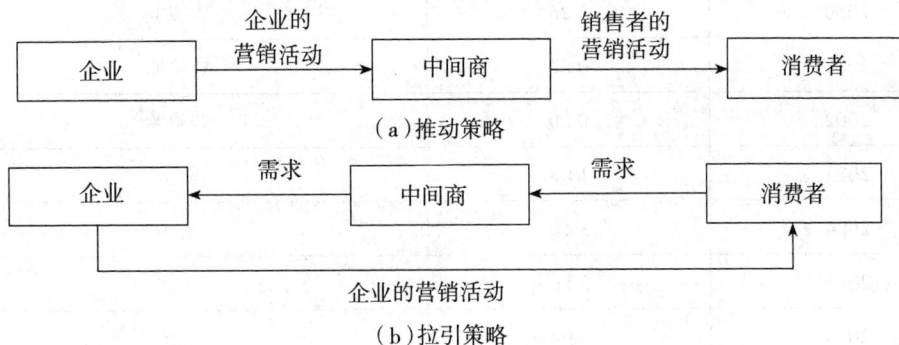

图 10-3　推动和拉引的策略

（1）推动策略

推动策略以中间商为主要促销对象，把产品推进分销渠道，进而推向最终市场。生产者利用这一思维来指导其对于渠道成员的市场营销活动。例如，营业员工资的大部分取决于其销售额，激励其向顾客努力推销产品。可见，推动策略激励渠道成员向顾客进行推销，或者说将产品沿分销渠道向前推进。

（2）拉引策略

拉引策略以最终消费者为主要促销对象，先设法引起潜在购买者对产品的需求和兴趣，如果促销奏效，消费者便会纷纷向中间商询购这种产品；中间商看到这种产品的需求量大，就会向生产者进货。因而，在拉引策略下，消费者会"拉动"产品沿渠道运动。

当然，在实际情况中，往往采取二者相结合的手段来打开产品销路。

10.2　广　告

在市场营销学中，广告是指企业以付酬的方式，通过各种传播媒体向目标市场的消费者为某个宣传目的而采取的非个人的展示和促销活动。广告是同企业、产品相关联的。其与其他市场营销工具的最大不同之处在于，它是一种非个人行为，是通过付费的媒体向很多人进行推广的活动。

在商品种类繁多的今天，要想吸引消费者越来越难，为此企业每年都会花费大量的钱去投放广告。表10-1是中央电视台1995—2013年广告招标标王及广告费。

表10-1　　　　　中央电视台1995—2013年广告招标标王及广告费　　　　　单位：亿元

年　份	中标金额	标　王
1995	0.31	孔府宴酒
1996	0.67	秦池酒
1997	3.20	秦池酒
1998	2.10	爱多VCD
1999	1.59	步步高
2000	1.26	步步高
2001	0.22	娃哈哈
2002	0.20	娃哈哈
2003	1.08	熊猫
2004	3.10	蒙牛
2005	3.80	宝洁
2006	3.94	宝洁
2007	4.20	宝洁
2008	3.78	伊利
2009	3.05	纳爱斯
2010	2.40	蒙牛
2011	2.31	蒙牛
2012	4.43	茅台
2013	6.08	剑南春

注：2014年以后，中央电视台的广告招标由万众瞩目的"经济晴雨表"转而走向"新常态"，不再有标王。

然而，高额的花费并不一定使这些企业获得理想的效果，如今一些标王已风光不再，有的甚至早已湮没在残酷的商业战场中。面对日益激烈的市场竞争和残酷的市场现实，企业尴尬地发现：在市场营销中虽然没有广告是万万不能的，但是广告绝不是万能的。于是它们不得不思考如何才能获得更好的广告效应。

要想获得良好的效应，使广告取得应有的价值，市场营销人员在制订广告计划时必须遵循5个步骤（如图10-4所示）。

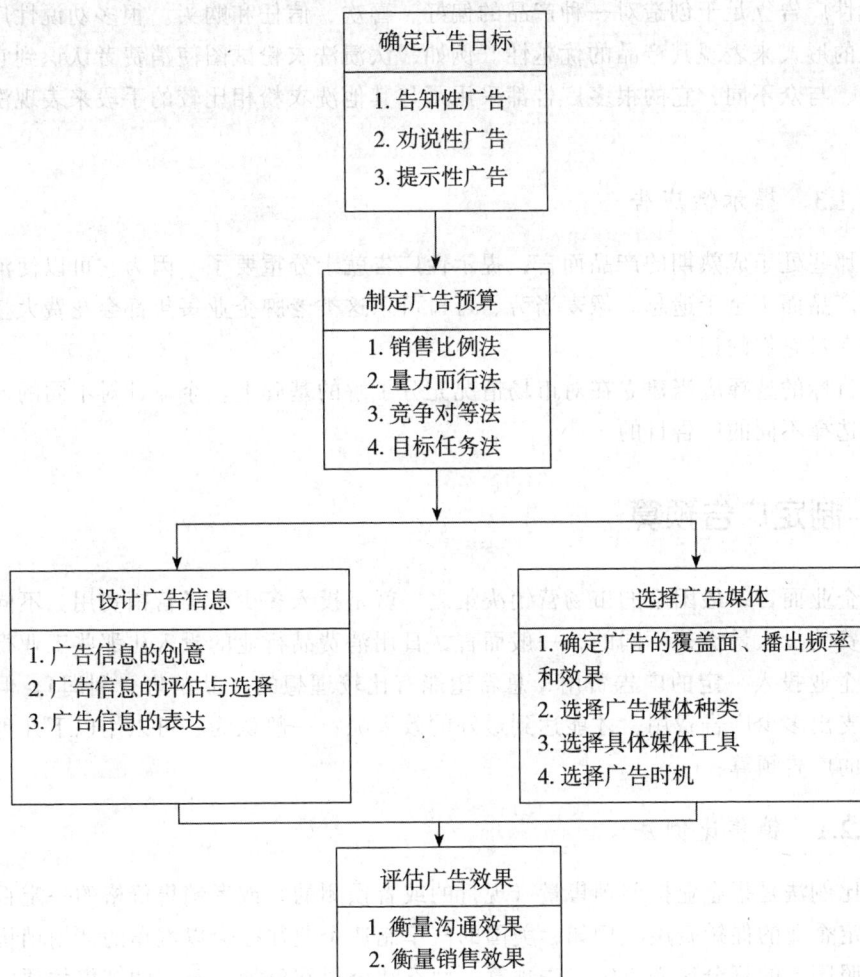

```
┌──────────────────┐
│    确定广告目标     │
│ 1. 告知性广告       │
│ 2. 劝说性广告       │
│ 3. 提示性广告       │
└──────────────────┘
          ↓
┌──────────────────┐
│    制定广告预算     │
│ 1. 销售比例法       │
│ 2. 量力而行法       │
│ 3. 竞争对等法       │
│ 4. 目标任务法       │
└──────────────────┘
```

```
┌──────────────────┐      ┌──────────────────────────────┐
│    设计广告信息     │      │         选择广告媒体            │
│ 1. 广告信息的创意   │      │ 1. 确定广告的覆盖面、播出频率     │
│ 2. 广告信息的评估与选择│    │    和效果                      │
│ 3. 广告信息的表达   │      │ 2. 选择广告媒体种类             │
│                   │      │ 3. 选择具体媒体工具            │
│                   │      │ 4. 选择广告时机               │
└──────────────────┘      └──────────────────────────────┘
```

```
┌──────────────────┐
│    评估广告效果     │
│ 1. 衡量沟通效果     │
│ 2. 衡量销售效果     │
└──────────────────┘
```

图 10-4　主要的广告决策步骤

10.2.1　确定广告目标

企业的广告目标取决于企业的整个市场营销目标。企业实现其整个市场营销目标的过程可分为不同的阶段，在每一阶段，广告起着不同的作用，因而有着不同的广告目标。归纳起来，企业的广告目标主要有告知、劝说和提示三大类。

10.2.1.1　告知性广告

告知性广告是广告的基本类型之一，其目的是告诉别人你的企业和产品是什么，或者企业将要做什么。一般而言，企业在新产品上市以及未来构建基本的市场需求时采用这类广告。零售业者在推出新的促销服务或者政策时，往往会在当地网络、报刊等媒体上采用整版广告的形式，向市场传递促销时间、地点、内容、形式以及原因等信息。

10.2.1.2　劝说性广告

劝说性广告立足于创造对一种产品的偏好、喜欢、信任和购买。很多劝说性广告都采用了对比的形式来表现其产品的优越性。例如，汰渍洗衣粉试图使消费者认识到它的洗涤能力突出、与众不同，它的很多广告都采用了与其他洗衣粉相比较的手段来表现洗涤能力较佳。

10.2.1.3　提示性广告

对于那些处于成熟期的产品而言，提示性广告就十分重要了，因为它可以使消费者一直想着该产品而不至于遗忘。像麦当劳、可口可乐这类老牌企业每年都会花费大量广告来唤醒消费者对它们的记忆。

广告目标的选择应当建立在对市场情况充分了解的基础上。企业针对不同的产品和不同的时期选择不同的广告目的。

10.2.2　制定广告预算

对于企业而言，最困难的市场营销决策之一就是投入多少市场营销费用。不同的行业对于广告费的投入量也是不同的，一般而言，日用消费品行业的投入比那些工业行业的投入要高。企业投入一定的广告费用，总希望能有比较理想的产品销售（利润）。但是企业到底应该支出多少广告费用，才能达到最好的效果呢？一般认为，可以用以下几种方法来确定企业的广告预算：

10.2.2.1　销售比例法

销售比例法是指企业按照销售量（现行的或者预测的）或者销售价格的一定百分比来计算和决定企业的促销费用。例如，美国的汽车制造企业往往会以汽车的计划销售价格为基础，按照固定的百分比来决定广告预算，而石油公司在每加仑石油的销售款项中划出一部分作为广告预算。

销售比例法具备一些公认的优势：

第一，使企业能够根据自己的资金承受能力来改变促销费用；

第二，促使企业管理人员从促销成本、销售价格和销售利润的关系出发去考察企业的经营管理；

第三，有利于促进竞争的稳定性，使企业的收入和广告投放形成一个相对固定的比例，使企业不至于盲目投入广告战。

销售比例法的不足之处在于：

第一，将销售看作促销的原因而非促销的结果，本末倒置；

第二，这种方法的出发点是企业现实的或者可预期的收入，使企业往往局限于自身的发展预期与规划，而忽视了市场上可能出现的机会；

第三，根据企业历年的销售比例制定促销预算，导致广告预算随每年的销售额波动而波动，不利于企业长期的促销计划；

第四，以什么比例给出预算标准，缺乏可证明的理论根据；

第五，忽视了地区的差异性，使不同地区的不同产品采用同一标准，缺乏灵活性。

10.2.2.2　量力而行法

量力而行法是指企业根据资金能力来制定广告预算。这是一种在市场营销学上尚未正式定义，但在普遍实践中被大量企业所采用的方法。这种方法对于那些资金能力有限的中小企业而言是一个降低企业投资风险、保证企业发展的方法，但是这种安排预算的方法并没有考虑到企业的长期和短期销售目标，以及广告促销对于销售量的即时影响，具有一定的片面性，这将最终为企业长期市场计划带来困难。

10.2.2.3　竞争对等法

竞争对等法是指企业根据竞争对手的促销开支来决定本企业的开支，以保持竞争优势。实践中很多企业采用这种方法，它们认为竞争者们的广告预算开支代表这一行业的集体智慧，企业根据大家的开支来决定自己的开支可以使企业少走弯路。同时，这样的方法有助于维持竞争对等，降低发生广告战的可能。

虽然这是目前市场上广泛采用的方法，但也有一些人反对使用这种方法，因为他们认为：

第一，竞争对手的声誉、资源、优势、机会和目标都不尽相同，因此其预算标准难以直接作为本公司的预算标准；

第二，没有办法判断竞争对手的预算是否科学；

第三，目前没有证据证明建立在竞争对等基础上的预算能够消除促销战的爆发。

10.2.2.4　目标任务法

与前几种方法不同，目标任务法是从市场营销目的出发，先确定市场营销目标，然后确定达到这一目标必须完成的任务，最后通过估算完成这些任务所需要的每项费用来决定促销预算。企业在制定总预算时，必须尽可能详细地限定其广告目标，而且最好能具体化。例如，用达到10%的市场份额或者90%的目标顾客覆盖率这样的句子来表述，这样便于罗列详细的任务并估算成本。这一方法从销售目的出发，使企业管理者能够更加认真地研究其关于广告投入、试用购买率和广告显露水平之间的关系假设，使广告投入更加科学。然而，这一方法不容易掌握和执行。

10.2.3　设计广告信息

企业设计广告信息一般包括以下步骤：

10.2.3.1　广告信息的创意

广告的目的是向目标受众传递特定的信息。然而，每一个消费者每天都会接触到成千上万的广告，如何吸引到目标受众的注意，这就需要广告人员能够提出新的广告定位和创意，而这种创意是建立在对目标受众和产品服务的深入了解的基础上的。广告创意者们必须了解目标受众是谁，并仔细考虑他们的兴趣、需求、动机、生活方式等。

此外，企业需要对产品进行客观的评价，以确定那些可以实现广告目标且值得炫耀和强调的特点和优点。简明扼要、朗朗上口的口号是一种有效的方式，如麦当劳的"I love it"、汰渍的"有汰渍，没污渍"。

10.2.3.2　广告信息的评估与选择

企业必须根据一定的标准来评估广告的吸引力：

第一，广告信息应该是有意义的，能够向消费者说明产品所提供的价值与内容是让人期待和感兴趣的。

第二，广告信息要有特色，能够反映出产品与其他竞争者的区别。

第三，广告信息应该具有可信性。各国对此都有立法，禁止广告商制作虚假广告。

10.2.3.3　广告信息的表达

如何进行广告信息表达最终决定了广告的效果。策划人员必须寻找一种适合当地现实的广告风格、音调、文字和形式来表现产品。调查表明，英国的广告呈现一种高深的幽默，更加关心感性内容；德国的广告则更倾向于直接传达信息，不太注意幽默。很多全球性的公司都喜欢采用全球形象，在全球使用相同的广告。例如，麦当劳、雀巢咖啡使用全球统一的宣传口号，这样有利于品牌形象的整体性。但是，近些年的实践表明，越来越多的公司开始注重本土化的广告策略，以期更贴近本地消费群，以获取他们的共鸣。营销实践10-2就表明了可口可乐公司在中国广告策略的转变。

❖ 营销实践10-2
可口可乐的本土化广告策略

起初，可口可乐是以国际化的形象出现在中国消费者面前的，凭最典型化的美国风格和美国个性来打动消费者，所用广告也是美国亚特兰大版本。1997年，可口可乐的广告营销策略发生了显著的变化，其在中国推出的电视广告，第一次选择在中国拍摄，请中国广告公司设计，邀请中国艺人拍摄。可口可乐开始大踏步实施广告本土化的策略。

1997—2002年，可口可乐推出了一系列的春节贺岁广告。这些广告选择了典型的中国情境拍摄，运用对联、木偶、剪纸等中国传统艺术，通过贴春联、放烟花等民俗活动，来表现中国浓厚的乡土味。可口可乐还就北京申奥成功、中国入世大打广告宣传。可口可乐俨然成了中国本土产品，而这种乡土形象确实达到了与中国消费者沟通的效果。

　　可口可乐广告宣传策略本土化的另一方面体现在邀请本土知名艺人和体育人士当代言人。为了贯彻本土化思想，在广告宣传上必须用消费者明白的方式去沟通。可口可乐的基调是"活力永远是可口可乐"，走"年轻化"路线，因为可口可乐的主要消费群是年轻人。在可口可乐的广告中，知名艺人和体育人士是可口可乐永远的题材。例如，中国跳水皇后伏明霞成为 21 世纪"雪碧"品牌在中国的第一位广告代言人，随后，刘翔、姚明、郭晶晶等也代言过可口可乐。广告代言人进一步诠释了可口可乐的品牌形象，赋予产品更鲜活的特性。

　　资料来源　[1] 陈冠任. 美女现象 [M]. 北京：群言出版社，2004：167-169. [2] 李铁君，李铁钢. 可口可乐的营销利器 [EB/OL]. [2023-11-07]. http://www.emkt.com.cn/article/198/19810.html.

营销视野 10-1

10.2.4　选择广告媒体

　　对于企业而言，广告不可能覆盖所有的人群，也不可能覆盖所有的媒体，选择适合的媒体在适合的时候推出可以事半功倍。选择媒体主要有以下步骤：

10.2.4.1　确定广告的覆盖面、播出频率和效果

　　广告媒体决策的根本就是要寻找成本效益比最佳的媒体，以便向目标受众传达预期的展露次数。展露次数也叫毛评点（gross rating point，GRP），是在一定时期内为达到预期效果，预期的覆盖人口所接触到的广告次数的总和。展露次数可以用下列公式来表示：

　　总展露次数=期望覆盖人口数×播出频率×效果系数

　　覆盖面也称接触面，是指在一定时间内某一特定媒体一次最少能够接触到的不同人或家庭的数量。频率是一个测定目标市场中普通人能够接触到该广告的次数指标。效果由使用某一媒体的展露质量价值决定。

　　假设某公司准备投放一个广告，期望能够覆盖目标人口（100 万人）的 70%，每个人能够接触到 4 次广告，公司期望达到 1.5 的展示效果（假设通常的展示效果是 1），那么该公司所需要购买的总展露次数为 420 万人次（70 万人×4 次×1.5）。如果如此效果的每一个展露次数是 1 元，则公司需要花费 420 万元。通常，覆盖面越广，效果越好，广告费也越高。

10.2.4.2　选择广告媒体种类

　　传统的广告媒体包括电视、报纸、杂志、广播这 4 个基本种类。随着科学技术的发展

与应用，各类新型媒体大量滋生。网络相对低廉的费用和强大的市场覆盖率，使越来越多的企业和商家注意到网络广告媒体。表10-2列出了现代主要媒体广告的优缺点，媒体策划人员需要根据媒体各自的优缺点、广告商品的特征以及广告预算，选择不同的媒体组合。通常，对于那些日用消费品，如饮料、日化产品、家电等，电视广告的效果比较好；像服装、高档奢侈品则多选择针对性较强的杂志作为主要的广告投放点；地域性产品如房地产、文化演出以及促销信息一般会选择当地报刊、广播、户外广告等；店内广告则为企业提供了另一个非常直接而又价格低廉的宣传渠道。网络广告打破了地域和时间的限制，其灵活多变的呈现方式可以满足各类商品的宣传需要。

表10-2 主要媒体广告的优缺点

项　　目	优　　点	缺　　点
电视广告	有全面视听效果，感染力强，覆盖面广	成本高，瞬时记忆，干扰多，信息量相对小，针对性较差
报纸广告	灵活、及时，覆盖面相对广，信息容量大，形式多样	保存性差，传阅的人少，大多只能针对本地市场
杂志广告	目标人群针对性强，可信并有一定权威性，保存时间长，传阅者多	要提前很久购买，版面无保证
广播广告	大众化，成本低，目标人群的针对性相对高	信息容量小，瞬时记忆，不易引人注意，效果较差
网络广告	非强迫性，覆盖面广，费用低，形式多变，时间长，目标人群针对性强	干扰信息多，受众的真实情况不容易统计
户外广告	展示形式灵活多变，有可能图、文、音、影并茂，展示时间长，费用低，竞争少，覆盖面广	观众没有选择；缺乏新意，容易产生厌倦感；信息容量小，接触率浪费大
交通广告	可移动，竞争少，覆盖面广，展示时间长，费用低	缺乏新意，容易产生厌倦感；信息容量小，效果较差
店内广告	目标人群针对性强，展示形式灵活多变；有可能图、文、音、影并茂，成本低	覆盖面小，干扰多
电子邮件广告	目标人群针对性强，信息容量大，形式多样，竞争少，费用低	有可能被认为是垃圾邮件
传统邮件广告	目标人群针对性强，信息容量大，形式多样，人情味较重，竞争少	成本高，不易引人注意，有可能成为垃圾邮件

10.2.4.3　选择具体媒体工具

媒体策划人员在评估时只有考虑到各媒体的特性，才能判断哪些特定的媒体工具足以达到最佳的广告接触度、频率和效果。媒体策划人员也常要计算特定的媒体工具每接触千人的单位成本及为每一种媒体制造广告所需花费的费用。若甲杂志拥有10万名读者，其大16开整页广告费用为3万元；乙杂志拥有20万名读者，其相同规格的广告费用为5万元，则甲杂志每千个媒体接触者费用为300元，乙杂志每千个媒体接触者费用为250元。这样一比较，可以测知在乙杂志上登广告划算。媒体策划人员通常会选择那些覆盖目标市场的每千人成本比较低的媒体工具。在此基础上，媒体人员还需要具体考虑以下因素：

（1）媒体接触者是否均是广告的目标对象

例如在两种媒体上为婴儿润肤霜作广告，虽然两种媒体的每千个媒体接触者费用相同，但一个媒体的所有读者都是年轻的母亲，另一个媒体的所有读者都是青少年，则前者肯定更适合作广告。

（2）是否所有媒体接触者都已看到商品广告

并非每一个媒体接触者都注意到该商品的广告，对此应作具体分析。

（3）是否不同媒体之间的影响力存在差别

假如两个媒体拥有同等数量的目标视听者，不过甲媒体比乙媒体更让人信服，则在甲媒体上作广告虽然贵，但可能更符合经济原则。

此外，媒体策划人员还需要考虑不同媒体广告的成本。一般而言，电视广告的成本最高，少则几千元，多则上亿元，而广播广告相对低廉得多。因此，媒体策划人员必须在媒体费用和各种媒体工具所能产生的效果之间谋求平衡，并根据受众的特点和注意力予以修正。

10.2.4.4　选择广告时机

广告客户必须决定如何安排全年的广告支出时间。企业可以依销售的季节变动增减其广告支出，或整年都维持同样的广告支出。广告客户还要选择广告方式。持续式广告是指在一定时间内均匀地播出广告。其可以保证目标受众对于品牌的长期记忆，但是花费比较大，一般用于品牌的长期塑造。间歇式广告是指在一定时期内非均匀地播出广告。其可以使受众更全面地掌握广告信息，也比较省钱，一旦播出完成，就可以撤离广告市场。这种方式在短期提升销售方面比较有效，因此，企业需要根据需求选择广告的方式。

10.2.5　评估广告效果

百货大王约翰·沃纳梅克（John Wanamaker）曾说："我认为我的广告费一半是浪费了，但我不知道是哪一半被浪费了。"企业对广告效果应进行持续的评估，评估的内容很多，但主要有两方面：一是信息传递效果，即沟通效果；二是销售效果。

10.2.5.1　衡量沟通效果

衡量信息传递效果的方法比较多，可以在广告发布前，也可以在广告发布后。

在广告发布前常用的测试方法有：

（1）直接评分法

广告主向消费者提供几种不同的广告方案以供评选。这种方法可以很好地反映广告对消费者的吸引度和影响力；尽管在测定广告的实际效果方面还不完善，但在实际运用中效果不错。

（2）综合评定法

让消费者观看一个广告组合，然后请他们回忆广告内容，以测定广告的信息被理解和记忆的程度。

（3）实验室测量法

实验室测量法主要利用仪器来测定消费者对广告的生理反应，包括脉搏、血压、瞳孔变化以及排汗量等。这种方法可以有效地测量广告引起注意的能力，但是不能反映广告对消费信念、态度和意图的影响。

在广告发布后比较流行的测量方法主要有：

（1）回忆测试法

请一些看过广告的人回忆他们所看到的有关广告方面的信息，以测量广告和产品的引人注意度，即引起注意的程度有多大。

（2）认知测试法

由专业的研究人员请某一媒体的不同受众反复观看广告媒体，然后指出他们看到的东西，以评估广告在不同的细分市场上的影响，并将本企业的广告与竞争者的广告相比较。

10.2.5.2　衡量销售效果

广告的销售效果比较难以直接衡量。通常假设广告的播出会增加销售量，但到底能够增加多少，很难量化。引起销售量变化的因素有很多，如产品的特性、价格和可得性，甚至销售人员的态度和水平，乃至当地的经济、政治情况的变化等，因此，很难直接说明是否由广告引起，或者其影响力到底有多大。衡量广告的销售效果一般是将过去的销售量与过去的广告支出相比较，此外是通过实验加以测试。

❖ 营销实践10-3

招致骂名的广告

2008年2月6日（除夕）夜，一则著名毛纺品牌"恒源祥"的电视广告在全国多家电视台黄金时段播出。在长达1分钟的时间内，由北京奥运会会徽和恒源祥商标组成的画面一直静止不动，广告背景音从"恒源祥，北京奥运会赞助商，鼠鼠鼠"一直叫到"猪猪猪"，把十二生肖叫了个遍。其单调创意和高密度播出，遭到许多观众炮轰。"我还以为我家电视机坏了！"这是春节期间在家初次看到这则广告时市民孙小姐的第一反应。她的感受是："太恶俗了，比'脑白金'和'黄金搭档'的广告还要考验观众的忍耐力！"

然而，不可否认，这则广告成功地迅速引起广大消费者、媒体以及研究人员的注意。各种讨论纷至沓来，有叫好的，也有谩骂的。一位市场营销学老师说："你不是骂我的广告吗？你骂就有人看，看了我的广告我就达到目的了。记者写这篇文章也就中了商家的计。说白了这就是一起广告事件。"

资料来源　佚名. 恒源祥12生肖广告遭炮轰　观众称恶俗无法忍受 [N]. 重庆商报，2008-02-15.

10.3　营业推广

营业推广（sales promotion）也叫销售促进，是指能够迅速刺激需求、鼓励购买的各种促销形式。它是一种短期的促销方式，也是最早运用的促销手段。通常精心组织的营业推广活动可以获得良好的销售效果，大多数企业都经常采用这种销售方式。例如，美国企业每年用于营业推广的费用高达 1 000 亿美元。在有的企业，其营业推广的费用甚至占到总促销费的 60%~70%。营业推广和有效的人员推销相结合时效果会更佳。企业在使用营业推广时需要明确推广目的，选择正确的推广形式，同时需要制订合理的推广方案并予以实施。

10.3.1　营业推广目标的确定

营业推广的工具具有各种特定的目标。免费的样品会促使消费者尝试产品，免费的管理咨询服务则可巩固与零售商的长期关系。一般而言，企业营业推广的目标可以分成三大类：

10.3.1.1　针对消费者

针对消费者的营业推广目标可能是诱使消费者尝试新产品，从竞争者那里抢夺顾客，或者维持现有的忠诚顾客。营业推广可以用来吸引那些品牌转换者，这些人寻求的是低价格、高价值或奖励。但是推广活动未必能促使他们成为品牌的忠诚者，即使他们可能会被激励作随后的购买。对于那些品牌相似性不高的市场而言，有效的营业推广活动可以更持久地改变市场份额。此外，强烈的促销刺激可能使消费者储存商品——比通常购买得更早。研究发现，绝大多数人会在换季打折中购买他们并不会马上使用或者没有打算购买的商品，以备来年可能的需要，即使有可能永远不需要。

10.3.1.2　针对中间商

对零售商而言，营业推广的目标可能是使其经营新的产品，增加库存。而营业推广活动也触发了新兴零售形式的出现，如过季折扣店、天天低价店等。营业推广活动也可以增加互补类商品的销售。例如，超市的打折促销活动能够带动其他没有打折的商品的销售，吸引更多的顾客转到活动店去购买产品。

10.3.1.3　针对企业推销人员

对企业推销人员而言，营业推广的目标可能是鼓励其支持并宣传新产品，维护老顾客，拉拢新顾客，刺激其推销现有的产品或者库存产品。

10.3.2　营业推广形式的选择

人们设计了众多的营业推广工具来刺激市场消费。

按照目标对象，营业推广工具可分为：

（1）面向消费者的营业推广

面向消费者的营业推广，如优惠券、特价销售、有奖销售、演示示范、VIP卡、分期付款、免费试用、回购、服务承诺、竞赛等。

（2）面向中间商的营业推广

面向中间商的营业推广，如交易折扣、广告或促销补贴、展销、销售竞赛、免费商品等。

按照销售心理，营业推广工具可分为：

（1）以消费者经济利益为主的营业推广

以消费者经济利益为主的营业推广是指通过提供给消费者实际的价格减免来刺激消费，如折扣、优惠券、特价、退款等。

（2）以消费者心理利益为主的营业推广

以消费者心理利益为主的营业推广是指通过产品的品牌、实物、赠品以及购买过程等，从消费者心理利益方面来刺激消费，包括免费试用、VIP卡、有奖销售、竞赛和游戏等。

选择营业推广工具必须充分考虑市场类型、推广目标、竞争情况以及推广成本效益比等各方面。每一种推广工具都有其优势，但一般主要手段都是通过给予顾客或者中间商一定的优惠，以刺激其购买。刺激的手段多种多样，通常在实施过程中，企业需要灵活多变地采用不同手段，合理组合各类促销，使促销更加有效。很多设计精良的促销活动不仅能够刺激消费，还可以提升企业的长期声誉，建立起忠诚的顾客群。例如麦当劳推出的购买套餐换购限量史努比系列玩偶的活动，持续多年，风靡全球，造就了众多收藏迷，每次推出新款都在全球引起抢购潮，为麦当劳培养了忠诚的支持者。

营销视野 10-2

10.3.3 营业推广方案的制订与实施

在制订与实施营业推广方案时，市场营销人员需要考虑以下几个因素：

10.3.3.1 确定激励的规模

要想使营业推广获得成功，必须有一个最小的激励限度。一般说来，激励限度越大，反响越大，当然投入的成本也就越高。但是需要注意的是，当激励超过一定限度后，反响增加比例会递减。因此，企业需要考虑成本效益比，以求达到最佳激励规模。

10.3.3.2 决定参与的条件和主要的激励对象

有的激励可以供人人参与，而有的只能提供给有限的人群。同时，需要确定哪些是主要的激励对象，而且这部分人群规模是否足够大，是否有足够的潜力实现促销目标。这些问题选择得正确与否直接影响到营业推广方案的成功。

10.3.3.3 选择一个分发途径

一家商场可以通过微信公众号、电子邮箱、短信、实体商场等方式分发优惠券，每一种分发方式的成本和效果都不尽相同。

10.3.3.4 确定何时举办营业推广活动以及活动的持续时间

这对于生产和销售都有效。一般而言，推广活动时机的选择应根据需求和市场竞争的特点，结合整体市场营销战略。例如，绝大部分服装厂家会选择旺季来临前或后展开营业推广活动，以期最大限度地获取利润、回笼资金。在竞争对手展开大型推广活动前先发制人也会取得良好效果。此外，持续时间的长短也很关键。时间过短，有可能无法吸引到足够的潜在顾客；时间过长，又会削弱推广所产生的"现在就买"的效果。

10.3.3.5 作出营业推广预算

进行营业推广预算一般有两种方法：一是先选择营业推广的方式，然后估计营业推广的成本；二是确定营业推广预算占整个市场营销预算的百分比。通常企业倾向于采用后一种方法来作预算。相关研究发现，企业在作营业推广预算时常会产生3种问题：

第一，不计成本；

第二，不根据具体目标来确定开支，只在往年的基础上根据预期销售额按一定比例追加，或者按"就米下锅"的原则；

第三，将广告预算与营业推广预算分开制定。

应该注意的是，企业应该在可能的情况下对营业推广的各种工具进行测试，以便弄清楚它们是否合适以及所确定的激励程度是否适中。但是遗憾的是，在实际中，70%以上的企业并不注重这种提前测试。

10.3.4 评估营业推广方案的效果

尽管对最后结果的评估非常重要，但很多企业并未能真正进行对营业推广结果的评估。评估的方法多种多样，最常见的是通过对营业推广前、营业推广期间和营业推广后的销售额的比较来判断营业推广的效果。假设某企业在营业推广前的市场份额是3%，在营业推广过程中升到10%，而营业推广后又降到4%，然后又爬升到6%。这说明这项推广方案看似已经吸引了一些新的顾客，并马上促使了当前顾客的购买，营业推广后销售额会随着消费者使用产品或者提前购买而有所降低。例如，一位顾客本打算下周购买牙膏，但促销使其提前购买并储存了1个月的使用量。营业推广所获得的6%的长期增长意味着企业赢得了一些新顾客。但如果企业的市场份额回到了营业推广前的水平，就意味着营业推广只是改变了需求的时间模式，并没有改变总需求的数量。

10.4 人员推销

10.4.1 人员推销概述

人员推销（personal selling）是为实现销售目的而与一个或者几个潜在消费者相互交流的口头推广方式，是面对面的、个人化的促销手段。人员推销是最古老的促销方式，至今也是很重要的促销方式。人员推销之所以经久不衰，主要在于其有其他方式不可替代的优点：

第一，人员推销是面对面的双向沟通，沟通更加灵活多变。人员推销是最直接面对消费者的。推销人员可以把产品的各种信息及时传递给消费者，同时可以根据消费者的反馈，灵活多变地调整自身的策略和方法，有针对性地进行推销。

第二，作为与消费者直接接触的第一线工作人员，他们最了解消费者对产品的看法、需求以及期望，可以及时地将各种信息反馈给企业，以便企业及时调整市场营销战略和企业发展计划。

第三，人员推销的针对性强，可以获得较高的推销效率。推销人员可以事先对潜在顾客进行研究，以便实际推销时易于获得成功，而其他推广工具对目标顾客的针对性就没有这么强。所以尽管广告的覆盖面比人员推销广得多，然而成功概率比后者小，因为广告受众中有相当一部分人根本不可能购买该产品。

第四，人员推销具有公关作用，可以密切买卖双方的关系。好的推销人员善于与顾客建立起超出单纯买卖关系的友谊和信任，为企业赢得一批忠诚顾客。

人员推销也具有一定的局限性，其最大的问题就是访问客户的数量受到时间和费用的限制，因此主要用于买方数量有限、分布区域集中或购买批量大的情况。例如，美国企业在人员推销上的年开支和维持费用超过了1万亿美元，超过了其他任何促销方式。此外，人员推销对推销人员的要求较高，其成效直接决定于推销人员素质的高低。尤其随着科技的发展，新产品层出不穷，对推销人员的要求越来越高。

10.4.2 推销队伍的建设与管理

企业的成功在很大程度上依赖一支强健的推销队伍。推销队伍的建设和管理包括以下方面：

10.4.2.1 确定推销目标

很长一段时间内，推销人员的任务就是"销售，销售，再销售"。事实上，除了销售外，推销人员还应该执行下面一项或者几项任务：

（1）挖掘和培养新顾客

推销人员首要的任务是不间断地寻找企业的新顾客，包括潜在顾客和吸引竞争者的顾客，积聚更多的顾客资源，这是企业市场开拓的基础。

（2）培育企业忠实顾客

推销人员应该通过努力与老顾客成为莫逆之交，使企业始终保持一批忠实顾客，这是企业市场稳定的基石。

（3）提供服务

推销人员应该为顾客提供咨询、技术指导、迅速安全交货、售后回访、售后系列服务等，以服务赢得顾客的信任。

（4）沟通信息

推销人员应该熟练地传递企业各种信息，说服、劝导顾客购买本企业产品。在信息传递的过程中，推销人员要关注顾客对企业产品的信息反馈，主动听取顾客对产品、企业的意见和建议。

（5）分配产品

在产品短缺时期，推销人员要将稀缺产品分配给顾客。

10.4.2.2 确定推销队伍的组织结构

推销队伍的组织结构是一个推销人员如何分工最为合理有效的问题。推销队伍有4种主要的组织方式：

（1）按区域划分

按区域划分即按地理区域配备推销人员、设置销售机构，推销人员在规定的区域内负责推销企业的各种产品。该方法的优点是责任明确，有助于与顾客建立牢固的关系，节省推销费用。该方法适用于产品品种简单的企业。

（2）按产品划分

按产品划分即按产品线配备推销人员，设置销售机构，每组推销人员负责一条产品线，在所有地区进行推销。该方法适用的条件是产品技术性强、品种多且相关性不强。

（3）按顾客类别划分

按顾客类别划分即按某种标准（如行业、顾客规模）将顾客分类，再据此配备推销人员，设置销售结构。该方法的优点是能满足不同顾客的需求，提高推销成功率；缺点是增加推销费用，难以覆盖更广的市场。

（4）复合式的结构

复合式的结构即将上述3种结构结合起来，按区域-产品、区域-顾客、区域-产品-顾客来组建销售机构或分配推销人员。通常，若大企业拥有多种产品且销售区域相当广阔，则适宜采取这种结构。

企业需要根据推销目标和产品的不同，灵活调整推销队伍的结构。如果企业只对分布在许多地方的最终消费者销售一种产品，可以采取按区域来安排推销队伍的结构。如果企业是向各类消费者销售许多产品，就需要按产品或者市场来安排推销队伍。有的企业则需要更复杂的综合推销结构。

10.4.2.3 确定推销队伍的规模

一个企业一旦确定了推销队伍的目标和结构，下一步就需要考虑推销队伍的规模了。首先，企业需要确定其想利用推销队伍触及的顾客数量，据此确定推销队伍的规模。常用的方法叫作工作量法（workload approach），包含以下5个步骤：

第一，将顾客按年销售量分类；

第二，确定每类顾客所需要的访问频率，也就是对顾客的年访问次数；

第三，每一类顾客数乘上各自所需要访问数便是整个区域的访问工作量，即每年的销售访问次数；

第四，确定一个推销人员每年可以进行的平均访问次数；

第五，将总访问次数除以每个推销人员的平均年访问次数，即得到所需要的推销人员数量。

10.4.2.4　选拔和培训推销人员

推销人员的素质、技能对于实现企业市场目标、扩大影响至关重要。一个优秀的推销人员是企业最佳的无形资产，因此，企业必须注重选拔和培训推销人员。

通常认为理想的推销人员必须：

第一，具备良好的个人素质和道德修养。仪表端庄、举止文雅、作风正派、谦虚礼貌、平易近人等良好的气质和外表风度，给消费者一种亲切、愉快和满意的直观感觉，可以赢得他们的信任，为销售工作的顺利开展奠定基础。

第二，正确处理与企业、竞争对手和促销对象（消费者）之间的关系。

第三，熟悉企业文化和产品特性，包括竞争者的。

第四，熟悉各类推销技巧，并具备必要的商务知识和法律常识。

10.4.2.5　激励和评估推销人员

为了吸引高素质的推销人员、建设强有力的推销队伍，企业应拟定具有吸引力的奖酬措施。企业必须使推销人员认识到他们的努力将获得理想的回报，包括加薪、提升、奖励、公费旅游等。适当的激励将使推销人员更努力地工作。

对推销人员的激励要建立在对其工作实绩作出正确评价的基础上，因此，需要建立有效的评价标准，包括销售计划完成率、销售毛利率、销售费用率、货款回收率、客户访问率、访问成功率、顾客投诉次数。此外，需要结合推销人员的记事卡、销售工作报告、顾客的评价，以及企业内部员工的评价来综合评估推销人员的工作绩效，并给予相应的合理报酬。

推销人员总是喜欢有稳定的收入，可以根据自己的绩效获得奖励报酬，并且企业在支付报酬时能公正地考虑其经验和工龄。一般推销人员的报酬有3种形式：

（1）固定工资加奖金

固定工资加奖金适用于非推销工作占很大比重的情况。其优点是便于管理，给推销人员以安全感，情况发生变化时容易根据企业需要调整推销人员的工作。但这种方法容易导致效率低下，人才流失。

（2）提成制工资

提成制工资也叫佣金制，即按照推销人员的销售绩效和利润率获得一定提成。这种制度可以最大限度地调动推销人员的积极性，形成竞争机制；但是有可能导致推销人员只注重短期销售额最大化，而忽略了各种服务和企业长期利益，以致损害企业形象和声誉。

（3）固定工资加提成

固定工资加提成将前两种形式的优点相结合，扬长避短，是很多企业经常采用的方式。固定工资的金额和提成比例视企业自己的情况而定。

营销视野 10-3

营销视野 10-4

10.5　公共关系

10.5.1　公共关系概述

在市场营销中，公共关系（public relationship）是指企业通过公共传播和对特殊事件的处理，使自己与公众保持良好关系的活动。企业的公共关系可以分为内部公共关系与外部公共关系。这里所讲的公共关系是从企业市场营销的角度来研究的，因此主要是外部公共关系。公共关系也是企业促销的主要工具之一，但公共关系不是要推销某个具体产品，而是企业利用公共关系，可以把自己的经营目标、经营哲学、政策措施等传达给公众，使公众对企业有充分的了解，从而密切企业与公众的关系，树立企业的整体形象及声誉，为开拓目标市场创造良好的条件和基础，从而间接地促进产品的销售。

由于公共关系并不直接针对产品，其对企业销售效果没有直接的影响，因此在很长一段时间内，公共关系并不为企业所重视。在很多企业，公共关系和市场销售分属不同的部门。现在有趋势表明，这两种职能日趋合二为一。企业要求更多以市场营销为导向的公关活动，希望广告部门的公关活动能有助于企业营销和改进营销。各企业已经在组建市场营销公关团队，直接从事对企业或者产品的促销，以及品牌形象的树立和维护。因此，公共关系也服务于市场营销部门。

10.5.2　公共关系部门的任务

10.5.2.1　与新闻媒体交往

这是公共关系部门首要的任务之一。其目的是让新闻媒体报道那些对企业有价值的信息，吸引公众对企业的关注，以一种易于使公众接受的方式在社会上树立企业的良好形象。尤其在那些公信力强、影响力大的新闻媒体上，一篇新闻报道的效果往往胜过广告。

10.5.2.2　产品宣传

这是指为宣传某些特定产品而进行各种活动。公关部门需要配合产品的宣传计划，策划各种活动，以便和企业利益相关者（包括媒体、顾客、中间商、政府以及公司内部员工）沟通，令其了解企业产品的各种性能和价值。

10.5.2.3 公司的内外沟通

公司的内外沟通是指对公司内部和外部进行宣传，能够促进对企业的了解，达到"内求团结、外求发展"的目的。

10.5.2.4 政府沟通

公共关系部门的一个重要职能是与政府和相关部门沟通和协调，以促进或者阻止某些与企业发展或者企业形象密切相关的事件。通常大型企业会专门雇用一些具有一定关系或者背景的人来做公关工作。

10.5.2.5 危机管理

管理并预防企业危机，处理突发事件，能使企业能够在最短的时间内发现问题、处理问题、减少损失。转危为安是企业公关部门最重要的责任之一。企业的危机公关分为社会危机公关和自身危机公关。当社会发生重大危机时，企业可以通过对公益的支持来树立良好的社会形象。管理不善、同业竞争或者外界特殊事件都有可能给企业带来生存危机，此时企业必须及时采取一系列自救行动，以消除影响，恢复形象。

❖ **营销实践 10-4**

雀巢公司的婴儿奶粉事件危机公关

20 世纪 70 年代，雀巢公司开始大规模地在第三世界国家制造新产品，并推销其婴儿奶粉。大量的推广使得公司的市场份额迅速上升。不过，由于雀巢奶粉在这些国家大量宣传和促销，刻意将奶粉描述为胜过母乳喂养，并通过医院来展开促销，致使很多人认为其宣传和促销误导了消费者，同时其不断发生的质量事故也使各种悲剧不断出现，人们把导致婴儿死亡的直接原因指向了雀巢奶粉。一开始，雀巢公司并没有对事件足够重视。1974 年，英国的一家慈善机构出版了一本名叫《婴儿杀手》的小册子，点名批评雀巢在非洲的不当营销，而后德国的"第三世界工作组"将该书翻译成德文，改名为《雀巢杀害婴儿》。愤怒的雀巢公司将该工作组告上了法庭，案件持续了两年，并引起了全球的广泛关注。虽然该工作组最终因无足够证据表明"雀巢奶粉是婴儿的杀手"而败诉，然而雀巢公司的形象不仅没有得到改善，反而在国际上形成了两个强烈反对雀巢奶粉的组织，并最终导致对雀巢所有产品的联合抵制，而后扩展到包括美国在内的多个国家。雀巢公司随后聘请了全球最著名的两家公关公司来处理，并发放 30 万份宣传册给教会成员，同时公司被建议保持低调，并让第三方来发言。然而，各种努力均告失败。

最后，雀巢公司只好采取新措施，试图树立人道的、负责的"企业公民"形象：

（1）采用世界卫生组织《国际母乳代用品销售守则》，不向一般公众作广告，不向母亲发放样品。

（2）试图与药品管理小组合作，并遵守其规定。

（3）大力改善与新闻界的关系，采用"门户开放，坦率交流"的政策来同新闻界打交道。

（4）在华盛顿成立雀巢营养学协调中心，要求中间商注意平衡市场推广和营养常识普及的宣传力度。

（5）成立由医学家、教士和群众领袖等组成的10人委员会来监督雀巢对《国际母乳代用品销售守则》的遵守情况，并处理消费者投诉。

这一系列措施逐步挽回了雀巢奶粉的声誉。经过10年的冲突和7年的抵制后，1984年，多数组织同意停止抵制活动，但是雀巢公司因抵制受到的直接利润损失高达4 000万美元。

资料来源　　[1] 王广伟，李春林. 世界顶级企业公关策划经典模式［M］. 北京：经济科学出版社，2004. [2] 刘首英. 谁主沉浮：讲述全球48家知名企业成败的故事［M］. 北京：中国计量出版社，1997：406-408.

10.6　事件营销

10.6.1　事件营销的含义

事件营销（event marketing）是通过把握新闻的规律，制造具有新闻价值的事件，并通过具体的操作，让这一新闻事件得以传播，从而达到广告的效果。具体来说，事件营销就是企业通过策划、组织和利用具有名人效应、新闻价值以及社会影响的人物或事件，引起媒体、社会团体和消费者的兴趣与关注，以求提高企业或产品的知名度、美誉度，树立良好品牌形象，并最终促成产品销售的手段和方式。

现代企业要想引起消费者的关注越来越难，越来越多的企业开始把钱投资到其他方面，通过开发不同事件，吸引消费者的目光并亲身参与，共同体验企业文化和产品的魅力。

10.6.2　事件营销的模式

10.6.2.1　借力模式

借力模式是指企业将自己的议题向社会热点话题靠拢，从而实现公众从关注热点话题转变为关注企业议题。需要注意的是：

第一，社会议题必须与企业的自身发展和目标受众密切相关。例如，运动鞋本土品牌"匹克"赞助"神舟六号"并没有成功，其关键原因就是相关性太低，人们不会相信宇航员好的身体素质源于"匹克"运动鞋；但人们会相信是喝蒙牛牛奶造就了宇航员的强壮体格。

第二，事件营销需要具备可控性，即能够在企业的控制范围内；否则，可能达不到预期的效果。

第三，企业借助外部热点话题必须策划和实施一系列与之配套的公共关系策略，整合多种手段，以实现外部议题与企业议题相结合，公众从关注外部议题转变为关注企业议题。

10.6.2.2　主动模式

主动模式是指企业主动设计一些自身发展所需的议题，通过恰当的宣传，使之成为公众所关注的热点。这里需要注意的是：

第一，企业选择的事件或话题必须有新闻价值，这样才易于获取公众的关注。

第二，事件具有可发展性，以便人们持续地关注。茅台酒的成名就是事件营销的成功典范。贵州茅台通过创造"摔酒"这一事件，成功引起与会者的关注，进而让人们发现产品的魅力，创造出出其不意的新闻，最终获得广泛关注。

❖ **营销实践10-5**

一杯尿的价值

一家名不见经传的环保公司如今名声大噪，一切都得益于公司老总当众喝起尿来的行为。2006年9月25日，在扬州举行的"中国青年创业周"上，该公司董事长施伟东当着全国几十家媒体记者的面，将一杯处理过的尿液一饮而尽。这个惊人之举让他一下子出了名，媒体记者纷纷将焦点汇聚过来。他们在打听这个"疯子"究竟是谁？如果不疯，他又想向众人证明什么？

一时各种采访纷至沓来，施伟东的创业故事也迅速出现在各大媒体和网络上，甚至还走上了央视的财富故事会。这之后，他的环保厕所也获得了巨大成功，订单应接不暇。这一杯尿创造的价值不可估量。

资料来源　云海."厕所大亨"施伟东：让公厕飞上太空 [J]. 时代青年（月读），2007（3）：15-17.

10.6.3　如何开发事件营销

10.6.3.1　选择合适的时机

事件必须与企业的市场营销目标和宣传战略相匹配，同时，事件的受众必须与品牌的目标市场相一致。一个"理想的事件"应该具有如下性质：

第一，受众是企业希望的目标顾客；

第二，能够产生足够的注意力；

第三，不受其他赞助者干扰；

第四，有助于辅助市场营销活动；

第五，能够反映或者提高品牌或者企业形象。

10.6.3.2　设计赞助计划

参与一个事件不是仅仅通过赞助获得一个展示名称或者企业标志的机会，更重要的是企业需要设计一个合理的计划，利用多种方式展示自己。例如，饮料品牌"宝矿力水特"赞助了北京举办的亚运会，但其并没有运用多种手段，借助多种媒介，向人们广泛告之，仅在终端作了不到一个星期的宣传，而在亚运会举办的大部分时间内没有采取宣传措施。比赛结束，几乎没有人知道其赞助了亚运会。这样的赞助就是浪费金钱。

为了获得更显著的影响，企业通常需要选择与样品、奖品、广告、零售促销和公关宣传这样的活动一起进行赞助活动。

10.6.3.3　衡量事件影响

和广告宣传一样，事件效果的衡量也是很困难的。企业一般采用两种方法衡量事件效果：

（1）衡量供应方

衡量供应方是估计媒体对事件报道的时间和空间，如品牌在电视广告中出现了多少秒，在媒体报道中被提及多少次，重要程度如何，以及在宣传印刷品中的位置和内容多少等，然后根据相应的比例和价格进行计算，看投入是否值得。根据一些行业专家的意见，一般而言，标志在电视上 30 秒的展示可能只有 6~10 秒的价值。

（2）衡量需求方

衡量需求方是评价赞助企业对消费者产生的有关品牌知识的影响，通过跟踪或者定制调查来分析事件对于品牌知名度、美誉度、顾客态度甚至销售的影响。赞助企业可以确定或调查衡量该事件后目标受众对于企业的态度。

10.7　直接营销

直接营销（direct marketing）起源于邮购，是一种不通过市场营销中介而使用直接渠道，包括网络营销、电视营销、直接邮寄、目录营销和电话营销等，直接与消费者进行接触、送达和交付产品的销售方式。其是一种无店铺销售形式。

10.7.1　直接营销的特点

现代化快节奏的生活使消费者希望中间商能够 24 小时个性化地为其提供服务。现代网络技术的发展为人们提供了更加多样化的选择，使人们足不出户就可尽享逛街的乐趣，而现代物流业的发展也使得送货时间大大缩短，使订货变得更加方便快捷。因此，许多零售商都开始向顾客提供网络订购业务。与其他方式相比，直接营销具有以下特点：

10.7.1.1　使精确定位成为可能

直接营销商可以通过顾客信息与特征进行个性化定制，与单个目标顾客或特定的商业用户进行直接的信息交流，从而实现精确定位。销售者可以十分具体地选择一个合适的时刻接近目标顾客，并且直接观测消费者的反应，据此决定最能盈利的方案。

10.7.1.2 使个性化服务成为可能

通过直接营销，生产者可根据每位顾客的特殊需求为其定制产品，从而为顾客提供完全满意的产品和个性化的服务。例如，宝洁公司推出了专门的网站，为顾客提供定制化妆品的业务；麦当劳等根据客户信息在孩子生日前给父母邮寄提示性的促销品。

10.7.1.3 具有隐蔽性

直接营销战略不是大张旗鼓进行的，因此不易被竞争对手察觉；即使竞争对手察觉到自己的市场营销战略也为时已晚，因为直接营销广告和销售是同时进行的。这样可以在推销的同时有效避免价格战。

10.7.1.4 具有可测量性

管理人员可以通过跟踪消费者对某一项专门的直接营销活动的反应来测算出活动所产生的效益。对直接营销的效果可以从几种不同的途径加以测量：产生的查询量、由查询转化为现实购买的比例、传播效应的大小。

10.7.1.5 降低整体顾客成本

直接营销剔除了中间商加价环节，从而降低了商品价格；同时，让顾客无须出门就可购物，使他们的时间、体力和精神成本几乎降为零。

10.7.2 直接营销的形式

直接营销作为市场营销活动的一部分，与现代消费者的联系越来越密切。一方面，现代社会生活节奏不断加快，消费者用于购物的时间渐趋减少；另一方面，信息、通信技术的发展，信用系统的不断完善，为直接营销的发展提供了契机。直接营销的形式不再局限于邮购活动，变得越来越丰富。

10.7.2.1 直邮营销

直邮营销包括向目标顾客寄发报价单、通知、纪念品、信函、样品或者广告等。直邮营销者可以通过多种渠道获得客户名单和资料，如租用、购买或者与无竞争关系的其他企业相互交换。通过对目标顾客的精确定位和选择，直接营销者每年都会寄发几百万封邮件。尽管每千人的接触成本较大众化的广告要高，但是由于其精确定位，这些客户成为最终购买者的概率也比较大，因此，越来越多的企业开始选择这种方式去接触客户。

10.7.2.2 目录营销

目录营销是指公司邮寄全部的商品目录、特定消费品目录和业务目录给顾客。这些目录有可能是印刷品或者光盘。目录有免费的，也有收费的。像雅芳（AVON）、蒙哥马利·沃德（Montgomery Ward）、西尔斯·罗巴克（Sears Roebuck）等公司通过目录营销获得了巨大的成功。曾经在美国大约71%的人在家通过查询目录，用电话、邮件或者网络来购物。商品目录有可能单独寄发，也可能夹杂在其他邮件中寄发，如夹在银行寄发的账单或者订购的报纸中。

10.7.2.3 电话营销

电话营销是指市场营销人员利用电话和呼叫中心吸引新顾客，向老顾客提供销售、订购和咨询服务。电话营销帮助企业增加收入，降低成本，维持和改善客户关系，提高客户满意度。电信技术的发展使得企业可以利用统一的呼叫中心维护一个国家或者地区甚至全球的客户关系，其可以接听顾客电话，也可以打电话拜访顾客。

企业一般可以进行4种电话营销：

第一，电话销售，是指通过目录和广告吸纳订单，同时给顾客打电话或者提供订购和咨询服务。

第二，电话问候，是指通过电话和老顾客维持关系，了解顾客需求和愿望。

第三，电话展望，是指通过其他销售渠道培育和发展密切的客户关系。

第四，客户服务和技术支持，是指回答服务和问题，提供咨询建议。①

现代电话营销已经成为企业市场营销的重要手段之一。短信业务的发展给企业更多机会与客户联系，传递企业的最新信息，维护客户关系。例如，很多百货公司会给其会员客户定期发送短信，传达问候，告知促销信息等。

10.7.2.4 电视营销

电视营销通过在电视上介绍产品或赞助某个推销产品的专题节目，开展市场营销活动。在我国，电视是最普及的媒体，电视频道也较多，许多企业在电视上进行市场营销活动。很多电视台都开辟了电视购物栏目，还有的开设了专门的购物频道。

10.7.2.5 直接反应印刷媒介

直接反应印刷媒介是指在杂志、报纸和其他印刷媒介上作直接反应广告，鼓励目标成员通过电话或回函订购，以此促进销售，并为顾客提供知识等服务。

10.7.2.6 直接反应广播

广播既可作为直接反应的主导媒体，也可与其他媒体进行配合，使顾客对广播内容进行反馈。随着广播行业的发展，广播电台的数量越来越多，专业性越来越强。有些电台甚至针对某个特别的或高度的细分小群体，为直接营销者寻求精确目标提供机会。

10.7.2.7 网络营销

网络的运用使直接营销得以迅速发展，越来越多的人开始热衷于在家购物。由于收入

---

① 科特勒，凯勒. 营销管理［M］. 梅清豪，译. 12版. 上海：上海人民出版社，2006.

增加，越来越多的人能够负担得起个人电脑和服务费用。截至2023年6月，我国网民规模达10.79亿人，较2022年12月增长1 109万人，互联网普及率达76.4%；我国网络购物用户达8.84亿人，8.84亿用户仅上半年就贡献7.16万亿元网上零售额。

网络购物这一新兴市场营销工具以其独特优势获得众多企业和商家的青睐。

第一，网络营销具有实时性，消费者可以24小时上网选购满意的商品，而且商品销售库存等情况实时在线，消费者可以随时了解自己的订单状况。

第二，网络营销的商品展示手段多样化，消费者可以清楚地了解自己想要购买的商品的各种情况和性能。

第三，网络营销成本低廉，让消费者可以用更低的价格获得商品。很多传统的零售商都开设了网络商场，如北京王府井百货、北京图书城等。

2022年，中国社会消费品零售总额为439 733亿元。商务部电子商务和信息化司发布的《2022年中国网络零售市场发展报告》指出，2022年网络零售市场保持增长态势，全国网上零售额为13.79万亿元，同比增长4%。实物商品网上零售额为11.96万亿元，同比增长6.2%，占社会消费品零售总额的比重为27.2%，较上年提升2.7个百分点，拉动消费作用进一步显现。未来，线上线下融合、社交电商以及泛零售品类扩充将成为后期整个零售市场的重要增长点。

学思践悟

党的二十大报告指出："全面建设社会主义现代化国家，是一项伟大而艰巨的事业，前途光明，任重道远。"前进道路上，必须牢牢把握以下重大原则：坚持和加强党的全面领导、坚持中国特色社会主义道路、坚持以人民为中心的发展思想、坚持深化改革开放、坚持发扬斗争精神。在强调"坚持以人民为中心的发展思想"重大原则时，党的二十大报告指出："维护人民根本利益，增进民生福祉，不断实现发展为了人民、发展依靠人民、发展成果由人民共享，让现代化建设成果更多更公平惠及全体人民。"中国式现代化坚持以人民为中心，这是对马克思主义唯物史观的创造性运用，也是对党的百年奋斗历程的深刻总结，生动体现了中国式现代化理论的合规律性与合目的性、真理尺度与价值尺度的有机统一，深刻体现了中国式现代化实现过程中创造主体和价值主体的内在统一。

企业在进行营销战略和策略选择时，要以消费者和目标客户群体的需求及利益为先，为消费者提供能满足其需求的产品或服务价值，时刻牢记"坚持以人民为中心的发展思想"这一重大原则。

资料来源 李建国. 坚持以人民为中心的发展思想［N］. 中国社会科学报，2023-10-25.

关键术语

促销组合　沟通　促销　广告　营业推广　人员销售　公共关系　事件营销　直接营销

主要观念

1. 促销是企业将其产品及相关的有说服力的信息告知目标顾客，以达到影响目标顾客购买行为和决策，促进企业产品销售的市场营销活动。其实质是一种信息沟通活动。

2. 促销组合包括广告、营业推广、人员推销、公共关系、事件营销和直接营销。

3. 有效的沟通有5个步骤：识别目标受众；确定沟通目标；设计沟通信息；选择沟通渠道；评估沟通效果。

4. 任何一个企业的资源都是有限的，因此必须认真选择促销工具，并合理分配促销人员和预算。

基本训练

❖ 知识题

第10章判断题

一、简答题

1. 如何理解促销的本质？促销与广告有何不同？

2. 有效沟通的步骤是什么？

3. 制定广告预算的方法有什么？

4. 宣传是免费的吗？

5. 推销队伍的组织结构主要有什么方式？

二、论述题

1. 试述影响促销组合选择的因素。

2. 试述如何选择广告媒体。

❖ 技能题

1. 搜集你所在城市离你最近的卖场的营业推广方案，分析方案中所采用的促销方法。你认为这些促销方法是否有效？做得最好的方面是什么？有什么可以改进的地方？

2. 你如何看待营销实践10-3中恒源祥的广告策略。请班上同学分成正反两方进行辩论，分别论述其反对或者支持的理由。

3. 分析营销实践10-4中雀巢公司在开始的危机公关中犯了什么错误？后来为什么能够转危为安？同时结合雀巢公司的经验来为中国的"三鹿奶粉事件"后的奶制品企业出谋划策。

❖ 能力题

案例 1

三星"炸机门":丢掉的不止是手机市场王座

截至 2016 年 9 月 1 日,三星公司已确认有 35 起 Galaxy Note 7 着火事件,其中多数在充电时发生。2016 年 9 月 2 日,因电池事故进一步增加,三星公司在首尔举行新闻发布会,承认电池芯存在缺陷,并宣布召回澳大利亚、美国等 10 个国家和地区(不包括中国)的 250 万部该款手机,这给三星公司造成近 50 亿美元的年收入损失。

一夜之间,从科技新闻上升到社会民生新闻,事件席卷了全球消费者。在经历空前规模的召回和空前统一的全球航空公司禁用令后,三星公司在全球高端智能手机的市场地位岌岌可危,同时三星公司的品牌价值也遭受重创,并且损害是长期的。

相比三星手机的安全问题,三星公司的危机公关更堪忧。

选择性召回是三星公司在这次危机公关中犯下的第一个策略失误。很多跨国公司都犯过这个失误,一旦发生产品质量问题,中国市场通常就不在召回范围之列,只留给中国消费者一个冠冕堂皇的理由。比如,此次三星公司说因为电池批次不一样。不同区域选择不同工厂进行产品组装是正常的,也符合行业特点,但是三星公司错估了形势。

移动互联网时代,每一个企业都必须敬畏消费者的力量,因为消费者的力量是非常强大的,消费者头脑也非常清醒。一份简单粗暴的声明根本不足以应对来自广大中国消费者的疑问,三星公司的做法甚至被解读为用"双重标准"歧视中国市场。这项决策还带来了更大的隐患,就是之后不管什么原因,只要有一部国行 Galaxy Note 7 发生爆炸事故,舆论就会对三星公司造成不可估量的压力。

紧接着,三星公司新一轮的危机出现了:中国市场出现了两次 Galaxy Note 7 爆炸事件。面对如此严峻的形势,三星公司直到事故发生超过 15 小时后才首次进行官方回应,指出该国行手机爆炸与电池无关,系外部加热所致,暗示存在人为破坏的可能。在整个事件的进程中,三星公司没有使消费者看到它的诚意,只是不遗余力地撇清自身责任,转移话题和公众视线。这让中国"星粉"们大失所望。这是它在此次事件中的第二次策略失误。

资料来源 王玉. 三星"炸机门":丢掉的不止是手机王座 [J]. 销售与市场(管理版),2016(11):40-42.

问题:

(1)什么是危机公关?危机公关应该注意什么原则?

(2)假如你是三星公司的公关人员,你将如何处理此次危机?

(3)假设三星公司为了恢复此次事件的影响,改善品牌形象,需要组织一次大型的市场营销活动,你是公司策划人员,请为这次活动选择适合的促销工具,讲明原因,并写一份策划方案。

案例 2

如何促销宝洁的"Cheer"品牌

在全球范围内,美国的宝洁、高露洁-棕榈和欧洲的联合利华三大巨头瓜分了大部分日化用品市场。在美国洗涤品市场,宝洁公司的"汰渍"独占鳌头,"Cheer"位居第二。

"Cheer"是专门为顶开式洗衣机设计的一种白色并有蓝色和绿色微粒的洗涤产品。

Seth 拿到 MBA 学位后在宝洁公司的"Cheer"品牌组工作。公司让 Seth 做一份促销方案。他需要从众多的小礼品中挑选出一个适合的礼品作为促销的赠品，同时需要选择相应的方式并作出相关的预算。

在 Seth 选择新促销方案时，一个蓝绿色交织有红斑纹长腿的小玩意儿吸引了 Seth 的注意：一种橡胶玩具，给小孩玩的，无毒，又足够大，让小孩子无法吃下去，安全实用。经测试，同事 Lorinda 的 3 个小孩对这个玩具爱不释手。Seth 将其命名为"Cheery 怪物"，并仔细考虑各种促销选择。

根据采购部门的估计，这个玩具的成本大约每个为 6 美分，包括制造成本和从亚洲的产地运到辛辛那提的费用。Seth 的设想是每个大包装的"Cheer"放 3 个"Cheery 怪物"来促销，1 盒就要增加 18 美分的成本。Seth 分析了所有能想到的促销方式：

（1）邮寄促销：让顾客把洗涤剂包装盒上的标签寄到公司换取礼品。这样的方式对生产毫无影响，但无疑会减少礼品的吸引力。预计增加销量 200 000 盒，成本为每 3 个礼品的包装邮寄处理费用——75 美分。

（2）放在包装内：礼品放在包装内，那么包装外面必须有醒目提示。包装过程不受影响，但是包装盒外观设计要修改，且顾客不能直接看到可爱的小怪物。预计增加销量 500 000 盒，成本为改变包装盒外观的额外费用，不会高于 1.30 美元。

（3）捆在产品包装的外面：用真空包装膜将礼品和"Cheer"洗涤剂捆在一起。放在外面直观性强，但是爱占便宜的顾客会将礼品扯下拿走而不买产品。不过，预计增加销量至少 750 000 盒，成本为：将礼品捆绑在产品外的费用（1.75 美元/盒）+包装体积增大的费用（45 美分/盒）。

（4）随产品派送：在购买点即时派送。预计增加销量 600 000 盒，成本为每 300 个"Cheery 怪物"的运费——25 美元。全国有超过 8 000 家零售商，但是，某些小的零售商店可能贪污这些小礼品。

（5）互联网促销：Seth 没能想出很好的策略利用互联网来促销，但是他觉得这也许是条路子。

资料来源　钟超军."AIDA"法促销组合设计［EB/OL］.［2023-12-15］. http://www.emkt.com.cn/article/122/12256.html.

问题：

（1）假如你是 Seth，你会如何决定？理由是什么？

（2）请根据你的决定，编写一份促销计划。

第四篇 市场营销计划、组织与控制

第11章 市场营销计划、组织与控制

学习目标

知识目标
◆ 了解市场营销计划的基本内容。
◆ 了解市场营销组织的演进与基本形式。
◆ 了解市场营销控制的主要内容与方法。

技能目标
◆ 熟悉市场营销计划的编制。
◆ 熟悉市场营销组织的设计。
◆ 熟悉市场营销控制的基本程序。

能力目标
◆ 全面掌握市场营销计划编制的流程。
◆ 学会设计和优化市场营销组织。
◆ 学会运用市场营销控制的主要方法。

❖ 引例

某移动运营商的一次失败的促销活动

　　某移动运营商为了留住老客户，并吸引新入网客户，除了进行大规模的广告宣传外，拟按在网时间长短给老客户以相应的手机购买补贴，同时赠送一个包含话费的手机号码。

　　该活动由营销中心宣传室主任临时指定几个人组成一个活动小组。当天天气不好，

早上下小雨，中午台风大作，大雨倾盆，现场混乱不堪。不巧的是，现场带去的 SIM 卡与所放号码不对应，已经办理完手续的一大批顾客将无法开机。于是，工作人员通过现场喇叭请求顾客到指定位置更换 SIM 卡。此时，指挥声、抱怨声、怒骂声、风雨声、喇叭声，声声刺耳。

活动负责人决定取消第二天的活动，在现场放了一块告示牌，上面胡乱地写上要顾客到指定的营业厅办理的通知。而第二天天气好转，很多顾客远道而来，看到这样的通知，再加上第一、第二档次的优惠已经出尽，需要顾客降低档次来享受优惠，顾客感觉承诺不能兑现，非常气愤。

该活动支出宣传费、场地费、手机补贴总共 120 多万元，发展用户 1 000 人，但 ARPU（每用户平均收益）严重低于现有的总体平均水平。

资料来源 史正军. 移动运营商的促销管理——某运营公司失败促销案例分析［J］. 移动通信，2001（10）：45-46.

11.1 市场营销计划

从某种意义上讲，市场营销管理的任务就是研究企业如何有计划地组织整体市场营销活动，通过编制计划、执行计划，实现市场营销战略，达到企业的既定目标。由此可见，市场营销计划是市场营销管理的中心内容。所谓市场营销计划，是指企业在一定时期内从事市场营销活动预期达到的目标以及达到目标的步骤、措施和方法，它是现代企业总体计划的一个纲领。

11.1.1 市场营销计划的类型

市场营销计划是一个总称，泛指企业有关市场营销活动的计划。一般情况下市场营销计划的类型是由企业规模、市场状况、战略方向等多方面因素决定的。根据划分的角度不同，可对市场营销计划进行如下的分类：

11.1.1.1 按市场营销计划的内容划分

（1）战略市场营销计划

战略市场营销计划是一种长期计划，跨越 3 年或 3 年以上，勾画出企业的战略市场营销目标、目标市场、市场定位、市场营销组合及实施市场营销战略所需要的企业资源以及所希望的结果（预算）。

（2）战术市场营销计划

战术市场营销计划属于操作层面的短期计划，是为实现第一年战略计划所采取的特定市场营销活动的详细时间和费用安排表。成功的组织在制订战术计划之前应该完成其战略计划的制订。

11.1.1.2 按组织层次划分

（1）企业整体计划

企业整体计划包括企业所有的业务计划，规定企业的使命、发展战略、业务决策、投资决策和当前的目标。

（2）事业部计划

事业部计划主要包括事业部的发展及盈利目标，规定事业部的市场营销及相应的财务、生产及人事安排。

（3）产品线计划

产品线计划一般由产品线经理对产品线的目标、战略及战术作出具体规定。

（4）产品项目计划

产品项目计划一般由产品经理制订，规定一个特殊产品或产品项目的目标、战略及战术。

（5）品牌计划

品牌计划规定产品系列中一个品牌的目标、战略和策略，由品牌经理制订。

11.1.1.3 按计划的时间跨度划分

（1）长期计划

长期计划多在5年以上，主要涉及企业组织扩大、产品升级、市场转移等重大事项的概要性计划，往往由企业的最高决策层作出和掌握。

（2）中期计划

中期计划主要是指1~5年以内的计划，与企业的中期规划和中层管理人员的日常工作有更多的直接联系。中期计划较为稳定，受环境因素变化的影响较小，是大多数企业制订计划的重点。

（3）短期计划

短期计划主要指1年以内的计划，其内容比较详细具体，对企业一线管理人员的日常工作有更大的影响。短期计划一般包括年度经营计划和各项适应性计划。一些生命周期较短的产品也采用短期计划。

11.1.2 市场营销计划的内容

一般来说，大多数的市场营销计划，尤其是产品与品牌计划包括的内容见表11-1。

表11-1 市场营销计划的内容

计划项目	目的与任务
计划概要	对计划进行整体性简要描述，以便于了解计划的核心内容和基本目标
市场营销现状分析	提供宏观环境的相关背景数据资料，搜集与市场、产品、竞争、分销及资源分配等方面相关的数据资料

续表

计划项目	目的与任务
机会与问题分析	确定公司的主要机会和威胁、优势和劣势，以及产品所面临的问题
市场营销目标	确定该项计划需要实现的销售量、市场份额、利润等基本目标
市场营销战略与策略	提供用于实现计划目标的市场营销策略与主要市场营销手段
行动方案	具体要做什么？谁执行？何时做？需要多少费用？
预算开支	预测计划中的财务收支状况
市场营销控制	说明如何监测与控制计划的执行

资料来源　科特勒. 营销管理［M］. 梅清豪，译. 11版. 上海：上海人民出版社，2003：89.

11.1.2.1　计划概要

计划概要是市场营销计划的开端，是对主要市场营销目标和措施进行简要概括的说明，是整个市场营销计划的精神所在。撰写计划概要的目的是让计划的阅读者迅速地把握计划的要旨。如果有关人员需仔细推敲计划，则可查阅计划书中的有关部分。因此，在形式上最好在计划概要之后附列整个计划分项的目录及相应页码。

❖ **营销实践 11-1**

计划概要示例

某电信增值业务公司 202×年度的市场营销计划概要如下所述：

202×年，增值业务在保证市场营销投入的前提下应实现大幅度增长：销售收入目标为 1 200 万元，较去年增长 12%；利润目标为 300 万元，较去年增长 11.5%。业务增长主要通过开拓 5G、增值服务等业务实现。市场营销预算为 60 万元，同比增长 20%，增加预算部分主要用于 5G 与增值服务业务。

11.1.2.2　市场营销现状分析

进行市场营销现状分析需要提供以下背景材料：

（1）市场现状

这是指主要描述市场规模与增长状况、各细分市场的销售情况、顾客需求和购买行为的变化与趋势。

（2）产品现状

这是指列出每一主要产品过去几年的销售额、价格、利润等方面的资料数据。

（3）竞争现状

这是指指出主要竞争者，分析它们的规模、目标、市场占有率、产品质量，市场营销战略、策略和战术，以及任何有助于了解其意图、行为的资料。

（4）分销现状

这是指列出各分销渠道上的销售量及在每一渠道上的重要性，描述各类中间商能力的变化及企业对中间商有效的激励。

（5）宏观环境状况

这是指描述影响企业产品市场的宏观环境有关因素、它们的现状及未来变化的趋势，一般以人口统计、经济、技术、政治、法律、社会文化等基本宏观环境因素为划分维度而进行描述与分析。

11.1.2.3　机会与问题分析

市场营销部门要在市场营销现状的基础上，围绕产品找出主要的机会与威胁、优势与劣势，以及面临的问题。

第一，通过机会（opportunity）与威胁（threat）分析影响企业未来的外部因素，以便考虑可以采取的应变行动。对所有机会与威胁，要有时间顺序，并分出轻重缓急，使更重要、更紧迫的因素能受到应有的关注。

第二，通过优势（strength）与劣势（weakness）分析企业内部条件。优势是企业成功利用机会和对付威胁所具备的有利的内部因素；劣势则是企业必须加以改进、提高的方面。通过对自身优劣势的分析与比较，企业能够更客观地找出自己在市场中的位置，以便于成功地利用某些策略，避免某些不利因素。

第三，通过问题分析，企业将机会与威胁、优势与劣势分析的结果用于决策，产生出更符合企业内情的市场营销的目标、战略和战术，对外也更易于适应环境，使企业市场营销计划更容易执行，并取得经营上的成功。

11.1.2.4　市场营销目标

市场营销目标是市场营销计划的核心部分，在分析市场营销现状并预测未来的机会与威胁的基础上制定，将指导随后的策略和行动方案的拟订。市场营销目标分为财务目标和市场营销目标。财务目标主要由短期利润指标和长期投资收益率目标组成。财务目标必须转换成市场营销目标，如销售额、市场占有率、分销网覆盖面、单价水平等。所有目标都应以定量的形式表达，并具有可行性和一致性。

11.1.2.5　市场营销战略与策略

市场营销战略与策略是指完成计划目标的主要市场营销途径和方法，包括目标市场的选择和市场定位战略、市场营销组合策略、市场营销费用安排、市场调研等主要决策。市场营销经理不仅应当准确地描述战略的内容，而且要说明战略所需要的资源及战略实施过程中的责任分担。市场营销战略的实施只有在其他职能部门的配合下才能很好完成，因此，战略的最后确定应该征求其他职能部门的意见。

11.1.2.6　行动方案

行动方案是指将市场营销战略和策略具体化为可操作的措施。它回答应该做什么、谁来做、什么时候做、需要多少成本等问题，以此把市场营销战略的内容具体贯彻下去。通常，企业会把行动方案按时间顺序列出，并明确标清每项行动的日期、活动费用和负责人员。

11.1.2.7 预算开支

预算开支是指根据行动方案编制预算方案，收入方列出预计销售量及单价，支出方列出生产、实体分销及市场营销费用，收支顺差即预计的利润。上级主管部门负责该预算的审查、修改或批准。而一旦获得批准，此预算即成为购买原料、安排生产、支出市场营销费用的依据。

11.1.2.8 市场营销控制

市场营销控制是市场营销计划的最后一部分，规定如何对计划执行过程进行控制。基本做法是将计划规定的目标和预算按季度、月份或更小的时间单位来分解，以便于主管部门对计划执行情况随时监督检查。有些计划的控制部分还包括发生意外时的应急计划。

营销视野11-1

11.1.3 市场营销计划的实施

市场营销计划的实施是一个艰巨而复杂的过程。在这个过程中，如果环境动荡复杂，计划本身脱离实际，长、短期目标相矛盾且未能很好协调，以及缺乏具体明确的实施方案等，则可能使市场营销战略和计划不能取得应有的成效，甚至走向失败。因此，如何妥善处理可能发生的问题，规划、组织市场营销计划实施的具体过程，确保既定目标顺利实现，便成为市场营销管理工作的一项重要内容。

市场营销计划的实施涉及相互联系的以下内容：

11.1.3.1 制订行动方案

为了有效地实施市场营销计划，必须制订详细的行动方案。这个方案应该明确市场营销计划实施中的关键性决策和任务，并将执行这些决策和任务的责任落实到个人和小组；另外，应包含具体的时间表，定出行动的确切时间。

11.1.3.2 调整组织结构

在市场营销计划的实施过程中，组织结构起着决定性的作用。它把计划实施的任务分配给具体的部门和人员，规定明确的职权界限和信息沟通路线，协调企业内部的各项决策和行动。组织结构应当与计划的任务相一致，同企业自身的特点、环境相适应，即必须根据企业战略、市场营销计划的需要，适时改变、完善组织结构。

11.1.3.3 形成规章制度

为了保证计划能够落到实处，必须设计相应的规章制度。在这些规章制度中，必须明确与计划有关的各个环节、岗位，人员的责、权、利，各种要求及衡量、奖惩条件。

营销视野 11-2

11.1.3.4 协调各种关系

为了有效实施市场营销计划和战略，行动方案、组织结构、规章制度等因素必须协调一致、相互配合。

11.2 市场营销组织

市场营销计划的落实必须通过市场营销组织来进行。没有高效运行的市场营销组织作保证，再好的计划都可能达不到预期的目的，甚至成为一堆废纸。因此，建立与企业内外环境要求相适应的市场营销组织，是确保企业各项市场营销职能、市场营销措施顺利实现的保证。

11.2.1 有效市场营销组织的特征

市场营销组织是企业内部涉及市场营销活动的各个职位及其结构。一个有效的市场营销组织应具有以下特征：

11.2.1.1 灵活性

灵活性是指企业市场营销组织具有适应市场环境或市场营销变化而自我完善的能力。一个组织不具有适应环境变化、迅速调整自己、作出正确反应的能力，就是一个惰性很强、僵化的组织，很难适应变化了的环境提供的新机会。因此，具有灵活性的企业市场营销组织应是可变的，最好是一个具有适应调节功能的系统。

11.2.1.2 系统性

系统性即企业内部各部门，诸如市场营销部门、生产部门、财务部门及人事部门等，都能相互配合，构成一个完整的系统。市场营销部门起着协调各部门的作用，使各部门的活动均以顾客为基础来制定策略、计划，从整体上满足消费者的需要，以实现企业经营目标。

11.2.1.3 迅速、准确地传递信息的能力

迅速、准确地传递信息的能力是指能很快地把有关信息资料送到需要使用这些资料的工作人员手中。

11.2.2　市场营销组织的演进与基本形式

11.2.2.1　市场营销组织的演进

现代理想的市场营销组织是经过长期演化而来的产物。从20世纪30年代销售部门在西方企业组织中处于无足轻重的地位，到今天市场营销部门具有复杂的功能并成为企业组织中的核心部门，可划分为5个阶段：

（1）简单的销售部门

企业是从财务、生产、销售、人事、会计5个基本职能部门开始发展的。在该阶段，企业通常以生产作为经营管理的重点。生产什么、生产多少以及产品价格主要由生产和财务部门确定。销售部门通常只有一位销售主管率领几位销售人员，销售经理的主要职责是管理推销人员，促使他们卖出更多的产品。其组织结构如图11-1（a）所示。

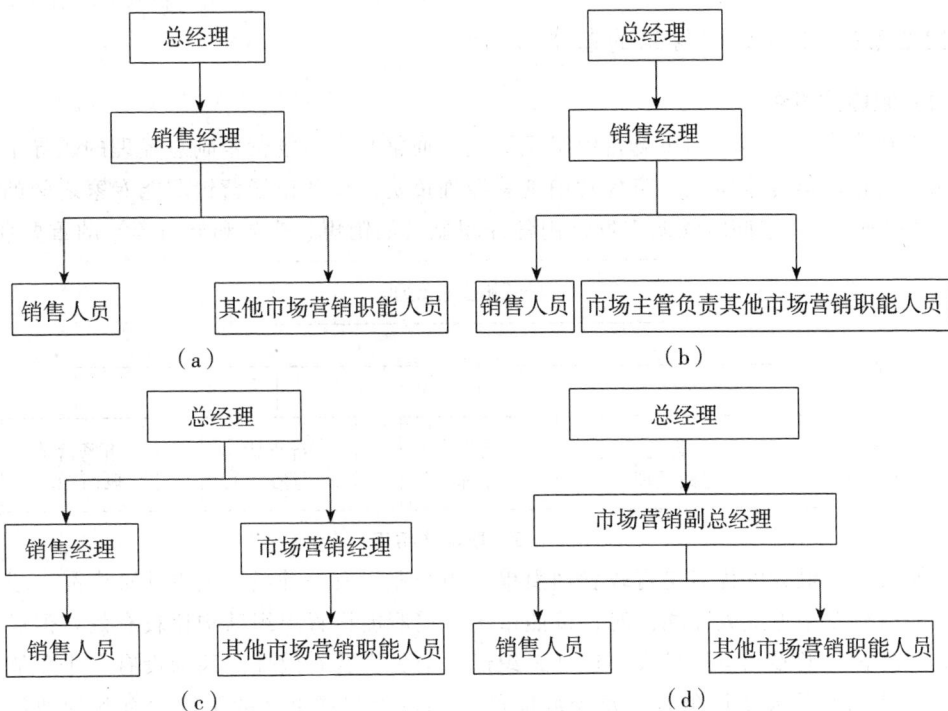

图11-1　市场营销组织的演进

（2）销售部门兼营其他市场营销职能

随着企业规模和业务范围的扩大，企业需要经常进行市场调查、广告宣传以及顾客服务等方面的工作，这些工作逐渐变成专门的职能。当工作量达到一定程度时，销售经理可聘用一位市场主管负责这方面的工作。其组织结构如图11-1（b）所示。

（3）独立的市场营销部门

企业不断发展，销售队伍不断扩大，企业市场营销的任务及其重要性越显突出，企业的总经理认识到建立一个独立于销售部门的市场营销部门是有必要的（如图11-1（c）所示）。在这个阶段，市场营销和销售在公司中是两个独立和平行的部门。

（4）现代市场营销部门

虽然销售和市场营销部门的工作应是目标一致的，但平行和独立又常使它们的关系充满竞争和矛盾。销售经理趋向于短期行为，侧重于取得眼前的销售量，而市场营销经理多着眼于长期效果，侧重于制订适当的产品计划和市场营销战略，以满足市场的长期需要。销售部门和市场营销部门之间矛盾冲突的解决过程，形成了现代市场营销部门的基础，即由市场营销副总经理全面负责，下辖所有市场营销职能部门和销售部门（如图11-1（d）所示）。

（5）现代市场营销企业

一个企业仅仅有了上述现代市场营销部门，还不等于是现代市场营销企业。现代市场营销企业取决于企业内部各种管理人员对待市场营销职能的态度。只有当所有的管理人员都认识到企业一切部门的工作是"为顾客服务"，"市场营销"不仅是一个部门的名称，而是整个企业的经营理念时，这个企业才能成为真正的现代市场营销企业。[①]

11.2.2.2　市场营销组织的基本形式[②]

（1）职能式组织

这是最古老、最常见的市场营销组织形式，通常是在市场营销副总经理的领导下，由各种市场营销职能专家构成，市场营销副总经理负责协调各市场营销职能专家之间的关系（如图11-2所示）。它同时强调市场营销各种职能（如销售、广告和调研等）的重要性。

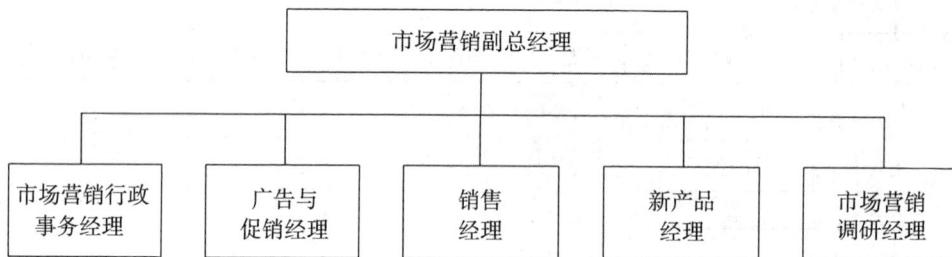

```
                    ┌─────────────────────┐
                    │    市场营销副总经理     │
                    └─────────────────────┘
        ┌──────────┬──────────┬──────────┬──────────┐
   ┌─────────┐ ┌─────────┐ ┌─────┐ ┌─────────┐ ┌─────────┐
   │市场营销行政│ │ 广告与   │ │销售 │ │ 新产品   │ │市场营销  │
   │事务经理   │ │ 促销经理 │ │经理 │ │ 经理     │ │调研经理  │
   └─────────┘ └─────────┘ └─────┘ └─────────┘ └─────────┘
```

图11-2　职能式组织

职能式组织最大的优点是行政管理简单。当企业只有一种或者很少几种产品，或者企业产品的市场营销方式大体相同时，按照市场营销职能设置组织结构比较有效。但是，随着企业产品种类增多和市场扩大，这种组织形式会失去其有效性。因为没有一个职能部门对某一具体的产品或市场负责，每个职能部门都在为获得更多的预算和有利的地位而竞争，致使市场营销副总经理经常陷于难以调节的纠纷之中。

（2）地区式组织

当一个企业面临的市场范围很大，而且各地的需求差异也比较大时，那么建立地区式组织有助于市场开发和管理。该组织形式设置包括一位负责全国销售业务的销售经理，若干区域销售经理、地区销售经理和地方销售经理等。其组织结构如图11-3所示。

---

① 蔡寅二. 市场营销学 [M]. 大连：东北财经大学出版社，1989：297-299.
② [1] 蔡寅二. 市场营销学 [M]. 大连：东北财经大学出版社，1989：300-307. [2] 万晓. 营销管理 [M]. 北京：清华大学出版社，北京交通大学出版社，2007：369-370.

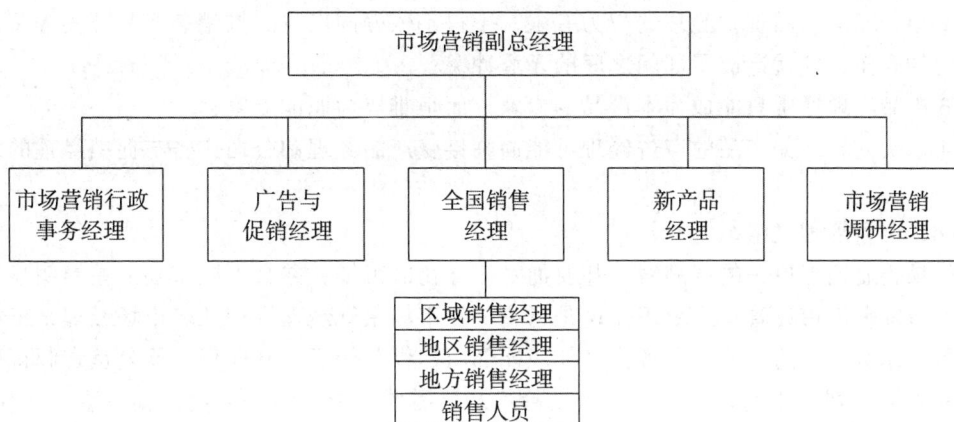

图11-3 地区式组织

地区式组织的主要优点是：便于掌握该地区市场的情报，施之以有针对性的市场营销策略。其主要缺点是：有可能造成地区割裂和整个企业内的有害竞争；容易造成不必要的资源浪费。这种市场营销组织必须与其他的组织类型结合起来，才能将具体的市场营销活动落到实处。

（3）产品管理式组织

若企业经营多品种或多品牌的产品，并且各种产品之间的差别较大，则适合按产品系列或品牌设置市场营销组织（如图11-4所示）。采用产品管理式组织，即在企业内部增设产品经理，负责各种产品的策略规划与修正，搜集有关销售、用户和中间商的反馈意见，改进产品以适应市场需要等。

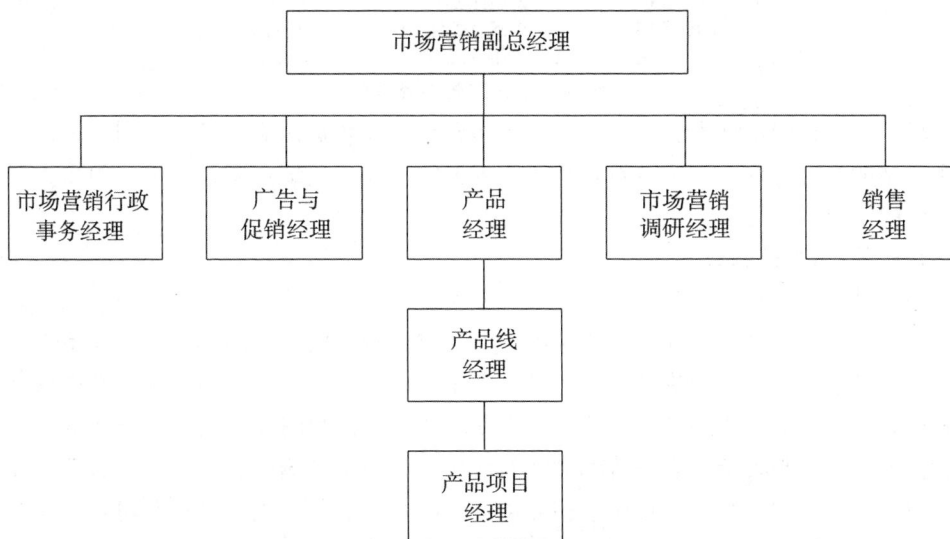

图11-4 产品管理式组织

产品管理式组织的优点是：产品经理能够有效地协调各种市场营销职能，并对市场变化作出积极反应。同时，由于有专门的产品经理，那些品牌较小的产品可能不会受到忽视。但该组织也存在一些缺陷：

①缺乏整体观念，各产品经理之间容易发生摩擦；

②由于产品（品牌）经理的权力有限，不得不依赖同广告、推销、产品开发等其他职能部门的合作，这就造成了部门之间的矛盾冲突；

③产品经理通常只能成为本产品的专家，而很难成为职能专家；

④多头领导，如产品的广告经理可能面临接受产品经理和公司广告与促销经理的双重领导。

（4）市场管理式组织

如果企业拥有单一的产品线，却要面对多样化的市场，并且不同市场的差异明显，那么一般适宜采用市场管理式组织。这是指由一位市场主管经理管理几名市场经理，市场经理开展工作所需要的职能性服务由其他职能部门提供并保证，其职责主要是负责制订所辖市场的长期计划和年度计划，分析市场趋势及所需要的新产品。他们比较注重长远利益，而不是眼前的获利能力。其基本结构如图11-5所示。

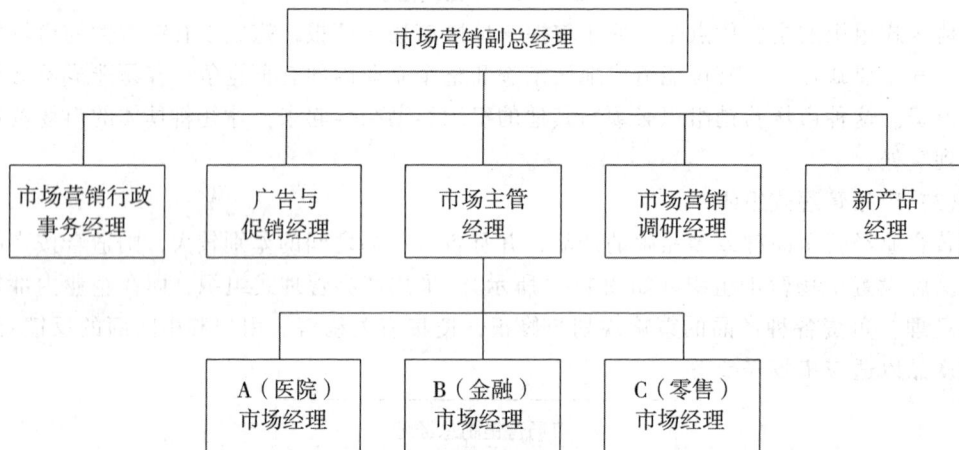

图11-5 市场管理式组织

市场管理式组织的优点在于，企业的市场营销活动是按照满足各类不同顾客的需求来组织和安排的，这有利于加强企业销售和市场开拓工作。其缺点是，容易出现多头领导和权责不清的现象。

（5）产品-市场式组织

这是一种矩阵式组织，是产品管理式与市场管理式组织结合起来的组织形式。面向不同市场、生产多种产品的企业，在确定组织形式时经常面临两难的选择：是采用产品管理式还是市场管理式。为了解决这一难题，有的企业建立一种既有产品经理又有市场经理的矩阵式组织（如图11-6所示）。产品经理负责产品的销售利润和计划，为产品寻找更广泛的用途；市场经理则负责开发现有和潜在的市场，着眼于市场的长期需要，而不是推销眼前的某种产品。这种组织形式适用于多元化经营的企业。其缺陷是管理费用高，容易产生内部冲突，存在权力和责任界限不清的问题。

（6）事业部组织

随着产品品种增加和企业经营规模扩大，为适应这种情况，企业常常将各产品部门"升格"为独立的事业部，各事业部下设职能部门（如图11-7所示）。根据企业是否再设立企业级的市场营销部门，一般有以下3种选择：

市场经理

	男装	女装	家庭用布	工业用户
人造丝	□	□	□	□
醋酸纤维	□	□	□	□
尼龙	□	□	□	□
涤纶	□	□	□	□

产品经理

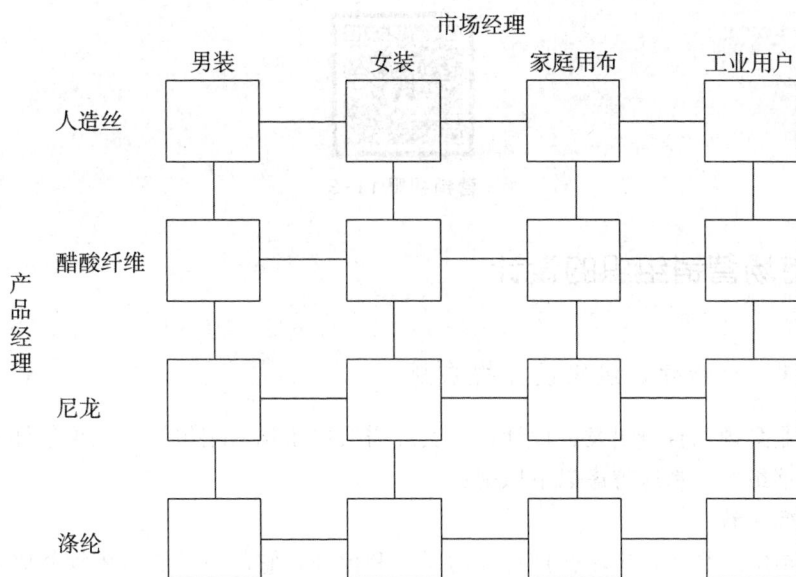

图 11-6　杜邦公司纺织纤维部的产品-市场式组织

资料来源　［1］万晓. 营销管理［M］. 北京：清华大学出版社，北京交通大学出版社，2007：374.［2］励瑞云，夏蔚纯. 社会主义市场学［M］. 2版. 长春：吉林人民出版社，1988：369-370.

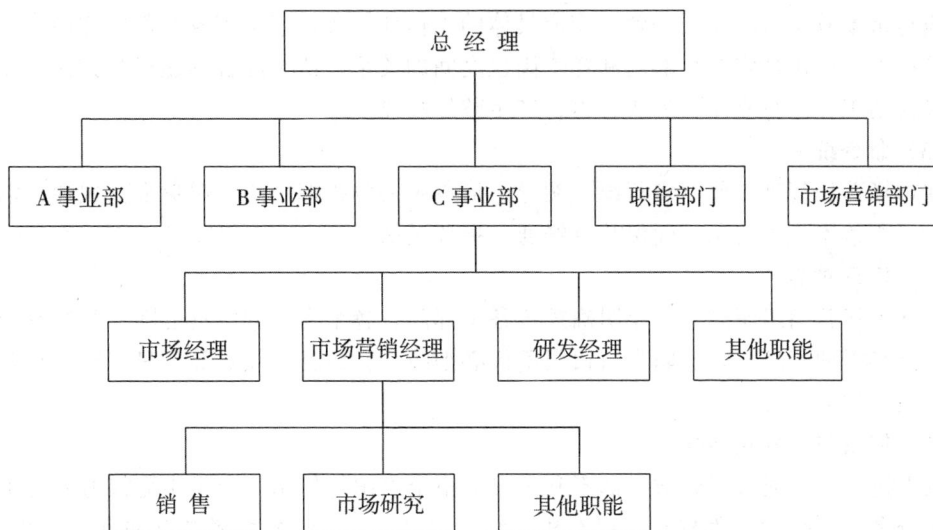

总 经 理

A 事业部　　B 事业部　　C 事业部　　职能部门　　市场营销部门

市场经理　　市场营销经理　　研发经理　　其他职能

销 售　　市场研究　　其他职能

图 11-7　事业部组织

①公司总部不再设市场营销部门，市场营销职能完全由各事业部自己负责。

②公司总部设立适当规模的市场营销部门，主要协助公司最高层评价市场营销机会，向事业部提供市场营销咨询指导服务，宣传和提升企业整体形象等职能。

③公司总部设置功能强大的市场营销部门，直接参与各事业部的市场营销规划工作，并对计划实施过程加以监控。因此，各事业部的市场营销部门实际是市场营销计划的执行部门。

营销视野11-3

11.2.3 市场营销组织的设计

11.2.3.1 市场营销组织设计的原则

一个企业必须从自身出发，设计符合实际需要的市场营销组织。无论怎样的企业，在设计市场营销组织时都应考虑以下原则：

（1）目标一致

市场营销组织是实现市场营销目标的手段和保证，它的设计必须依据并服从于市场营销目标，与市场营销目标保持高度一致。凡是与市场营销目标无关的职位和机构必须取消，对于与市场营销目标关系不大、可有可无的职位与机构，应该予以合并或调整。

（2）分工协作

应将市场营销目标层层分解，变成具体的工作和任务，落实到各个部门和岗位。在分工的基础上，明确规定各个部门和各个岗位之间的关系、协调配合的途径与方法，使得企业市场营销工作运行有序，形成合力，产生整体功能。

（3）命令统一

在市场营销管理工作中实行统一领导，形成统一的指挥中心，避免多头领导，消除有令不行、有禁不止等现象，确保政令畅通、指挥灵敏。

（4）权责对等

设计市场营销组织时，既要明确规定各个部门、各个岗位的职责范围，又要赋予完成其职责所必需的管理权限。职责与权限不仅必须统一，而且必须对等。只有职责与职权对等，才是最佳的组合。

（5）集权与分权相结合

权力过于集中或过于分散，都不利于发挥整个组织的作用。为了避免权力的过于集中和过于分散，应努力把集权与分权有机地结合起来，并把握好两者结合的度。一般而言，集权应以不妨碍基层人员发挥积极性为限，分权应以不失去对下级的有效控制为度。

11.2.3.2 市场营销组织的设计、选择和评价

由于各种市场营销组织形式的特性、适用条件不同，企业市场营销管理当局在设计、选择和评价组织形式时，通常需要遵循以下6个程序（如图11-8所示）：

（1）分析市场营销组织环境

任何一个市场营销组织都是在不断变化的社会经济环境中运行的，并受这些环境因素的制约。由于外部环境是企业的不可控因素，因而，市场营销组织必须随着外部环境的变化而不断地调整、适应。市场营销组织建立时应考虑的因素包括：

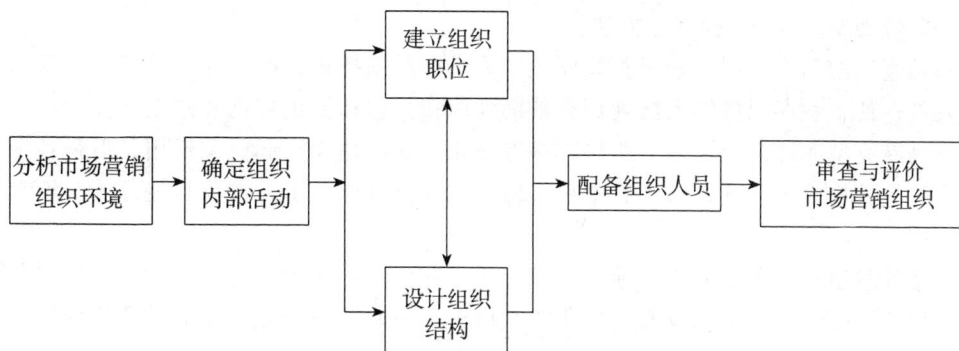

图11-8 市场营销组织的设计与评价程序

资料来源 万晓. 营销管理 [M]. 北京：清华大学出版社，北京交通大学出版社，2007：376.

①市场特点。市场是建立市场营销组织时应考虑的最主要因素。企业所面临的市场越不稳定，市场营销组织也就越需要改变，即必须随着市场变化及时调整内部结构和资源配置方式。若市场由几个较大的细分市场组成，企业就需要为每个分市场任命一位市场经理；若市场地理位置分散，就需按地区设置市场营销组织；若市场规模大、范围广，就需要庞大的市场营销组织、众多的专职人员和部门；若市场范围窄、销量有限，市场营销组织的自然规模就是有限的。

②企业规模。企业规模越大，市场营销组织越复杂。大公司需要较多的各类市场营销专职人员、专职部门以及较多的管理层次；反之，企业规模较小，市场营销组织就相对简单，往往只有一个或几个人进行市场营销管理活动。

③产品类型。产品类型也影响到市场营销组织形式，尤其是在工作侧重点上有所不同。工业品倾向于人员推销的市场营销组织，消费品组织结构则较重视广告、分销等。

④企业所处行业和市场阶段。原材料加工企业的市场营销职能主要是储存、运输，服务业的市场营销职能主要是同顾客的沟通和形象塑造。创业阶段的市场营销组织比较集权，进入正规化阶段后则多采用分权制的组织结构。

（2）确定组织内部活动

市场营销组织内部的活动主要有两种类型：

①职能性活动，涉及市场营销组织的各个部门，范围相当宽泛，企业在制定战略时要确立各个职能在市场营销组织中的地位，以便开展有效的竞争。

②管理性活动，涉及管理任务中的计划、协调和控制等方面。

企业通常是在分析市场机会的基础上制定市场营销战略，然后确定相应的市场营销活动和组织的专业化类型。假定一个企业容易控制成本，产品都在相对稳定的市场上销售，竞争战略依赖广告或人员推销等技巧性活动，该企业就可能设计职能式组织。同样，如果企业产品销售区域很广，并且每个区域的购买者行为与需求存在很大差异，它就会建立地区式组织。

（3）建立组织职位

企业对市场营销组织内部活动的确立有利于企业对组织职位的分析，通过分析组织职位使这些活动有所归附。为此需考虑职位类型、职位层次和职位数量，以弄清楚每个职位的权力、责任及在组织中的相互关系。

①职位类型。其有3种划分方法：

一是直线型和参谋型。处于直线职位的人员行使指挥权，能领导、监督、指挥和管理下属人员；处于参谋职位的人员则拥有辅助性职权，包括提供咨询和建议等。

二是专业型和协调型。一个职位越是专业化，它就越无法起协调作用，但是各个专业化职位又需要从整体上进行协调和平衡，协调型职位就产生了，像项目经理或小组制都是类似的例子。

三是临时型和永久型。严格地说，没有一个职位是永久的，它只是相对于组织发展而言较为稳定而已。临时型职位的产生主要是由于在短时期内企业为完成某项特殊任务，如组织进行大规模调整，就需要设立临时职位。

②职位层次，指每个职位在组织中地位的高低。比如，公共关系和销售管理的职位孰高孰低，对于不同企业的情况就大不一样。这主要取决于职位所体现的市场营销活动与职能在企业整个市场营销战略中的重要程度。

③职位数量，指企业建立组织职位的合理数量。它同职位层次密切相关。一般来说，职位层次越高，辅助性职位数量也就越多。

职位决策的目的是把组织活动纳入各个组织职位。因此，建立组织职位时必须以市场营销组织活动为基础。企业可以把市场营销活动分为核心活动、重要活动和附属性活动。核心活动是企业市场营销战略的重点，所以首先要根据核心活动来确定相应的职位，其他的职位则要围绕这一职位依其重要程度逐次排定。

（4）设计组织职位

设计组织职位的主要问题是使各个职位与所要建立的组织结构相适应，即各个职位权、责、利划分明确。这一阶段以效率为中心，因此在设计组织结构时必须注意两个问题：一是把握好分权化程度，即权力分散到什么程度才能使上下级之间更好地沟通；二是确定合理的管理宽度，即确定每一个上级所能控制的合理的下级人数。人们普遍认为，假设每一个职员都是称职的，那么分权化程度越高，管理宽度越大，组织效率就越高。

（5）配备组织人员

为充分发挥职能人员的积极性和创造力，这一环节要注意人员配备数量和人员适当轮岗问题，特别是要避免组织创新过程中人员岗位的轮换，以保证组织的活力。

（6）审查与评价市场营销组织

任何一个组织都是存在冲突的，在冲突中组织才能不断完善和发展。因此，从市场营销组织建立之时起，市场营销经理就要通过定期审查组织的适应性、先进性以及组织缺陷和人员之间的矛盾等方式，及时发现各种问题，为企业组织改革与创新提供政策依据。

11.3　市场营销控制

市场营销控制是确保企业按照管理意图或预期目标运行的过程，是企业市场营销管理过程的重要组成部分。

11.3.1　市场营销控制的基本程序

所谓市场营销控制，是指管理者经常检查市场营销计划的执行情况，看计划与实际是否一致；如果不一致或没有完成计划，就要找出原因所在，并采取适当措施和正确行动，以保证市场营销计划的完成。

市场营销控制是一个有序的过程，包括6个基本程序：

11.3.1.1　确定控制对象

企业应确定对市场营销活动的哪些方面进行控制。一般说来，控制的内容越多、范围越广，就可获得越多的信息，控制的效果就越明显。但任何控制活动本身都会引起费用支出，为了使市场营销控制更有效率，在确定控制的范围、内容及程度时，应考虑其经济性，将控制可能得到的效益与费用进行全面比较。最常见的控制内容是销售收入、销售成本和销售利润，但对市场调查、销售人员工作绩效、消费者服务、新产品开发、广告等市场营销活动，也应通过控制加以评价。

11.3.1.2　设置控制目标

市场营销控制目标的设立往往是以计划为基础的，计划管理好的企业完全可以借助计划设置控制目标，因此，这一步是将控制与计划联结起来的主要环节。

11.3.1.3　建立控制标准

控制标准是指以某种衡量尺度来表示控制对象的预期活动范围或可接受的活动范围，即对衡量尺度的定量化。如规定每个推销人员全年应开发30个新客户，某项新产品在投入市场6个月之后应使市场占有率达到30%等。控制标准的制定应切合企业实际，并有激励作用。制定标准还需考虑因产品、地区、竞争等的不同而产生的统一性与差别化的协调，不能要求两个不同地区的推销员创造同样的销售业绩。此外，控制标准一般应允许有一个浮动范围，如规定每次访问一个用户的费用标准为80~120元。

11.3.1.4　比较实绩与标准

比较实绩与标准主要是对控制标准和实际执行结果进行比较并建立一套规范的检查方式，包括确定进行比较的频率和次数、间隔的时间以及采用的是全部执行结果比较还是抽样比较。如果比较的结果是实绩与控制标准一致，则控制过程到此结束；如果不一致，则需进行下一个步骤。

11.3.1.5　分析偏差原因

产生偏差通常有两种情况：
一是计划执行过程中的问题，这种偏差比较容易分析；
二是计划本身的问题，确认这种偏差比较困难。
两种偏差常常是交织在一起的，要求市场营销控制执行者加强对背景资料的了解和分析，搞清原因，抓住问题的实质。

11.3.1.6 采取纠正措施

设立控制系统的主要目的就是纠正偏差。纠正行为可以从两个不同的方面入手：

（1）修改标准

当导致偏差的因素为不可控时，企业需要修改标准。如预计市场份额太高，企业根本无法达到，而影响市场份额的因素多且有些不可控，此时就需要调低市场份额标准。

（2）采取纠偏措施

当导致偏差的因素为可控时，企业就要针对可控因素，采取纠偏措施。如原定降低促销费用8%，而实际降低了5%，分析原因发现，推销人员的差旅费几乎没有下降。因此，需要严格控制，减少推销人员的出差，通过其他低成本方式与客户保持联系。

11.3.2 市场营销控制的内容与方法

市场营销控制分为年度计划控制、获利控制、效率控制和战略控制（见表11-2）。

表 11-2　　　　　　　　　　　　　　**市场营销控制的类型**

控制类型	主要负责人	控制目的	方　法
年度计划控制	高层管理人员、中层管理人员	检查计划目标是否实现	销售分析、市场份额分析、费用-销售额比率分析、财务分析、市场基础的评分卡分析
获利控制	市场营销审计人员	检查公司在哪些地方盈利、在哪些地方亏损	产品、地区、顾客群、细分卡、分销渠道、订单大小
效率控制	直线和职能管理层、市场营销审计人员	评价和改进经费开支效率以及市场营销开支的效果	销售人员、广告、促销和分销
战略控制	高层管理者、市场营销审计人员	检查公司是否在市场、产品和渠道等方面寻求最佳机会	市场营销效益等级评价、市场营销审计、市场营销杰出表现、公司道德与社会责任评价

资料来源　科特勒，凯勒. 营销管理 [M]. 梅清豪，译. 12版. 上海：上海人民出版社，2006：805.

11.3.2.1 年度计划控制

年度计划控制是指企业在本年度内采取控制步骤，检查实际绩效与计划之间是否有偏差，并采取改进措施，以确保市场营销计划的实现与完成。年度计划控制是一种短期的即时控制，是对当前的市场营销努力和结果的监控，其控制目的是确保企业达到年度计划规定的销售额、利润及其他指标。年度计划控制的中心是目标管理，包括4个步骤（如图11-9所示）：

第一步，管理者要确定年度计划中的月份或季度的具体目标；

第二步，管理者要监督市场营销计划的实施情况；

第三步，如果市场营销计划在实施中有较大偏差，则要找出产生偏差的原因；

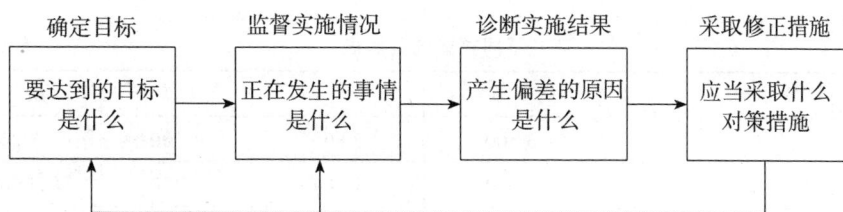

图11-9 年度计划控制过程

第四步，采取必要的补救或调整措施，以缩小实际与计划的差距。

常见的年度计划控制绩效指标有销售分析、市场占有率分析、市场营销费用率分析、财务分析和顾客态度追踪分析（见表11-3）。

表11-3　　　　　　　　　　　　　年度计划控制的方法

年度计划控制绩效指标	年度计划控制的方法
销售分析	销售差异分析、地区销售差异分析
市场占有率分析	全部市场占有率、可达市场占有率、相对市场占有率
市场营销费用率分析	市场营销费用与销售额之比
财务分析	销售利润率、资产收益率、资产周转率等
顾客态度追踪分析	建议与投诉系统、固定客户样本、客户调查

资料来源　连漪. 市场营销管理——理论、方法与实务［M］. 北京：国防工业出版社，2004：369.

11.3.2.2 获利控制

企业除了年度控制外，还需要衡量其不同地区的产品在不同地区、不同市场，针对不同顾客群，通过不同分销渠道出售的实际获利能力。获利控制可以帮助企业的管理人员作出哪些产品或市场应该扩大、哪些应该缩减甚至放弃的决策。获利控制采用市场营销盈利率分析方法，包括以下3个必要步骤：

第一步，确定功能性费用。衡量销售产品、广告、包装和产品运输等每项市场营销功能的费用数量，标明费用在不同市场营销功能活动中的分配。

第二步，将功能性费用分配到各个市场营销渠道实体。衡量每一个渠道的销售所发生的功能性费用支出。

第三步，为每一个市场营销渠道编制利润表，从而观察、分析每一个渠道的盈利能力，而后决定最佳改进方案。

市场营销获利性分析能提供企业在不同产品、地区、分销渠道、客户群获利能力方面的资料，但它不能说明放弃哪些不盈利的产品、地区和渠道是最佳方案，也不能证明放弃的结果会使企业的利润状况有所改善。

❖ 营销实践11-2

市场营销获利控制示例

假定某企业产品主要通过百货商场、大型超市和专卖店3条渠道销售，进行市场营销盈利率分析后，得到了不同渠道的利润表（见表11-4）。

表 11-4　　　　　　　　　　　不同渠道的利润表　　　　　　　　　单位：万元

项　目	大型超市	专卖店	百货商场	总　额
销售收入	3 500	2 800	1 900	8 200
销售成本	2 000	1 800	1 200	5 000
毛利	1 500	1 000	700	3 200
费用：促销	250	200	130	580
广告	450	280	150	880
包装运输	150	100	80	330
总费用	850	580	360	1 790
净利润	650	420	340	1 410

资料来源　张欣瑞，尚会英，刘莉，等. 市场营销管理［M］. 北京：清华大学出版社，北京交通大学出版社，2005：306.

11.3.2.3　效率控制

效率控制是指采用系列指标对市场营销过程中销售人员效率、广告效率、促销效率、分销效率等进行日常监测与控制。具体的控制指标见表 11-5。

表 11-5　　　　　　　　　　　　　　效率控制的指标

效率控制的内容	效率控制的指标
销售人员效率	每位销售人员平均每天访问次数
	每次推销的平均时间
	每次推销的平均收入与成本
	每百次推销获得订单的百分比
	每次赢得的新客户数和失去的老客户数
	销售人员成本占销售收入的百分比
广告效率	每种媒介的广告成本
	客户对广告内容与效果的评价
	客户对每一媒介注意、联想与阅读的百分比
	广告前后客户态度的变化
	由广告刺激引起的访问或购买次数
促销效率	优惠销售所占百分比
	每一销售的陈列成本
	赠券回收百分比
	示范引起访问次数
分销效率	存货水平、仓储位置、分装、配货重组与运输效率等

资料来源　连漪. 市场营销管理——理论、方法与实务［M］. 北京：国防工业出版社，2004：369.

效率控制的目的在于提高人员推销、广告、销售促进和分销等市场营销活动的效率，市场营销经理必须注视若干关键指标，这些指标表明上述市场营销职能执行的有效性，显示出应该如何采取措施，以改进执行情况。

11.3.2.4 战略控制

这是一种最高层次的市场营销控制，其目的是确保企业的目标、政策、战略和措施与市场营销环境相适应。战略控制主要审查企业市场营销战略与市场营销环境的适应性以及市场营销战略在实施过程中出现的偏差与问题，并提出相应的战略调整计划。因为企业战略的成功是总体的和全局性的，所以战略控制注重的是控制未来，是未发生的事件。战略控制必须根据最新的情况重新评价计划和进展，因而难度也较大。常见的控制工具是市场营销审计。

11.3.3 市场营销审计

所谓市场营销审计，是对一个企业市场营销环境、目标、战略、组织、方法、程序和业务等进行综合的、系统的、独立的和定期的核查，及时发现市场营销机会与威胁，并提出相应的行动改进计划。市场营销审计实际上是在一定时期对企业全部市场营销业务进行总的效果评价。其主要特点是：不限于评价某一些问题，而是对全部活动进行评价。市场营销审计的基本内容包括：

（1）**市场营销环境审计**

市场营销环境审计是指通过对比分析企业内外环境的变化情况，及时发现环境变化的新动向以及可能给企业带来的机会和威胁，这是市场营销战略调整的基础。

（2）**市场营销战略审计**

市场营销战略审计是指主要根据市场导向的原则，分析企业市场营销战略的任务、目标、投资组合计划和新业务计划的进展情况，然后根据发现的问题提出战略计划修改意见。在实际中，企业中长期战略计划的审计与修改工作是经常的、大量的。

（3）**市场营销组织审计**

市场营销组织审计是指主要评价市场营销组织在执行市场营销战略方面的组织保证制度和对市场营销环境的应变能力，包括主管领导的能力，部门权、责、利的明确性与对称性，部门管理的有效性，业务人员的素质以及各个部门间的关系协调状况。

（4）**市场营销系统审计**

企业市场营销系统一般包括市场营销信息系统、市场营销计划系统、市场营销控制系统和新产品开发系统。对这些系统的审计主要是观察其工作是否规范化、标准化和具有有效性。

（5）**市场营销盈利能力审计**

市场营销盈利能力审计是指在盈利能力分析和成本效益分析的基础上，主要审查企业的不同产品、不同地区、不同市场及不同分销渠道的盈利能力，结合各种指标的升降情况，寻找原因和对策，以改善企业的市场营销效益。

（6）市场营销职能审计

市场营销职能审计是指主要对企业市场营销组合的执行情况和效率进行审计；通过发现问题，及时对企业市场营销组合方案进行调整。

关键术语

市场营销计划　市场营销组织　市场营销控制　年度计划控制　战略控制　市场营销审计

主要观念

1.市场营销计划的核心内容是：计划概要、市场营销现状分析、机会与问题分析、市场营销目标、市场营销战略与策略、行动方案、预算开支、市场营销控制。

2.市场营销部门的组织形式有6种：职能式组织、地区式组织、产品管理式组织、市场管理式组织、产品–市场式组织和事业部组织。

3.市场营销控制的基本程序是：确定控制对象、设置控制目标、建立控制标准、比较实绩与标准、分析偏差原因、采取纠正措施。

4.市场营销控制有4种主要类型：年度计划控制、获利控制、效率控制和战略控制。

基本训练

❖ 知识题

第11章判断题

一、简答题

1.一项完整的市场营销计划应包括哪些内容？

2.一个有效的市场营销组织应具有什么样的特征？

3.企业的市场营销组织随着经营思想的发展和企业自身的成长，大体经历了哪几种典型形式？

4.市场营销部门有哪几种常见的组织形式？其各有何优缺点？

5.什么是市场营销控制？市场营销控制包括哪些内容？

6.简述市场营销控制的基本程序。

二、论述题

试述设计和评价市场营销组织的一般程序。

❖ 技能题

1.某企业打算合并市场营销部门与公共关系部门，由同一个副总经理来领导，这种做法从机构设置的角度考虑是否可取?

2.有人认为品牌或产品管理组织是目前我国许多企业的市场营销活动进行有效管理的最佳组织结构形式,你怎么看?

3.一家生产智能手机的公司发现一些主要竞争对手在和它进行一场价格大战。为了保持一定的市场占有率,公司决定也大幅度地降低产品销售价格。为了弥补有可能降低的销售利润,公司总经理安排了一项成本削减计划,其主要内容是要减少8%的原材料成本、12%的生产成本及5%的市场营销成本。如果你是该公司市场营销部门经理,你将采取哪些控制方法来达到5%的市场营销成本削减目标?

❖ 能力题

科诺公司追求极限发展的市场营销组织结构与运作思想

武汉科诺生物科技股份有限公司打破农药企业只针对经销商进行推销、只抓住主要代理商和主要批发商的做法,确立了建立较大的市场营销队伍、以各级经销商会议推动经销商进货和直接对农民消费者宣传促销、从终端培育市场的"推拉结合"的低重心市场营销策略,并在全国全面推广以点带面的市场营销模式。

贯彻上述市场营销思想的市场营销组织结构由4个层次组成:公司总部市场营销中心——大区指挥部——省级办事处——区域市场部。市场营销中心由市场综合部、储运部、企划部、销售管理部、技术服务部、督办部等部门组成。大区指挥部配备财务、企划、人事督办人员,另外各配备分管副总两人,作为传帮带培养对象。成立大区指挥部的目的是对各省级办事处进行管理。公司在1年以内成立28个省级办事处,分别归属于5个大区指挥部。省级办事处设财务主管(兼办公室、仓储等)、企划主管、技术主管、人事主管(兼督办、法务等)。区域市场部由市场经理主持工作,所辖市场负责人为业务主办。

资料来源　王勇.市场营销学 [M].合肥:合肥工业大学出版社,2006:335.(有改编)

问题:分析武汉科诺公司市场营销组织结构的优缺点。

第五篇 市场营销的拓展

第12章 全球化下的国际市场营销

学习目标

知识目标

◆ 掌握国际市场营销的概念。

◆ 认识和理解各国际市场营销环境力量对企业的影响。

◆ 掌握企业进入国际市场的方式和策略。

◆ 掌握国际市场营销组合策略。

技能目标

◆ 分析各国环境变化对企业国际市场营销的影响。

◆ 比较分析国际、国内市场消费者行为的异同。

◆ 比较分析国际、国内企业国际化成功或失败的原因。

能力目标

◆ 为特定企业选择适合的国际市场进入方式。

◆ 借鉴成功企业的市场营销策略为企业所用。

❖ **引例**

中国品牌的世界之路

在品牌方面，虽然国内企业也创出一些知名品牌，但真正的国际知名品牌还是凤毛麟角。美国《商业周刊》每年公布一次"世界最有价值品牌100强"排行榜，中国鲜有企业上榜。对此，品牌专家杨兴国先生认为：

1.中国品牌迈向世界的三大障碍

（1）品牌的弱势。许多国际品牌已经拥有几十年甚至上百年的历史，在消费者心中具有难以撼动的地位，比较起来中国品牌几乎都是弱势品牌，被消费者接受也必然困难重重。

（2）来源国效应。国外消费者对中国产品的整体认知是：质量一般，价格低廉，缺乏科技含量。要改变这种认知是一个长期艰辛的过程。

（3）缺乏品牌国际化管理的经验和人才。目前中国品牌国际化还处于启蒙发展阶段，大多数企业还缺乏品牌国际化管理的经验及人才。

2.中国品牌走向世界应注意的问题

（1）进行产品研发和创新，拥有更多的自主知识产权。

（2）用品牌文化征服人心。综观那些国际品牌，它们在出售产品的同时，也在用文化征服人心。

（3）利用来源国效应形成产业优势。消费者对产品的认知，来源国效应不可低估，比如法国香水。中国在某些类别的产品上也拥有来源国效应的优势，比如中药、丝绸、茶叶等。

（4）建设品牌国际市场营销网络。

美国科特勒咨询集团总裁米尔顿·科特勒先生对中国企业市场营销方面的建议是：

（1）在市场营销方面投入更多的预算，并加强市场营销管理方面的工作。预算方面的保障是非常必要的。和欧美企业相比，中国企业的市场营销预算所占比例是非常低的。

（2）处理专注与多元化问题。中国的企业，甚至是非常小的企业，都可能在进行多元化的经营。一家公司不可能在多个市场类别中都有效地开展市场工作，因此必须保持专注。很多人认为通用电气公司是一家多元化的公司，实际上尽管其涉及很多领域，但其核心还是发电和电力传输。而宝洁公司的多元化是集中在洗化领域，提供整套产品，其业务关联性很强，基本上属于同一个产品类别。

（3）首席执行官们要了解全球目前的消费习惯和生活方式。这样才会有助于了解新兴的市场偏好，也有利于中国品牌未来向海外市场的拓展，通过向原创和革新方面的转化，改变依靠代工出口的历史。中国公司需要融合设计人员、创造性的艺术家、技术革新，设计和生产出有中国特色的产品。从某种意义上说，越是民族的就越是国际的。

资料来源 黄帅. 跨越品牌国际化门槛［J］. 进出口经理人，2008（9）：42-43.

12.1 国际市场营销概述

改革开放后，日益明朗的经济全球化趋势推动中国企业不断地探索国际化的道路，为国际市场营销理论的发展和修正提供了丰富的素材，也为即将和正在进行国际化经营的企业提供宝贵的经验和教训。本章内容简要介绍了国际市场营销活动的基本规律和操作实例，有利于指导企业跨国市场营销活动的实践。

12.1.1　国际市场营销的概念

国际市场营销是指企业为了满足国际市场需要，实现企业的战略任务和目标而进行的多国性市场营销活动，即企业进行的超越国界的市场营销活动。所谓"超越国界"不一定要超越地理意义上的国界，而只是指市场营销活动的"跨国"性质。例如，海尔集团在美国建立生产基地，将生产的冰箱销售给当地顾客。

对于国际市场营销的概念，我们还需要理解的是：

第一，作为一门学科，国际市场营销学是市场营销学的分支，国际市场营销学与国内市场营销学相对应。

第二，国际市场营销的主体是跨国经营企业，核心思想是企业的市场营销活动必须以海外消费者为中心。

第三，国际市场营销学研究的对象不仅包括实体商品，同时涉及服务、技术、资本、信息等所有生产要素，它们组成一个基本体系。

12.1.2　国际市场营销与国内市场营销、国际贸易

12.1.2.1　国际市场营销与国内市场营销

国际市场营销是市场营销进入20世纪60年代后的横向延伸和发展。国际市场营销学的基本原理和方法同基础市场营销学并无本质区别。如同在国内市场上组织市场营销活动一样，国际市场营销同样需要市场调研、市场分析、市场细分、市场营销组合等一系列市场营销过程的战略确定及战术实施。

国际市场营销环境更复杂。市场营销活动跨越国界，加上各国的宏微观环境间存在较大差异，使得国际市场营销活动面临的环境比国内市场营销复杂得多，环境特性成了二者之间的本质区别，由此衍生出国际市场营销的困难、风险均大于国内市场营销，国际战略及市场营销管理过程也更复杂。

12.1.2.2　国际市场营销与国际贸易

国际市场营销主要是指企业为向国际市场销售适销对路的产品而进行的产品规划与开发、产品定价、产品分销、产品促销以及国际市场营销信息的搜集与分析等活动。国际贸易是指世界各国相互之间的产品和服务的交换，由世界各国的对外贸易构成，为一定时期世界贸易的总和。二者共同之处在于都是以获得利润收入为目的而进行的超越国界的经济活动。表12-1展示了二者的不同之处。

12.1.3　企业市场营销国际化的动因

首先，国内市场需求趋于饱和以及国内市场竞争日益加剧的压力，迫使企业向国际市

表 12-1 国际市场营销与国际贸易的比较

项　目	经营主体	跨越国界	交易动机	信息来源	市场活动
国际市场营销	企业	不一定	利润	企业市场营销记录	涉及市场调研、产品开发、产品定价、产品分销、产品促销等所有市场营销活动及整体的市场营销管理；只强调销售
国际贸易	国家	一定	比较利益	国际收支平衡表	涉及产品购销、实体分配、产品定价，一般不进行市场研究、产品开发、产品促销，无整体的市场营销管理；购进和售出同样重要

资料来源　甘碧群．国际市场营销学［M］．武汉：武汉大学出版社，1990：12-13.

场渗透。由于经济的发展和生产水平的提高，某些国内产品的产量逐渐超过了市场容量，竞争加剧，而企业为了取得规模经济效益又不能降低产量，只能将眼光转向国外市场。

其次，产品生命周期缩短的趋势以及国际市场产品生命周期的特点，促使企业进行国际化经营。科技的日新月异和人们消费观念的不断更新，使产品生命周期日益缩短。此外，在国际市场上，同一产品在不同市场上的生命周期阶段不同，使得国际市场的产品生命周期远长于国内市场。因此，国际化成了延长产品生命周期、增加利润的有效途径。

再次，国际市场本身的吸引力拉动企业进行国际化经营。从经济学的角度看，在经济全球化的大背景下企业必然寻求全球范围内资源的最佳配置，于是某些生产要素成本低的国家必然吸引企业去当地生产销售，促成市场营销国际化。

最后，政府的鼓励和支持也是某些企业市场营销国际化的动因。比如，我国政府相继出台多种税收等方面的优惠政策，鼓励企业到不同的国家出口创汇，促使许多企业走上了国际化的道路。

12.1.4　国际市场营销活动的主要内容

表 12-2 说明了国际市场营销活动的内容。

表 12-2 国际市场营销活动的内容

项目	是否要进入国际市场	进入哪些国际市场	如何进入国际市场	如何进行国际市场营销	如何进行国际市场营销的组织与管理
研究内容	企业走向国际市场的原因	国际市场调研、市场营销环境分析、国际市场细分、确定目标市场	企业进入国际市场的战略选择	STP（市场细分、目标市场选择、产品定位）战略、4P（产品、价格、渠道、促销）策略	市场营销计划的制订、实施与控制；市场营销组织的建立

12.2 国际市场营销环境

环境特性是国际市场营销和国内市场营销的本质区别。企业市场营销活动由国内扩展到国际，其功能和原理并无变化，企业可控制的基本因素也未发生变化，关键是市场营销外部环境发生了变化，由一元、单面环境变成了二元、多面环境。企业确定国际市场营销策略之前，必须清楚地了解国际市场营销环境。

12.2.1 国际市场营销环境概述

12.2.1.1 国际市场营销环境的概念

国际市场营销环境是指企业在国际市场营销活动中所必须考虑的、能影响到其市场营销活动的一切外界因素的总和。其主要包括国际环境和目标市场国的国内环境（如图 12-1 所示）。

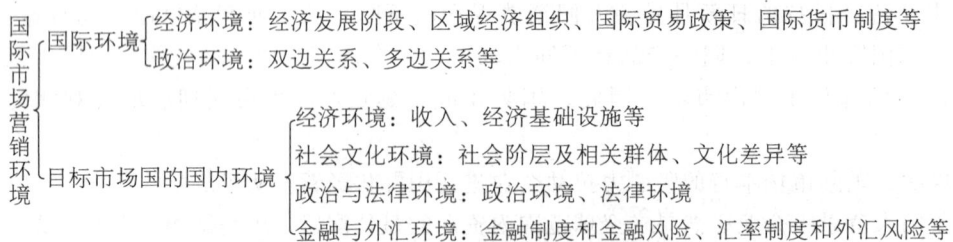

国际市场营销环境 {
  国际环境 {
    经济环境：经济发展阶段、区域经济组织、国际贸易政策、国际货币制度等
    政治环境：双边关系、多边关系等
  }
  目标市场国的国内环境 {
    经济环境：收入、经济基础设施等
    社会文化环境：社会阶层及相关群体、文化差异等
    政治与法律环境：政治环境、法律环境
    金融与外汇环境：金融制度和金融风险、汇率制度和外汇风险等
  }
}

图 12-1　国际市场营销环境因素

资料来源　王晓东. 国际市场营销［M］. 北京：中国人民大学出版社，2000：15.

12.2.1.2 国际市场营销环境的原则

（1）适者生存原则

适者生存既是自然界演化的法则，也是企业市场营销活动的法则。

（2）能动适应原则

企业同样可以运用自己的经营资源去影响和改变市场营销环境，为企业创造一个更有利的活动空间，使市场营销活动与市场营销环境有效地适应。相对于国内环境，国际市场营销环境给企业带来的障碍会更多，提倡企业以"大市场营销"的理念来应对各种市场营销障碍。

上面是两个顺序原则，即首先我们承认环境力量的强大，企业必须适应它才可能生存；但是更强调一种积极态度，即在生存基础上动用一切可能资源，让环境朝着有利于企业利益的方向发展。

❖ 营销实践12-1

蒙牛的国际化品牌之路

近些年来，蒙牛积极借鉴丹麦 Arla Foods 的百年管理经验，在养殖、超高温灭菌乳、奶酪、黄油、有机奶粉等领域进行深度合作，尤其在牧场管理上，实现了奶牛营养、质量安全、动物福利以及蓄养环境等各环节与 Arla Foods 的对标。与此同时，蒙牛还与达能成立低温酸奶合资公司，双方通过销售渠道、技术研发共享等实现多方位互补，并引入达能全球统一的生产与质量安全管理体系，从产品设计、生产、物流到销售全链条实现与国际接轨。

在与国际企业合作的同时，蒙牛开展了一系列的海外奶源和生产布局。2015年，蒙牛雅士利投资11亿元人民币的新西兰5.2万吨奶粉生产工厂开始投产。2016年，蒙牛雅士利新西兰工厂生产的雅士利超级 α-金装奶粉以"新国货"的品质在国内上市，更陆续进入新西兰的三大主流超市。

在中国中粮、法国达能、丹麦 Arla Foods 三大战略股东的助力下，蒙牛一直坚持"整合进来，布局出去"的路径，在牧场管理、工厂运营、系统管理等多个方面不断"向世界取经"，持续对标国际，快速提升了自身实力，现已成长为乳品领域率先完成国际化公司治理结构的持续稳定发展的国际乳业公司。在三大股东的鼎力支持下，蒙牛的产品在中国香港、中国澳门、蒙古国、新加坡、缅甸等市场上也得到了广泛认可和好评。

蒙牛积极响应共建"一带一路"倡议，加快"走出去"步伐，通过开拓海外市场、建设海外工厂以及开展海外并购等多种方式，成为中国第一家将乳品销售到国外的乳企、第一家在海外开展全产业链布局的乳企、中国国际化程度最高的乳企，并通过多元并购形成海外协同发展效应，加速实现"Global for Global"共建共赢共享，持续满足全球消费者对健康的不懈需求。

资料来源 佚名."引进来+走出去" 蒙牛国际化之路稳健有力［EB/OL］.［2023-12-20］.
http://www.vmarketing.cn/index.php?mod=news&ac=content&id=11383.

12.2.2 国际市场营销的经济环境

国际市场营销的经济环境是影响国际市场营销活动的最直接的因素，可以为企业制定国际市场营销策略提供科学的依据。一种观点是将国际市场营销的经济环境分为3个层次：全球经济环境（包括国际金融环境、国际贸易环境、经济周期、世界经济结构等）、区域经济环境（包括自由贸易区、关税同盟、共同市场和经济同盟）和国别经济环境（目标市场国的经济环境，包括人口、收入和经济基础设施等）。另一种更常见的观点是将区域经济环境归入全球经济环境中，即经济环境有两个层次：

12.2.2.1 国际经济环境

国际经济环境影响与制约各国之间的贸易与投资活动，也必然影响国际企业的跨国经营。

（1）世界经济格局和经济中心

世界经济格局是指活跃于世界经济领域并充当主角的国家和国际经济组织之间在一定历史时期内相互作用形成的一种结构和态势，它会影响企业经济活动的空间分布。处于世界经济中心的国家通常比其他国家能够给跨国企业带来更多的商业机会和更好的贸易渠道，因此，世界经济格局和经济中心直接影响跨国企业对于目标市场国的选择。

（2）区域经济组织

区域经济组织是指世界区域性范围内某些文化背景相似、经济发展水平相当、关系往来密切的国家和地区结成的某一特定经济联盟，包括自由贸易区、关税同盟、共同市场和经济同盟。区域经济组织对区域内成员之间的贸易和投资提供优惠政策和便利，而区域外的成员不能享受这些便利，这必然影响到跨国经营企业的市场取向。目前我国加入了亚太经合组织、东盟"10+3"（东南亚10个国家，加上中国、韩国、日本）和上海合作组织等。国际市场营销人员应该多关注这些区域经济组织的政策动向，使企业活动从中获益。

（3）国际贸易政策

企业要把产品销往另一个国家或地区的市场，会遇到各种贸易限制，包括关税和非关税壁垒（主要有进口配额、出口限额、进口许可证、外汇管制等）。这些贸易政策限制会给跨国经营企业造成贸易障碍，影响企业竞争力，甚至使企业丧失竞争优势。比如，最低限价政策就很可能让原低价优势的企业丧失竞争力。可喜的是，世界贸易组织在促使成员相互减少贸易壁垒、开放市场和给予最惠国待遇方面发挥了积极的作用，使得国际市场营销变得相对容易。

（4）国际货币制度

国际市场营销人员需要关注两个国际货币制度下的机构——国际货币基金组织和世界银行。国际货币基金组织能为国际收支逆差的成员提供贷款，世界银行可以为成员提供长期贷款，这为跨国企业的市场营销活动带来有益的帮助。

12.2.2.2　国别经济环境

（1）经济发展阶段

联合国按照工业化程度将一个国家所处的经济发展阶段划分为较发达国家、欠发达（发展中）国家和不发达国家三大类。各国处于不同的经济发展阶段，直接意味着不同的居民收入水平，必然会影响到需求的数量、结构和层次。国际市场营销人员应根据目标市场国所处的经济发展阶段制定不同的产品策略、定价策略、渠道策略和促销策略。一些欠发达国家的工业化程度虽然不高，但发展速度很快（如"亚洲四小龙"），居民的收入增长速度也很快，国际市场营销人员要从长远的角度考虑市场营销战略和策略。

（2）通货膨胀

一国的通货膨胀水平会直接影响一国的购买力，国际市场营销人员需要关注通货膨胀的影响，以修订市场营销活动：

①通货膨胀对投资和消费信心的影响；

②通货膨胀对出口产品成本的影响，从而引申出对竞争力的影响；

③通货膨胀对货币政策和外汇政策的影响。

（3）国际收支

一国的国际收支状况会影响政府的货币政策、外汇政策和市场干预措施，这必然对在该国经营的跨国企业产生重要的影响，尤其是国际收支失衡时政府的外商投资政策。因此，国际市场营销人员需要密切关注一国的国际收支状况，并预计政府可能采取的有利或不利政策，未雨绸缪。

（4）经济周期

任何一国经济的扩张和紧缩都呈周期性的变化，而周期各阶段的需求特点与市场机会具有显著区别。一般而言，衰退期需求低迷、市场机会少，企业应回避进入；扩张期需求旺盛、市场机会多，企业应抓住机会进入。经济周期的演进有客观必然性，国际市场营销人员可预测经济周期阶段的变化趋势，增强对需求特点和市场机会的响应性。

（5）市场规模

从市场营销理论知道，购买欲望、购买能力和消费者群体规模是市场的三大要素，因此，研究市场规模，人口和收入是关键因素。

①人口因素。人口规模和增长率决定现在和未来的潜在消费量。市场营销人员需要同时关注的还有人口分布和人口结构（包括年龄结构、性别结构和家庭结构），它们分别影响市场容量和购买力投向。目前世界人口状况是：发达国家人口增长率低（意味着老年人市场机会多），发展中国家人口增长率高（意味着儿童市场机会多）；欧洲和亚洲人口稠密，美洲和大洋洲的人口相对稀少。在人口密度大的地区，购买力比较集中，促销、分销等方面的努力易取得较好的效果。

②收入因素。国际市场营销人员需要注意个人收入的分布情况。一般而言，国民总收入增长得越快，消费者对工业品的需求就越旺盛。人均国民总收入也是一个重要的指标，将国民总收入和人均国民总收入对比分析，可以进一步了解基本生活用品和其他产品的需求分布。

③消费结构。市场营销人员需要掌握目标市场国的恩格尔系数及变化趋势，以此确定消费结构。

恩格尔系数=食品购买支出/家庭收入

随着收入增加，恩格尔系数下降，食品比重下降，家庭服务及住宅比重不变，而教育、卫生、娱乐、储蓄比重上升。

④消费者储蓄和信贷水平。消费者收入代表的是实际可见的消费水平，而消费者的储蓄和信贷状况可以极大地影响实际消费水平，所以国际市场营销人员需要将二者纳入考察范围，对消费水平作出更准确的判断。

（6）市场经济特征

市场经济特征主要指经济发展水平、市场发育程度、经济及金融条件、基础设施建设情况、城市化程度和物价水平等。一个国家的基础设施主要包括交通运输条件、能源的供应情况、通信设施及各种商业基础设施等。很明显，基础设施条件好的国家能为国际市场营销活动提供效率和便利，尤其是在分销渠道方面，跨国经营企业最好在进入目标市场国前对其基础设施进行评估。城市化是经济发展到一定程度的产物。城市居民受教育程度高，容易接受新事物，消费层次比农村高，因此，目标市场国城镇化水平（用城镇人口占全国总人口的比重来衡量）的高低会对国际市场营销决策产生重大影响。

12.2.3　国际市场营销的社会文化环境

社会文化环境是影响国际市场营销的核心因素。不同文化的典型个性的差异给市场营销活动的开展带来困难，从实践发展来看，许多成功的、极具竞争性的市场营销是通过"文化适合战略"来完成的。文化没有对与错、好与坏之分，只有差异。市场营销学中所说的社会文化因素，一般指在一种社会形态下已经形成的语言文字、受教育水平、宗教信仰、风俗习惯、价值观和审美观等。

12.2.3.1　语言文字

语言文字是文化的核心组成部分之一，市场营销人员主要研究其两方面的内容：

（1）目标市场国语种的构成及特点

现在世界上语种很多，一国国内也常常有几种语言。有些国家通用几种语言，就要求输出国在商品包装上分别写明。例如，新加坡要求用英语、汉语、马来语3种语言，否则不准进口。国际市场营销人员必须了解目标市场国要求的语言标准。

（2）语言的使用习惯、语言歧义和语言禁忌等

国际市场营销实践中企业经历的很多弄巧成拙的事都缘于语言沟通和翻译。由于很多相同的词语在不同国家环境中意思有差异甚至相反，而翻译者往往从本国语言立意，没有考虑到目标市场国的语言环境。例如，美国有一家公司销售的"Pet"牌牛奶，在法语区遇到了困扰，因为"pet"在法文中是"放屁"的意思。美国一家洗发用品公司在巴西市场推销洗发产品时，品牌定为"Evitol"，这一名称使巴西人联想到"去头皮屑的东西"，于是购买十分踊跃。因此，国际市场营销人员在将翻译后的语言公之于众前最好请当地居民进行预评估，或者委托当地人承担翻译工作。

12.2.3.2　受教育水平

受教育水平是指消费者受教育的程度，是市场细分的标准之一，在很大程度上决定了消费者对商品的选择和消费习惯。受教育状况对市场营销活动的影响表现在以下方面：选择目标市场、市场营销调研、经销方式等。

12.2.3.3　宗教信仰

不同宗教的不同信仰和禁忌限制了教徒的消费行为。对于国际市场营销活动，宗教信仰好比一把双刃剑，国际市场营销人员应全面认识、正确利用，绝对不触犯宗教禁忌，适当利用宗教信仰。一般而言，宗教节假日是最好的消费时期；但宗教可能把整个社会分成若干市场面，而且宗教组织本身在经济活动中起作用。

12.2.3.4　风俗习惯

风俗习惯是一个国家或民族在其长期历史发展过程中逐渐形成的共同喜好、风俗习惯和禁忌，表现在饮食、服饰、居住、婚姻、生育、丧葬、节庆、娱乐、礼节和生产等方面。在不同国家销售产品、设计品种及图案、选择促销工具等要充分考虑该国特殊的风俗

习惯。

12.2.3.5　价值观

价值观是人们对社会生活中各种事物的态度、评价和看法。在不同的文化背景下，人们的价值观念差别很大，而消费者对商品的需求和购买行为深受其价值观念的影响。

12.2.3.6　审美观

处于不同时代、不同民族、不同地域的人，其审美标准也不一致，主要体现在对数字、颜色、图案等的喜好或忌讳上。因此，企业应针对不同文化背景下消费者的审美观念，在产品及促销方式等方面制定不同的市场营销策略。

社会文化环境具有强制性、选择性和排他性的特点。社会文化虽然具有稳定性，但也是不断发展的，文化多元化和文化趋同化是经济全球化背景下的文化发展趋势。国际市场营销人员需要弄清具体文化因素的特点及发展趋势。国际市场营销人员需要遵从目标市场国商业文化中的商业惯例，主要涉及：①企业经营结构，包括企业规模、权力结构和所有制；②做生意的方式，包括接触层次、交流方式、谈判重点、礼节、效率和企业道德。

12.2.4　国际市场营销的政治与法律环境

12.2.4.1　国际市场营销的政治环境

国际市场营销的政治环境是指影响企业国际市场营销的各种政治因素，包括整个国际政治的大气候、国与国之间的政治关系、各目标市场国国内的政治环境等，这里主要介绍目标市场国国内的政治环境。

（1）政体和政党制度

目前世界各国的政体大体上可分为君主制和共和制。君主制可细分为君主专制和君主立宪制；共和制包括议会制、总统制和委员会制。不同的政体用不同的决策方式和行为方式来维护其国家利益。国际市场营销人员要注意了解现政府的构成（君主制还是共和制）、政府对经营和外商的主要政策（鼓励自由经营体制还是鼓励国家所有）。

目前世界各国的政党情况大体上可分为多党制、两党制和一党制。不同的政党持有不同的主张，国际市场营销人员在认识政党主张的基础上，要特别注意其各自对外商和外国政府的态度，以及政党执政的更替趋势。

（2）政治稳定性及政治风险

国际市场营销中政治环境不稳定的表征是：政权频繁更替；频繁发生暴力事件，治安混乱，存在示威游行等；文化分裂；宗教对立。不稳定的政治环境很可能导致不稳定的政府政策，这无疑加大了国际市场营销活动的政治风险。政治风险来自东道国未来政治形势变化的不确定性和东道国政府对外国企业未来利益损害的不确定性。政治风险一般包括没收及国有化、进口限制、外汇管制、价格管制和劳工问题，这些风险对于跨国企业是相当严重甚至致命的。因此，政治的相对稳定性是国际市场营销人员选择目标市场国时必须重视的。

（3）民族主义

其通常被国际市场营销人员认为是最关键的政治因素，因为它直接影响到消费者对外来产品的基本态度。民族主义认为，一国的经济发展要更多地依靠本国的经济力量，要特别维护本国民族工业的发展。虽然各国都存在民族主义（如各国政府都会控制外商对本国企业的冲击），但是程度不同，这应该成为国际市场营销人员选择目标市场国的依据之一。

12.2.4.2 国际市场营销的法律环境

国际市场营销面临的法律环境包括：

第一，对国际市场营销活动有影响的本国法律、法规，主要涉及进出口控制和外汇管制方面，如《中华人民共和国对外贸易法》《中华人民共和国海商法》等。

第二，与国际贸易和国际市场营销相关的国际性协定、公约和条约，其中较有影响的是《世界贸易组织协定》《联合国国际货物销售合同公约》《国际贸易术语解释通则》《跟单信用证统一惯例》等。

第三，目标市场国的相关法律和法规，包括专利法、商标法、价格控制法、广告法、产品质量控制法、环境保护法，以及对进口商品的卫生检疫条例和技术标准等。它们对国际市场营销的产品、价格、渠道和促销策略的各个方面都有重要的影响。

12.2.4.3 解决国际贸易争端的途径

在跨国经营活动中难免发生商业纠纷，企业在商业纠纷发生后需要考虑法庭和法律的选择问题、诉讼问题和仲裁问题。总指导原则是：尽可能用和平的方式（协商、调解和仲裁）解决纠纷，避免给企业的国际市场营销活动带来潜在的负面影响，因为企业进行跨国经营的目的是赢得消费者，而不是赢得官司。

12.2.5 国际市场营销的金融与外汇环境

12.2.5.1 国际市场营销企业资金的需求与来源

企业在扩张和资金周转失灵时都需要进行资金筹措。跨国经营企业的资金来源广泛，除了可以在本国筹措到所需资金外，还可以通过以下渠道筹资：

①国际金融组织，比如世界银行下属的国际金融公司可以给民营企业提供贷款；

②国际金融市场，一些知名企业可以获得银团贷款；

③国际证券市场，即在国际市场公开发行股票融资；

④国际设备租赁，对于外汇短缺国家的企业这是一种很好的融资方式。

12.2.5.2 对国际市场营销各种风险的控制与管理

企业在国际市场营销活动中会遇到各种风险，如信用风险、商业风险、政治风险、法律风险和汇率风险等，其中最凶险的就是汇率风险。就我国的实际情况来看，由于我国绝大部分企业都是通过出口的方式从事国际市场营销活动，因此最常见的、最主要的汇率风险是交易风险。它存在于下列情况中：以即期或延期付款为支付条件；以外币计价的国际信贷活动；本期外汇合同到期，而汇率发生变化。例如，全球金融危机发生时，我国以出口方式从事国际市场营销的企业所面临的外汇风险明显增加了。

企业控制和管理汇率风险的一般原则是：坚持"出口收硬币，进口付软币"；重视汇率风险的影响；加强银企合作；利用套期保值手段；掌握汇率变化趋势。同时，企业可以通过以下具体方法来降低汇率风险：提前或拖延收付法、配对法、调整价格法、易货贸易、软硬币搭配法、加列保值条款、套期保值和期权交易。

国际金融和外汇环境对国际市场营销的影响主要体现在产品竞争力和销售策略方面。金融危机引发的汇率变动必然对跨国经营企业原有产品的竞争力带来影响，因此企业必须从财务收益、市场占有率与销售等方面综合考虑，调整战略，以适应汇率变化，既保持在国际市场的适度占有率和销售额，又要减少汇率变动对企业产生的财务风险。

12.3 国际市场进入策略

国际市场进入策略是指企业对进入外国市场的产品、技术、技能、管理诀窍或其他资源进行的系统规划。国际市场进入方式的选择是企业最关键的战略决策之一。

12.3.1 国际市场的进入方式

企业进入国际市场的方式有出口进入、契约进入和直接投资进入。企业需要了解各种进入方式的优缺点，再根据自身的现有资源状况选择适合自身的进入方式。

12.3.1.1 出口进入

出口有两种方式：直接出口和间接出口。二者的区别是：直接出口企业不需要通过出口中间商将产品销往国外，间接出口则需要。直接出口方式成本较高、风险较大，但企业对市场营销活动的控制力度更大，因此，规模大、有自主经营权而且海外市场规模较大的企业往往采用这种方式，而小企业通常采用间接出口方式。

出口进入方式的优点是：

①政治风险最小；

②当未能准确探知母国的市场潜量时，出口方式可以起到投石问路的作用；

③企业在发现目标市场具有吸引力时，可以利用出口为将来直接投资积累经验；

④当目标市场的政治、经济状况恶化时，企业可以以极低的成本终止与这一市场的业务关系。

其缺点是：

①汇率的波动和政府贸易政策的变动会给出口企业的收益带来负面效果；

②出口企业难以对目标市场的变动作出迅速的反应；

③市场营销活动的控制较差。

12.3.1.2 契约进入

契约进入方式是指国际化企业与目标市场国的法人单位之间具有长期的非股权联系，

前者向后者转让技术或技能。其主要包括以下几种：

（1）许可证进入方式

许可证进入方式是指国际企业与东道国企业签订许可协议，授权东道国企业使用国际企业的专利、商标、服务标记、商品名称、原产地名、专有技术等，在一定条件下生产和销售某种产品，并向东道国企业收取许可费用。许可证合同的核心是无形资产使用权的转移。其优点是成本低、政治风险小，可以帮助企业实现无形资产的价值。其缺点是收益相对低，企业对市场营销活动的控制力度小，而且可能在无形中培养了竞争对手。采用许可证方式要注意许可协议的完善。

（2）特许经营进入方式

国际特许经营与许可证贸易没有本质区别，所不同的是，特许方要给予被特许方以生产和管理方面的指导和帮助。其优点是企业不需太多的资源就可以进入国际市场，而且政治风险较小，积极性高。其缺点是特许方的盈利有限，而且难以保证一致的品牌形象，很有可能被特许方培养成自己未来强劲的竞争对手。

（3）合同制造进入方式

合同制造进入方式是指企业向外国企业提供零部件，由外国企业组装，或向外国企业提供详细的规格标准，由其仿制，由企业自身保留市场营销责任的方式。其优点是：可以将精力集中在市场营销上，是一种有效的扩展国际市场的方式。其缺点是：

①有可能把合作伙伴培养成潜在的竞争对手；

②有可能失去对产品生产过程的控制；

③对方的延期交货可能导致本企业的市场营销活动无法按计划进行。

（4）管理合同进入方式

管理合同进入方式是指公司以合同形式承担另一公司的一部分或全部管理任务，以此获得相应的报酬。其优点是企业可以利用管理技巧来获取收入，从而不发生现金流，也可以通过管理活动与目标市场国的企业和政府发生接触，为未来的市场营销活动提供机会。其缺点是合同具有阶段性，即一旦合同中约定的任务完成，企业就必须离开东道国。

（5）交钥匙承包进入方式

交钥匙承包进入方式是指企业通过与外国企业签订合同并完成某一大型项目，然后将该项目交付给对方的方式进入外国市场。其优点是为企业的产品和资源找到出路，而且签订的合同往往是大型的较长期项目，若合作顺利，则获利颇丰。其缺点是不能长久地获取利润，项目有很多不确定因素，如遭遇政治风险。

12.3.1.3　直接投资进入

合资经营和外商独资经营都属于直接投资进入方式。

（1）合资经营

合资经营是指企业与目标市场国的企业联合投资、共同经营、共同分享股权及管理权，共担风险。其优点是：投资者可以利用合作伙伴的专门技能和当地的分销网络，有利于开拓国际市场，也有利于获取当地的市场信息，对市场变化作出迅速灵活的反应，而且当地政府易于接受和欢迎这种方式。其缺点是双方企业容易发生分歧。

（2）外商独资经营

外商独资经营是指企业通过独自到目标市场国投资建厂的方式进行产销活动。其优点是：企业可以完全控制管理与销售、支配经营利益，也可以根据当地市场特点调整市场营销策略，创造市场营销优势。同时，企业可以同当地中间商发生直接联系，争取它们的支持与合作，还可降低在目标市场国的产品成本，增加利润。其缺点是：

①企业投入资金多；

②很可能遭遇大的政治、经济风险，如货币贬值、外汇管制、政府没收等。

12.3.2　国际市场的进入策略

12.3.2.1　影响国际市场进入方式选择的因素

（1）企业外部环境因素

企业外部环境因素主要有：

①目标市场国的市场因素，包括市场规模、市场竞争结构和市场营销基础设施等；

②目标市场国的环境因素，包括政治环境、经济环境、社会文化环境、地理环境等；

③目标市场国的生产因素，包括可获得性和价格等；

④本国市场因素，包括市场竞争结构、生产要素和环境等。

（2）企业内部环境因素

企业内部环境因素主要包括产品因素（产品价值和售后服务要求）、资源因素、投入因素。

12.3.2.2　国际市场进入方式的选择标准

从国际企业的市场营销实践来看，企业选择国际市场进入方式时通常选择以下标准：

（1）刚性标准

刚性标准是指企业事先从以上因素中主观决定一个或几个硬性标准，只有满足硬性标准的进入方式才可能被选择。

（2）实用标准

实用标准即企业从实用的角度出发去选择各种进入方式。

（3）最优标准

最优标准即企业选择利润最大、成本最低、风险最小的方式进入。每种方式有各自的优缺点，企业在特定条件下应选择几种方式中的相对最优方式。

（4）满意标准

满意标准即企业对各种因素的各项指标设定一个最低要求，只要达到即可选用。

12.4　国际市场营销策略

国际市场营销策略和国内市场营销策略一样，也包括产品策略、价格策略、渠道策略和促销策略，但国际市场营销的各种策略并不是国内市场营销策略的简单重复。由于面临的环境不同，各种策略的具体内容有很大的差别。

12.4.1 国际市场产品策略

跨国企业向海外顾客提供满足其需求的产品，因此，国际市场产品策略很关键，是国际市场营销组合策略之一。

12.4.1.1 国际市场产品标准化与差异化策略

国际市场产品标准化策略是指企业在不同国家或地区的所有市场上提供相同的产品，如麦当劳、可口可乐公司。该策略可使企业获得生产、管理和市场营销的规模经济效益，而且为全球消费者提供相同的产品能树立企业在世界上的统一形象，企业也可以有效地控制全球市场营销。国际市场产品标准化策略最大的缺点是满足消费者需求的能力差，忽视各国需求的差异性。

国际市场产品差异化策略是指企业为不同国家或地区的市场提供不同的产品，如宝洁公司的各类产品。和国际市场产品标准化策略的优缺点刚好相反，国际市场产品差异化策略的最大优点是能够很好地满足消费者的个性化需求；缺点是增加了企业在调研、研发、生产、管理和市场营销各方面的成本和运作难度。

企业一般根据产品的需求特点、生产特点、竞争状况、成本与收入分析结果和其他方面（如各国的技术标准、法律要求及各国的市场营销支持系统等）来确定采用国际市场产品标准化策略或者差异化策略。就单个因素来看，当产品的共性需求大于个性需求，或者产品属于研发成本高的技术密集型标准品，或者市场竞争不太激烈，各国也没有特别的技术、法律限制时，国际市场产品标准化策略是明智的选择；反之，则适宜采用国际市场产品差异化策略。当总体各种因素的取向不一（如市场竞争不激烈，但产品需求的个性大于共性）时，企业可以按照因素的重要性而选择加权平均的方式来决定。

从企业国际市场营销的实践来看，企业的国际市场产品策略往往不是绝对的标准化策略或者差异化策略，而通常是产品标准化与产品差异化策略的组合。

12.4.1.2 国际产品生命周期策略

各国在科技进步及经济发展水平等方面的差别形成同一产品在各国的研发、生产、销售和消费上的时间差异，被称为国际产品生命周期。美国经济学家雷蒙德·弗农（Raymond Vernon）将国际产品生命周期分为新产品阶段、产品成熟阶段和产品标准化阶段。同一时期相同产品在各国所处的生命周期是不同的，且产品生命周期各阶段经历的时间长短也不同。以彩电产品为例，基本情况有 3 种（如图 12-2 所示）：

（1）高度发达国家

高度发达国家（如美国）：最先的产品出口国→该产品的进口国。其首先致力于新产品开发，掌握新产品的发明、制造和应用，以满足本国消费者的需求。当产品进入成熟阶段后，国内产品供过于求，因此，将发明产品销售到其他一般发达国家及发展中国家，然后将资源转向其他新产品的开发，对原产品的需求通过进口实现。

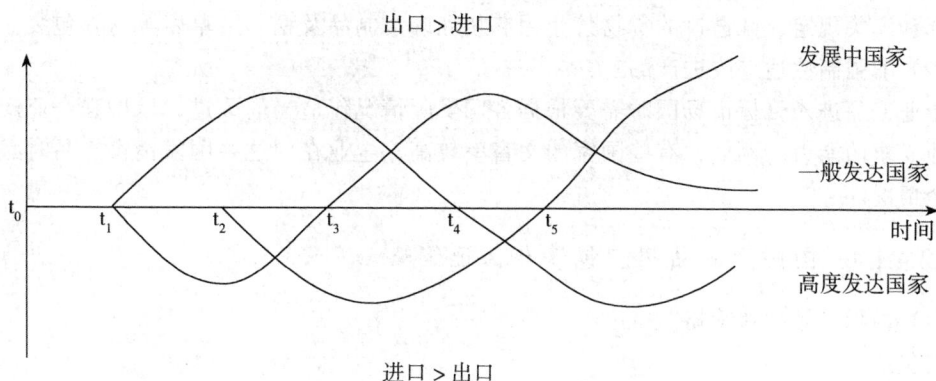

图12-2 国际产品生命周期

（2）一般发达国家

一般发达国家（如日本）：产品进口国→该产品的出口国。其结合自身资源优势仿制、改进产品后，将向高度发达国家进口的新产品变成自己的优势产品，转而出口到其他国家。

（3）发展中国家

发展中国家（如中国）：产品的进口国→返销产品到原出口国或其他国家。其利用低成本优势，当市场逐渐趋于饱和时，慢慢变为该产品的出口国。

国际产品生命周期理论说明：通过国际市场营销，企业可以延长产品生命周期；及时推出新产品，加速更新换代；引进新产品，升级本国产品结构。因此，发展中国家的企业和产业在许多产品上依然存在良好的发展机遇。

12.4.1.3 国际市场产品扩散策略

美国学者基根（Warren J. Keegan）总结了5种可供企业选择的国际市场产品扩散策略：产品与促销直接延伸策略，产品直接延伸、促销改变策略，产品改变、促销直接延伸策略，产品与促销双重改变策略（见表12-3），以及产品创新策略。国际市场产品创新策略是指企业针对目标市场的全新需求研发全新产品，并配以专门的广告宣传。如果新产品开发成功，获利将更大。这种方式适合实力雄厚的企业在新市场有足够规模时采用。

表12-3 国际市场产品与促销改变策略

项 目	促销直接延伸	促销改变
产品直接延伸	适用于各国需求差异很小或相同的产品、世界名牌产品。目前处于消费个性化时代，适用产品较少，企业慎用	适用于本身具有多种功能、各国语言文字和风俗习惯不同的产品
产品改变	适用于产品功能基本相同，消费习惯、使用条件有差异，竞争激烈的产品	适用于消费习惯、使用条件有差异，各国语言文字和风俗习惯不同的产品

国际市场产品扩散策略的适应性表现在：

（1）强制性适应改进产品

如果各国对进口产品的质量标准、计量标准及某些特殊的技术标准有特殊规定，或者目标市场国的自然条件有特殊性，则企业必须改进产品才能进入目标市场。比如，菲律宾卫生部和海关规定，凡进口的货物禁止用麻袋和麻袋制品及稻草、草席等材料包装。

（2）非强制性适应改进产品

企业产品进入目标市场国时需要根据各国实际情况作适当的改进，以增强企业产品满足当地需求的能力。例如，有些国家的文盲率较高，企业在向这些国家销售产品时必须适应这个情况。

12.4.1.4 国际产品品牌、包装与保证策略

（1）国际产品品牌策略

其包括：

①有无品牌决策策略；

②中间商还是制造商品牌策略；

③同一品牌还是个别品牌策略；

④同一产品的国际品牌策略，即对于出口到不同国家或地区的同一产品，企业面临着是采取单一的国际品牌还是在不同国家或地区分别采用不同品牌的选择。

国际产品品牌设计除应遵循一般性原则外，应特别注重两个原则：符合各国消费者的传统文化和风俗习惯；符合国际商标法和目标国商标法的规定，包括《巴黎公约》《马德里协定》《商标注册条约》等。

中国品牌在国际市场上面临两个问题：

①缺乏自主品牌，自主品牌的知名度和美誉度很低。

②企业缺乏品牌保护意识，相对美誉度较高的品牌的商标遭遇抢注。中国的"KONKA""LEGEND"等知名品牌的商标都曾因在国外遭遇抢注而损失惨重。中国企业在开拓国际市场时，必须商标保护先行，建立起完善的知识产权保护体系。

营销视野 12-1

（2）国际产品包装策略

其包括：类似包装策略、配套包装策略、再使用包装策略、附赠包装策略、改变包装策略。国际市场出口包装设计的基本要求是准确传递商品信息，适应商品价格，考虑国际目标市场需求，尤其要注意运输服务的要求、气候条件、分销时间的长短、促销的需要、生态方面的要求和零售商经营上的具体要求。

（3）国际产品保证策略

其包括：

①国际产品担保策略。国际产品担保的内容因企业、产品、市场的差异而有所不同，但通常包括产品的基本效用、对产品进行维修的方法和地点、对产品零部件的保证期限等。

②国际产品服务策略。国际产品服务通常会面临着由谁实施产品服务、维修服务人员的培训、国外维修服务网点零配件的供应等方面的决策。

12.4.2　国际市场价格策略

12.4.2.1　影响国际市场产品定价的因素

影响国际市场产品定价的因素远比国内市场产品定价多，除需求、成本、生产因素外，还要考虑东道国关税税率、消费税税率、外汇汇率、国外中间商毛利、国外信贷资金成本、利率、运输与保险费用，以及国外通货膨胀率、母国与东道国政府的干预、国际协定等。

12.4.2.2　国际市场地区定价策略

国内市场营销中的各种定价策略和技巧（新产品定价、折扣和折让定价、组合定价和心理定价策略）在国际市场营销中同样适用。此外，各国市场营销成本和费用的差异，使企业需要对不同地区的产品制定出差异价格。国际市场地区定价策略包括：

（1）FCA 价和 CIP 价

根据《2020 年国际贸易术语解释通则》，FCA 是指货交承运人（指定地点），是指卖方只要将货物在指定的地点交给买方指定的承运人，并办理了出口清关手续，即完成交货；CIP 是指卖方向其指定的承运人交货，期间卖方必须支付将货物运至目的地的运费，并办理买方货物在运输途中的保险。FCA 和 CIP 贸易术语都适用于各种运输方式，包括公路、铁路、江河、海洋、航空运输以及多式联运。

（2）统一交货定价

其与 FCA 价正好相反，是企业对卖给不同地区买方的产品，都按照相同的出厂价加相同的运费（按平均运费计算）定价，保证企业全球市场上的买方都能以相同价格买到同一产品。这种策略便于企业的价格管理，有助于企业在各国的广告宣传中保持价格的统一。

（3）分区定价

分区定价是指企业把销售市场划分为若干区域，对于不同区域的顾客分别制定不同的价格。例如，出口到美洲各国用一种价格，到欧洲各国用另一种价格，到亚太地区用第三种价格。分区定价的缺点是：①在同一价格区内，有些顾客距离企业较近，有些顾客距离企业较远，前者就不合算。②处在两个相邻价格区附近的顾客，他们相距不远，但是要按不同的价格购买同一种产品。相邻区域的价格差异有可能导致中间商随意地跨区域销售，不利于企业对区域价格的控制。企业在划分区域时要注意这些问题。

（4）基点定价

基点定价是指企业选定某些地点作为基点，然后按同样的价格向其他地点供货，顾客购买价格的差异只在于离基点远近而产生的不同运费。该方法减少了顾客购买价格的差异，有利于统一产品的市场价格。企业可以选定多个基点，按照顾客离得最近的基点计算运费。例如，企业出口产品到欧洲，可将产品先运输到荷兰的港口，然后通过集装箱将产品运到欧洲各地。

（5）运费免收定价

有些企业为了尽快开拓某个国家的市场，由企业负担全部或部分实际运费。该方法有利于企业在国外市场实现快速渗透，在新市场尽快站稳脚跟。

12.4.2.3　国际转移定价

国际转移定价是跨国公司内部母公司与子公司、子公司与子公司之间进行商品、服务或技术交易时所采用的内部交易价格。国际转移定价的实施方法有：

①调整原材料、半成品、零配件和成品价格；

②调整各种技术服务收费标准；

③提供融资上的便利；

④低价向子公司提供设备租赁。

跨国公司以成本价、市场价或者双方协议的价格来实现国际转移定价。

国际转移定价的目的主要是规避税收、调节利润和转移资金。一些国家已经对此立法，因此在市场监管比较成熟的国家或地区难以看到公开的国际转移定价。

12.4.2.4　防止价格升级的基本途径

由于国际分销渠道复杂，所以产品价格升级（层层加价）影响企业竞争力的现象时有发生。企业防止价格升级的方法有：

（1）降低制造成本

这可以通过降低净售价、采用替代材料、缩短分销渠道、采用更廉价的劳动力，甚至降低产品质量、转移生产地来实现。

（2）降低关税

企业改革产品，使其适应更低的关税税率，或者转移到关税税率更低的国家进行生产。

12.4.3　国际市场渠道策略

12.4.3.1　国际分销渠道模式

国际分销渠道（international distribution channel）是指使所有产品及其所有权从生产者转移到国际消费者的过程中所经历的各种渠道和市场组织的总和。产品的分销过程要经过如下环节：一是本国的国内分销渠道；二是由本国进入进口国的分销渠道；三是进口国的分销渠道。国际分销渠道的结构如图12-3所示。

由此可见，进行国际市场营销的企业有多种分销渠道模式可供选择，这依赖企业已确定的国际市场进入方式。不仅如此，企业在选择具体的国际市场分销策略和设计国际分销渠道结构时，还必须充分考虑企业自身的资源及所在行业的特点、竞争者的分销策略、目标市场特征、目标市场国的法律环境以及消费者的生活方式和购买习惯等。此外，不论采取何种选择，国际市场营销企业都必须考虑分销渠道的效率和对分销渠道的控制。

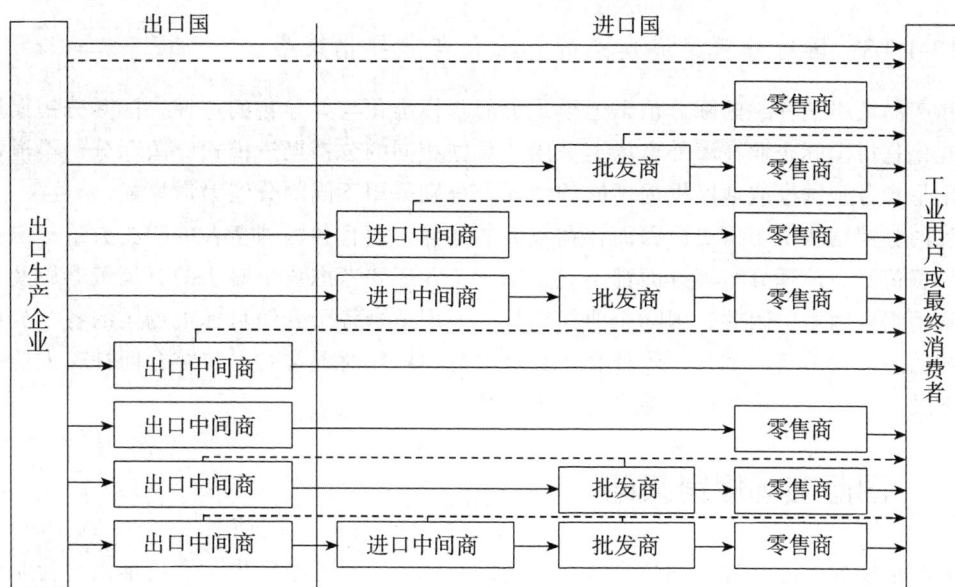

注：虚线表示面向工业用户的分销渠道，实线表示面向最终消费者的分销渠道。

图 12-3　国际分销渠道结构图

资料来源　蔡新春，何永祺．国际市场营销学［M］．2版．广州：暨南大学出版社，2004：222.

12.4.3.2　不同国家的分销渠道比较

（1）欧美国家的分销渠道

进入美国的产品一般要经过本国进口商再转卖给批发商，或者经过代理商，由批发商或代理商转卖给零售商，零售商再将产品卖给最终消费者。西欧国家进口商的业务通常限定一定的产品类别，代理商规模通常也比较小，但西欧国家的零售商主体，如百货公司、连锁商店、超级市场的规模都很大，而且经常从国外直接进口。大型零售商的销售网络遍布全国，我国企业若把产品销往西欧各国，可直接将产品出售给这些大型零售商，节省许多中间商费用，并利用它们的销售网络扩大市场占有率。

（2）日本的分销渠道

日本的分销渠道复杂冗长，而且制造商通过"建值制"（指以制造商提出的希望价格为基准价格形成的机制）和让利、退货制、一店一账制以及向分销商委派工作人员等方式，与分销商之间建立了稳定的、排他性的关系，既控制了市场的价格，也达到了排挤其他竞争对手的目的，因此日本分销体系是制造商主导型的。[①]

（3）其他国家的分销渠道

中东地区的中小零售商多，垄断商少但力量大，渠道多由当地贵族酋长控制；同时，中东国家兼营商多，专营商相对少。印度分销渠道总的特点是：城市用经销，农村用代理。在委内瑞拉，企业主要是在进口代理环节下选择多条分销渠道。在埃及，分销渠道主要是代理商下设批发环节。

---

① 黄漫宇．日本分销体系的形成与变革［J］．日本学刊，2007（4）：84-95.

12.4.3.3 国际分销渠道模式的标准化与差异化策略

和产品策略一样，国际分销渠道模式也面临标准化与差异化的选择。国际分销渠道模式标准化是指国际企业在海外市场上采用与母国相同的分销渠道模式；国际分销渠道模式差异化是指各个国家或地区根据不同的情况，分别采用不同的分销渠道模式。

各国分销结构由于历史原因而存在很大的差异，而且各国消费者的购买数量、购买习惯、消费偏好、地理分布等方面都不同，国际企业还要考虑竞争对手的分销策略以及其他市场营销组合因素，因此，国际企业往往只能采用适合各个分销目标市场国的各个分销渠道模式的差异化策略。例如，国外企业在进入日本市场时通常必须与综合商社、大的制造商或批发商合作，方可将产品推进其渠道系统。

12.4.4 国际市场促销策略

国际市场促销已经进入到整合营销传播的时代，主要通过广告、人员推销、营业推广和公共关系活动来完成。

12.4.4.1 广告

当前世界广告业发展的趋势是：
①电子信息不断渗透广告业；
②高技术成果在广告中广泛运用；
③更加注重树立企业和产品的形象、广告的效果测定和信息反馈；
④广告设计更加注重了解消费者的心理及需求，突出民族风格；
⑤广告制作更专业化，表现形式更多样化和人性化；
⑥广告活动有全球化倾向，国际广告业的合作进一步发展；
⑦国际广告业大规模合并。
因此，跨国经营的企业采用国际广告时必须注意：
①考虑进口国的经济环境；
②尊重东道国的风俗习惯；
③适应各国的文化；
④尊重各国的宗教信仰；
⑤遵守各国对广告的管制；
⑥重视各国的自然环境、人均收入水平、国民的文化教育水平和语言文字特点。
跨国经营企业需要考虑采用国际广告的标准化或者差异化策略。标准化策略是指企业在不同国家的目标市场上使用主题相同的广告宣传；差异化策略则是指企业针对各国市场的特性，向其传送不同的广告主题和广告信息。一般来讲，广告标准化可以降低成本，使国际企业及其产品在各国市场上建立统一形象，有利于整体促销目标的制定、实施和控制。但是，企业往往不能随意选择标准化策略，而是要考虑以下几个方面：
①产品在不同国家是否有不同的需求。
②不同国家的消费者特点是否类似。例如，唇膏广告因为欧美消费者和阿拉伯消费者

不同的需求而必须用不同的表现方式。

③广告对不同国家的广告法规、语言和文化的适应性。例如，在科威特，政府不允许企业作香烟、打火机、药品、酒、航空公司、巧克力或其他糖果广告。

无论是选择标准化还是差异化的广告策略，首先要考虑的是哪种策略更能达到企业作广告的目的：将企业产品的有关信息传递给消费者，使消费者理解并接受这些信息，促进企业产品的销售。

12.4.4.2　人员推销

人员推销往往因其灵活性强、服务多样化、搜集和传递信息翔实、有效激发顾客购买欲望、及时获取市场反馈等优点而成为国际市场营销中很受欢迎的促销手段。然而在国际市场营销中使用人员推销往往面临费用高、培训难等问题，所以要有效利用这一促销方式，还需能招募到富有潜力的优秀人才，并加以严格培训。

推销人员不仅可以从母国企业中选拔，也可从东道国甚至第三国招聘。一般而言，如果企业打算长期在该国发展，应该更多地利用东道国的推销人员，因为他们深刻了解东道国文化，有极强的语言能力、较强的市场调研能力和果断决策的能力。

12.4.4.3　营业推广

营业推广的手段非常丰富，如针对消费者的样品、减价、交易印花、优惠券、有奖销售、赠券、现金折扣、商品陈列、现场表演、免费使用、产品保证，以及针对中间商的购买折扣、津贴、免费商品、推销奖金等。国际营业推广中非常重要的工具是国际展销会（或交易会），企业需要在了解各目标市场国展销会的不同特点后再选择适合的展销方式。例如，欧洲国家和美国商品展销会参观者的差异是：几乎所有的欧洲国家参观者都会购买展销会中的商品，而美国参观者中只有60%的人会在未来购买。因为美国参观者大多来自普通民众，而欧洲国家绝大多数参观者是商人或决策者。

国际营业推广会受到当地政府的限制。经销商的合作态度和市场的竞争状况也会影响营业推广的效果，这都是企业需要考虑的。

12.4.4.4　公共关系

在国际市场营销中，公共关系是一种相当重要的促销方式。在与东道国的所有公众关系中，与其政府的关系可能是最重要的，因为没有东道国政府不同程度的支持，国际企业很难进入该国市场。政府对海外投资、进口产品的态度，特别是对某一特定企业、特定产品的态度，往往直接决定国际企业在该国市场的前途，所以国际企业要加强与东道国政府的联系与合作。同时，对当地的社会公众，企业也要充分利用媒体进行有利的信息传播，以获得其信任和好感。

学思践悟

党的二十大报告指出："中国坚持对外开放的基本国策，坚定奉行互利共赢的开放战略，不断以中国新发展为世界提供新机遇，推动建设开放型世界经济，更好惠及各国人民。中国坚持经济全球化正确方向，推动贸易和投资自由化便利化，推进双边、区域和多边合作，促进国际宏观经济政策协调，共同营造有利于发展的国际环境，共同培育全球发展新动能，反对保护主义，反对'筑墙设垒'、'脱钩断链'，反对单边制裁、极限施压。中国愿加大对全球发展合作的资源投入，致力于缩小南北差距，坚定支持和帮助广大发展中国家加快发展。"

企业在国际市场中开展营销活动时，要在充分了解和尊重不同国家和地区文化的差异和特点的基础之上，发掘本民族文化的优势和特点，以文化自信为支撑，推动企业的国际化发展进程。同时，在国际市场中遵守诚信原则，建立良好的商业信誉和口碑，注重产品和服务的质量和细节，打造高品质、高附加值的产品和服务，获得国际消费者的信任和支持。

关键术语

国际市场营销　国际市场营销环境　许可证进入方式　国际市场产品标准化策略　国际市场产品差异化策略　国际转移定价

主要观念

1. 环境特性是国际市场营销同国内市场营销的本质区别。
2. 企业应该运用大市场营销理论来能动地适应国际市场营销环境。
3. 各国的文化没有对与错、好与坏之分，只有差异。

基本训练

❖ 知识题

第12章判断题

一、简答题

1. 什么是国际市场营销？
2. 企业市场营销国际化的动因有哪些？
3. 国际产品生命周期理论的内容是什么？
4. 国际转移定价的目的是什么？
5. 实施国际分销渠道模式标准化策略的主要障碍是什么？

二、论述题

企业选择国际市场产品标准化策略或者差异化策略的依据是什么？

❖ 技能题

在国际金融危机背景下，跨国经营的企业如何规避其美元业务可能遭遇的外汇风险？

❖ 能力题

好孩子国际控股有限公司创立于 1989 年，是全球领先的儿童用品公司及中国最大的母婴产品品牌商、分销和零售平台，也是"中国制造"中少数对沃尔玛具备"议价"能力的公司。好孩子公司生产的产品销往几十个国家和地区，遍布欧洲、美洲、中东、东南亚、独联体国家等。2009 年，在中国、北美洲和欧洲市场上，每 2.9 辆婴儿车中就有 1 辆来自好孩子公司。好孩子公司在中国市场的占有率按销量计占 27.2%，按销售金额计占 41.2%，遥遥领先于第 2 名的 3%，连续 20 年位居首位；在北美市场的占有率按销量计占 55.1%，按销售金额计占 34.2%，连续 14 年位居首位；在欧洲市场的占有率按销量计占 17.4%，按销售金额计占 24.2%，连续 7 年位居首位。2019 年，好孩子公司在国内的收入为 31.06 亿元，占总营收比重为 35.39%，以欧美市场为主的海外地区收入比重超过 60%。2022 年，好孩子集团的 Evenflo 品牌表现不俗，实现收益 23.047 亿港元，较 2021 年市区增长率逾 13%。有分析指出，该品牌强劲的增长势头主要是由于其数字化渠道的大幅增长以及消费者对创新产品的高度认可、产品组合的升级和品牌形象的提升所致。

好孩子公司在国际市场上的扩张模式是典型的 OJM（original joint manufacturer，与委托代工企业的联合研发）模式，在需求研究上能深入终端客户，使产品实现种种奇思妙想，实现高附加值。比如一款童车，推出去的时候是童车，而稍作变形，在家里就会是一台可以玩耍的摇马。在生产成本增高、渠道进行利润倒逼的时候，好孩子公司又通过需求研究，将童车后端车臂由 4 根改为 2 根，既方便客户折叠，又降低了 20% 以上的成本。

好孩子公司诞生于创造，30 多年来坚持走以创造带动制造的发展之路：1991 年组建新品开发部；2007 年，在荷兰乌得勒支、美国波士顿、日本东京建立海外研发中心；2010 年，在中国香港建立全球第 5 个研发中心；2014 年，先后并购德国高端儿童汽车座椅品牌 Cybex 和美国百年儿童用品品牌 Evenflo，进军欧洲市场。通过成熟地运用 OJM 模式，好孩子公司为客户提供的不仅是产品，还包括依托产品的系统解决方案和专业化、定制化的服务，这就使企业从纯粹的"无差异制造"中脱离出来，形成自己独特的竞争优势。通过海外上市、国际并购、强化产品设计能力、延伸品牌经营能力，好孩子公司逐渐从产品供应商向品牌经营商转型，走到了价值链高端，并逐渐成为全球母婴用品行业的"隐形冠军"。

资料来源　王赛. 中国制造的"第三条道路"：OJM［J］. 销售与市场（评论版），2012（12）：18-19.（有改编）

问题：

（1）请结合教材及本案例，分析好孩子公司通过 OJM 模式进入国际市场的优越性。

（2）结合国内外环境，分析好孩子公司放弃直接成为品牌输出商（OBM，原始品牌制造商）而选择 OJM 模式进军海外市场的原因。

第13章 市场营销新发展

学习目标

知识目标

◆ 了解非营利组织营销的特征。

◆ 掌握市场营销道德的概念及判断市场营销道德的理论。

◆ 正确认识网络营销的概念，了解网络营销和传统市场营销的区别。

◆ 掌握数据库营销的概念及优越性。

◆ 掌握体验营销的概念以及体验营销与传统营销的区别。

技能目标

◆ 掌握市场营销策略在非营利组织中的运用。

◆ 鉴别市场营销管理活动中的道德问题。

◆ 掌握网络营销职能在网络营销中的具体运用。

◆ 掌握数据库营销的运行程序。

◆ 掌握体验营销的实施。

能力目标

◆ 运用市场营销原理指导非营利组织开展市场营销活动。

◆ 正确判断市场营销活动中的道德与不道德行为。

◆ 帮助企业合理开展网络营销工作，正确运用数据库营销帮助企业争取和留住顾客和实施全面体验管理。

❖ 引例

沃尔玛：今天卖什么，天气说了算

根据天气来促销产品的市场营销手法并不稀奇。一直以来，很多零售商都会根据天气安排商品采购和促销。例如，天热的时候把防晒霜放在货架前面；雨雪天里，把雨伞、棉衣之类的商品摆在显眼的位置，以促进销量。但沃尔玛通过对大数据的有效运用，在天气与消费者购买偏好之间有了更为深入的洞察。

在沃尔玛，有一个专门分析消费者行为的小组。该小组与天气预测公司合作，利用沃尔玛的销售数据、消费者通过 App 提交的订单、社交媒体上的讨论等各类数据，结合天气情况进行分析，在天气与特定的产品之间有了一些十分有趣的发现。

例如，当气温低于 26℃、刮着微风且阳光明媚的时候，消费者采购蓝莓等浆果类

产品的概率高达80%。所以，即将出现这样的天气时，沃尔玛就会将浆果类产品摆到显眼的位置，并重点推出数字广告，吸引消费者的注意。沃尔玛美国首席营销官表示，这种做法的效果十分显著，浆果类产品的销量增加了3倍。

除此之外，在天气较热、刮着热风且不下雨的天气里，消费者对牛排的消耗量会增多；某一天早晨温度为26℃，阴天，风速为每小时40千米，稍后温度升至32℃且云消散去，风速也降低了，在这样的天气消费者更倾向于选择汉堡；在气温较高、风不是很大、天气晴朗的日子里，消费者更喜欢买碎牛肉。在气温为26℃且风速在每小时8千米的日子里，消费者购买沙拉的概率高达90%。

目前，沃尔玛已经在天气与消费者的购买产品偏好之间找到了数千种关联，并将这些联系运用到店内的市场营销中。当特定的天气即将来临时，沃尔玛会把相应的产品摆在消费者一眼就能看到的地方，发布一些电子广告，或者给消费者发促销信息，就能带来销量的增长。通过这种关联作相应的推广，一些产品的整体销量已经有了大幅提升。

而随着大数据分析渐趋成熟，沃尔玛不仅可以预知明天消费者会买什么，还可以通过对消费者采购清单进行分析，替每一位消费者制定出店内的线路导航图，让他们能够更快速、高效地找到自己需要的产品。

资料来源　周瑞华. 沃尔玛：今天卖什么，天气说了算 [J]. 成功营销，2015（1）：98.

13.1　非营利组织营销

非营利组织是社会组织的重要组成部分。其与营利组织一样，也有自己的服务对象，满足其需求是非营利组织存在和发展的基础。近些年来，非营利组织越来越重视市场营销，开始奉行市场营销观念，运用市场营销策略，以使非营利组织健康、稳定地发展。

13.1.1　非营利组织的概念及特征

现代社会中的社会组织分为政府组织、营利组织和非营利组织，即现代社会的"三元结构"。非营利组织是指除了政府组织和营利组织以外的一切社会组织的全体，包括慈善机构、宗教机构、学校、合作团体等。这类组织在公众支持下，为实现公共目标而存在。

非营利组织一般具有以下基本特征[①]：

（1）组织性

组织性是指组织要具有一定的制度和结构，实现一定程度的制度化。根据国家法律登记注册的具有合法身份的社团法人，经登记取得合法地位，才具有契约权，并使组织的管理者对组织的承诺负责。组织除具有法律权限外，还必须建立制度，在一定程度上体现组织的内部结构、目标结构和活动的相对持续性。

---

① 吴冠之. 非营利组织营销 [M]. 2版. 北京：中国人民大学出版社，2008：6-7.

（2）私有性

私有性是指非营利组织在制度上与政府相分离。非营利组织不隶属于政府，并且不由政府官员来管理和控制。非营利组织有其特有的决策和运行机制，其运作方式是按照组织内部制定的规章制度和管理程序来进行的。为了获得自身的发展，非营利组织有时只能采取竞争性手段来获取各种必要的社会资源，并提供具有竞争性的公共物品，但这并不意味着非营利组织不能接受政府和企业的资金支持，关键是非营利组织在结构上是属于非政府的社会组织。

（3）非营利性

非营利性是非营利组织的本质特征。非营利性意味着组织不能向其所有者提供利润。非营利组织开展任何形式的经营业务所获得的盈余必须用于组织的基本使命，即开展各种社会活动，并在此基础上谋求组织自身的发展。

（4）自治性

自治性是指非营利组织有自己的内部管理程序，实行自我治理，不受外部实体的控制。

（5）志愿性

非营利组织的内在驱动力不是利润动机，也不是权力原则，而是志愿参与性。志愿参与性表现为组织所有的成员都志愿参与组织的活动，而且组织接受一定程度的物品和资金的志愿捐助。因此，志愿者和志愿捐助是非营利组织的重要社会资源，但这并不意味着非营利组织的工作人员均来自志愿者，也并不意味着组织的大部分收入或全部收入都来自志愿捐助。

13.1.2 非营利组织营销的兴起和发展

20世纪60年代以前，在卖方市场的条件下，市场营销往往被非营利组织所忽略。西方非营利组织的管理者很早就开始使用会计制度、人事管理、战略计划等管理和控制方法，但他们都没有采纳市场营销职能。他们认为非营利组织毫无必要开展市场营销活动。比如，执法部门认为守法是最基本的社会要求和道德规范，没有必要通过广告提醒公众不要酒后驾车；医疗部门认为健康是人们最起码的要求，也不需要花费大量资金告诉公众定期进行体检。

20世纪70年代后期，随着各国和地区社会、经济的进步及非营利组织的发展，非营利组织面临的各种问题不断凸显出来，如顾客背弃、会员减少、成本上涨、赞助金缩减等。一部分非营利组织开始认识到需要应用市场营销理论来解释和指导组织的行为，以便更好地实现组织的宗旨和目标。非营利组织当时已经开展了许多尝试性的市场营销活动，通过直接邮寄和个人的"促销"来筹集资金，并通过宣布公共服务的公告和采用传统的广告形式刺激更多的人使用非营利组织的服务。为了实现组织的使命，非营利组织利用市场营销方法来增强人们的认同意识，提高政治与社会对组织的支持力度。最初，非营利组织很少将这些活动称为市场营销，因为那时非营利组织营销还有太多的负面内涵，许多人认为既然非营利组织从事的是非营利事业，就不应该存在市场、价格、市场营销等给人以经商或谋利印象的概念。

进入20世纪八九十年代，非营利组织营销发生了里程碑式的变化。全球的许多非营利组织都运用市场营销原理来指导其管理活动，以便更好地实现组织的宗旨。例如，美国伊利诺伊州的利文斯顿医院聘请市场营销副总裁，负责医院的宣传和品牌创立等工作；著名的休斯敦大学运用市场营销原理分析自己所处的环境、所面对的市场和所服务的顾客特征，根据分析结果优化课程结构，更好地满足顾客的需求，并获得了大量优秀的学生。

营销视野13-1

在我国，对大多数非营利组织来说，市场营销还是一个很陌生的概念，其没有认识到市场营销能为非营利组织带来收益，或者对非营利组织营销还存在很大的偏见，致使我国的一些非营利组织并不能很好地为顾客服务。例如，很多博物馆、文化馆一旦成立之后，就一直维持原状，缺乏创新，工作人员服务不规范，宣传力度跟不上。他们很少接触自己的顾客，了解顾客需求的变化。对于多年不变的展示模式，消费者必然感到厌倦。由于缺少市场营销观念，我国的非营利组织并没有取得良好的市场表现。

❖ **营销实践13-1**

我国的非营利组织营销实例

2009年9月，中国扶贫基金会开通微博账号，拥抱互联网社交媒体时代。伴随着我国脱贫攻坚圆满收官，全面迈入推进乡村振兴的新阶段，中国扶贫基金会于2022年6月正式更名为中国乡村发展基金会，其微博账号名称也随之改变。截至2022年9月，@中国乡村发展基金会微博已经开通13周年，共计发布博文1.3万余条，微博粉丝数超150万个。

中国乡村发展基金会借助微博平台的属性、资源、内容等多重优势，通过"传播+募捐"双轨并行，促使其公益模式不断升级，公益影响力和渗透率不断提升，切实为扶贫脱贫和乡村振兴的公益事业助力。

一、以微博社交媒体势能 促进乡村公益发展

中国乡村发展基金会成立于1989年，是在民政部注册、由农业农村部主管并委托国家乡村振兴局日常管理的全国性公益组织，其使命是"助力乡村发展，促进共同富裕"。

在接续推进市县脱贫攻坚和乡村振兴有效衔接的过程中，产业发展、产销对接、农产品上行等都是乡村产业发展亟需解决的痛点；与此同时，在人才培训、正能量宣传、品牌宣传等方面也有强烈需求。针对这些痛点和需求，中国乡村发展基金会借助微博平台社交媒体的力量，通过公益募捐和公益传播两方面，撬动乡村公益势能不断释放。

在公益募捐方面，中国乡村发展基金会自2013年起在微公益平台陆续上线了"圆孩子们童年里的彩色梦想""捐一元·献爱心·送营养""爱加餐""书路计划""多一份守护，向灾害Say No""美好学校 圆梦未来""美好学校·乡村孩子的音乐课堂"等7个长期公益项目，主要方向是教育助学、扶贫助困等。

与此同时，在突发事件发生时，@中国乡村发展基金会第一时间响应，联合@微公益发起各类应急救灾项目。例如在2021年汛情期间，中国乡村发展基金会在微公益平台发起【有你"救"有力量——北方水灾人道救援行动】【河南水灾人道救援行动】【南方水灾人道救援行动】项目，累计筹得善款334.14万元，收到16.63万笔微博网友爱心捐赠。

二、各类项目话题活动　助力农人成长、农产品销售和公共品牌打造

近年来，中国乡村发展基金会与微博联合推广多个乡村振兴项目活动，打造多个爆款话题冲上热搜，引发全网关注，切实为乡村发展提供助力。

2018年，微博联合共青团中央、商务部中国国际电子商务中心、农业农村部中国优质农产品开发服务协会、中国乡村发展基金会等政府单位、行业协会、专家智库、公益机构，共同发起了"原产地探访计划"，为县域优质农产品、优质乡村旅游资源塑造品牌知名度，打造专家智库，促进县域经济发展。

每年9月23日是中国农民丰收节。连续4年，微博联合中国乡村发展基金会在丰收节当天发起话题#向亿万农民致敬#，通过视频直播的形式全面记录展示扶贫成果，联动正能量艺人向亿万农民致敬。2022年中国农民丰收节之际，微博联合公益机构、娱乐经纪公司发起"星光点亮美丽乡村行动"计划。通过微博平台将娱乐经纪公司及艺人、公益机构及其在乡村振兴领域多方面的实践工作连接起来，积极动员演艺工作者发挥自身优势，深度参与乡村振兴公益活动。艺人通过项目地线下探访、公益课堂、直播带货、公益赞赏等形式传播公益项目，以实际行动助力乡村振兴。

2022年3月，为践行企业社会责任，微博发起了#点亮美丽乡村#计划，携手中国乡村发展基金会连续开展多类乡村振兴项目。2022年3月18日，微博工作人员走进石棉，打造#她们种的黄果柑巴适的板#话题，在线直播线下田间发布会，致敬乡村产业振兴路上"她力量"；到2022年9月，累计完成3场#村儿里的音乐会#线下演出，3场累计观看量超500万人次；2013年发起"百美村宿"项目，2022年6月21日正式更名为"百美村庄"，致力于培养乡村致富带头人，打造乡村振兴综合示范村，众多名人大V发博推介百美村庄项目。

资料来源　KristyKwak．微博携手中国乡村发展基金会十三周年　以微博之力促进乡村公益发展［EB/OL］．［2023-12-07］．https://m.thepaper.cn/baijiahao_20067280．

13.1.3　非营利组织的市场营销特征

非营利组织具有非营利性，因此其在开展市场营销活动的过程中呈现出与企业市场营销明显不同的特征。

（1）服务对象的多重性

非营利组织的主要服务对象是顾客和捐助者。顾客与资源配置有关，捐助者涉及资源吸引问题。非营利组织还需借助市场营销原理来妥善处理与其他各种公众的关系。例如，一所大学要以未来学生、现有学生、学生家长、教职员工、当地企业、当地政府等公众为目标，来开展其市场营销活动。

（2）目标的多重性

非营利组织倾向于追求多种目标，与仅以利润为目标的营利企业是有区别的。对于管理者来说，要想实现所有目标是很困难的，因此，必须善于从中选择较为重要的目标，以便有效地配置资源。

（3）服务专门化

大多数非营利组织从事的是服务（而非有形产品）的生产供应，而服务具有无形性、不可分离性、异质性和不可存储性等特征。例如，大学提供的服务是教育，教育本身就是无形的，它与其提供者即教师紧密相联，不同教师的授课质量又各不相同。

（4）接受公众监督

非营利组织要受到公众的监督，因为其提供的必要性公共服务是享受公众资助和政府免税的，所以其经营活动必须服从或服务于公众利益。从这个意义上讲，非营利组织所承受的政治压力远大于市场压力。

13.1.4 非营利组织的市场营销组合

13.1.4.1 产品策略

非营利组织可提供的大多是无形产品——服务。服务代表着组织的公共形象，是组织与目标群体进行沟通、接触的主要界面。非营利组织提供的服务应优于营利企业，因为它关系到消费者的长远利益，甚至是国家的长远利益。非营利组织要向目标群体充分展示产品的核心利益，增强公众的信心，通过使目标群体满意来维系其忠诚度。这就要求非营利组织在调查分析的基础上开发并创造出被公众接受的产品，通过由指导到引导的过程来满足公众的需求。

13.1.4.2 价格策略

对于非营利组织来说，价格意味着对公共服务的收费。虽然非营利组织不以营利为目的，但是如果对组织提供的任何服务都不收取费用，非营利组织将很难维持生存和发展。因此，不以营利为目的是非营利组织应该具有的组织理念和宗旨，但并不是说非营利组织不能营利。相反，非营利组织通过制定合理价格、实施服务收费来实现一定的盈利，就可以用这部分盈利支持组织的发展，以便为社会提供更好的产品。

服务收费是非营利组织筹措资金的重要来源之一。非营利组织在制定价格时，要反映出"符合消费者利益"这一宗旨和原则，并最终要遵守法律。在定价策略中，非营利组织要考虑运营管理环境。例如，由于受到政治、经济、社会文化环境等外部因素的影响，非营利组织对服务有可能采取不收费、少收费或者多收费的策略。例如，健康和公共服务的收费应尽可能地保持在一个较低的水平上，以确保公众对该项服务的广泛使用；交通部门对违规停车的罚款比较高，这样可以缓解交通压力和加强交通安全。

在市场营销战略中，由于不存在利润导向的定价制度，非营利组织还必须依靠其他资金来源来支持组织的活动。非营利组织的经费来源主要有个人捐助、基金会捐助、企业捐助和政府机构捐助等。

13.1.4.3　渠道策略

非营利组织的产品如何以最便捷的方式提供给消费者，这也是组织要完成的任务。然而，大多数非营利组织都相对缺少资源，靠组织自身无法完成渠道计划，因此，它们必须获得其他机构的支持与协助。非营利组织要善于利用渠道分担成本，尽可能发展中介机构等，提供时空上的便利性，使少量的资源能够充分发挥效用。非营利组织要与渠道成员相互协调好，使双方都感到对社会负有共同责任。

13.1.4.4　促销策略

大多数非营利组织是利用传播来影响目标群体行为的，它们选择公众乐于接受的媒体，为目标市场提供有关利益方面的信息。在与目标市场进行沟通的同时，非营利组织争取谋求外界持续不断的支持，通过获得协助来达到协调公众的态度进而影响其行为的目的。非营利组织最易于获得协助的沟通方式便是广告。付费广告或公益广告为了获得宣传效果，愿意为非营利组织提供相应的技术与服务。同时，赞助社会福利事业可以提高企业的知名度，树立自己在公众心目中的良好形象。

❖ **营销实践13-2**

招生中的市场营销之道

20世纪70年代末，美国明尼苏达州的卡尔顿学院进行了一项市场调查，发现高中生普遍认为该校位于寒冷地区，地理位置偏僻，图书馆太小，不能很好地满足学生读书需要等。对此，该学院调整宣传重点，略谈气候因素，强调其附近双子星城的文化及社会特征，同时宣传品里附上图书馆扩建图，取得了很好的实施效果。

该学院在其他招生宣传上也策划了市场营销活动。其发现各地区的高中生因兴趣不同而在选择大学时有不同看法：西部各州的学生学习态度比较松散，生活也较随意，对户外活动比较感兴趣，所以比较关注学校的运动设施和休闲娱乐；东部各州的学生比较关注学校的学术水平，包括学校的师资力量、图书馆的藏书量以及该校的科研水平；当地的学生及其家长们则认为该校只不过是一个地方性学院，其收费与其他学校相比太高。

该学院据此采用市场细分方法，针对不同地区的学生分别制作不同的宣传品：对西部的学生主要介绍一些运动及户外休闲活动；对东部的学生则介绍学院较高的教育水平以及知名教授队伍，并强调该学院的学术氛围；对当地的学生及其家长们，学校提供申请奖学金的详细资料，说明只要学生的学习成绩达到优秀，奖学金额度就很高，同时强调该学院是一所全国性学校，而不仅仅是地方性学院。

该学院寄发宣传品的反应率从1978年的5.9%提高到1980年的14%，每年申请入学的人数从1 470人提高到1 875人，而且最突出的成就是该学院在不降低入学水平的条件下维持了财政上的收支平衡。

由此可见，卡尔顿学院在导入市场营销之后，通过对学生及其家长们的详细调查研究，充分利用市场信息，按照市场细分原理，采取有效的市场营销方式，提高了入学率。

资料来源　吴冠之. 非营利组织营销［M］. 2版. 北京：中国人民大学出版社，2008：1-2.

13.2　市场营销道德

13.2.1　市场营销道德的含义

随着商品经济的发展，企业市场营销活动不断拓展，在此过程中，某些企业从褊狭利益出发，企业行为违背了通常意义上的道德规范。例如，一些企业销售假酒、假药、劣质化妆品、假种子、假化肥等，以次充好，牟取暴利，却牺牲了广大人民的利益。在管理现代化的时代背景下，市场营销道德已经被普遍重视和实践。

市场营销道德是调整企业与所有利益相关者之间的关系的行为规范的总和，是除客观经济规律及法制以外制约企业行为的要素。

西方学者对市场营销道德的研究始于20世纪60年代，其重点是倡导企业之间竞争要"以德为本"；到70年代，西方学者开始探讨市场营销的社会责任，并引发了"利润""伦理"谁为先的争论；80年代以来，市场营销道德成为学术界的热点之一，学者开始论证经济活动与道德活动在本质上能够统一，并尝试建立市场营销道德问题研究的理论框架；90年代以后，市场营销道德成为企业道德研究的一个重点问题，发达国家和发展中国家都很重视市场营销道德。

13.2.2　市场营销道德的判断

市场营销道德最根本的准则是维护和增进全体人民的长远利益。但是由于个人和企业在价值观、文化等方面的差异，以及国家、民族的不同制度、习惯，针对道德的评判标准有几种不同的理论流派。

13.2.2.1　功利论

功利论主要以某种行为所引起的后果为标准来判断其道德性。如果某种行为给社会中的大部分人带来最大福利，则该行为就是道德的；否则，就是不道德的。

功利论对行为后果的看法主要有两种：一种是利己功利主义，以人性自私为出发点，但并不意味着在道德生活中因为自身利益而不顾他人利益，因为这最终会损害自己的利益；另一种是普遍功利主义，认为行为道德与否取决于行为是否普遍地给大多数人带来最大幸福，并认为为了整体的最大利益，必要时个体应不惜牺牲个人利益。当代功利论者大多倾向于采用普遍功利主义原则来判断行为的道德性。

功利论的缺点主要是：过分强调结果，而忽视手段的正确性。结果好并不表明手段正确；反之，结果不好也不一定是因为手段不行。

13.2.2.2　义务论

义务论也称道义论，认为某一行为的善恶性质或对该行为正当与否的判断，不取决于该行为是否带来或可能带来怎样的实质性价值或效果，而取决于该行为是否符合某一相应的普遍道德规范，是否体现了一种绝对的义务性质。某些行为之所以内在地正当是因为它们与某种原则相符。义务论的代表人物罗斯指出了六种义务：诚实、感恩、公正、行善、自我完善、不作恶，其中最后一种最优先、最有强制力。在这些义务中，有很大一部分因其对其他人影响的严重程度而被纳入法律的范畴，若不履行就要受到强制性惩罚。例如，企业之间签订经济合同，双方必须履行合同条款；否则，经营活动无法进行。再如，负债就要履行偿还的义务。一些被普遍接受的道德规范和义务规则，如诚实守信、公正公平、知恩图报等，已经被较广泛地应用于各个国家的法律、公司政策及国际商业惯例等方面。

义务论还强调行为动机和行为善恶的道德价值。例如，有三个企业都对"希望工程"进行捐助。甲企业的目的是树立企业的良好形象，以便今后打开销售之路；乙企业的目的是捞取政治资本；丙企业的目的是履行企业的社会责任。很显然，丙企业的投资行为是来自义务的动机，因而更具有道德性。

13.2.2.3　相对主义论

相对主义论认为，事物对与错以及某种行为善与恶的判断标准，因不同的文化背景而有所差异，道德是具有相对性的。文化包括语言、法律、政治、宗教、技术、教育、社会组织等。文化在各个国家的差异导致在某一国家适用的道德标准不一定适用于其他国家。比如，在商业经营活动中，有些国家对贿赂行为深恶痛绝，在法律上是禁止的；有些国家则认为贿赂是开拓商务不可缺少的方法。当然，在不同国家也存在更多的共同的道德观，如反对恐怖主义、保护妇女和儿童、保护环境、爱护动物等。

上述三种理论从不同的角度提供了判断企业市场营销道德的思路，但任何一种理论都不能独立地解决市场营销道德冲突，必须在功利论与义务论相互结合的基础上，区分分析对象的不同文化背景，来判断企业市场营销行为的道德性。

13.2.3　市场营销活动中的道德问题

市场营销道德问题贯穿于企业市场营销活动的始终，以下从企业市场营销组合出发逐一加以分析。

13.2.3.1　产品策略中的道德问题

企业的产品策略背离道德标准的主要表现是：

①企业从产品的研发阶段就以销售假冒伪劣产品获利为目的；

②企业设计的产品超出了消费者的正常需求，产生了各种资源的浪费；

③消费者不能通过向企业购买产品而给自己带来最大的幸福；

④在产品的生产过程中，企业忽视员工的生产条件，工作时间过长，造成潜在的或现实的安全生产隐患，危害员工的身心健康；

⑤企业生产造成环境污染，危及社区居民的健康生活；

⑥企业对产品进行不符合产品性能的虚假包装，或者产品包装过多而造成资源浪费和环境污染等。

13.2.3.2 价格策略中的道德问题

企业违背价格道德的主要表现有：

①企业对消费者实行价格欺骗，如操纵价格、价格畸高、虚假折扣（先提价再优惠）等；

②企业针对竞争对手囤积原料，从而以低价占据市场或者实行垄断价格；

③企业以欺骗、诱惑及强制方法迫使消费者购买产品等。

由此，消费者支付了高于产品价值的价格，合法权益受损，并被剥夺了过多的消费者剩余，降低了社会整体福利。

13.2.3.3 渠道策略中的道德问题

产品由生产者直接销售给消费者，被称为直销。产品由生产者通过中间商销售给消费者，被称为间接渠道销售。各渠道成员根据各自的利益和条件相互选择，并以合约形式规定双方的权利和义务。如果违背合约中的有关规定，损害任何一方的利益，都会产生道德问题。例如，按照合约规定，某零售商只能销售某企业的产品，而不准销售其他企业的产品；若该零售商为了自身利益，不顾合约规定，销售其他企业的好销产品，就是违背了道德。同样，若生产者凭借自身的经营优势，为了自身利益，控制供货，采用威逼手段对中间商减少或停止供货，或者生产者凭借自己的经营性垄断地位限制中间商，使其只能从事某种特别的经营活动等，均会引起道德问题。

13.2.3.4 促销策略中的道德问题

在企业与消费者的信息沟通过程中经常产生道德问题，如虚假和误导性广告，操纵或欺骗性销售促进、战术或宣传报道。下面主要阐述在广告及人员推销中的道德问题。

（1）广告中的不道德行为

广告中的不道德行为主要包括：

①播送煽动不良消费潮流的广告，误导消费者的购买决策；

②播送攻击竞争者的广告，破坏对手的市场形象，借以抬高本企业的产品或形象；

③制作夸大其词或隐瞒产品缺陷的广告，诱使消费者购买名不副实的产品等。

（2）人员推销中的不道德行为

人员推销中的不道德行为主要包括：

①推销人员巧言令色，诱使消费者购买既不需要也不想购买的产品。

②推销人员给拥有采购决定权的个人一定的回扣，以扩大本企业产品的销量，如部分医药代表与部分医生进行"暗箱操作"。

③推销人员为获取销售合同而以各种方式向对方行贿。

④推销人员为了获得个人回扣而代表本企业向其他企业购买假冒伪劣产品或价格偏高的产品等。

13.2.3.5 市场营销调研中的道德问题

市场营销调研往往涉及调研人员同委托者、调研人员同受访者之间的关系。各方均承担一定的权利与义务，只有彼此履行道德责任，方能保证市场营销调研任务的顺利完成以及调研资料的真实性和可靠性。

（1）从调研人员对委托者的道德责任看

①调研人员必须保守业务秘密，未经委托者许可不能泄密；否则，是不道德行为。

②调研人员必须根据委托者的要求，保证调研工作质量，如问卷设计要认真，访问次数不要偷工减料。

③调研人员要经过严格培训；否则，不仅浪费了委托者的调研费，而且往往使所搜集的资料失真，从而误导委托者的决策。

④调研人员要向委托者真实反映其调研所采用的方法、调研时间、调研对象、调研地点、访问方式及问卷反馈等，使委托者据此推断所调研的资料是否可靠。

如果调研人员违背与委托者签订的合约，必然会引起道德问题。

（2）从调研人员对受访者的道德责任看

①调研人员要尊重受访者的权利，如受访者可拒绝接受调研人员的访问。

②调研人员要尊重受访者的尊严和隐私权。

③访问者不要在受访者繁忙或不便时去访问，并对受访者身份进行保密。

④未经受访者许可，不能随意公布受访者提供的资料。

（3）从委托者对调研人员的道德责任看

①委托者必须依约支付调研费；

②委托者要公正、全面地发表调研成果，不能断章取义，从而对读者产生误导。

13.2.4　市场营销不道德行为的防范

13.2.4.1　企业自律

企业是社会经济的细胞，是社会物质财富创造的基本单位，其在不断追求自我生存发展的同时，要承担起对消费者、整个社会的道义上的责任。企业生产经营的专业性很强，应该说，在对产品的认识上，企业与普通消费者永远存在信息的不对称，普通消费者对于产品质量和性能的认识终究也不会超过生产经营者本身。所以，在杜绝市场营销不道德行为的问题上，企业自律是根本。企业必须认识到，不道德行为所能带来的利益只是暂时的，自觉遵守道德规范，树立自己在消费者和社会公众心目中的良好形象，才是企业发展的长远之计。

13.2.4.2　增强消费者自我保护意识

消费者是企业市场营销活动直接的作用对象，要防止市场营销中的不道德行为，使自己免受侵害，必须提高自我保护意识。一方面，消费者在面对琳琅满目的商品和强大的广告宣传攻势时，要保持自己清醒的头脑，积极地去搜集尽可能充分的相关信息，做到理性购买，使不道德的企业及其产品在没有市场的情况下被自然淘汰。另一方面，消费者在自己的利益受到侵害时，要积极地诉诸法律，使不道德企业受到应有的惩罚；而不要有"吃了这次哑巴亏，下次不这样做"的想法。只有广大消费者都积极地行动起来，去抵制个人遭遇到的市场营销中的不道德行为，整个市场的市场营销不道德行为才能得以抑制。

13.2.4.3　建立更加完善的法律和法规

市场经济本身就是一种法治经济，要肃清市场营销中的不道德行为，实现对消费者和整个社会利益的维护，法律是一种非常有效的手段。目前，我国出台的保护消费者权益的法律、法规已经不少。然而，法律的出台并不意味着大家都会自觉遵守，现在的主要问题就是如何使法律、法规得以严格执行贯彻。

13.2.4.4　行业协会的管理

市场营销道德问题广泛存在于企业的实践活动当中。尽管有的企业并非故意如此，但由于习惯思维以及传统的做法等，其活动中不免含有非道德因素。有的问题尽管从法律的角度讲并不违法，但也确有不道德的一面。对此，由行业协会制定统一的行业职业道德标准，对市场营销活动加以规范，其效果会更佳。在这方面，美国市场营销协会（AMA）可被称为典范。其规定了成员应遵守的职业道德标准，任何成员如被发现违背职业道德标准，就可能被取消会员资格。此举收到了较好的成效。

❖ **营销实践 13-3**

旅游业市场营销道德

近些年来，国内旅游业长期保持较高的年均增长率，已经成为我国经济发展的支柱产业之一。

但是，随着旅游业的不断发展、市场竞争的日益激烈，旅游市场违法、违规行为亦层出不穷：一些景区的"黑社""黑导""黑车""黑店"等无证非法经营旅游业务的"四黑"现象屡禁不止；"零团费""负团费"现象普遍存在，其实质是旅游商品经营者与导游等相互勾结，利用回扣等方式销售商品的不正当竞争行为；履约不到位、强迫消费等问题频频发生，严重侵害了消费者的合法权益。此外，相对旅游经济规模的快速增长，我国旅游业整体服务质量提升却明显滞后，许多景区服务质量不稳定，特别是在旅游旺季各种服务质量问题更加突出。旅游行业曝光出来的这些违法、违规行为造成了许多消费者对旅游消费的信任危机，直接影响了我国旅游业的健康发展。

近年来，文化和旅游部认真贯彻落实党中央、国务院决策部署，持续放宽市场准入，积极创新监管方式，打造市场化、法治化、国际化的营商环境，激发文化和旅游市场活力，助力行业高质量发展。具体做了这几方面工作：

一是放宽市场准入门槛，不断释放政策红利。全面实施市场准入负面清单制度和公平竞争的审查制度，下放了一批行政审批事项，合理压缩审批时限。推进服务旅游质量保证金改革，使旅行社有更多的流动资金。在自贸区等地实行了旅行社设立告知承诺制度，推行应用文化和旅游市场电子证照，全面实行行政审批"一网通办"，推行更多的高频事项"掌上办、指尖办"，深化政务服务"好差评"工作，让办事更加便利、服务更加优质。

二是探索制定新业态包容审慎的政策，提振市场发展信心。大家可能注意到，一个时期以来文化和旅游方面出现了很多新业态，文化和旅游部坚持问题导向和包容审慎理念，出台了剧本娱乐、电竞酒店等新业态包容审慎监管政策，制定适合行业特点的监管方式，设置政策过渡期，营造包容、稳定、可预期的政策环境，为新业态留足发展空间。文化和旅游部积极优化完善相关政策，支持演出新空间、沉浸式演出、网络演出、旅游民宿等新业态发展，鼓励创造消费新场景，拓展消费新空间，丰富消费新体验。

三是创新精准有效监管，不断提升监管效能。坚持依法行政，制定和修订营业性演出、文化娱乐、在线旅游管理等一批政策法规，出台文化和旅游市场信用管理规定，不断完善政策法规制度；积极创新内容源头管理、违禁文化产品清单等精准有效管理制度；推进跨部门综合监管、"互联网+监管"、信用监管，不断提升监管效能。

同时，文化和旅游部高度重视文化和旅游市场秩序问题，及时回应群众诉求，发现和处置了一批文化和旅游市场的问题，组织开展了系列执法专项行动，有效地维护了文化和旅游市场秩序。

一是部署系列专项整治行动，加强执法监管。及时应对市场迅速恢复发展的新形势，针对演出市场票务、旅游市场强迫购物等重点问题，提前谋划系列执法专项整治行动。2023年以来，陆续部署开展了剧本娱乐专项整治、营业性演出票务专项整治、旅游市场秩序整治百日行动等。据统计，2023年前11个月，全国文化市场综合执法机构共出动了执法人员998.8万人次，检查了334.8万家次，办理案件4.1万件，有力地维护了文化和旅游市场秩序。

二是督促依法查处重点案件，形成有效震慑。针对电商平台为倒卖演出"黄牛票"提供条件，营业性演出活动、艺术品展览展出含有违规违法内容，组织未成年人参加损害身心健康的演出活动等一些案件予以专题督办。针对指定具体购物场所、未经许可经营旅行社业务等违规违法经营行为部署重点省份开展了旅游市场集中办案，指导有关地区依法查处了一批重大案件，并及时发布。

资料来源 ［1］李文女，兰庆枫. 省旅游业协会旅行社分会对规范市场、导游薪酬和管理提出建设性意见［N］. 春城晚报，2011-06-15.［2］曹岩，于乔. 文化和旅游部：持续优化营商环境 维护市场秩序［EB/OL］.［2023-12-15］. https://baijiahao.baidu.com/s?id=1785232778202598552&wfr=spider&for=pc.

13.3 数字营销①

现代营销之父菲利普·科特勒在给世界各地CEO们演讲时，使用频率最高的一张幻灯片常会出现这样一句话："市场比市场营销变化得更快（Market changes faster than marketing）。"随着信息技术革命的发展，从20世纪90年代中后期开始，互联网逐渐普及，以互联网为核心的数字网络技术得到广泛应用，整个社会步入了全新的数字经济时代。由此，市场、市场竞争规则、市场营销策略与方式也发生了根本性的变化，数字营销成为应用广泛的营销手段。②

---

① 科特勒，卡塔加雅，塞蒂亚万. 营销革命4.0：从传统到数字［M］. 王赛，译. 北京：机械工业出版社，2018.
② 王赛，吴俊杰，王子阳. 数智时代市场营销战略：不易、简易、变易［J］. 清华管理评论，2003（5）：94-99.

13.3.1　数字营销概述

13.3.1.1　数字营销的定义

美国营销协会及数字营销协会（Digital Marketing Association）对数字营销给出如下定义：数字营销（digital marketing）是利用数字技术手段，如社交媒体、搜索引擎、移动互联网等，通过大数据分析及人工智能等技术，进行产品和服务的推广营销活动，以此满足顾客需求、提升品牌价值及实现企业营销目标。

13.3.1.2　数字营销的特点

数字营销与传统营销都是企业的一种经营活动，并且都需要通过组合运用来发挥功能，而不是单靠某一种手段就能达到目的。两者都把满足消费者的需求作为一切活动的出发点，但数字营销也具备传统营销所不具有的特点：

（1）从细分和选择到用户社区确认

营销的起点来自市场细分并从中选择目标市场。传统营销的细分和选择，企业与客户之间的关系是垂直的，由营销人员单方面决定。在数字经济中，用户之间依托网络工具实现社会互联，企业想要与社区用户进行有效交流，就必须请求许可，从垂直关系改变为一种水平关系。

（2）从品牌定位差异化到品牌特质和品牌密码解读

传统的品牌管理内涵是企业利用品牌名称、标志、广告语等一系列要素，用清晰、持续及独特的定位在市场中获得竞争优势，这是企业对消费者的一种承诺，营销人员必须用差异化手段来巩固这种承诺，以此赢得用户心意及信任。在数字经济中，由于社交媒体的透明性，用户获取信息的能力大大提升，品牌作出虚假承诺的空间越来越小，因此，进行品牌管理时必须首先具有服务社区的意识，让品牌定位优先于企业定位，同时，重复持续的品牌定位应更新为能动态适应环境变化的定位。

（3）从售卖4P到商业化4C

市场营销组合（4P）是经典的营销手段和工具，由企业主导，控制决策中从概念到生产的大部分环节，通过产品、价格、促销及渠道来满足客户需求。在数字经济时代，营销组合的概念变得更加需要用户参与，传统的4P也被重新定义为4C——顾客、成本、便利及沟通，更加强调瞄准消费者需求和期望的营销导向。

（4）从客服环节到合作用户关怀

在传统营销理念中，客户服务只关注具有购买意愿及实际购买的顾客，而忽略其他顾客。在数字经济时代，企业对市场中所有顾客一视同仁，其不仅以服务为目的，而且转向以合作为依托的顾客关怀，倾听、回应并持续跟进双方交流和关注的内容。

（5）整合传统营销和数字营销

数字营销与传统营销并不矛盾，而是相互补充、共同发挥作用。数字经济时代下的营销管理，本质上是传统营销和数字营销发挥各自的优势和作用，实现用户参与和用户拥护。

13.3.2　数字营销中的营销新框架

13.3.2.1　新的用户购买路径

随着互联网普及，生活节奏加快，信息获取渠道丰富，消费者个体注意力周期逐渐缩短。企业必须意识到，增加接触点信息不一定会对消费者决策带来实质性影响，因为数字经济时代使得用户对企业信赖度变低，而转向更有效的个体对话模式，更加信任自己的同伴。因此，企业需要增加品牌的拥护者，从而获得顾客信赖。

新的用户购买路径是了解—吸引—问询—行动—拥护。

13.3.2.2　从 4A 到 5A

广告先驱埃尔默·刘易斯（E. St. Elmo Lewis）提出的 AIDA 模型从引起注意、诱发兴趣、刺激欲望和促成购买等方面来描述用户购买行为。德里克·罗克尔（Derek Rucker）对 AIDA 模型进行了修改，提出 4A 模型（了解、态度、行为、再购买），通过增加"再购买"这一新环节，使企业关注并跟进购买后行为。

如今，顾客之间积极的联系形成问询-拥护的关系。一名消费者在产生需求时，就会搜索信息或咨询同伴，获取的信息会让品牌原有的影响力增强或减弱，因此形成了新的拥护路径，即包含了解、吸引、问询、行动和拥护的 5A 路径。

13.3.2.3　从了解到拥护

在 5A 过程中，消费者在问询和行动两个阶段都容易受到影响。问询阶段是营销人员增加品牌喜爱度的绝佳机会，而在行动阶段，客户会逐渐形成自己对品牌的看法，那些能够为客户提供优秀消费和绝佳体验的品牌会更受消费者青睐。

13.3.3　数字营销策略

13.3.3.1　以人为本，提升品牌吸引力

随着时代的发展，品牌越来越重视消费者的感受，在如今这个以人为本的时代，品牌可以通过社群聆听、网络志、重点调查等方法，深度挖掘顾客内心的需求和期望，打造品牌人性化的一面，使其具有更强的物质吸引力、智力性、社交性、情感吸引力等强烈的个性特质。

13.3.3.2　内容营销，引发顾客好奇心

内容营销，就是通过创造、组织、分配、详述过程，将有趣、贴切、有用的内容传递给消费者，从而诱发顾客拥护的营销过程。在此过程中，企业需要关注内容的产出和分配，同时，不是一味地宣传品牌价值，而是和客户分享真正有用的价值信息。

13.3.3.3　多渠道营销，实现品牌承诺

消费者在不同渠道间徘徊，就是希望能获得无缝持续的用户体验。面对这一现实，营销人员要努力整合线上和线下渠道，说服消费者最终购买。企业应结合线上世界的及时性和线下世界的亲密性，关注那些关键的接触点和渠道，让员工形成组织，共同支持多渠道营销战略的实施。

13.3.3.4　互动营销，赢得品牌亲和力

想要让购买者变成品牌拥护者，营销人员需要采取一系列的客户互动策略。数字时代增强互动的策略中已经证实了行之有效的三种主流技巧：

一是使用手机应用改善用户体验；

二是使用社会化客户关系管理为客户带来参与感，解决客户的问题；

三是使用游戏化刺激客户完成预期的行为。

13.4　数据库营销

13.4.1　数据库营销的概念

如何争取和留住顾客是企业市场营销工作的主题，这就需要市场营销人员站在顾客的立场上及时了解顾客的需求及其变化。消费者的需求、价值观念的改变却越来越频繁，因此，企业需要新的能与顾客建立起长期稳定互动关系的双向沟通市场营销方式来改变传统的单向沟通市场营销方式。恰好信息技术的发展为这种双向沟通方式提供了强有力的支持，信息共享使企业的各个部门、顾客以及各种环境因素融为一体，这就促成了数据库营销的产生。

营销视野 13-2

全球著名整合营销传播大师舒尔茨认为，数据库营销就是企业通过搜集和积累消费者的大量信息，经过处理后预测消费者购买某种产品的可能性，以及利用这些信息给产品以精确定位，有针对性地制作市场营销信息，以达到说服消费者去购买产品的目的。

对于数据库营销，需要从以下几方面来理解：

第一，数据库营销的本质是借助信息技术为企业提供一个关于市场行情和顾客信息的数据库，以此来提高企业和市场之间信息响应的针对性和及时性，提高市场营销活动的效率。

第二，数据库营销建立在直复营销和关系营销的基础之上，又充分体现全面质量管理的原则，并借助信息技术发展而日益强大起来。数据库营销专家认为：直复营销研究更多

的是与客户沟通的手段，客户关系管理更多的是一种理念，而数据库营销将这种理念和市场营销技术落到实处。

第三，这里的数据库并不是一个单纯的顾客名单，而是一个关于市场状况的综合数据源，即市场营销数据库。一个好的数据库应该及时更新顾客身份和联系方式，包括顾客的需求（品种、款式、颜色等）及特征（人口和心理方面的信息）、集团性消费者所处行业的类型及主管部门方面的决策信息、顾客对公司市场营销计划的反应、顾客与企业竞争对手的交易情况等。

第四，市场营销数据库的价值因企业而异。目前很多企业都建立了数据库，但其内容和功能迥异，有些企业的市场营销数据库就只是一些顾客名单，而有些企业的数据库更完善，自然它们的数据库价值就不一样。

13.4.2 数据库营销的优越性

数据库营销的优越性主要表现为：

(1) 提升了市场营销效果的可测试性和反馈速度

数据库的运用使得企业在市场营销活动的定性研究中增加了定量的成分，可以测试产品、沟通媒介、目标市场等方面的有效性，使市场营销活动更加科学。测试可以快速进行，所以企业也可以根据测试结果采取及时的行动。另外，消费者对于某项市场营销活动的反应是可衡量的，这使得企业可以比较不同市场营销方法的有效性。

(2) 帮助企业实现精准市场营销，从而降低市场营销成本，提高市场营销效率

数据库营销可以使企业集中精力于更少的人身上，实现准确定位。由此，企业便可以避免使用昂贵的大众传播媒体，从而运用更经济的促销方式，降低成本，增强企业的竞争力。例如，纽约大都会歌剧院设立了一个可容纳150万人以上的歌迷资料数据库，歌剧院运用电脑分析各种类型消费者的特点，找出潜在的客户，然后用直接通信的方式宣传歌剧票。结果，在歌剧票正式公开发售之前，70%以上的票就已经利用数据库销售出去了。

(3) 使消费者成为企业长期、忠诚的用户，保证企业掌握稳定的客户群

在初次打交道时，企业可将消费者的爱好、消费习惯、联系方式等记录到管理信息系统中，待下次接触消费者时据此提供服务，会在消费者心中留下细致入微、服务上乘的良好印象，从而培养出忠实客户。

(4) 为新产品开发和市场营销提供准确的信息

利用数据库资料，企业可以计算、了解客户的价值，分析、预测现实和潜在客户的需求，为新产品开发和市场营销提供准确的信息。美国加利福尼亚州某连锁超市通过数据发掘技术从记录每天市场营销和消费者基本情况的数据库中发现：在下班后光顾超市购买婴儿纸尿裤的消费者多数是男性，他们往往同时购买啤酒。于是超市经理决定调整货架位置，将啤酒类商品货架布置在婴儿纸尿裤货架附近，并在两者附近放上薯片之类的佐酒小食品和男士们需要的日常用品。这样既方便消费者购买，又使上述几种商品的销售量成倍增长。

(5) 使大批量一对一营销成为可能

一对一营销在过去往往只有小规模企业才能够实施，大企业则望尘莫及。而消费者数据库的建立使大企业也可以以消费者个人资料库为基础，分析研究世界各个角落消费者的消费习惯与消费动态，使企业按照消费者需求来设计与制造产品，实现对消费者的一对一营销。

（6）提升了竞争活动的效果

运用数据库与消费者建立紧密关系，保持双向沟通联系，企业可维持和增强与消费者的感情纽带，使消费者不再转向竞争者。同时，运用数据库营销，无须借助大众传媒，使企业之间的竞争更加隐秘，也就避免了因与竞争者的对抗市场营销而削弱市场营销活动的预期效果。

13.4.3　数据库营销的运行程序

数据库营销一般经历如下基本程序：

13.4.3.1　数据采集

企业可以搜集的数据有两个来源：

（1）一手资料

一手资料是企业通过市场调查采集消费记录以及促销活动的记录。

（2）二手资料

二手资料主要包括：

①企业内部其他职能部门提供的各种统计资料和记录，如库存动态记录、广告宣传效果等。

②企业外部的公共信息资料，如政府机构的经济公报、行业协会的行业消费发展报告、各种信息咨询机构提供的消费者消费统计资料、各种大众传播媒介（如网站、报刊）提供的消费者意见等。

13.4.3.2　数据存储

企业将搜集到的数据以消费者为基本单元输入计算机，建立起消费者原始数据库。企业在建立起数据库之后要注重对存储数据的合理管理，保证存储数据的准确和安全。

13.4.3.3　数据处理

利用先进的计算机统计技术把不同的数据综合为有条理的数据库，然后借助各种软件将数据再整理，成为生成企业各个职能部门（如采购部门、数据产品开发部门、市场营销部门、公共关系部门等）所需要的任何数据的详细数据库。

13.4.3.4　寻找理想消费者

企业根据大多数消费者的共同消费特点，用计算机勾画出某产品的消费者模型，归纳出此类消费群体具有的共同特点，如兴趣爱好、收入水平等，然后以使用共同品牌的一组消费者作为市场营销的工作目标。

13.4.3.5　使用数据

数据库可以满足企业内部的各种市场营销信息需要：

①确定市场营销活动的目标顾客。

②提供新产品开发的方向。

③根据消费记录判定消费者的消费档次和品牌忠诚度。

④根据消费习惯确定分销渠道的选择。

⑤根据消费者特性确定有效的促销方式等。

⑥用于其他经营项目的开发。例如，特殊身材的消费者数据库不仅对服装厂有用，而且适用于减肥药厂、医院、食品厂和家具厂等。

13.4.3.6　完善数据

包括消费者的消费观念在内的各种市场信息随着时间的推移会不断变化，企业需要及时更新数据库，以得到与市场同步的数据信息。此外，随着企业的不断发展，所需要的信息越来越多，数据来源也越来越多，因此，企业需要对数据信息进行不断扩充和完善。

随着信息技术、通信技术的发展及计算机的普及应用，将有越来越多的企业采用数据库营销这一现代化的市场营销方式。

13.5　体验营销

❖ 营销实践 13-4

张裕高端体验营销加速前行

从 1892 年张裕品牌被创立，继而成为中国葡萄酒产业发祥地，到 2023 年 7 月，张裕以最高分被 Brand Finance 评为"全球最强葡萄酒与香槟品牌"第一名。时至今日，中国葡萄酒已经可以平视世界。

2023 年 9 月 9 日，温州首个张裕酒庄文化体验馆盛装开业，为这座"诗画山水 温润之州"增添葡萄酒生活美学的诗情与画意。作为品牌沉浸式文化体验空间，张裕酒庄文化体验馆跳出"酒香不怕巷子深"的思路，以独具一格的设计，通过历史文化、匠心工艺与产品、专业品鉴区、主题餐厅等专区，为消费者打造集高端社交、商务洽谈于一体的葡萄酒生活美学中心。张裕酒庄文化体验馆将以服务好消费者为宗旨，引领葡萄酒消费新体验。

张裕酒庄文化体验馆总面积超过 500 平方米，希望高端圈层沉浸式地感受以爱斐堡、丁洛特为代表的张裕葡萄酒的文化底蕴和独特魅力，从品质认同到文化自信，在温州、浙江乃至长三角地区掀起中国高端葡萄酒的消费潮流。

张裕酒庄文化体验馆的开业，标志着张裕在全国的城市体验馆已经突破 50 家，也是张裕进一步聚焦高端战略、深度布局体验营销的体现。2022 年，值张裕 130 周年之际，张裕酒文化博物馆全面焕新升级。以"智能互动+数字化"的方式生动讲述张裕和中国葡萄酒产业 130 多年的发展历程与匠心品质。

截至 2023 年 12 月，张裕旗下已经拥有 7 座国家 4A 级景区、7 间葡萄酒主题餐厅，累计接待游客超 1 000 万人次。文化是品牌赢得消费者持续偏爱的关键，张裕将持续推动中国葡萄酒文化的普及与传播，借助博物馆、酒庄、城市体验馆，将葡萄酒文化和现代生活连接起来，让消费者在沉浸式的体验中增进文化自信和文化认同，成为张裕乃至中国葡萄酒的粉丝与代言人，并与更多的朋友分享中国葡萄酒和白兰地生活美学。

资料来源 烟台张裕集团有限公司. 突破 50 家！张裕高端体验营销加速前行 [EB/OL]. [2023-12-07]. https://roll.sohu.com/a/720056878_135869.

13.5.1 体验营销概述

在消费者导向和竞争导向中，寻求平衡是当前买方市场背景下企业活动的基点。据研究，现在明显的消费者行为倾向主要包括需求个性化、消费心理注重体验以及情感消费等。企业不断推陈出新，发掘消费者潜在的个性化需求并设法满足。消费者行为倾向和竞争的压力共同指引企业走向体验营销时代。

13.5.1.1 体验及体验营销

体验是个体主动亲历或"虚拟地亲历"某件事并获得相应的认知和情感的直接经验的活动。体验营销的先驱伯恩德·H. 施密特（Bernd H. Schmitt）博士提出：体验营销就是通过消费者的感官、情感、思考、行为、关联原则，与消费者建立有价值的客户关系。体验营销通过各种体验媒介，包括沟通、识别、产品、品牌、环境、网站等来刺激消费者的感官和情感，引起消费者在消费前、消费中和消费后的思考和联想。体验营销强调满足人们精神的、社会的、个性的需求。

体验营销的理念和宗旨是：让消费者也成为市场营销活动的积极参与者，最终达到与企业的共鸣。这里包括的要点是：体验营销也是一项管理活动，它注重了解消费者的个性心理需求、开发产品的心理属性、整体市场营销的协调性和设计顾客接触面。

13.5.1.2 体验营销与传统营销的区别

虽然都是以消费者需求为中心，体验营销和传统营销却有很大的区别（见表 13-1）。

13.5.2 体验营销的实施

体验营销的实施包括战略和战术两个方面。

13.5.2.1 体验营销的战略

体验营销的战略是体验营销实施的基础，而战略模块是战略的组成部分，在企业运用时可以根据消费和竞争的具体情况采用不同的模块组合。施密特提出了以下战略体验模块：

表 13-1 体验营销与传统营销的区别

项 目	传统营销	体验营销
关注的焦点	产品的特色与功效	顾客体验
理论基础	把顾客当作理智的购买决策者，把顾客的决策看成一个解决问题的过程，通过理性分析、评价，最后决定购买	认为顾客既是理性的，也是感性的，顾客因理智与因乐趣、刺激等一时冲动而购买的概率是相同的
市场营销的重点	产品的分类、功能和特色以及企业在竞争中的市场营销定位，某种程度上是以自我为中心的市场营销	为顾客确定体验的主题，按照顾客体验的产生过程进行市场营销，真正是以顾客为中心的市场营销
价值创造的主体	生产者	生产者和消费者
竞争者的认定标准	产品类别和竞争领域	消费情景和消费体验

资料来源 王安琪. 体验营销与传统营销区别何在 [J]. 经济论坛，2005 (23)：109-110.

(1) 感官营销

感官营销即通过刺激消费者的感觉器官让其体验企业的产品，从而引导消费者在感官上识别企业产品并引发其购买欲望的市场营销方式。人类所感知到的信息来自眼睛（视觉）、耳朵（听觉）、鼻子（嗅觉）、舌头（味觉）、皮肤（触觉），其中视觉占了所有信息来源的80%，其他合计为20%。一般我们所看到的市场营销活动，其载体大都是以视觉刺激为主。但是当市场营销活动发展比较成熟，企业以视觉为主的市场营销手段相差不大，无法继续打动消费者时，企业需要更新颖、更复合的方法才能刺激消费者的购买激情。

感官营销的目的是充分利用5种感觉为消费者提供美的享受或刺激。感官营销的规划是，用音乐和色彩两个基本要素，结合成不同的风格，再搭配一定的主题（指那些能够表达出企业或品牌内涵和意义的信息），形成具有一致性的整体形象。

(2) 情感营销

情感营销是指通过心理的沟通和情感的交流，赢得消费者的信赖和偏爱，进而扩大市场份额，取得竞争优势。现代心理学研究认为，情感因素是人们接受信息渠道的"阀门"，在缺乏必要的"丰富激情"的情况下，理智处于一种休眠状态，不可能进行正常的工作，甚至产生严重的心理障碍，对周围世界表现为视而不见、听而不闻。企业的市场营销符合消费者需求，就会使消费者产生积极的情感，进而顺利地促进消费者实施购买行为。

情感营销的实施策略是，将消费者个人情感差异和需求作为企业品牌市场营销战略的核心，开发情感产品，使用情感商标，制定情感价格，设计情感促销等。

(3) 思考营销

思考营销即通过鼓励消费者创造性地思考企业及其品牌，从而激发消费者一致的认知。思考营销适合各行各业的产品。其目的是让消费者进行创造性思维，因此其实施策略是首先了解消费者的知识结构和他们关注的问题，在此基础上，企业的市场营销思路可以按两步走：出人意料和激发兴趣。

(4) 行动营销

行动营销即为消费者创造各种各样的体验机会，包括身体体验、长期行为模式体验、生活方式体验以及与人互动的体验等，以此来鼓励和刺激消费者积极采取行动购买企业的产品。

（5）关联营销

关联营销即在个体与品牌中体现出社会、文化背景关联，从而建立消费者和品牌社会意义之间的关联。关联营销超出个人感官、情感、思考和行动的范畴。

实施关联营销的重点是选择合适的参照群体，以便为消费者创造一种与众不同的社会地位，使其乐意成为这一群体文化的一部分。实施关联营销包括以下步骤：

①创造或暗示某种社会分类X；

②让消费者认为"我就是X类"；

③证明作为X类的人会有某种美好体验；

④证明使用某品牌会产生这种美好体验。

13.5.2.2　体验营销的战术

体验营销的战术是对体验营销战略的细化和执行支持。伯恩德·H.施密特从理论上提出了体验媒介，包括沟通、视觉与口头的识别、产品呈现、共同建立品牌、空间环境、电子媒体与网站和人员。

在我国实践中，周岩领导的"中国体验营销第一团队"从实践中总结开发出一套独特的体验营销战术工具箱，其中包括：

①通过让顾客体验产品、确认价值、促成信赖后自动贴近产品，成为忠诚客户。这种方法为现代市场营销解决销售困境提供一种有意义的操作方案。

②运用视觉冲击、人气指数监测、亲情化服务、标准化互动等系列方法来建设专业化卖场，把产品体验、超值服务和愉快购买有机地结合到一起，真正为现代市场营销解决销售末端的普遍困境提供一条可借鉴之路。

③通过团队成员性格辨析、个体与团队互动机制、启动标准化教育程序等手段有效地解决现代市场营销所面临的团队建设困境。

④从功能、品牌、文化、产品、资源、培训、市场、销售和激励等各个层面入手，打造自己的体验营销系统，把系统建设成一个自动化的超级行销平台。

13.5.3　体验营销的运用方向

13.5.3.1　体验品牌与体验品牌化

体验经济的未来是为顾客创造一种可察觉的"体验价值"，而品牌的未来将和那些能够确保在内部和外部传递这种体验的事物共存，因此，体验品牌化将是企业体验营销行动的主线。体验品牌化的实施可以沿着两条分支路线走：

（1）体验品牌

体验品牌是指公司从品牌和品牌所代表的意义开始，有意识地创建一种体验，并将其成功传递给顾客，使得品牌变得鲜活起来（如图13-1所示）。

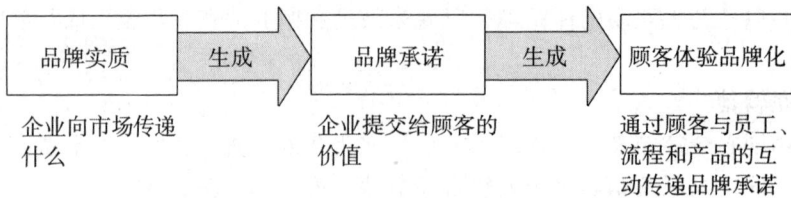

图 13-1　体验品牌

资料来源　史密斯，惠勒. 顾客体验品牌化——体验经济在营销中的应用［M］. 韩顺平，吴爱胤，译. 北京：机械工业出版社，2004：10.

（2）体验品牌化

当市场机会和顾客需求能被使用来创建新的品牌时，常常采用第二条路线——体验品牌化，即从顾客体验开始，然后发展出相应的品牌（如图13-2所示）。

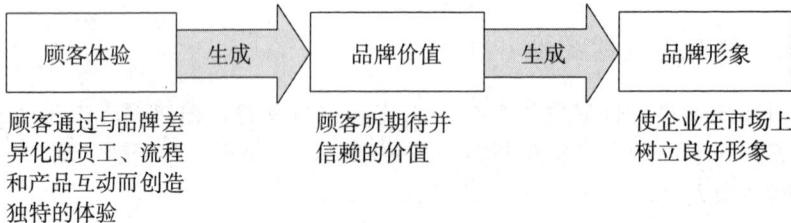

图 13-2　体验品牌化

资料来源　史密斯，惠勒. 顾客体验品牌化——体验经济在营销中的应用［M］. 韩顺平，吴爱胤，译. 北京：机械工业出版社，2004：12.

13.5.3.2　全面体验管理

全面体验管理是根据全面质量管理的理念提出的，即一个组织以体验为中心，以全员参与为基础，通过使顾客满意、本组织所有成员及社会受益而达到长期成功的管理目标。

全面体验管理的基本要求是：

（1）全员参加的体验管理

要求全体员工树立体验至上的思想，各部门、各层次的员工（而不仅仅是直接与顾客打交道的员工）都要有明确的体验责任，做到各司其职、各负其责，形成一个群体性的体验管理活动，把体验管理提高到一个新水平。

（2）全过程的体验管理

体验营销要注重顾客对产品的全方位体验，包括售前、售中和售后。全过程的体验管理就是要求企业通过接触顾客，在每一接触点上整合，即将顾客体验融合到所提供的服务中，建立顾客忠诚度，制定规划，监督实施，进行反馈控制。

（3）全企业的体验管理

在实施体验营销的过程中，企业各领导层次、各个部门之间需要具有高度的整体协调性，在每一个业务环节中都要注重市场营销体验的一致性和整体性。

（4）多方法的体验管理

随着通信技术、生物技术、信息技术的发展，人们可以体验产品的方式越来越多；企业同样可以利用这些新科技，给顾客消费带来前所未有的新体验。例如，互联网的产生给我们带来了网络游戏，这种构建于网络平台之上的虚拟世界为玩游戏的人提供了畅游理想世界的体验。

营销视野13-3

13.6 神经营销[①]

神经科学融合了分子生物学、电生理学、神经生理学、行为生物学、认知神经心理学和认知科学等多个学科。近年来，这一研究领域为更好地理解人类行为作出了重大贡献。从这个意义上说，它也提供了对消费者行为的洞察，开拓了神经科学及相关工具在营销管理中的应用。

13.6.1 神经营销概述[②]

神经营销从消费者角度出发，借助认知神经科学的研究方法和理论，对消费者行为和心理进行更为准确、多样化和个性化的探索，在产品设计、价格策略、营销传播、品牌建设与管理及消费者保护等方面具有广泛的应用。

13.6.1.1 神经营销的定义

神经营销（neuromarketing）是从神经生理层面研究营销刺激对消费者感觉、动作、认知和情绪反应所产生的效应，主要目标是通过对营销方法的应用和效果的检验，提高营销策略的效率和有效性。

13.6.1.2 神经营销的作用

①区分行为背后不同的心理机制及神经加工过程，比如加工在实践中很难区分的负责愉悦感受的"喜欢"和负责动机及欲望的"想要"；

②能够观测内部情绪状态对于经济决策过程的影响，尤其是对被试很难自主操控的无意识的自动化加工过程；

③可以对消费者看到商品之后的事实加工过程进行检测，并对其消费过程进行模拟情景解读；

④可以为个体和市场的消费行为提供更准确的预测。

---

① ZURAWICKI L. Neuromarketing: Exploring the brain of the consumer [M]. Berlin: Springer, 2010.
② 苏凇，唐红红. 认知神经科学在神经营销中的应用 [J]. 北京工商大学学报（社会科学版），2017，32（4）：24-33.

13.6.1.3 常用的神经科学工具

(1) 功能性磁共振成像

功能性磁共振成像（fMRI）是一种新兴的神经影像学技术，其原理是利用磁振造影来测量神经元活动所引发的血液动力的改变。在神经营销学领域，该技术主要被运用于消费决策、品牌态度等研究中。

(2) 脑电图

脑电图（EEG/ERP）是一种通过精密的电子仪器，从头皮上将脑部的自发性生物电位加以放大记录，从而获得图形的技术。它通过电极记录脑细胞群的自发性、节律性的电活动。在神经营销领域，该技术主要被应用于记录和分析消费者决策过程中的脑电状况，对大脑的活动进行观测。

(3) 眼动仪

眼动仪（eye-tracking）是心理学基础研究的重要仪器，其主要被用于记录人在处理视觉信息时的眼动轨迹特征，包括注视、眼跳和追随运动。在神经营销学领域，该技术被广泛应用于注意力、视知觉、阅读等领域，如货架摆放、广告设计效果、网页设计等。

(4) 面部信息读取

面部信息读取（face reader）主要通过相关软件记录和分析消费者面部表情信息，对其认知和情绪状态进行观察和测量。在神经营销学领域，该技术主要被应用于视频广告效果评价、消费者偏好、消费态度等方面的研究。

13.6.2 神经营销在营销实践中的应用[①]

神经营销从消费者的角度出发，借助认知神经科学的研究方法和理论，对消费者行为和心理进行更为准确、多样化和个性化的探析，在消费者态度与偏好、产品设计、价格策略、营销传播、品牌管理及消费者保护等方面具有广泛的应用。

(1) 在消费者态度与偏好中的应用

神经营销在对消费者的研究和探索中，主要通过对注意、记忆、情绪和奖赏加工系统的神经测量，从而考察消费者的偏好和态度。

(2) 在产品设计中的应用

神经营销的方法能更准确地了解消费者的偏好，可以有效测量何种设计和包装能诱发消费者的购买意愿，系统研究消费者对产品和包装的认知及情绪反应机制，从而设计精确有效的产品策略。

(3) 在价格策略中的应用

价格是价值的指示器，价格策略对消费者决策有着极为重要的影响。神经营销学深入探讨了消费者是如何在价格和价值之间进行权衡的过程，发掘其内在机制，为企业制定有效的价格策略提供帮助。

---

① ZURAWICKI L. Neuromarketing：Exploring the brain of the consumer ［M］．Berlin：Springer，2010.

（4）在营销传播中的应用

广告是神经营销关注的重点领域，比如对广告设计、广告效果的检验；对于植入式广告的影响、潜意识广告的效果等，也有深入的应用。随着数字经济的发展，社会化营销媒体在现代营销中有了广泛应用，利用神经营销的工具和方法，能更为全面、准确地了解其传播效果。

（5）在品牌管理中的应用

一系列的神经营销学研究验证了品牌的作用，以及品牌在大脑中起作用的区域，发现人脑在处理知名品牌和非知名品牌之间存在明显差异。同时，消费者对品牌存在显著的潜意识反应。因此，神经营销学可以在品牌创建、品牌评价、品牌延伸、品牌保护等领域得到深入、广泛的应用。

（6）在消费者保护中的应用

实际的消费行为中，除了正常、理性的消费行为，还包括很多"不正常"的消费行为，如强迫购物症、消费成瘾、病态赌博式行为等。传统研究方法的局限性导致过去对不良消费行为关注不足，神经营销的应用能够深入大脑内部，发现这些不良消费行为形成的机制和根本原因，从而为消费者保护政策的制定提供依据。

学思践悟

丝芙兰巧妙结合线下和线上元素，推出 Studios 系列店铺

丝芙兰是法国化妆品品牌，创立于1969年。虽然目前电商及直播带货等新的营销模式大行其道，但该品牌认为实体店仍然是公司的支柱，公司首要的任务是要把店铺数字化，因此，丝芙兰推出了一系列巧妙地结合了线下和线上元素的新店铺。

该公司将实体店定位为创造体验的地方，作为吸引流量的主要渠道，丝芙兰开发了4个关键增长驱动因素：

第一，丝芙兰自有品牌针对的是购买力有限的年轻新顾客，而其他品牌针对的是中高端顾客。

第二，通过加速器项目，丝芙兰越来越多地引入独家品牌。在这一过程中，丝芙兰不仅将自己定位为零售商，还将自己定位为美妆行业的影响者。

第三，其数字化设施旨在提升顾客的店内体验。

第四，其新推出的 Studios 系列店铺巧妙地结合了线下和线上元素。

丝芙兰 Studios 于2017年首次亮相，为顾客带来专属化妆室的体验。由于货架上的实物产品有限，该工作室的重点是通过互动式镜子的服务和体验，让客户尝试采用 AR 技术的产品。这种体验与丝芙兰的数字平台无缝集成，这样客户就可以在"云货架"上了解产品。顾客还可使用其应用程序扫描商店橱窗和产品上的图片，以获得更多的定制美妆内容。党的二十大报告指出："加快发展数字经济，促进数字经济和实体经济深度融合，打造具有国际竞争力的数字产业集群。"我国的零售业也要从丝芙兰的 Studios 系列店铺中吸取有益的经验。

资料来源 易观数科. 6%全球美妆市场份额！丝芙兰如何定义美妆品牌的全渠道用户运营？[EB/OL]. 贺林艳，译. [2023-12-11]. https://baijiahao.baidu.com/s?id=1710415787489505001&wfr=spider&for=pc.

关键术语

非营利组织　市场营销道德　数字营销　数据库营销　体验营销　神经营销

主要观念

1.非营利组织是指除了政府组织和营利组织以外的一切社会组织的全体。

2.市场营销道德是调整企业与所有利益相关者之间的关系的行为规范的总和，是客观经济规律及法制以外制约企业行为的要素。市场营销道德的最根本的准则是维护和增进全体人民的长远利益。

3.数字营销并非要取代传统营销，而是基于信息技术的发展，来创新与重组市场营销方式。

4.直复营销研究更多的是与客户沟通的手段，客户关系管理更多的是一种理念，而数据库营销将这种理念和市场营销技术落到实处。

5.体验品牌化将是企业体验营销行动的主线。

6.神经营销从消费者角度出发，借助认知神经科学方法，对消费者行为和心理进行准确、多样化和个性化的探索。

基本训练

❖ 知识题

第13章判断题

一、简答题

1.非营利组织具有哪些基本特征？

2.如何理解数字营销的概念？

3.什么是数据库营销？

4.数据库营销有哪些优越性？

5.什么是体验营销？

6.体验品牌和体验品牌化有什么不同？

7.神经营销在现代营销管理中有何应用？

二、论述题

1.试述市场营销管理活动中的道德问题。

2.企业如何实施全面体验管理？

❖ 技能题

1. 结合非营利组织市场营销组合的特点，以某个非营利组织为例，帮助其制订符合其特色的市场营销组合方案。

2. 试举例说明我国企业市场营销道德的状况及如何改善我国企业市场营销道德。

3. 如果你是一位汽车营销人员，你需要搜集哪些方面的数据来建立一个很有价值的消费者数据库？

❖ 能力题

佰草集的数字营销

如今的佰草集已然成为独步中医、中草药护理江湖之大佬，拥有护肤、洗浴、精油、香薰、香水等多个产品品类。然而面对现在越来越年轻时尚的目标消费者，佰草集必须调整自己的品牌传播渠道，实现其一直以来提倡的"精准营销，巧传播"的传播模式。目前，佰草集的核心消费人群是 25~35 岁之间的都市白领，而这些人对网络的依赖性非常强。

事实上，从 Web 1.0 到 Web 3.0，佰草集始终在不断试水新的数字营销手段。2011 年，佰草集拍摄了名为《逆时·恒美》的微电影。该微电影上线后获得了大量点击与讨论，被称为是"感动 3 000 万网友的微电影"。同时，基于电影推广、创新游戏和品牌互动 3 个目的开发的 App 游戏也正式上线。网友只需对着电影画面轻挥手机，就能抓取"佰草图腾"，参加"逆时·恒美"系列产品的抽奖活动。其微电影和 App 应用的运作已经完全脱离了传统的品牌内容生产模式，市场营销注重趣味性，并努力吸引消费者主动进入店铺。据悉，在活动期间，佰草集官网访问量和终端销售额均有明显增长。

另一个例子是佰草集"发现中国美"的整合营销。该活动将"中国美""国际化"信息融入整个传播主线中，通过网络平台进行会员数据库营销，并通过消费者口口传播，扩大活动传播量，在提升品牌形象的同时，吸引并发展新顾客。该活动吸引近 8 万人参与，带动终端销售，并成功吸引超过 1 万名新会员注册。

佰草集不仅开通新浪微博等，注册开心网和人人网账号，还开通了专门针对海外市场的 Facebook、Twitter 账号。其中，其新浪官微粉丝有将近 190 万人。纽约大学的数字营销研究机构 L2 曾发布报告称，他们对 100 个高端品牌在中国市场的数字化成效进行评估，其中佰草集位列第 23 位，是唯一上榜的中国本土品牌。

资料来源　吴晓燕. 黄震：佰草集的"门槛"[J]. 成功营销，2013（2）：44-48.（有改编）

问题：

（1）结合教材和案例，分析数字营销相比于传统营销手段具有哪些特点和优势。

（2）结合案例信息，分析佰草集是如何成功塑造品牌的数字化传播的。

（3）请任选一个中国本土品牌，为其设计一个切实可行的数字营销方案。

主要参考文献

[1] 凯方. 成功的秘诀：世界经济强人荟萃 [M]. 福州：福建人民出版社，1985.

[2] 邝鸿. 市场学概论 [M]. 北京：中央广播电视大学出版社，1986.

[3] 乔荣章. 价格管理词典 [M]. 北京：中国物资出版社，1988.

[4] 蔡寅二. 市场营销学 [M]. 大连：东北财经大学出版社，1989.

[5] 张保林. 中外最新市场营销案例 [M]. 南京：南京大学出版社，1990.

[6] 兰苓. 营销理论与实践 [M]. 北京：科学技术文献出版社，1992.

[7] 顾家樑，曹炀，杨震林. 现代市场营销策略 [M]. 南京：东南大学出版社，1993

[8] 张成娴. 新编市场营销学 [M]. 昆明：云南民族出版社，1995.

[9] 杨慧. 占领国际市场百策 [M]. 南昌：江西高校出版社，1995.

[10] 胡永铨. 国际营销禁忌 [M]. 南昌：江西高校出版社，1995.

[11] 北京三木广告公司. 整合营销传播 [M]. 北京：工商出版社，1997.

[12] 郭国庆，成栋. 市场营销新论 [M]. 北京：中国经济出版社，1997.

[13] 孟林明，林志扬. 市场营销学 [M]. 南昌：江西人民出版社，1997.

[14] 张明立. 市场营销学 [M]. 哈尔滨：哈尔滨工业大学出版社，1999.

[15] 杨文士，李晓光. 质量管理学 [M]. 2版. 武汉：武汉大学出版社，2000.

[16] 靳俊喜. 促销管理与策划 [M]. 大连：东北财经大学出版社，2001.

[17] 汪劲松. 市场调研——理论与模式 [M]. 贵阳：贵州人民出版社，2001.

[18] 甘碧群. 市场营销学 [M]. 3版. 武汉：武汉大学出版社，2002.

[19] 姜奇平. 体验经济——来自变革前沿的报告 [M]. 北京：社会科学文献出版社，2002.

[20] 王海忠. 全球营销——规则·指南·案例 [M]. 北京：企业管理出版社，2002.

[21] 威尔逊. 组织营销 [M]. 万晓，汤小华，译. 北京：机械工业出版社，2002.

[22] 中国企业国际化管理课题组. 企业营销国际化管理案例 [M]. 北京：中国财政经济出版社，2002.

[23] 周岩，远江. 体验营销 [M]. 北京：当代世界出版社，2002.

[24] 怀特. 国际营销错误案例：公司原本不应犯的错误 [M]. 董俊英，译. 北京：经济科学出版社，2003.

[25] 王方华，黄沛. 市场营销管理 [M]. 上海：上海交通大学出版社，2003.

[26] 何佳讯，卢泰宏. 中国营销25年（1979—2003）[M]. 北京：华夏出版社，

2004.

[27] 刘洋，罗云华，甄玉敏. 市场营销学 [M]. 北京：中国铁道出版社，经济科学出版社，2004.

[28] 施密特. 顾客体验管理——实施体验经济的工具 [M]. 冯玲，邱礼新，译. 北京：机械工业出版社，2004.

[29] 施密特. 体验营销——如何增强公司及品牌的亲和力 [M]. 刘银娜，高靖，梁丽娟，译. 北京：清华大学出版社，2004.

[30] 史密斯，惠勒. 顾客体验品牌化——体验经济在营销中的应用 [M]. 韩顺平，吴爱胤，译. 北京：机械工业出版社，2004.

[31] 王广伟，李春林. 世界顶级企业公关策划经典模式 [M]. 北京：经济科学出版社，2004.

[32] 张欣瑞，尚会英，刘莉，等. 市场营销管理 [M]. 北京：清华大学出版社，北京交通大学出版社，2005.

[33] 霍普金斯. 销售的奥秘 [M]. 李莹，译. 北京：机械工业出版社，2006.

[34] 科特勒，凯勒. 营销管理 [M]. 梅清豪，译. 12版. 上海：上海人民出版社，2006.

[35] 兰苓. 市场营销学 [M]. 2版. 北京：中央广播电视大学出版社，2006.

[36] 杨益新. 市场营销学 [M]. 北京：北京大学出版社，2006.

[37] 科特勒，阿姆斯特朗. 市场营销原理 [M]. 郭国庆，译. 11版. 北京：清华大学出版社，2007.

[38] 罗茂初，等. 数据库营销 [M]. 北京：经济管理出版社，2007.

[39] 万晓. 营销管理 [M]. 北京：清华大学出版社，北京交通大学出版社，2007.

[40] 盛安之. 营销的58个创新策划 [M]. 北京：企业管理出版社，2008.

[41] 苏亚民. 现代营销学 [M]. 6版. 北京：中国商务出版社，首都经济贸易大学出版社，2008.

[42] 王志伟. 市场营销学 [M]. 北京：对外经济贸易大学出版社，2008.

[43] 吴冠之. 非营利组织营销 [M]. 2版. 北京：中国人民大学出版社，2008.

[44] 连漪. 市场营销管理——理论、方法与实务 [M]. 2版. 北京：国防工业出版社，2009.

[45] 蔡新春，何永祺. 国际市场营销学 [M]. 3版. 广州：暨南大学出版社，2011.

[46] 高凤荣. 市场营销基础与实务 [M]. 2版. 北京：机械工业出版社，2011.

[47] 姜玉洁，李茜，郭雨申. 促销策划 [M]. 北京：北京大学出版社，2011.

[48] 冯金祥. 市场营销知识 [M]. 3版. 北京：高等教育出版社，2012.

[49] 派恩，吉尔摩. 体验经济 [M]. 毕崇毅，译. 北京：机械工业出版社，2012.

[50] 伯恩斯，布什. 营销调研 [M]. 于洪彦，金钰，译. 7版. 北京：中国人民大学出版社，2015.

[51] 王谊，张剑渝. 现代市场营销学 [M]. 4版. 成都：西南财经大学出版社，2015.

[52] 何永祺，张传忠，蔡新春. 市场营销学 [M]. 5版. 大连：东北财经大学出版

社，2016.

　　[53] 科特勒，凯勒. 营销管理 [M]. 何佳讯，于洪彦，牛永革，等译. 15版. 上海：格致出版社，2016.

　　[54] 马连福，张慧敏. 现代市场调查与预测 [M]. 5版. 北京：首都经济贸易大学出版社，2016.

　　[55] 郭国庆，钱明辉. 市场营销学通论 [M]. 7版. 北京：中国人民大学出版社，2017.

　　[56] 祝合良. 现代商业经济学 [M]. 4版. 北京：首都经济贸易大学出版社，2017.

　　[57] 吴健安，聂元昆. 市场营销学 [M]. 6版. 北京：高等教育出版社，2017.

　　[58] 方青云，袁蔚，孙慧，等. 现代市场营销学 [M]. 2版. 上海：复旦大学出版社，2018.

　　[59] 科特勒，卡塔加雅，塞蒂亚万. 营销革命4.0：从传统到数字 [M]. 王赛，译. 北京：机械工业出版社，2018.

　　[60] 叶万春，叶敏. 企业营销策划 [M]. 4版. 北京：中国人民大学出版社，2018.

　　[61] 胡春. 市场营销渠道管理 [M]. 3版. 北京：清华大学出版社，北京交通大学出版社，2019.

　　[62] 万后芬，杜鹏，樊帅. 市场营销教程 [M]. 4版. 北京：高等教育出版社，2019.

　　[63] 王晓东. 国际市场营销 [M]. 5版. 北京：中国人民大学出版社，2019.

　　[64] 王赛，吴俊杰，王子阳. 数智时代市场营销战略：不易、简易、变易 [J]. 清华管理评论，2003（5）：94-99.

　　[65] ZURAWICKI L. Neuromarketing：Exploring the brain of the consumer [M]. Berlin：Springer，2010.